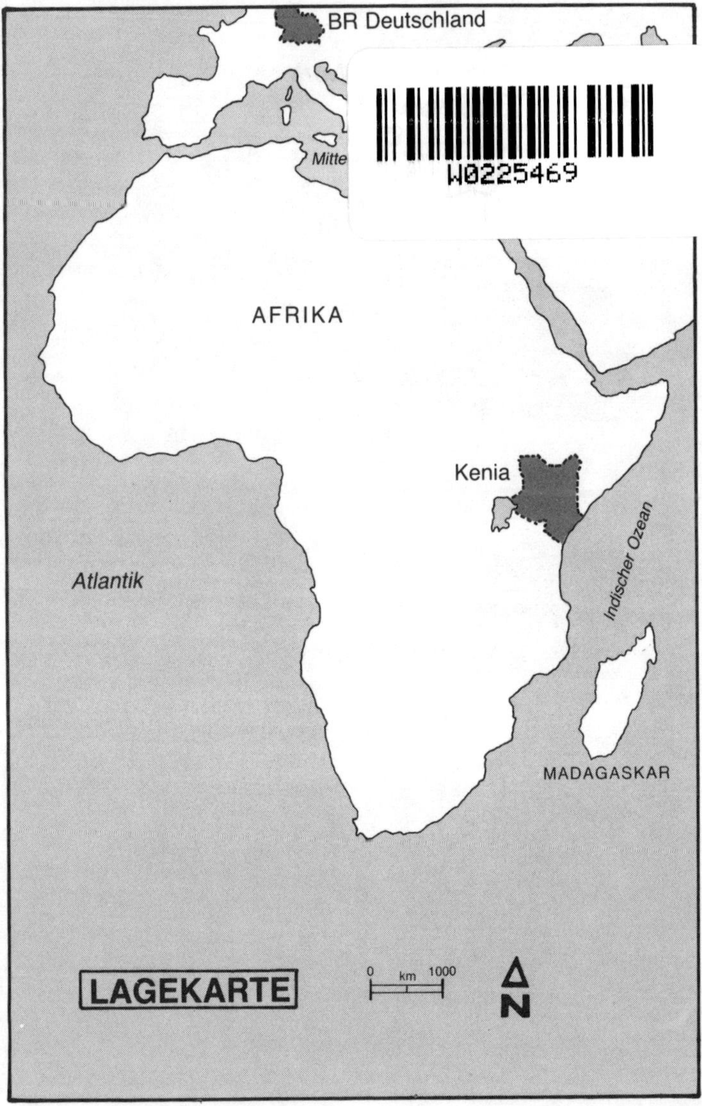

BR Deutschland
Mitte
AFRIKA
Kenia
Indischer Ozean
Atlantik
MADAGASKAR
LAGEKARTE
0
km
1000
N

Für Nora

PREISWERT REISEN

Band 29

Kenia

von

Ole Helmhausen

1993

Hayit Verlag, Köln

Kartenliste

Die Deutsche Bibliothek — CIP-Einheitsaufnahme
Helmhausen, Ole:
Kenia / von Ole Helmhausen. - 3., überarb. und aktualisierte Aufl. - Köln : Hayit, 1993
(Preiswert reisen ; Bd. 29)
ISBN 3-89210-547-2
NE: GT

1. Auflage 1987
2. überarb. und aktualisierte Auflage 1989
3. überarb. und aktualisierte Auflage 1993
ISBN 3-89210-547-2

Satz: Hayit Verlag GmbH, Köln
Druck: PDC, Paderborn
Fotos: Ole Helmhausen, Gerthild Ambos

5.7/04.3/Vs/Sa//Mh

Inhalt

Vorwort

Zum Warmwerden ...

Nairobi 1913

„Als unsere Ochsen über die Ainsworth-Brücke getrottet waren, dicht hinter dem Norfolk-Hotel, hatten wir die Stadt auch schon hinter uns gelassen. Die staubige Straße verlief abwechelnd durch den Busch und die Hüttensiedlungen der Eingeborenen, wo Frauen mit geschorenen Köpfen, geschmückt mit Ketten und in Lendenschürzen aus Leder, jäteten, gruben oder Wasser aus dem sumpfigen Fluß schöpften, der der Stadt ihren Namen gegeben hatte. Sie benutzten dazu ausgehöhlte Kürbisse oder Debes, diese sechzehn Liter fassenden Parafinfässer, die zum universellen Wassergefäß und Flüssigkeitsmaß geworden waren und außerdem zum Dachdecken verwendet wurden. Die Straße war keineswegs angelegt, sondern einfach durch die Räder der Wagen und der Ochsenkarren entstanden. Zum größten Teil verlief sie über eine Ebene, deren Boden überwiegend aus Murram bestand. Jenem rauhen, roten Geröll, das von der Sonne gebacken wurde und nur dünnem Gras und traurigen Dornenbäumen den Wuchs ermöglichte ..."

Die Zeiten haben sich geändert, seit Elspeth Huxley mit ihren Eltern in Thika ankam. Heute ist der Ort ein Industrievorort Nairobis, mit der Hauptstadt verbunden durch eine vierspurige Autobahn. Das berühmte Norfolk-Hotel steht zwar immer noch, aber dahinter ist noch lange nicht Schluß, und statt Ochsengespannen befahren Autos Stoßstange an Stoßstange die Kenyatta-Avenue. Inzwischen ist Kenia eines der beliebtesten Fernreiseziele. Und obgleich so viele Europäer wie noch nie so leicht wie noch nie das Land bereisen, ist eines geblieben seit Huxleys Zeiten: die — vorsichtig formuliert — beeindruckende Unkenntnis von Land und Leuten. Fragen wie „Sprechen die hier alle Afrikanisch?" sind leider keine Seltenheit.

Sie zeugen nicht nur von einem eingeschränkten Gesichtskreis, sondern auch von einer Art und Weise des Reisens, die mit dem ursprünglichen Zweck dieser Form der Fortbewegung nur noch den Namen gemeinsam hat. Sobald etwas nicht klappt, vielleicht die heiße Dusche im Hotel nicht funktioniert oder der König der

Tiere beim Posieren für die Kameras die rechte Lust vermissen läßt, dann verwandelt sich der arglose Fragesteller von vorhin in einen entwicklungspolitischen Durchblicker, der über die Kellner an seinem Tisch mitleidig den Kopf schüttelt und laut über die Überlegenheit der weißen Rasse schwadroniert. Klar, so ein Überlegenheitsgefühl tut gut, besonders wenn man daheim nichts zu lachen hat. Daß mit diesem Verhalten jedoch nur die eigene Ignoranz zur Schau gestellt wird, fällt den meisten nicht einmal im Traum ein. Die Kenianer ihrerseits registrieren dies genau und machen sich natürlich auch ihre Gedanken. Völkerverständigung ist das nicht, was dabei unterm Strich herauskommt.

Dieser Führer versucht, mit praktischen Reisetips und interessanten Hintergrundinformationen Neugier und Sympathie für dieses wunderschöne Land zu wecken. Renommierte Touristenherbergen werden ebenso beschrieben wie die einfachen „hotelis", ausgetretene Touristenpfade ebenso begangen wie die weniger bekannten Regionen des Landes.

Gemessen am mitteleuropäischen Standard ist das Leben in Kenia billig — wenn man landesüblich zu leben bereit ist. Dann macht die Anreise den größten Posten im Budget aus.

Zum Schluß sage ich Gabi Simon, Elke Quirmbach und Susanne Rehling ein herzliches Dankeschön für Anmerkungen und Tips — sie haben damit die vorliegende Ausgabe noch zuverlässiger gemacht.

Ole Helmhausen
c/o Hayit Verlag GmbH
Hansaring 82
5000 Köln 1

Der Autor:

Ole Helmhausen, Ethnologe, lebt als freier Reise-Journalist in Münster. Sein großes Wissen über Land und Leute und seine Reiseerfahrung, die er während seiner oft längeren Aufenthalte in Kenia erworben hat, gibt er in diesem Reiseführer Kenia-Reisenden weiter.

Vorbereitung/Anreise

Planung

Was ein Urlaub in Kenia kostet, hängt natürlich von Ihren Vorstellungen und Wünschen ab. Aber ganz gleich, ob Sie nun eine der exklusiven „Champagner-Safaris" in der Mara buchen oder nur faul auf einem der Campingplätze an der Küste in der Sonne braten wollen, eines sollten Sie stets bedenken: daß nämlich der größte Teil des Reisebudgets für die Hin- und Rückreise draufgeht.

Es ist nützlich, die Abneigung gegen die mühselige Lektüre bunter Prospekte nach Feierabend und die Rennerei durch die Reisebüros am Ort zu überwinden und Ordnung in das Chaos der Angebote zu bringen. Sowohl die Pauschalpakete als auch die Flugpreise weichen in Service und Leistung oft erheblich voneinander ab, so daß man unter Umständen eine Stange Geld sparen kann.

Die Lebenshaltungskosten in Kenia sind gering.

Natürlich bezahlt man in den luxuriösen Strandhotels und in Nairobi für einen Tag ungleich mehr als auf dem Land, aber das ist in Europa auch nicht anders.

Es gibt immer Möglichkeiten, Geld zu sparen und trotzdem den Urlaub ohne Einschränkungen zu genießen.

Bei der Planung ist es auch wichtig zu berücksichtigen, daß viele der Attraktionen in Kenia weit ab vom Schuß liegen und am besten in einer Gruppe besucht werden. Das bedeutet nicht nur erhebliche Einsparungen, sondern gibt auch die Möglichkeit, einander unvergeßliche Eindrücke und Erlebnisse sofort mitzuteilen ...

Literatur

Für aktuelle entwicklungspolitische Informationen wenden Sie sich am besten an die Dokumentations-Leitstelle Afrika, Institut für Afrika-Kunde, Neuer Jungfernstieg 21, 2 Hamburg 36. Gegen eine kleine Gebühr erhalten Sie dort den vierteljährlich erscheinenden „EIU Country Report Kenya" aus London. Er berichtet alle drei Monate über die neueste Entwicklung in Politik, Wirtschaft, Landwirtschaft, Verkehrswesen, Tourismus und Außenhandel. In deutscher Sprache erscheint der Länderbericht „Kenia" des Statistischen Bundesamtes Wiesbaden. Eine Karte an den Verlag W. Kohlhammer GmbH, Abt. Veröffentlichungen des Statistischen Bundesamtes, Philipp-Reis-Str. 3, 65 Mainz 42, genügt.

Die deutschsprachige Literatur in Sachen Kenia ist leider dünn gesät. Spätestens seit dem Filmerfolg „Jenseits von Afrika" nach dem Buch der Dänin Karen Blixen mit Meryl Streep, Robert Redford und Klaus Maria Brandauer ist der gleichnamige Roman weltbekannt. Das Buch erschien in mehreren Verlagen und beschreibt in grandiosen Bildern das Leben in der Kenya Colony.

Hierzulande weniger bekannt ist die Britin Elspeth Huxley, die in der „Kenya Colony" aufwuchs und viele Bücher über ihre Jugendzeit geschrieben hat. Das bekannteste ist wohl „Die Flammenbäume von Thika", erschienen im Bastei-Lübbe-Verlag. Sein munterer Stil unterscheidet sich wohltuend von der epischen Schwere der Blixen. Ihm entstammt auch das Zitat im Vorwort. In „Der Eidechsenpfad", beim gleichen Verlag, zeichnet sie ein liebevolles, dabei ironisch-distanziertes Bild der weißen Kolonialgesellschaft, ihrer Klatsch- und Tratschgeschichten, ihrem Selbstverständnis und ihrem Verhältnis zu den afrikanischen „Wilden".

Die dritte im Bunde der großen Kenia-Schriftstellerinnen ist hierzulande die unbekannteste, Beryl Markham. Ihr Buch „West with the Night" riß Ernest Hemingway zu der Bemerkung hin, er wolle nie mehr einen Bleistift in die Hand nehmen, so gut sei es geschrieben. 1906 im Alter von vier Jahren nach Kenia gekommen, half sie ihrem Vater beim Aufbau einer Farm. Ihre Spielkameraden waren die Kinder der Nandi und der Masai. Deren Sprachen lernte sie ebenso fließend zu sprechen wie das Kiswahili der Küstenbewohner. Mit achtzehn wurde sie die erste lizensierte Rennpferdtrainerin Afrikas, mit 25 bestieg sie zum ersten Mal ein Flugzeug und beförderte Post in den Sudan, nach Tanganjika und nach Rhodesien. 1936 überflog sie als erster Mensch den Atlantik von Osten nach Westen. „West with the Night" ist ihr einziges Buch. Es erschien bereits 1942 und ist die spannende Autobiographie einer bemerkenswerten Frau. Unbedingt lesenswert — seit kurzem auch in deutsch!

Spaß macht das Buch der Entwicklungshelferin und Ethnologin Sabine Schwartz „Wenn Laeduma träumt". Auf dem Weg zu den Rendille im Norden Kenias bleibt ihr Wagen im Morast stecken. Da kommen plötzlich ein paar dieser Nomaden wie aus dem Nichts: „Im engen Halbkreis stehen sie nun, an unser Auto gedrückt, um uns und starren uns mit eingefrorenen Pokermienen mißbilligend an. Der Trupp, der in der Mehrzahl aus Kriegern besteht, wird von einem älteren Mann angeführt. Ohne Hast und mit selbstverständlicher Autorität schiebt er sich in die erste Reihe und läßt den Strahl seiner Taschenlampe sachverständig über die hilflos im Modder festsitzenden Räder wandern. Nachdem er alle vier ausgiebig inspiziert hat, verzieht sich sein durch und durch todernstes Gesicht zu einer Art bübischem Schmunzeln, das sich trotz aller Anstrengung, den Ernst der Situation zu wahren, graduell in ein breites Grinsen verwandelt. ‚Matupe mingi'. Viel Schlamm, kommentiert er in Swahili. ‚Wie recht du hast, mein Freund!' antworte ich auf Deutsch."

Ein amüsanter und zugleich informativer Reisebericht über das Leben und die Tradition eines Nomadenvolkes in den Wüsten Kenias. Erschienen bei Fischer.

Ein ganz anderer Reisebericht — aber nicht minder lesenswert — ist das nur auf Englisch erhältliche Buch „North of South" des Briten Shiva Naipaul. Auf einer sechsmonatigen Tour durch Ostafrika suchte er herauszufinden, was von den großen Slogans der Unabhängigkeit nach zwanzig Jahren geblieben ist. Bei Penguin Books.

Ebenfalls bei Penguin erschienen ist die brilliante Rekonstruktion eines Mordfalls, der 1941 die feine weiße Gesellschaft Nairobis in Atem hielt. „White Mischief" forscht nach den Hintergründen, die zur Ermordung des adligen Schürzenjägers Lord Errol führten, und zeichnet dabei ein nicht gerade günstiges Portrait der oberen Einhundert. Den noch heute in Kenia lebenden Nachkommen der Hauptakteure in dieser Affäre waren die Enthüllungen so unangenehm, daß die kenianische Regierung das Buch noch bis vor kurzem verboten hatte. Nach seiner Freigabe war es binnen Wochen in Kenia vergriffen. Autor ist James Fox.

Reisezeiten

Reisegesellschaften und Hotels teilen das Jahr in eine Hoch- und eine Nebensaison ein.

Hochsaison ist vom 1.12. bis zum 31.3. und vom 1.6. bis zum 31.8., Nebensaison vom 1.4. bis zum 31.5. und vom 1.9. bis zum 30.11. eines Jahres. Reisen Sie auf eigene Faust während der offiziellen Nebensaison, sollten Sie vorsichtshalber den Rezeptionisten an die in diesem Zeitraum üblichen Preisreduzierungen erinnern. Meist kommt er nicht von allein darauf.

Das Klima variiert je nach Höhenlage. Warm ist es jedoch das ganze Jahr hindurch. Selbst die „long rains" und die „short rains" (April-Juni bzw. Oktober-November) werden Ihnen kaum die Lust auf eine Safari nehmen, denn zwischen den hef-

tigen, aber kurzen Schauern bricht die Sonne immer wieder durch und trocknet die Straße und Sie wieder im Nu. Sollten Sie doch irgendwann im Morast steckenbleiben — die „Kenia Safari Rallye“ wird auch während des großen Regens gefahren!
Der trockene Norden des Landes ist das ganze Jahr über befahrbar — allerdings nur mit Vierradantrieb. Anderswo, wie z. B. rund um den Mt. Kenya, in den Aberdare-Bergen und im Masailand um Narok und Kajiado können auf den durchweichten Pisten selbst die an Strapazen gewöhnten Jeeps der Farmer kapitulieren. Wenn Sie in diese Gegenden wollen, sollten Sie immer vorher den aktuellen Straßenzustand in Erfahrung bringen.
Die „Residents“, die in Kenia lebenden weißen Gastarbeiter, bevorzugen für ihren Urlaub die Nebensaison. Unterkünfte können dann bis zu 40 % billiger sein; auch die Safari-Veranstalter lassen dann mit sich handeln, um ihre Trucks vollzubekommen.

Kleidung und Ausrüstung

Bloß nicht zuviel einpacken!
Selbst das „B&L“ (Boarding & Lodging) am Rand der Welt reinigt Ihre verstaubten Sachen, zwar mit Kenias Allzweckreiniger, dem rücksichtslosen OMO, aber sie werden sauber, und Sie dürfen sich wieder wohl in Ihrer Haut fühlen.
Irgend etwas fehlt immer im Urlaub. In Kenia kann man das in allen größeren Städten günstig nachkaufen. Da hier jedes Klima vertreten ist, sollten Sie, wenn Sie unternehmungslustig sind, auch für jedes Wetter gerüstet sein. Standard sind leichte, helle Hemden, Hosen und Röcke aus Baumwolle, nicht zu eng, sondern weit und luftig. Enge Jeans sind im Norden und an der Küste der Tod, während sie im Hochland gute Dienste leisten können. Hier wird es besonders im Juli-August nachts empfindlich kühl, so daß ein Pullover not tut. Wollsachen sind unentbehrlich bei einer Tour in einen der Mountain National Parks. Auf dem Mt. Kenya — und dem Mt. Kilimandjaro — sind Angora-Unterwäsche, Regenschutz und Daunenjacke, Fausthandschuhe und Wanderstiefel, evtl. auch Steigeisen angesagt — klingt zwar ziemlich exotisch, aber andernfalls werden Sie am Äquator frieren wie sonst nie in Ihrem Leben! Eine Kopfbedeckung ist unentbehrlich. Mit der Sonne ist in diesen Breiten nicht zu spaßen, sie steht senkrecht über Ihnen und brennt — besonders am Strand — Löcher in die Haut. Hüte können Sie überall in Kenia bekommen. Allerdings muß es nicht gerade einer die-

ser ätzenden „Jambo Kenya“-Töpfe sein ...

Schuhwerk: Ein Paar hohe, feste Schuhe, ein Paar Sandalen und ein Paar Plastiksandalen. Hohe Joggingschuhe tun es natürlich auch, nur hat man dann in der Wüste Hochofentemperaturen am unteren Ende. Plastiksandalen machen mancherorts den Besuch von Duschen und Toiletten erst möglich und schützen am Strand vor Seeigeln und messerscharfen Korallen.

In den besseren Restaurants Nairobis und der Küste herrscht zwar kein Frackzwang mehr, zum Dinner sollten Sie dennoch etwas Gediegenes überziehen und nicht aus dem Rahmen fallen. Das ist auch so auf der Straße: Kenianer legen mehr Wert auf eine ordentliche Bekleidung als wir Europäer.

Ordentlich heißt dabei soviel wie konservativ, also keine die Figur betonenden Satin-Stretchhosen für die Frauen (das tragen nämlich nur die Prostituierten), keine T-Shirts, die mehr zeigen als verdecken (das gilt ebenso für Frauen wie für Männer), keine kurzen Hosen in Nairobi (das erinnert zu sehr an die Kolonialzeit) und keine grünen oder lila Haare. Mehr als für das zweihundertprozentig christliche Landesinnere gilt dies für die moslemisch geprägte Küste. Weibliche Reisende sollten diese Kleidungsregeln besonders berücksichtigen und nicht durch allzu lässige Schale die Blicke der jungen Männer auf sich ziehen.

Die Ausrüstung: Um schlichtweg unbeschwert reisen zu können, ist es sinnvoll, außer dem großen Rucksack noch einen kleineren mitzunehmen. Der große sollte übrigens ein integriertes Gestell haben. Das ist beim Trampen und beim Busfahren einfach praktischer. Und dann: Wählen Sie ein Hotel oder irgendeine andere Bleibe als Ausgangspunkt, lassen Sie Ihren großen Rucksack zurück und packen Sie alles, was Sie für die Safari brauchen, in den kleinen. Im heißen Norden und an der Küste brauchen Sie nicht viel. Solch eine Aufteilung erspart die strapaziöse Schlepperei in sengender Hitze, das nervige Aufpassen auf Hab und Gut an Bushaltestellen und verringert auch die Gefahr, bei Begegnungen der unangenehmen Art gleich alles auf einmal loszuwerden. Die Rucksäcke sollten sehr stabil sein, denn die kenianischen Busfahrer und Matatu-Piloten werden sie nicht wie rohe Eier behandeln.

Die Fotoausrüstung transportieren Sie am besten in einer alten, zerschlissenen Tasche. Wer dafür einen glänzenden Aluminiumkoffer verwendet, ist selbst schuld, wenn er auf einmal ohne dasteht.

Ein Fernglas macht die Pirsch („game drive") in den National Parks erst so richtig zum Vergnügen, denn oft tun die Tiere ihr Bestes, um so viele Meter wie möglich zwischen sich und Sie zu legen. Eine Sonnencreme mit hohem Lichtschutzfaktor sollte einen Stammplatz in Ihrem Kulturbeutel einnehmen. In Kenia ist sie zu teuer. Auch die übrigen Toilettenartikel sind Importware und nicht gerade billig. Ihre kleine Reiseapotheke sollte alle verschreibungspflichtigen Medikamente enthalten, die Sie benötigen, dazu die Tabletten für die Malariaprophylaxe. Brillenträger sind mit einer Ersatzbrille und einem festen Brillenetui gut beraten.

Was das Reisen in Kenia sonst noch erleichtert:
Jede Mende Plastiktüten (Mangelware in Kenia!) für die Schmutzwäsche und um die Kleidung im Gepäck vor Staub zu schützen, Klopapier, Plastikbürste zum Wäschewaschen, Reisewecker, Oropax gegen den manchmal infernalischen Lärm vor dem Hotel oder während Nachtfahrten mit dem Bus. Ferner Nähzeug, Kordel, Taschenmesser mit dem überlebenswichtigen Dosen- und Flaschenöffner, Kerzen und Taschenlampe — die Stromversorgung bricht immer mal wieder zusammen.

Gesundheit

Das größte Gesundheitsrisiko für Europäer in Kenia wird meist unterschätzt: die Äquatorsonne. Besonders an der Küste, aber auch im Hochland, kann sie regelrecht Löcher in die ungeschützte Haut brennen. Beginnen Sie mit dem Sonnenbaden daher sehr vorsichtig, jeweils kurz früh morgens und spät nachmittags, die Abstände allmählich verkürzend. Eine gute Sonnencreme und eine Kopfbedeckung sind unerläßlich, ebenso eine Sonnenbrille. Das T-Shirt beim Schnorcheln im Riff nicht vergessen!
Viele Kenia-Neulinge machen den Fehler, sofort nach der Ankunft ohne jede Akklimatisierung ihr Programm durchziehen zu wollen — und liegen nach wenigen Tagen auf der Nase, der Hitze und dem Klimawechsel Tribut zollend. Sie sollten es daher langsam angehen lassen und nicht alles sofort sehen wollen. Trinken Sie viel, und nehmen Sie viel Salz zu sich, um den durch das Schwitzen hervorgerufenen Flüssigkeits- und Mineralienverlust des Körpers auszugleichen. Das Leitungswasser ist in den größeren Städten trinkbar. Durchfall rührt m. E. eher von der Verwendung anderer Speiseöle und Gewürze oder auch vom Kulturschock her. In Kenia sind Magen und Darm jedenfalls

nicht so stark gefährdet wie z. B. in Spanien. Sollte dennoch Zweifel hinsichtlich der Qualität des Trinkwassers bestehen: Mineralwasser ist fast überall erhältlich.

Das Schwimmen im Indischen Ozean ist ungefährlich. Haie und andere unerfreuliche Zeitgenossen werden durch das der ganzen Küste vorgelagerte Korallenriff ferngehalten. Bei Spaziergängen ins Riff (natürlich bei Ebbe!) sind Plastiksandalen angesagt. Die Stacheln eines Seeigels in der Fußsohle sind widerlich. Das Schwimmen in Binnengewässern sollten Sie tunlichst unterlassen, auch wenn Sie sich noch so sehr nach einem Bad sehnen. Baden im Uferbereich, in stehendem oder träge dahinfließenden Wasser kann Bilharziose einbringen, die nach der Malaria verbreitetste tropische Krankheit. Die Erreger sind 6-12 mm lange Würmer, die als Larven in den Körper gelangen, dort wachsen und gedeihen und schließlich Darm, Leber und andere Organe zerfressen. Aber selbst ein Bad in Flüssen kann gefährlich werden: Eine reiseerfahrene Freundin von mir badete in einem schnell dahinfließenden Fluß in Westafrika und war der festen Meinung, daß dies kein stehendes oder träge dahinfließendes Gewässer sein könne. An der Bilharziose laboriert sie noch heute, ein Jahr nach ihrer Heimkehr *(→Medizinische Versorgung, →Krankenhäuser).*

Medizinische Versorgung

Die medizinische Versorgung in Kenia ist vergleichsweise gut — für Leute, die es sich leisten können. Zwar gibt es riesige Versorgungslücken auf dem Land, in Nairobi und in Mombasa stehen jedoch moderne Krankenhäuser. Die meisten Medikamente sind im Lande erhältlich, aber teurer als daheim. Sie bringen Ihre verschreibungspflichtigen Medikamente am besten in ausreichender Menge mit. Sollte eine Impfung nötig werden, drücken Sie dem Arzt eine Ihrer mitgebrachten Einwegspritzen in die Hand (übrigens auch ein gern angenommenes Gastgeschenk). Die Spritzen in den Krankenhäusern und die der Ärzte auf dem Lande sind zwar in der Regel o.k., aber es kann immer irgend etwas die besten Hygieneabsichten durchkreuzen. Als ich mir im Kenyatta-Hospital in Nairobi eine Tetanusspritze geben lassen mußte — mach Dir keine Sorgen, hieß es — war gerade infolge schwerer nächtlicher Regengüsse die Stromversorgung unterbrochen und das ganze Hospital zum Bersten gefüllt mit Leuten aus Mathare Valley und Kibera, deren Papphütten einfach weggespült worden waren. Die

Hektik in den Behandlungszimmern war unbeschreiblich, die Hygiene ging irgendwann baden. Ich holte mir meine Tetanusspritze — und gleich noch eine Hepatitis B, an der ich noch lange Freude hatte. Dabei habe ich noch Glück gehabt, denn es hätte genausogut AIDS sein können. Also: Einwegspritzen mitnehmen!
Eine Reiseversicherung, das berühmte Rundum-Sorglos-Paket, können Sie in jedem Reisebüro kaufen. Seit kurzem gibt es das sog. Rat-und-Tat-Paket. Da sind die Bedingungen noch günstiger, und der Versicherer bezahlt sogar den Krankenbesuch Ihrer Angehörigen, sollten Sie für länger in Kenia ans Bett gefesselt sein. Wenn Ihnen das noch nicht sicher genug ist und Sie auch in entlegene Winkel des Landes vorstoßen möchten, dann können Sie gegen einen monatlichen Beitrag von ca. 17 DM Mitglied im „Flying Doctor Service" werden. Bei Notfällen startet der Arzt unverzüglich vom Hauptquartier auf dem Wilson Airport von Nairobi, behandelt Sie vor Ort und transportiert Sie gegebenenfalls zurück nach Nairobi. Die Adresse: „Flying Doctor Service", P.O.Box 30125 Nairobi, Tel. 50 13 01.

Krankenhäuser in Nairobi

„Nairobi Hospital", Argwings Kodhek Rd., Tel. 72 21 60-6

„Aga Khan Platinum Jubilee Hospital", 3rd Parklands Ave., Tel. 74 25 31

„Mater Misericordia Hospital", South „B", Dagenham Rd., Tel. 55 68 78

Krankenhäuser in Mombasa

„The Coast General Hospital", Tel. 2 41 11

„The Katherine Bibby Hospital", Tel. 31 21 90

„Aga Khan Hospital", Tel. 31 29 53.

Medizinische Vorsorge

Umsicht ist nicht erst während der Reise, sondern schon lange vor Reiseantritt geboten. Tropenmediziner empfehlen Kenia-Urlaubern in spe, bereits 2-3 Monate vorher ihren Impfpaß durchzuchecken. Reicht der Impfschutz gegen Tetanus (Wundstarrkrampf), gegen Kinderlähmung und Typhus/Paratyphus noch aus? Wie steht es mit den beiden Spielarten der Gelbsucht, Hepatitis A und der gefährlicheren B?
Impfungen sollten allerdings nicht zusammen mit denen gegen die Tropenkrankheiten vorgenommen werden. Zwar schreiben Kenia und Tansania z. Z. keine Impfungen vor; angesichts der in einigen Landesteilen leider immer noch prekären Gesundheitssituation (Unter- und Fehlernährung, Eiweißmangel, mangelnde Hygiene und dadurch erhöhte

Gefahr von Cholera- und Gelbsuchtepidemien) sollte man sich aber vorsichtshalber gegen alle Eventualitäten impfen lassen. Über die aktuellen Impfvorschriften informiert jedes Gesundheitsamt und tropenmedizinische Institut (→Adressen im Anschluß an dieses Kapitel).

In den letzten Jahren ist die *Malaria,* die von Moskitos übertragen wird, wieder verstärkt ins Gerede gekommen. Nicht umsonst, denn in den letzten Jahren sind einige Kenia-Heimkehrer daran gestorben. Die Prophylaxe wird wegen der zunehmenden Resistenz des Erregers gegen das Malariamittel Resochin immer schwieriger. Dessen ungeachtet rät die Weltgesundheitsorganisation (WHO), schon vier Wochen vor Reiseantritt mit der kombinierten Einnahme von Resochin und Daraprim zu beginnen und diese nach der Rückkehr 2 bis 3 Wochen lang fortzusetzen. Die Wochenration niemals auf einmal zu sich nehmen, sondern in Abständen über die Woche verteilen, da so die Schutzwirkung stets gleich hoch bleibt. Es wird oft vergessen, daß die Malaria-Prophylaxe nicht die gleiche Wirkung hat wie eine Impfung, sondern eine Dauerbehandlung auf Verdacht ist. Eventuell eindringende Erreger können dann keinen größeren Schaden anrichten. Treten dennoch die Malariasymptome auf — Unwohlsein, Schüttelfrost, Gliederschmerzen, Fieber, Schweißausbrüche — kann man der Krankheit mit der Einnahme von Fansidar beikommen. Das ist allerdings das schwerste Geschütz, das Bundesgesundheitsamt hat einen Gebrauch wegen gesundheitsschädlicher Nebenwirkungen eingeschränkt.

Neu auf dem Markt ist das Malariamittel Lariam. Es wurde von seinem Hersteller ordentlich mit Vorschußlorbeeren bedacht, doch es ist schon abzusehen, daß die Stechmücken auch gegen Lariam bald immun sein werden. Jedenfalls ist es ähnlich Fansidar ein schweres Geschütz. Es wird nur einmal wöchentlich eingenommen.

Das Risiko, abends und im Schlaf gestochen zu werden, kann man vermindern (Expositionsprophylaxe), indem man sich mit Insektenschutzmittel wie Autan und Bonomol einreibt, abends Strümpfe, lange Hosen und langärmelige Hemden anzieht und nachts im Zelt oder Zimmer die überall in Kenia erhältlichen Räucherspiralen („Mosquito coils") aus Pyrethrum anzündet. Von dunkler Kleidung und von Parfüm werden Moskitos angelockt, also auf beides in eigenem Interesse verzichten! Sie können Tabletten auf Chloroquinbasis (Nivaquin, Paludrin, Aralen sowie

Daraprim und Resochin) auch in allen Apotheken der größeren Städte kaufen.
Wer dank der Beherzigung aller medizinischen Ratschläge gesund zurückkehrt, sollte nicht vergessen, daß trotzdem Erreger im Körper schlummern könnten, die erst viel später zur Erkrankung führen. Bei einer unsicheren Diagnose sollte man seinen Arzt auf den Kenia-Aufenthalt aufmerksam machen. Wer rechnet im deutschen Alltag schon mit exotischen Krankheiten! Offene Wunden (Bisse, Kratzwunden) heilen in den Tropen sehr langsam und können sich rasch zu einer unangenehmen, ja gefährlichen Infektion auswachsen. Die Mitnahme einer starken antiseptischen Salbe ist daher unbedingt zu empfehlen.
Zum Thema AIDS: Woher die Immunschwächekrankheit kommt, weiß niemand genau. Daß sie tödlich endet und daß kein Kraut gegen sie gewachsen ist, macht sie zur größten Gefahr dieses Jahrhunderts. Immer häufiger wird Ostafrika, genau das Länderdreieck Uganda, Ruanda und Tansania, als AIDS-Quelle genannt, denn nirgends sonst sterben so viele Menschen an dieser Krankheit wie hier. Ein Distrikt in Uganda beklagte in den letzten drei Jahren 2500 AIDS-Tote. Davon betroffen ist natürlich auch Kenia. Aber obwohl „Uele Kondeshi", wie AIDS auf Kiswahili heißt, auch hier Todesopfer fordert, wird die Krankheit bis jetzt offiziell totgeschwiegen, weil man das Ausbleiben der Touristen befürchtet. Kenias Staatspräsident Daniel arap Moi bezeichnete die These, AIDS habe sich von Afrika aus verbreitet, als „Beleidigung der ganzen schwarzen Rasse". Dabei können die amtlichen Stellen die Augen schon lange nicht mehr vor den Ergebnissen einschlägiger Reihenuntersuchungen in den Ferienzentren Malindi und Mombasa verschließen. In Malindi waren von 100 Prostituierten 70 vom HIV-Virus infiziert, ebenso in Mombasa und auch in Nairobi. Ausgebrochen war die Krankheit bei den untersuchten Personen allerdings noch nicht.

Tropenmedizinische Institute BRD

Aachen: Abt. Med. Mikrobiologie der Techn. Hochschule

Augsburg: Städtisches Gesundheitsamt

Aurich: Staatliches Medizinaluntersuchungsamt

Baden-Baden: DRK-Blutspendedienst

Berlin: Landesimpfanstalt mit tropenmedizinischer Beratungsstelle Bezirksamt Tiergarten — Gesundheitsamt; Robert-Koch-Institut des Bundesgesundheitsamtes

Bochum: Hygiene-Institut der Ruhr-Universität, Dr. Feodora Hoffmann, Marienplatz 2

Bonn: Auswärtiges Amt — Impfstation, Hygiene-Institut der Universität

Brake: Staatliches Gesundheitsamt Wesermarsch

Braunschweig: Staatliches Medizinaluntersuchungsamt

Bremen: Hafengesundheitsamt

Bremerhaven: Hafengesundheits- und Quarantäneamt

Dortmund: Dr. H. Reinicke, Hövelstr. 8

Düsseldorf: Gesundheitsamt — Hafen- und Flughafenärztlicher Dienst; Institut für Hygiene der Universität

Duisburg: Dr. Worrings, Landfermannstraße 1

Emden: Hafenarzt

Erlangen: Kinder- und Poliklinik der Universität; Institut für Umwelthygiene und Präventivmedizin der Universität

Essen: Institut für Med. Virologie und Immunologie des Universitätsklinikums

Frankfurt/Main: Hygiene-Institut der Universität, Stadtgesundheitsamt — Flughafenarzt

Freiburg: Staatliches Gesundheitsamt

Gelsenkirchen: Dr. O. Schmidt, Pawickerstr. 30

Gießen: Hygiene-Institut der Universität, Zentrum für Ökologie

Göttingen: Hygiene-Institut der Universität, Virologische Abteilung

Gütersloh: Dr. K. H. Bründel, Alte Osnabrücker Landstr. 20

Hagen: Dr. Walburga Spannaus, Grabenstraße 35

Hamburg: Bernhard-Nocht-Institut für Schiffs- und Tropenkrankheiten, Bernhard-Nocht-Str. 74; Hafenärztlicher Dienst, Baumwall 7; Institut für Med. Mikrobiologie und Immunologie am Universitätskrankenhaus Eppendorf, Martinistr. 52; Institut für Impfwesen und Virologie, Hinrichsenstr. 1; Med. Untersuchungsstelle I der Bundeswehr; Dr. A. Melenkeit, Reimarusstr. 19; Dr. K. Sievers, Schaartor 1

Hannover: Institut für Mikrobiologie der Med. Hochschule, Virologische Abteilung; Staatliches Medizinaluntersuchungsamt, Gesundheitsamt

Heidelberg: Institut für Tropenhygiene und öffentliches Gesundheitswesen am Südasien-Institut der Universität

Kempten: Medizinisch-Diagnostisches Institut, Prof. Dr. Haas,

Kiel: Klinikum der Christian-Albrechts-Universität, Abteilung Immunologie;

Koblenz: Institut für Wehrmedizin und Hygiene — Ernst- Rodenwaldt-Institut

Köln: Institut für Virologie der Universität, Dr. Jan Leidel, Neumarkt 15/21; Flugbereitschaft des BMVg Wahn, Militärflughafen
Krefeld: Hygiene-Institut, Impfstation
Lüdenscheid: Dr. K. Bauer-Hack, Duisbergweg 2
Lüneburg: Staatl. Medizinaluntersuchungsamt
Mainz: Hygiene-Institut der Universität
Marburg: Hygiene-Institut der Universität
Moers: Dr. W. Klietmann, Zum Schürmannsgraben 30
München: Institut für Infektions- und Tropenmedizin der Universität, Leopoldstr. 5; Kinderklinik der Universität, Lindwurmstr. 4; Kinderklinik und Poliklinik der Technischen Universität, Kölner Platz 1; Max von Pettenkofer-Institut für Hygiene und medizinische Mikrobiologie der Universität, Pettenkoferstr. 98; Dr. F. Frühwein, Briennerstr. 11; Dr. K. Herrligkoffer, Plinganserstr. 120 A; Dr. E. Holthausen, Graf-Lehndorff-Straße 11; Dr. E. Holzer, Kölner Platz 1; Dr. P. N. Kessler, Kornwegerstr. 3; Prof. Dr. H. Stickl, Lazarettstr. 62
Münster: Hygiene-Institut der Universität
Nürnberg: Hygienisches-Institut der Stadt
Oldenburg; Landes-Hygiene-Institut
Osnabrück: Staatl. Medizinaluntersuchungsamt
Saarbrücken: Staatliches Gesundheitsamt
Stade: Staatl. Medizinaluntersuchungsamt
Stuttgart: Gesundheitsamt — Impfzentrum
Tübingen: Tropenheim Paul-Lechner-Krankenhaus, Tropenmedizinisches Institut der Universität
Ulm: Zentrum für Innere Medizin und Kinderheilkunde der Universität — Tropenmedizinische Beratungsstelle
Wilhelmshaven: Dr. Pl Köbke, Ölhafen
Wuppertal: Dr. W. Kollert, Elberfeld, Friedrich-Ebertstr. 332
Würzburg: Institut für Hygiene und Mikrobiologie der Universität; Missionsärztliche Klinik

Schweiz

Basel: Schweizerisches Tropeninstitut Basel, Medizinische Abteilung, Socinstraße 57, Tel. 0 61 — 23 38 96
Zürich: Institut für Sozial- und Präventivmedizin, Gloriastr. 32b, Tel. 2 57 26 26

Geld

In Kenia herrscht das Dezimalsystem.

Im Umlauf sind 5- und 10-Cent-Stücke aus Kupfer sowie 50 Cent-,

1- und 5-Shilling-Stücke aus Silber. Als Banknoten kursieren 10, 20, 50, 100, 200 und 500 Kenya-Shilling (KSH).

Das Papiergeld befindet sich oft in solch bedauernswertem Zustand, daß es selbst die fliegenden Händler nicht akzeptieren. Sie sollten es daher, wenn möglich, gar nicht erst annehmen.

Travellerschecks können Sie in jeder größeren Stadt einlösen. Es gibt auch Wechselschalter in den Touristenhotels, aber hier ist der Tausch wesentlich ungünstiger. Euroschecks werden nur noch in den Touristenhotels entlang der Küste angenommen.

Bei der Ankunft auf dem Flughafen muß man eine Devisenerklärung (currency declaration) ausfüllen. Die Kopie ist beim Tauschen zusammen mit dem Reisepaß (Personalausweis genügt nicht mehr!) vorzulegen. Auf der Kopie wird der gewechselte Betrag eingetragen und abgestempelt. Am besten bewahrt man die Devisenerklärung gleich im Paß auf, indem man ein Gummiband um den Einband spannt und sie darunter schiebt. Bei der Ausreise werden Stichproben gemacht. In der letzten Zeit wurden die Kontrollen immer strenger, um dem Schwarzmarkt endlich das Wasser abzugraben. Schwarztauschen bringt nichts: 1. Es lohnt sich nicht besonders, 2. man bringt sich unnötig in Gefahr, denn es wird streng bestraft, und 3. man schadet der kenianischen Volkswirtschaft. Der Schwarzhändler schafft die eingetauschte Fremdwährung illegal außer Landes, womit dem Land diejenigen Devisen verlorengehen, die es u. a. in der Tourismusbranche investieren würde.

Die Einfuhr ausländischer Währung in unbegrenzter Höhe ist natürlich gestattet. Ein- und Ausfuhr kenianischen Geldes ist jedoch streng verboten.

Lebenshaltungskosten

Der Kenia-Urlaub wird teuer, wenn Sie allein einen Wagen mieten oder auf eine organisierte Luxus-Safari gehen.

Sie können es aber auch preiswerter haben. Übernachten Sie in den landesüblichen „B&Ls" (Boarding & Lodging), essen Sie, wo die nicht privilegierten Einheimischen essen, und benutzen Sie die öffentlichen Verkehrsmittel, dann kommen Sie leicht mit 40 DM pro Tag aus — mit noch weniger, wenn Sie zelten und sich Ihr Essen selbst zubereiten. Der Durchschnitts-Kenianer lebt von 5 DM pro Woche!

Ein Leihwagen inklusive Benzin erhöht diese Rechnung ganz beträchtlich, nämlich um 100 DM. Busse, Matatus und Taxen sind bei weitem billiger und bringen Sie überall hin — nur nicht in die National Parks. Das ist ihr einziger Nachteil. Um dort hineinzugelangen, müssen Sie sich nach einer Mitfahrgelegenheit umsehen — oder doch einen Wagen mieten.

Die Übernachtungspreise in den einfachen „B&Ls" fangen bei 4 DM/Einzelzimmer bzw. 6 DM/Doppelzimmer an (im folgenden als 4/6 abgekürzt). Die Touristenhotels an der Küste und in den National Parks sind natürlich bei weitem teurer, doch hier gibt es auch Campingplätze und Unterkünfte für Selbstversorger.

Afrikanisches Essen ist billig zu haben. Die Preise für Brot, Ugali (Maisbrei), Zucker, Milch und Tee sind staatlich kontrolliert.

Bier kostet 1,10 DM pro Flasche. In einem einfachen Restaurant wird man schon für 3-4 DM satt. Auf europäisch getrimmtes Essen in den Touristenherbergen ist wieder teurer: zwischen 15 und 25 DM.

Dokumente

Deutsche, Österreicher und Schweizer erhalten bei der Einreise ein auf drei Monate ausgestelltes Touristenvisum. Dehnt sich der Aufenthalt über diesen Zeitraum hinaus, muß im „Immigration Office" im Nyayo House, Posta Rd. (hinter dem ehemaligen General Post Office an der Kenyatta Ave. — das neue GPO befindet sich an der Haile Selassie Ave.) eine Verlängerung beantragt werden. Wer sich gerade in West-Kenia oder an der Küste aufhält, kann dies auch in Kisumu (Oginga Odinga St.) und in Lamu (Harambee Rd.) tun. Wieviele Monate der Sachbearbeiter zugesteht, hängt offensichtlich von seiner Laune ab, aber mit ein bis zwei Monaten können Sie allemal rechnen. Die gesamte Prozedur dauert nur einen Vormittag.

Öffnungszeiten: Mo-Fr. 8.30-12.30 Uhr und 14-15.30 Uhr. Als Besucher darf man übrigens keine Arbeit annehmen, sei sie bezahlt oder unbezahlt.

Bei der Einreise wird ein gültiger Reisepaß verlangt. Falls er verlorengeht, ist es gut, eine Kopie und zusätzliche Paßfotos mitzuführen, damit problemlos ein neuer bei der deutschen Botschaft beantragt werden kann.

Nicht mehr verlangt, doch nützlich bei einer Behandlung im Krankenhaus ist der Internationale Impf-Paß. Ärger und Geld erspart ferner die Mitnahme eines internationalen Führerscheins, eines Jugendherbergsausweises und ggf. eines internationalen Studentenausweises.

Zoll

Alle Gegenstände des persönlichen Gebrauchs — einschließlich Kamera und Filme — dürfen zollfrei eingeführt werden. Reisende, die einen regelrechten Elektroladen im Koffer mit sich schleppen, müssen u. U. bis zur Ausreise eine Kaution hinterlegen. Hierdurch soll unkontrollierten Importen vorgebeugt werden. Schußwaffen, pornographische Literatur und Rauschgift wollen die Kenianer nicht in ihrem Land haben. Striktes Ausfuhrverbot besteht für alle Jagdtrophäen, Felle von Wildtieren, Elfenbein, Schnecken- und Muschelgehäuse. Unter der Hand und in einigen „Curio-Shops" werden diese Dinge zwar immer noch angeboten, doch handelt es sich meistens um Fälschungen.

Anreise

Mit dem Flugzeug

Im Jetzeitalter sind Kenias Flughäfen zu internationalen Drehscheiben geworden. Nairobis hochmoderner Jomo-Kenyatta-Airport wird von gut 40 Fluggesellschaften aus aller Welt angeflogen, während der Mai-International-Airport in Mombasa hauptsächlich dem Pauschaltourismus dient.
Neben den teuren Linienflügen bieten die meisten Fluggesellschaften Billigflüge an. Sie liegen je nach Dauer des Tickets zwischen 1280 und 1600 DM. Preiswert sind: Kenya Airways, Egypt Air, Aeroflot (allerdings Zwischenlandung in Moskau), Air Zaire, Iberia und Olympic Airways.
Wer nicht länger als einen Monat nach Kenia will, sollte sich, wenn er/sie keine Berührungsängste hat, nach einem günstigen Pauschalangebot umsehen. Die Touristenburg als bequemer, mit allem Luxus inklusive Halbpension ausgestatteter Ausgangspunkt für individuelle Unternehmungen ist eine Überlegung wert. Am günstigsten ist Tjaereborg. Drei Wochen Halbpension in einem Strandhotel am Diani Beach sind im Frühjahr schon für 1800 DM zu haben. Die Flugdauer beträgt ca. acht Stunden ab Hamburg.
Nicht vergessen: Bei der Ausreise mit dem Flugzeug ist eine Flughafengebühr („airport tax") fällig. Sie beträgt 20 US-$ bzw. den gleichen Betrag in einer anderen „harten" Währung. Kenia-Shilling werden nicht genommen. Die Flughafengebühr für Inlandsflüge beträgt übrigens ca. 3 DM.

Mit dem Schiff

Die Zeiten, als man noch nach Kenia schipperte und Zwischenstation in Malta, Alexandria, Djibouti und Mogadischu machte, sind endgültig vor-

bei. Passagierdampfer mit Ziel Ostafrika fahren nicht mehr. Höchstens Kreuzfahrer und Segelyachten legen noch in Mombasa an. Wann ein Frachtschiff mit Gästekabinen nach Kenia in See sticht, erfragen Sie am besten bei:
Polish Ocean Lines, Süd-Reiseagentur, Ost-West-Str. 59, 2000 Hamburg.

Mit dem Auto — Autokauf

Noch ein Traum vieler: Nach Schule, Wehrdienst, Studium oder Kündigung ein Jahr freizunehmen und „unten" ein geländegängiges Auto zu kaufen. Das muß natürlich sehr sorgfältig geplant werden. Sie sollten Rat bei erfahrenen Sahara-Durchquerern suchen und sich bei den Botschaften der Transitländer Informationen beschaffen, bevor es losgeht.

Der Erfolg eines solchen Unternehmens ist von den jeweiligen politischen Verhältnissen abhängig. Bereits seit einigen Jahren ist der gesamte Südsudan in einen blutigen Sezessionskrieg verstrickt. An sicheres Reisen ist da nicht zu denken. Der Norden Ugandas scheint in letzter Zeit sicherer geworden zu sein, jedenfalls ist nichts mehr von der Soldateska des von Yoweri Museveni abgesetzten Präsidenten Okello zu hören. Kenias Präsident arap Moi schickt jedoch immer wieder Truppen ins Grenzgebiet, um, wie es heißt, kenianische Bauern vor ugandischen Viehdieben zu schützen — die inzwischen abgekühlten diplomatischen Beziehungen zwischen den beiden Ländern lassen jedoch auch leicht andere Gründe vermuten.

Trotz dieser Risiken werden Sie in Kenia immer wieder Leuten begegnen, die sich auf dieses Wagnis eingelassen haben und mit heiler Haut davongekommen sind.

Mit dem eigenen Auto

Für die Einreise mit eigenem Fahrzeug sind folgende Dokumente nötig:

1. das Internationale Carnet de Passage und Triptik
2. die Internationale Versicherungskarte
3. der Internationale Führerschein

Ist Ihnen die Tour auf eigene Faust zu riskant, können Sie sich einem der auf Sahara-Durchquerungen spezialisierten Veranstalter anschließen. Die beliebteste Transafrika-Route führt durch die westliche Sahara über die Zentralafrikanische Republik und Nord-Zaire.

▲ *Eine Trekking-Tour zum schneebedeckten Mt. Kilimandjaro ist strapaziös, aber ein Erlebnis*

▼ *Oft irreführend: In den einheimischen Hostels kann man nicht schlafen, sondern essen und trinken*

Kenia allgemein

Lage und Klima

Das Staatsgebiet Kenias bedeckt mit 582 646 qkm eine Fläche von der Größe Spaniens und Portugals zusammen und ist damit doppelt so groß wie die Bundesrepublik Deutschland. Die Künstenlänge beträgt 400 km. Im Westen grenzt Kenia an den Viktoria-See — eine Wasserwüste, der größte Süßwassersee Afrikas. Weitere Anrainer in dieser Himmelsrichtung sind Uganda und Tansania. Gemeinsame Grenzen hat Kenia ferner mit Äthiopien und Sudan im Norden und Somalia im Nordosten. Das Klima ist sicher eine der großen Attraktionen des Landes. Während im übrigen afrikanischen Tropengürtel die zweimal aufeinanderprallenden Passatwinde für langanhaltenden Regen sorgen, besitzt Kenia, im Süden selbst vom Äquator durchschnitten, eine Vielzahl unterschiedlichster Klima- und Vegetationszonen. Ein Relief aus mächtigen

Klimatabelle

(durchschnittliche Höchst- und Tiefsttemperaturen in °C)

	Jan	Feb	Mär	Apr	Mai	Jun	Jul	Aug	Sep	Okt	Nov	Dez
Nairobi	26	27	27	26	24	23	23	23	26	26	25	25
	13	13	14	15	15	13	12	12	13	14	14	14
Nakuru	29	29	28	27	25	25	24	24	26	26	26	27
	9	9	10	11	11	10	10	10	9	9	9	9
Garissa	35	36	36	35	34	33	32	33	33	34	34	34
	22	23	24	24	24	21	21	21	22	23	23	23
Voi	31	33	33	31	30	29	28	28	29	31	31	31
	20	20	20	20	20	18	17	17	17	18	20	20
Mombasa	32	32	32	31	29	29	28	29	29	30	31	31
	23	24	24	24	22	22	21	21	21	22	22	23

Gebirgszügen, weiten Hochländern und riesigen Seen verändert die Luftströmungen so stark, daß das Klima insgesamt kühler und trockener und die Oberfläche weniger dicht bewaldet ist als im übrigen Äquatorialafrika. Die höchsten Temperaturen werden im nördlichen Tiefland sowie an den tiefsten Stellen des Ostafrikanischen Grabenbruchs gemessen. Im Hochland dagegen herrscht nahezu mitteleuropäisches Klima. Schon die vom Fieber arg gebeutelten frühen Reisenden des 19. Jahrhunderts priesen es als eines der besten der Welt. In der heißesten Jahreszeit (Januar bis März) steigen hier die Temperaturen nicht über 28 °C, während es nachts auf 14 °C abkühlen kann. Im tropischen Winter (Juni bis August) sinkt das Thermometer des Nachts sogar auf 5 °C. Auf dem Gipfel des Mt. Kenya steigt die Temperatur selten über den Gefrierpunkt. Niederschlag fällt als Schnee.

Erdoberfläche und Landschaften

Löwen und Elefanten, undurchdringlicher Dschungel, flimmernde Hitze und weiße Strände ... wer verbindet eigentlich nicht diese Bilder mit Kenia? Und er hat recht damit — und auch wieder nicht ... !
Er kennt damit nämlich nur eine kleine Facette dieses landschaftlich ungemein vielfältigen Landes. Kenia läßt dem Reisenden keinen Wunsch offen. (Sonnen-)Baden an weißen Stränden und Bergwandern im ewigen Eis sind ebenso möglich wie das Erforschen menschenabweisender Wüsten und immergrüner Wälder, weiter Savannen und von Dschungel bedeckter Inseln.
Von der Küste steigt das Land stufenförmig bis zur 900 bis 1500 m hohen Ostafrikanischen Hochebene an. Diese wird dem Tertiär zugerechnet und ist damit einer der ältesten Gesteinszüge der Welt. Eine weitere geologische Besonderheit ist der Ostafrikanische Grabenbruch, das „Rift Valley“. Bereits kurz hinter Nairobi, nur zwanzig Autominuten entfernt und an der Straße nach Naivasha gelegen, ist er bequem zu besichtigen. Als Teil einer gewaltigen, von Mozambique bis Vorderasien verlaufenden Störungszone der Erdkruste reicht er von Äthiopien bis tief hinein nach Tansania. Insgesamt ist er weit über 4000 km lang. An manchen Stellen, wo der Grabencharakter deutlich auszumachen ist, ist die gegenüberliegende Kante gut zu erkennen, und man blickt vom Grabenrand wie aus der Vogelperspektive beinah 1000 m hinab auf den Boden des Grabens. Der ist versengt von der Gluthitze und wird nur noch von den Masai ge-

nutzt. Sie lassen ihre Rinder das letzte verbliebene Gras aus dem Boden rupfen. Im Norden ist der Grabencharakter mit bloßem Auge kaum noch zu erkennen.
Auf dem Boden des Grabenbruchs liegt ferner eine Kette sodahaltiger Seen (Turkana-See, Nakuru-See, Magadi-See, Naivasha-See, Baringo-See). Ihre Existenz deutet auf einen Riß in der Erdkruste hin, der von Geologen als Beginn des Auseinanderdriftens zweier Kontinente und der Entstehung eines neuen Ozeans gewertet wird. Aber das hat Gott sei Dank noch ein paar Millionen Jahre Zeit!
Außerdem erheben sich hier zahlreiche kleine und große Vulkane in klassischer Kegelform, von denen Mt. Longonot (2777) Mt. Suswa (2357) und Menengai (2277) die höchsten sind. Der Teleki-Vulkan am Südende des Turkana-See hatte seinen letzten Ausbruch erst 1922/23.
Intensive Vulkantätigkeit begleitete auch die Entstehung des Grabenbruchs. Als die arabische Halbinsel sich vom afrikanischen Kontinent löste und das Rote Meer entstand, bildeten sich auch weiter südlich Spaltungszonen, innerhalb derer das weiche Gestein des Kontinentalsockels in mehrere Blöcke zerbrach. Die inneren Teile dieser Spaltungszonen, aus weicherem Gestein bestehend, sanken dabei zwischen zwei parallelen Verwerfungen ab, während die Ränder hochgehoben wurden — ein Vorgang übrigens, dem auch die Oberrheinische Tiefebene ihre Entstehung verdankt! In dieser Zeit wurden mächtige Vulkanmassive geboren, wie der Mt. Kilimandjaro (5895), der Mt. Kenya (5200) und der Mt. Elgon (4321). Sie sind längst erloschen, und ihr lavahaltiges Umland wird heute ackerbaulich intensiv genutzt. Vulkanische Randgebiete sind die Bergketten der Aberdares (3994), in deren dunklen Wäldern noch heute Menschen verlorengehen, und die Ngong Hills, die „Hausberge" Nairobis. Ngong bedeutet in KiMaa, der Sprache der Masai, soviel wie (Finger-) Knöchel. Einer ihrer Sagen zufolge gehören sie einem Riesen, der nach seinem Tod so weit im Boden versank, bis nur noch die Knöchel einer Hand aus der Erde schauten. Vom Turm des Kenyatta Conference Centre in Nairobi, am besten kurz vor Sonnenuntergang, ist der Ausblick auf die in der Ferne dunkel aufragenden Bergkuppen besonders eindrucksvoll.
Bleiben wir auf dem Turm ... Von der anderen Seite der Aussichtsplattform schaut man über die Stadtgrenze hinweg in die graugelbe Weite der Masai-Steppe. Sie ist ein Teil jenes Savannengürtels, der das tropische

KENIA
SUDAN
ÄTHIOPIEN
Stefanesee
Turkanasee
Lokwa Kangole
Lodwar
Loyangalani
Marsabit
Wajir
UGANDA
KITALE
ELDORET
Busia
Kapsabet
Kakamega
Baringosee
Kabarnet
KISUMU
Londiani
Maralal
Isiolo
Meru
Nanyuki
MOUNT KENYA
Garissa
NAKURU
Homa Bay
Kericho
Nyeri
Embu
Naivasha
Muranga
Kisii
Thika
NAIROBI
Machakos
Victoriasee
Magadi
Lamu
Tsavo
Natronsee
Malindi
MOUNT KILIMANDJARO
Voi
MOMBASA
TANZANIA
Kwale
INDISCHER OZEAN
0 km 80
N

Regenwaldgebiet von der westafrikanischen Küste bis hin zum Kongobecken umschließt. Je nach Höhenlage und Feuchtigkeit weist die Savanne in Kenia verschiedene Landschaftstypen auf. Die Trocken- und Dornsavanne z. B. ist charakteristisch für die östliche und südliche Hälfte des Landes. Hier wachsen auf der von hartem Büschelgras überzogenen Fläche neben Akazien vorzugsweise Dornbüsche, deren lange weiße Stacheln schon so manchem Autoreifen zum Verhängnis wurden. Millionenheere von Termiten sorgen dafür, daß das Regenwasser nicht völlig ungenutzt abfließt. Sie errichten bis zu drei Meter hohe, Burgruinen ähnelnde Hügel, deren tiefliegende Gänge den Erdboden durchlüften und mancherorts sogar von Baumwurzeln als Luft- und Wasserbahnen genutzt werden. Gen Norden und Osten wird die Vegetation immer spärlicher. Trostlose Trockensavannen wechseln ab mit Wüsten wie der Chalbi, Sabena und Kaisut. Die gesamte, früher „Northern Frontier District" genannte Region bevölkern nur 800 000 Menschen. Sie fristen ihr Dasein als Nomaden, immer auf der Suche nach Wasser. Seit geraumer Zeit versucht die Regierung gemeinsam mit europäischen Entwicklungsträgern, den Lebensstandard der Bevölkerung durch landwirtschaftliche Entwicklungsprojekte zu heben und sie vor den regelmäßig wiederkehrenden Hungersnöten zu schützen. Allmählich werden jedoch immer mehr Stimmen laut, die bekunden, daß es in dieser gottverlassenen Gegend doch gar nichts zu entwickeln gebe und die Gelder im wahrsten Sinne des Wortes im Boden versickern.

Fauna

Wohl jeder kennt Bernhard Grzimek und seinen berühmten Film „Die Serengeti darf nicht sterben", und vielen sind sicher zumindest die Verfilmungen von Joy Adamsons Büchern über die Löwin Elsa bekannt. Kenia, das bedeutet automatisch Löwen und Rhinozerosse.

Tatsächlich bietet Kenia immer noch Flecken unberührter Natur und vielfältiger Tier- und Pflanzenwelt. Dabei dürfen die immer lauter werdenden Warnungen derer allerdings nicht überhört werden, die schon seit langem einen verzweifelten Kampf um die Erhaltung der Natur und das Überleben der vom Aussterben bedrohten Tierarten führen. Wo heute das moderne Nairobi mit seinen Wohnvierteln und Industriegebieten liegt, gab es noch vor siebzig Jahren so viel Wild wie heute nur noch in einigen National Parks. Verstädterung und Bevölkerungswachstum, aber auch die bis in die siebziger Jahre legale Großwildjagd haben den Tierbestand erheblich dezimiert. Über sechzig Jahre lang galt Kenia auch als Tummelplatz schießfreudiger Aristokraten und millionenschwerer Snobs, die sich hier als „ganze Kerle" auf der Jagd austobten.

Um diesem munteren Treiben Grenzen zu setzen, richtete schon die Kolonialverwaltung Tierschutzgebiete ein. Heute gibt es mehr als fünfzehn große National Parks *(→dort)*, Tierreservate, Meeresschutzgebiete und Schonwälder — in denen man mitunter auch schon intensiv suchen muß, um Großwild zu Gesicht zu bekommen.

Was die hemmungslose Knallerei der letzten sechzig Jahre übriggelassen hat, wird heute durch gut organisierte Wildererbanden ausgelöscht. Die hinter ihnen stehende internationale Nachfrage nach Fellen, Leder und natürlich Elfenbein hat zu einem alarmierenden Rückgang des Wildbestandes geführt. Von den 1973 gezählten 167 000 Elefanten gab es sechs Jahre später nur noch 60 000. Den Nashörnern erging es noch schlimmer. Von 1969 bis 1979 ging ihre Zahl von 20 000 auf ganze 1200 zurück — davon leben nur drei oder vier im Tsavo National Park, einem Gebiet von der Größe des Bundeslandes Rheinland-Pfalz.

Der kenianische Staat reagierte in den siebziger Jahren mit einem Jagd- und Exportverbot. Die EG folgte mit einem Importverbot. Zu dem gewünschten Ergebnis führte das allerdings nicht, vielmehr trieb es die Wilderer nur noch mehr in den Untergrund. Bis heute wird gewildert, mal mehr, mal weniger. Die Gangster benutzen dabei modernste Waffen und liefern den unterbezahlten, schlecht ausgerüsteten Park-Rangern einen blutigen Kleinkrieg. Kein Wunder, denn die Nachfrage bleibt solange bestehen, wie die europäischen Staaten nachlässig bei der Kontrolle der Handels- und Einfuhrverbote verfahren.

Einschlägige Literatur und Bestimmungsbücher über die ostafrikanische Tierwelt sind in jedem Buchladen in Nairobi und Mombasa erhältlich. In diesem Führer dem Artenreichtum gerecht zu werden, ist unmöglich. Es werden nur die populärsten Arten beschrieben.

Savannentiere

Für den Großstadtmenschen hat der Anblick wilder Tiere etwas Erregendes — das Beobachten eines tötenden Löwen geht ihm unter die Haut und bleibt ihm noch Jahre frisch in Erinnerung.

Die meisten der National Parks und Wildreservate bestehen aus Savanne, offenem, von Busch bestandenem Gelände, in dem die Tiere leicht auszumachen sind. Trockenes Klima herrscht vor. Wenn es allerdings regnet, dann richtig, und vormals kleine Bäche verwandeln sich im Nu in reißende Ströme. Hat die Vegetation die Sturzbäche von oben überstanden, muß sie eine erbarmungslose Sonneneinstrahlung ertragen. Dann kommt die Backofenhitze.

Trotz dieser widrigen Verhältnisse gibt es Leben. Hier existieren Tausende von Lebensformen, die sich den extremen Bedingungen hervorragend angepaßt haben, beispielsweise, indem sie die Fähigkeit entwickelten, lange ohne Flüssigkeit auszukommen, indem sie permanent am Wasser bleiben oder aber fortwährend zwischen trockenen und feuchten Gebieten hin und her ziehen.

Das *Zebra* (engl. Zebra; kisw. Punda milia) ist ein Vertreter der letzten Gruppe. Herden von einigen hundert Tieren ziehen durch den Masai Mara National Park und den Amboseli. An Wasserlöchern läßt sich das Verhalten der Zebras gut studieren. Meist sind sie bei ihrer Ankunft die ersten.

Dann zögern sie lange, manchmal Stunden, sich dem Wasser zu nähern, aus Angst, irgendwo im Busch lauere ein hungriger Löwe. So lange warten sie, ängstlich wiehernd, immer zur Flucht bereit, bis das durstigste Tier den Anfang macht und hinab zum Wasser geht.

Selten werden Sie ein Zebra bei etwas anderem als beim Fressen sehen. Am liebsten mögen sie die leicht verdaulichen Pflanzenschößlinge, was bedeutet, daß sie ihr ganzes Leben mit der Suche nach frischem Gras verbringen. Auf den großen Wanderungen durch die Mara bilden sie die Vorhut, die den nachkommenden Tieren den Weg weist.

Wo Zebras grasen, sind *Gnus* (engl. Wildebeest; kisw. Nyumbu) nicht weit. Beide Arten wandern gemeinsam und grasen in derselben Gegend.

Futterneid entsteht dabei nicht. Gnus fressen nicht die Halme, sondern am liebsten die fleischigen Blätter junger Pflanzen. Die sind zwar schwerer zu verdauen, dafür aber nahrhafter als die von den Zebras bevorzugten Schößlinge.

Was sein äußeres Erscheinungsbild angeht, beweist das Gnu, daß Antilopen nicht immer elegant und zierlich sein müssen. Ein Junge im Safari-Bus fragte seine Mutter entgeistert: „Was'n das?", als er sein erstes Gnu sah. Gute Frage, denn der Kopf des Gnus ist lang, flach und bärtig,

Veite, weiße Strände erwarten den Urlauber nicht nur am Strand von
iani

Der Queen's-Cave-Wasserfall im Aberdare National Park

sein hinteres Ende erinnert an ein Pferd, und sein vorderes Ende könnte ebensogut einem Bison gehören. Gnus mögen vielleicht keinen Schönheitswettbewerb gewinnen. Der Anblick von Zehntausenden ihrer Art auf der Wanderung von der Mara in die Serengeti ist jedoch ein unvergeßliches Erlebnis.

Ein anderes typisches Savannentier ist die *Thomson-Gazelle* (engl. Thomson's gazelle; kisw. Swala tomi), kurz „Tommy" genannt. Sie liebt die Gesellschaft von Gnus und Zebras. Wieder entsteht kein Nahrungskonflikt. Tommies ernähren sich hauptsächlich von trockenem Gras. Da sie viel kleiner und leichter sind als Zebras und Gnus, brauchen sie auch nicht soviel Futter.

Auf den großen Wanderungen bilden sie die Nachhut. Tommies sind wunderschöne Tiere. Ihr Fell ist hell, gelbbraun, mit schwarzen Seitenstreifen und schneeweißer Brust. Die Hörner der Männchen sind größer als die der Weibchen.

Nicht die offene Savanne, sondern eher die parkähnliche Buschlandschaft ist der Lebensraum der *Giraffe* (engl. Giraffe; kisw. Twiga). Mit über fünf Metern ist sie das höchste Tier der Erde und eine so außergewöhnliche Erscheinung, daß schon Julius Cäsar einige Exemplare in seinem Triumphzug durch Rom mit sich führte. Dank ihrer Größe kann sie die Blätter in den oberen Baumregionen fressen. Viele afrikanische Baumarten sind dornig, doch mit ihrer langen Zunge vermag die Giraffe die Blätter von den Zweigen zu lösen, ohne sich dabei zu verletzen. Ungeübte entdecken Giraffen erst, wenn sie unmittelbar davor stehen. Viele halten sie zuerst für Bäume und bemerken eine Herde erst, wenn sie mit ihrem Auto mitten drin stehen. Während der Mittagshitze flüchten die Giraffen nicht, wie die anderen Tiere, in den Schatten, sondern sie sitzen in der freien Savanne, die langen Beine kunstvoll unter dem Körper gefaltet.

Das *Warzenschwein* (engl. Warthog; kisw. Ngiri) ist die heimliche Liebe aller Parkbesucher. Dabei ist es häßlich wie die Nacht: Sein Kopf ist flach und länglich, und vor bzw. hinter den Augen ragen unübersehbar die dicken Warzen auf. Trotzdem ist es einfach lustig, diesen Vierbeinern zuzusehen. Beim Fressen attackieren sie das Gras wie Rasenmäher. Mit ihren mächtigen Hauern, die sie im Kampf zu gefährlichen Gegnern machen, graben sie nach Wurzeln, wobei sie die Vorderbeine einknicken wie zum Gebet. Auf der Flucht richten sie ihren dünnen Schwanz senkrecht nach oben, oft gefolgt von winzigen Ferkeln in der gleichen Pose.

Die Eber wiegen gut über 200 Pfund und sind weitaus größer als die Weibchen. Da Warzenschweine tagsüber aktiv sind, sind sie relativ häufig zu sehen. Vor allzu nahen Autos ergreifen sie sehr schnell die Flucht, daher sind gute Schnappschüsse eine Seltenheit.

Auch das *Nashorn* (engl. Rhinozerus; kisw. Faru) würde keinen Schönheitswettbewerb gewinnen. Dieses Urvieh erinnert an Zeiten, in denen der Mensch noch gar nichts auf der Erde zu suchen hatte. Das herausragendste Merkmal des Nashorns ist — natürlich — sein mächtiges Doppelhorn am Ende seiner Schnauze. Einem unausrottbaren Aberglauben zufolge soll es in Pulverform abgeschlaffte Männer wieder auf Hochtouren bringen. Dieser Unsinn bewirkte beinahe die Ausrottung dieses Tieres.

Sein jähzorniges Temperament hat das Nashorn berühmt und berüchtigt gemacht. In den Parks sind viele wundersame Geschichten im Umlauf von angreifenden Nashörnern, die mitten im Angriff plötzlich einschlafen oder, kurzsichtig wie sie sind, einfach an ihrem Gegner vorbeilaufen — oder aber auf einmal vergessen, was sie eigentlich wollten. Manches davon ist sicher Jägerlatein. Manchmal setzen die Nashörner, ebenso wie Elefanten, zu Scheinangriffen an, aus denen jedoch schnell Ernst werden kann. Da sie bis zu einer Tonne wiegen, können sie alles und jeden angreifen, ohne sich selbst ernsthaft zu verletzen.

Trotz ihres gefährlichen Aussehens sind sie Pflanzenfresser und vollständig von Wasser abhängig. Am ehesten sind sie daher in der Nähe von Wasserlöchern anzutreffen.

Weit verbreitet ist die *Schwarzfersenantilope* (engl. Impala; kisw. Swala pala). Sie wiegt 100 bis 180 Pfund und hat eine Schulterhöhe von 90 cm. Die ausgewachsenen Männchen tragen wunderschön geformte Hörner, die bis zu 70 cm lang werden können. Impalas werden Sie fast überall zu Gesicht bekommen, im Busch wie im offenen Grasland.

Die *Elandantilope* (engl. Eland; kisw. Pofu) ist die größte aller Antilopen. Seine Schulterhöhe beträgt gut 180 cm, sein Gewicht liegt bei 3-4 t. Männchen wie Weibchen tragen gewundene, nach hinten gestreckte Hörner, mit denen sie sich sogar Löwen vom Leibe halten können. Trotzdem sind sie recht scheu und meiden die Menschen, gute Eland-Fotos sind daher sehr selten.

Das *Kudu* (engl. Kudu; kisw. Tandala) ist eine andere große Antilopenart. Im Süden Kenias gibt es nur wenige, dafür umso mehr in den Gebirgswäldern des Nordens. Sie erkennen es

an den spiralförmigen, nach hinten gewundenen Hörnern, die allerdings nur das Männchen trägt. Beide Geschlechter tragen ein graues, von weißen Längsstreifen durchzogenes Fell.
Äußerst selten und nur in den Shimba Hills am Indischen Ozean anzutreffen ist die *Rappenantilope* (engl. Sable antelope; kisw. Pala hala). Die Form ihrer bis zu 70 cm langen Hörner gab ihr den Namen.
Den Tommies ähnlich, jedoch wesentlich größer, sind die *Grant-Gazellen* (engl. Grant's gazelle; kisw. Swala granti). Sie lieben das offene Grasland, wo sie genug Flüssigkeit aus den Pflanzen ziehen, um zu überleben. Die nach hinten und dann aufwärts geschwungenen Hörner sind beim Männchen größer. Ihr Fell ist gelb-braun, ihre Unterseite leuchtend weiß.
Am weitesten verbreitet unter den großen Antilopenarten ist der *Wasserbock* (engl. Waterbuck; kisw. Kuro). Bei dieser Art tragen nur die Männchen geringelte, leierförmige Hörner. Ein Bulle führt oft eine Herde von bis zu 30 Kühen. Man sagt, ihr Fleisch sei das abscheulichste, was man einem hungrigen Menschen antun könne. Angeblich vergreifen sich dieses Geschmacks wegen auch Löwen nicht an ihnen. Ihr Fell ist zottig und graubraun, der Schwanz weiß.
Von allen in Afrika lebenden Arten des *Kongoni* oder Hartebeest, Kuhantilopen, gibt es in Kenia drei: Coke's, Hunter's, und Jackson's Hartebeest. Coke's kommt am häufigsten vor. Es lebt in großen Herden, die von Posten bewacht werden. Sein Kopf scheint etwas zu groß für seinen Rumpf geraten, irgendwie sieht es nicht ganz gelungen aus. Sein Fell ist rehbraun, und nicht zuletzt auch sein klammerförmiges Geweih macht es für das Greenhorn leicht erkennbar.
In ganz Afrika verbreitet ist der *Klippspringer* (mbuzi). Er bevorzugt die felsigen Hügelgebiete. Im Tsavo ist er am leichtesten zu entdecken. Sein dichtes Fell schützt ihn vor Verletzungen. Seine Schulterhöhe beträgt knapp 60 cm.
Der *Steinbock* (engl. Steinbok, Grysbok; kisw. Dondoro) ist ebenso groß wie der Klippspringer, dabei jedoch wesentlich zierlicher.
Am kleinsten ist das *Dikdik*. Mit seinen knapp dreißig Zentimetern Schulterhöhe ist es kaum größer als ein Kaninchen. Es ist fast unmöglich, es auf die Platte zu bannen, da es nur nachts unterwegs ist.
Kein anderes Raubtier Afrikas genießt so viel Popularität wie der *Löwe* (engl. Lion; kisw. Simba). Touri-

sten, denen eine Zebra-Herde schon nach wenigen Minuten langweilig wird, können stundenlang schlafende Löwen beobachten und fieberhaft darauf warten, daß sich einer von ihnen faul auf die andere Seite wälzt. Faule Löwen, das ist vielleicht ein Vorurteil der Parkbesucher. Deren Pirschfahrten ziehen sich nämlich bis weit in die Mittagszeit. Und weil Löwen vernünftiger sind als Touristen, meiden sie die Mittagshitze und verziehen sich in den Schatten. Am späten Nachmittag dagegen können Sie mit etwas Glück erleben, wie Löwen ihre Beute reißen.

Sehr lange Verfolgungsjagden schmecken ihnen nicht. Lieber erjagen sie ihr Opfer im Team, oder sie schleichen sich so nah heran, daß sie die Beute nach kurzem Sprint erreichen, noch bevor diese ihre Höchstgeschwindigkeit erreicht hat.

Ein ausgewachsenes Löwenmännchen wiegt bis zu 400 Pfund und wird fast drei Meter lang. Sein ockergelbes Fell entspricht so sehr den Farben der Savanne, daß das Tier trotz seiner Größe im hohen Gras fast nicht zu sehen ist. Manche Leute sollen schon auf schlafende Löwen getreten sein! Ob auch das Jägerlatein ist oder nicht: Fest steht, daß ein Löwe den Menschen selten so nah herankommen läßt.

Geparden (engl. Cheeta; kisw. Duma) sind noch scheuer als Löwen. Es sind hochspezialisierte Tiere. Mit einer Spitzengeschwindigkeit von 120 km/h sind sie die schnellsten Landsäugetiere der Welt — und die attraktivsten dazu. Ihr ganzer Körper scheint nur für das Fangen und Töten fliehender Tiere angelegt zu sein: Er ist langgestreckt und hager, und die Beine sind schlank und sehnig. Bei einer derartigen Geschwindigkeit kommt dem Geparden zugute, daß er, im Gegensatz zu anderen Katzen, seine Krallen nicht einziehen kann. Sie funktionieren wie Spikes und ermöglichen höhere Beschleunigungswerte und bessere Bodenhaftung. Auch der lange Schwanz hat seinen Sinn. Er funktioniert wie eine Balancestange, wenn der Gepard bei hoher Geschwindigkeit ebenso Haken schlagen muß wie seine Beute. Andere, weniger sichtbare Anpassungsmerkmale: eine extrem große Lunge und ein übergroßes Herz, welches das Blut in der benötigten Menge durch den Körper pumpt. Geparden erjagen ihre Beute in vollem Lauf. Sie wird im Nacken gepackt und zu Boden gerissen. Schon durch die Wucht des Sturzes bricht sie sich meist das Genick, selten kommt es noch zu einem Kampf wie bei den Löwen. Geparden beherrschen nur diese eine Jagdtechnik. Sie sind daher im Nachteil, wenn sie ihre Beute gegen andere Raubtiere verteidigen müssen. Dieser Streß hat sich auf ihre Freßgewohnheiten ausgewirkt: Sie fangen an zu fressen, kaum daß sie ihre Beute geschlagen haben, und würgen hastig soviel hinunter wie möglich, ehe die jagdfaule Konkurrenz auf der Bildfläche erscheint.

Gleichfalls gefleckt, nur nicht ganz so elegant, ist die *Hyäne* (engl. Hyena; kisw. Fisi). Selbst für einen Marketingexperten wäre es eine harte Nuß, ihr Äußeres werbewirksam zu verkaufen. Wie läßt sich schon ein häßliches, nacktes Gesicht auf einem schrägen, nach hinten abfallenden Rumpf sympathisch darstellen? Der Fachmann würde vermutlich Zuflucht bei anderen Eigenschaften der Hyäne suchen, und die sind in der Tat beeindruckend. Sie hält z. B. eine Geschwindigkeit von 30 km/h mehrere Minuten lang durch. Ihr Kiefer ist so stark, daß sie sogar Knochen damit zermalmen kann. Übrigens sind Hyänen nach neuesten Erkenntnissen ebensowenig reine Aasfresser wie Löwen nur Jäger sind. Ein Experiment bewies, daß Löwen eher vom Lärm fressender Hyänen angezogen werden als umgekehrt. Ebenso haltlos ist die Vorstellung, Hyänen seien feige. Es gehört schon eine gehörige Portion Mut dazu, Löwen während der Mahlzeit Teile ihrer Beute zu stibitzen. Hyänen gehen nachts im Team auf die Jagd. Gemeinsam stellen sie Zebras, Gnus usw. nach und sondern ein junges oder krankes Tier von der Herde ab. Da Hyänen nicht groß und stark genug sind, um ihre Beute sauber zu erlegen, verspeisen sie sie im wahrsten Sinne des Wortes bei lebendigem Leib. Ihr bevorzugter Lebensraum sind der Busch, lichte Wälder, Savannen und Grasländer.

Auch der *Schakal* (engl. Jackal; kisw. Bweha) frißt nicht nur Aas, sondern er jagt auch selbst. Einige Male wurde sogar beobachtet, wie Schakale auf der Jagd mit Geparden zusammenarbeiteten. Beim Teilen der Beute mußten die Schakale allerdings zurückstecken. Ihre Erscheinung ist auch nicht allzu ehrfurchtgebietend. Sie ähneln unterernährten amerikanischen Kojoten, wiegen höchstens 20 Pfund und sind nur 45 cm hoch.

Der *Strauß* (engl. Ostrich) ist der größte Vogel der Welt. Die Männchen werden bis zu 2,70 m hoch und gut 300 Pfund schwer. Auch ihre Eier sind die größten, 2 Pfund schwer und bis zu 15 cm lang. Für die Küken ist es eine Strapaze, sich aus diesem dickschaligen Gefängnis zu befreien. Meist sind sie völlig erschöpft, wenn sie das Licht der Welt erblicken. Wenn sie schlüpfen, sind sie nicht größer als normale Haushühner, aber

innerhalb von 6 Monaten haben sie ihre endgültige Größe erreicht. Das bedeutet ein wöchentlich meßbares Wachstum von 7,5 cm!
Obgleich sie das Fliegen schon vor langer Zeit zugunsten des Laufens aufgegeben haben, sind immer noch Flugfedern unter ihren verkümmerten Flügeln feststellbar. Die Laufgeschwindigkeit von 60 km/h halten sie mühelos 30 Minuten durch. Während der Mittagshitze breiten sie ihre Flügel wie Sonnenschirme über ihre Jungen aus, was ein sehr heimeliges Bild abgibt. Eine weitere Verwendung finden die Flügel bei der Werbung des Männchens um die Weibchen.
Strauße sind Allesfresser. Gras und Laub gehören ebenso auf ihre Speisekarte wie kleine Schlangen. Beim Trinken senken sie den Kopf und führen sich das Wasser mit einer Bewegung, die ans Kohleschaufeln erinnert, zu.
Von allen Raubvögeln am seltsamsten sieht der *Sekretär-Vogel* aus. Seine entfernten Verwandten sind Falke und Habicht, beim gekrümmten Raubvogelschnabel hören allerdings die Gemeinsamkeiten schon auf. Der Name des Vogels rührt von den langen Federn her, die auf seinem Hinterkopf wachsen und aussehen wie Füllfederhalter auf einem Schreibpult. Seine langen Beine machen ihn auch auf dem Boden unübersehbar, 90 cm ist er hoch, und seine Spannweite beträgt 1,90 m. Ihrem Partner sind sie ein Leben lang treu, und wenn Sie irgendwo einem Sekretär begegnen, ist sein Gefährte meist nicht weit.
Wesentlich größer — und häßlicher — ist der *Marabu-Storch,* ein Aasfresser. Er wird mehr als doppelt so hoch wie der Sekretär und hat die ansehnliche Spannweite von über drei Metern. Sein schwarz-weißes Federkleid und der charakteristische fleischige Beutel an seinem Hals machen ihn zu einer düsteren Erscheinung. Seine Jungen schlüpfen praktischerweise noch während der Regenzeit. Marabus finden Sie mit Sicherheit an den Wasserlöchern der National Parks, besonders an der Kilaguni-Lodge im Tsavo West, am Nakuru-See und am Bogoria-See.

Tiere in den Feuchtgebieten

Kleine Rinnsale und nur saisonal gefüllte Wasserlöcher allein können den für ein Feuchtgebiet typischen Lebensraum nicht schaffen. Savannentiere stillen zwar hier ihren Durst, aber andere, noch stärker auf Wasser angewiesene Arten würden hier unfehlbar eingehen. Erst wenn kleine Bäche zu Flüssen anschwellen und Seen zufließen, entsteht eine

Umgebung, die jene Arten zu beherbergen vermag. Wie selbstverständlich sind in Kenia an diesen Stellen Tierreservate entstanden.

Ein Tier, das sich in Flüssen, Seen, Teichen und Sümpfen wohlfühlt, ist das *Flußpferd* (engl. Hippopotamus; kisw. Kiboko), im anglophonen Kenia auch kurz „hippo" genannt. Für ihren Lebensraum sind Hippos ein Segen: Beim Suhlen wirbeln sie den Schlamm auf, wobei das Wasser wieder in Bewegung gerät und Sauerstoff aufnimmt. Dadurch wird verhindert, daß das organische Leben im Wasser abstirbt. Hippos fressen das an den Ufern wachsende Gras und auf dem Wasser treibendes Schilfgras. Dadurch verhindern sie die Verstopfung des Gewässers durch die wuchernde Vegetation. Flußgebiete z. B., aus denen Hippos abwandern, verwandeln sich in kurzer Zeit in unfruchtbare Marschgebiete.

Den Tag verbringen sie träge im Wasser. Es gibt ihren anderthalb Tonnen Lebendgewicht den nötigen Auftrieb und hält ihre Körpertemperatur niedrig. Dann sind nur ihre Augen, Nasenlöcher und Ohren über der Wasseroberfläche zu sehen, eine hervorragende Anpassung an das feuchte Element.

Übrigens sind sie weit größer, als ihre kurzen, stämmigen Beine vermuten lassen. Schneller laufen als ein Mensch können sie damit allemal. Angeblich soll ein erwachsener Mensch in ihrem aufgerissenen Maul aufrecht stehen können — wenn Sie daran zweifeln, machen Sie bitte nicht die Probe aufs Exempel!

Bei der Nahrungssuche abends an Land wirken die massigen Tiere schwerfällig, vom Temperament her sind sie eher ruhige Zeitgenossen. Sie können jedoch gefährlich werden, wenn man sie reizt. Einem Hippo unversehens auf dessen Pfaden zu begegnen, kann ungemütlich werden, besonders dann, wenn man ihm den Fluchtweg zum Wasser abschneidet.

Hippos sind echte „Gewohnheitstiere". An Land benutzen sie mit schöner Regelmäßigkeit immer die gleichen Wege. Außerdem haben sie regelrechte Toiletten, ein Umstand, der es früher den Jägern leicht machte, sie aufzuspüren. Getrocknete Hippohaut wurde zu der gefürchteten Nilpferdpeitsche verarbeitet, die besonders gern von arabischen Sklavenhändlern geschwungen wurde. Noch heute bezeichnet das Swahili-Wort „kiboko" außer dem Tier auch die Peitsche.

Wesentlich aggressiver als das Hippo ist der *Kaffernbüffel* (engl. Buffalo; kisw. Nyati). Von seiner Wildheit und Grausamkeit erzählen sich die Parkranger die tollsten Geschichten.

Wahr ist wohl, daß er jähzornig und sehr kräftig ist. Auch vor Löwen hat er keinen Respekt. Mit aller Wahrscheinlichkeit greift er sie an und jagt sie in die Bäume oder sonst wohin. Wenn er krank oder verwundet ist, attackiert er sogar Menschen, und es soll nahezu unmöglich sein, ihm auszuweichen, da er seinen Gegner während des Ansturms im Auge behält und jede Finte registriert.

Kaffernbüffel sind Nachttiere. Tagsüber ruhen sie meist im Schatten oder wälzen sich genüßlich im Schlamm, der ihnen, auf dem schwarzen Fell getrocknet, ein noch urigeres Aussehen verleiht.

In den Feuchtgebieten ist auch das gefährlichste aller Raubtiere zu Hause, das *Krokodil* (engl. Crocodile; kisw. Mamba). Weit mehr mechanisch und seinen Instinkten folgend als andere Räuber, tötet es mehr Menschen als alle übrigen Raubtierarten zusammen.

Es ist für das Leben im und am Wasser hervorragend ausgestattet. Fossilien beweisen, daß seine Anatomie seit 60 Millionen Jahren die gleiche geblieben ist. Wie beim Hippo überragen auch beim Krokodil sämtliche Sinnesorgane die Wasseroberfläche. Außerdem vermag es seine Augen „einzufahren", wodurch die Stromlinienförmigkeit verstärkt wird. Es schwimmt und jagt mit geöffnetem Rachen, wobei es, eine weitere Anpassung, den hinteren Bereich des Rachens wasserdicht verschließen kann, um das Eindringen von Wasser in die Lunge zu verhindern. Greift es ein saufendes Tier an, gleitet es unter Wasser mit Höchstgeschwindigkeit heran, schnellt mit weit geöffnetem Rachen aus dem Wasser, schnappt nach dem Kopf seines Opfers und zieht es mit sich unter die Wasseroberfläche. Die Zähne des Krokodils sind nicht fürs Kauen, sondern einzig zum Reißen der Beute angelegt. Aus dieser werden mächtige Stücke herausgetrennt und verschlungen. Magen und Därme schwellen dann auf ein Mehrfaches ihrer ursprünglichen Größe an.

Krokodile sind wechselwarm. Das bedeutet, daß sie ihre Körpertemperatur durch „Sonnenbaden" aufladen müssen. So gewinnen sie die Energie, die für die Kraftexplosionen beim Beutemachen nötig ist.

Den spektakulärsten Anblick in der afrikanischen Vogelwelt bieten die riesigen Schwärme pastellroter *Flamingos,* noch heute sieht man manchmal Hunderttausende auf einmal. Die Farbe ihres Gefieders stammt von dem hohen Karottingehalt (Vitamin A) in ihrer Nahrung. In Afrika werden zwei Arten unterschieden, wobei der Größenunterschied am auffälligsten ist. Der kleine Fla-

mingo ist weit häufiger als der große und macht gut 98 % aller Flamingos in Kenia aus.
Tagsüber bleiben große wie kleine an einem Ort. Wenn morgens von einem Schwarm an einem bestimmten See berichtet wird, kann man sicher sein, ihn auch nachmittags noch dort zu treffen. Erst in der Nacht pflegen sie fortzuziehen, wobei sie manchmal bis zu 600 km zurücklegen.
An den Ufern von Flüssen und Seen lebt auch der *Kronenkranich.* Ein Blick auf seinen mit einem Büschel goldener Federn geschmückten Kopf genügt, um diesen schönen Vogel zu erkennen.
Der sog. heilige *Ibis,* der den gleichen Lebensraum bewohnt, sieht dagegen vergleichsweise fad aus. Sein Gesicht ist rabenschwarz, und er würde wohl nicht weiter auffallen, wäre da nicht sein eindrucksvoll geschwungener Schnabel, der sehr lang, sehr krumm und sehr dünn ist.
Hoch über dem See, auf den höchsten Ästen der Bäume, thront der *Seeadler.* Er ist leicht an seinem weißen Kopf und dem weißen Schwanz zu erkennen. Seine Nahrung besteht hauptsächlich aus Fischen, Wasservögeln und Aas.
Junge Seeadler werden mit 6 Monaten flügge. Erst im Alter von 5 Jahren sind sie voll ausgewachsen. Ihr Höchstalter beträgt 25 Jahre.

Tiere des Waldes
Anders als in den Wäldern Europas ist die Vegetation in den afrikanischen Wäldern sehr üppig. Da überrascht es nicht, daß diese auch viel mehr Tierarten beherbergen als die Wälder im Norden.
Die Waldtiere können ebensowenig mit ihren Augen das Dickicht durchdringen wie wir Menschen. Die Gefahr, unversehens einem Todfeind in den Rachen zu laufen, ist sehr groß. Sie haben deshalb unterschiedliche Reaktionsweisen entwickelt; die meisten suchen allerdings ihr Heil in der Flucht, selbst beim kleinsten Anzeichen von Gefahr.
Anders die *Elefanten* (engl. Elephant; kisw. Ndovu). Sie suchen Schutz in einer großen Herde. Bei Gefahr rücken die Tiere zu einer lebenden Festung zusammen.
Elefanten halten sich überwiegend in Waldgebieten auf. Sie können allerdings überall auftauchen, da sie auf ihren Wanderungen zu neuen Wasserstellen große Entfernungen zurücklegen. Brechen Sie auf einer Pirschfahrt in die „Sicherheitszone" eines Elefanten ein, wird er nervös und reagiert mit Drohgebärden. Dann stellt er seine gewaltigen Ohren nach vorn, was seine ohnehin eindrucksvolle Erscheinung noch imposanter macht. Sein Sehvermögen

ist übrigens recht bescheiden. Wenn Sie sich, darauf vertrauend, noch näher heranmachen, tun Sie dies auf eigene Gefahr! Selbst solche Dickhäuter, die an Touristen gewöhnt sind, wie die im Amboseli Park, haben etwas gegen allzu aufdringliche Wißbegierde. Wenn sie tatsächlich angreifen, ist es möglicherweise nur ein Scheinangriff. Darauf verlassen sollten Sie sich allerdings nicht!

Eine sich bedroht fühlende Herde bildet unverzüglich eine Phalanx aus Rüsseln, nach vorn gewölbten Ohren und abwehrbereiten Stoßzähnen. Elefanten besitzen einen starken Gruppeninstinkt. Trotzdem gibt es auch individuelle Freundschaften unter ihnen. Die älteren Tiere sorgen für die jüngeren, und die alten Kühe führen die Herde, indem sie die Zeit des Aufbruches und die Richtung des Zugs bestimmen.

Ein Elefantenbulle wiegt ca. 6 t, ist über drei Meter hoch und schleppt 110 Pfund schwere Stoßzähne mit sich herum. Besonders eindrucksvoll wirken Elefanten auch aus der Ferne, wenn andere Tiere noch nicht mehr als kleine verschwommene Flecken sind. Mit langsamen, aber großen Schritten, als ob sie eine andere Dimension als Raum und Zeit durchmessen, kommen sie so schnell näher, daß man sich nur wundern kann.

Trotz ihrer Größe sind sie sehr vorsichtig. In der Tierwelt ohne Feinde, hat der Mensch es geschafft, ihren Bestand massiv zu dezimieren. Viele Elefanten sind sogar zu nachtaktiven Tieren geworden, weil sie nachts sicherer sind.

Elefanten passen ihr Verhalten den neuen Verhältnissen überhaupt schnell an. Die Einrichtung der National Parks und die fortschreitende Kultivierung des Landes im Umland haben dazu geführt, daß sie das Umherziehen aufgegeben haben und sich nur noch in den Parks aufhalten, wo sie vor Wilderern — leider nur relativ — sicher sind. Dort aber fressen sie, was das Zeug hält. Sie mögen eigentlich alles, Gras, Laub, Pflanzen, Rinde, Früchte etc. Wenn sie die Blätter eines Baumes nicht mehr erreichen, dann stürzen sie ihn einfach um. Da sie nicht mehr umherziehen, verwandelt ihr Appetit große Waldgebiete in Steppe, so geschehen im Amboseli Park. Schon seit den siebziger Jahren ist eine hitzige Diskussion zwischen den Parkverwaltungen, die auf Abschuß drängen, und der internationalen Elefantenlobby im Gange. Der Streit, emotional und oft sehr unsachlich geführt, hat bis jetzt zu keiner Einigung geführt.

Die Raubtiere des Waldes sind Einzelgänger. Sie fliehen vor den Menschen und sind nur schwer aufzuspüren. Das größte und stärkste unter ihnen ist der *Leopard* (engl. Leopard; kisw. Chui). Zahllose Legenden ranken sich um seine Kraft und seine Verschlagenheit. Wahr ist, daß weder Ziegen noch Hühner, noch der Hund des Missionars sicher vor ihm sein können. In der Regel wird ihm ungerechterweise jedes nachts getötete Tier zur Last gelegt. Die Möglichkeit, daß ein kleinerer, weniger populärer Räuber der Täter gewesen sein könnte, wird gar nicht erst in Betracht gezogen.

Ein Leopard entzieht sich den Blicken des Menschen. Meist gibt es für seine Anwesenheit nur einen typischen Hinweis, hoch über dem Erdboden in einer Astgabel hängendes Aas z. B. Die Beute dorthin zu schaffen ist ein gewaltiger Kraftakt, ist sie doch oft schwerer als der Leopard selbst. Im Baum weiß er seine Beute in Sicherheit. Keine der anderen Raubkatzen kann ihm dorthin folgen. Ausgewachsen wiegt er bis zu 120 Pfund. Als überzeugter Single durchstreift er ein riesiges Territorium, das er mit keinem seiner Artgenossen teilt. Nur zur Paarung kommen Männchen und Weibchen zusammen. Von den Jungen trennt sich das Weibchen bereits nach anderthalb Jahren.

Ein Leopard gibt selten Geräusche von sich. Angeblich hustet er manchmal, was sich anhören soll wie das Sägen von Holz ... Allerdings wird dieser Klang viel häufiger beschrieben als tatsächlich vernommen.

Von der *Servalkatze* (engl. Serval; kisw. Mondo) ist, abgesehen von ihrem Äußeren und ihrem Einzelgängertum, kaum etwas bekannt. Sie hat einen kurzen Schwanz, lange Beine, ein geflecktes Fell, ähnlich dem des Leoparden, und große Ohren. Ihre Schulterhöhe beträgt ca. 70 cm, das Gewicht liegt bei 35 Pfund. Sie ist einem Geparden ähnlicher als einem Leoparden, hat ebenfalls nichteinziehbare Krallen, jagt aber nur des Nachts. Am ehesten ist die Servalkatze als Kreuzung zwischen einem kleinen Leoparden und einem Luchs zu beschreiben.

Während die vorgenannten Tiere nicht ausschließlich, doch am häufigsten im Wald leben, kann die größte der Waldantilopen, das *Bongo,* nirgendwo sonst als im Wald existieren. Es hat die andere Form der Selbsterhaltung, die Flucht, perfektioniert: Schon beim kleinsten Laut setzt es sich ab, und eine Sekunde später scheint es vom Erdboden verschluckt. Eines dieser Tiere zu Gesicht zu bekommen, ist ein enormer Glücksfall. Die rötliche Färbung seines Fells ist bei den Männchen dunkler, manchmal bis mahagoni-braun. Ungefähr ein Dutzend vertikaler

Streifen überziehen seinen Körper, im Wald die perfekte Tarnung.

Von allen Affen am leichtesten zu beobachten ist der *Pavian* (engl. Baboon; kisw. Nyani). Er lebt in Horden bis zu 50 Tieren, aber auch Gruppen von einigen hundert sind keine Seltenheit. Auf den ersten Blick scheint es in Pavianhorden ebensowenig individuelle Unterschiede zu geben wie in einer Antilopenherde. Alle tragen sie die Hundeschnauze im Gesicht und ein in der Sonne rosa glänzendes Hinterteil. Aufsehen erregen nur einige der größten Männchen mit ihren gewaltigen Mähnen. In der Tat beherrschen sie die Horde. Sie werden bis zu 65 Pfund schwer und ungefähr 80 cm hoch. Paviane sind nicht gerade scheu. Sobald sie die erste Skepsis beim Nahen eines Autos überwunden haben, gehen sie wieder ihren Geschäften nach. Auf den Campingplätzen der Tierparks können sie eine rechte Plage werden, proviantklauende und scheibenwischerverdrehende Teufel, denen nur mit gezielten Steinwürfen beizukommen ist.

Paviane sind Allesfresser. Streit aus Futterneid ist bei ihnen an der Tagesordnung. Ebenso sind aber auch Großzügigkeit, Liebe und Zärtlichkeit unter ihnen zu beobachten. Langweilig wird es ihnen nie!

Geschichte

Unser Wissen über die Geschichte Afrikas beschränkt sich meist auf das 20. Jahrhundert: Auf den Zeitraum, in dem „wir“ „die“ mit den Segnungen unserer Zivilisation bekannt gemacht haben. Stichworte schwirren in unseren Köpfen herum, Kolonisation, Neokolonialismus, Ausbeutung, dicke Tyrannen und Schweizer Bankkonten, Hunger und Bürgerkriege. Und darüber die Resignation, daß Afrika einfach nicht zu helfen ist, weil „die“ einfach nichts mit der Entwicklungshilfe anfangen können. Denn das müßten sie doch langsam gelernt haben, Imperialismus hin oder her! Da entsteht dann leicht der Eindruck, daß Afrika vor der Ankunft der ersten Weißen in einem gleichbleibenden, unverfälschten Zustand verharrt hat. So lange, bis „wir“ diese armen Geschöpfe von dieser erbärmlichen Unwissenheit erlöst haben.

Dabei hat Afrikas Geschichte Jahrtausende auf dem Buckel. Allerdings ist es nicht so leicht, sie zu rekonstruieren, denn anders als in Europa hat es hier nie schriftliche Quellen gegeben. Schriftlosigkeit ist jedoch noch lange kein Beweis für Geschichts- und Kulturlosigkeit, wie viele heute noch stillschweigend annehmen. Die afrikanischen Völker haben denkwürdige Ereignisse, ihre

Herkunft, große Wanderungen, Kriege oder Dürrezeiten immer in der Form mündlicher Überlieferung festgehalten und darin eine schier unglaubliche Meisterschaft entwickelt. Viele alte Menschen in den ländlichen Gegenden können noch heute ihre Ahnenreihe bis ins zwanzigste Glied aufsagen. Wer von uns kann das schon?

Und als die im rassistischen Denken befangenen Weißen verwirrt feststellten, daß in Zimbabwe Steinbauten existierten, deren Grundrisse von hochentwickelter Baumeisterkunst künden, oder wenn sie in alten chinesischen Schriften lasen, daß Malindi im 15. Jahrhundert am chinesischen Hof eine diplomatische Vertretung unterhielt, dann „bewiesen" sie mit fast schon grotesk wirkender Spitzfindigkeit, daß nicht schwarze Afrikaner diese Leistungen vollbracht haben konnten, sondern hellhäutige, „intelligentere" Einwanderer aus dem Norden.

Obwohl wissenschaftlich längst widerlegt, spukt das Vorurteil vom hellen Menschen mit dem größeren Gehirnvolumen noch immer in vielen Köpfen herum.

Bei vielen erzeugt es ein überhebliches Verhalten gegenüber den afrikanischen Gastgebern und versperrt den Blick dafür, daß sich Afrika, ebenso wie die übrige Welt, in einem ständigen Prozeß des Wandels befindet und durchaus zu einer eigenständigen Entwicklung fähig ist — wenn wir das endlich zulassen ...

Ur- und Frühgeschichte

Spätestens seit den frühen 60er Jahren hat Ostafrika Asien den Rang als Wiege der Menschheit abgelaufen. Vor 25 Millionen Jahren bedeckte ein riesiger Wald die gesamte Region, die damals nicht wie heute in gewaltigen Stufen, sondern als ein sich zum Indischen Ozean neigendes Plateau abfiel. Dann geriet die Erde in Bewegung, Vulkane entstanden, und im Westen bildete sich eine Senke, die sich mit Wasser füllte: der Viktoria-See. Von Norden nach Süden durchschnitt der Grabenbruch das Land, von heftigen Beben begleitet.

Die Entstehung der Vulkane und des Ostafrikanischen Grabens führten zu einschneidenden klimatischen Veränderungen. Die Wälder, plötzlich im Schatten der Vulkanmassive und der neu entstandenen Hochländer liegend, verdorrten und wurden zu Savannen. Die Waldbewohner, unter ihnen die Vorläufer der Menschen, verließen im Laufe der Zeit ihren alten Lebensraum und paßten sich den neuen Bedingungen an.

Nach den heutigen Erkenntnissen ist der „Proconsul" der gemeinsame

Vorfahr von Affen und Menschen. Später entwickelten sich diese jedoch parallel zueinander, was letztendlich bedeutet, daß der Mensch *nicht* vom Affen abstammt.

Bevor das berühmte Forscherehepaar Louis und Mary Leakey, deren Namen heute zu den angesehensten in Kenia zählen, in den frühen sechziger Jahren seine wichtigsten Funde machte, wußte die Fachwelt außer vom „Proconsul" noch vom 10 Millionen Jahre alten „Australopithecus" und vom etwa eine Million Jahre alten „Homo erectus". Dieser stellte nämlich im Gegensatz zum „Australopithecus" — kennzeichnend für den Menschen — Werkzeuge her. Wo aber war das fehlende Glied, das „missing link", im Stammbaum des Menschen?

In der Olduvai-Schlucht im Norden Tansanias fanden die Leakeys einen zertrümmerten Schädel und das Stück eines Unterkiefers, die beide zu einem weiter entwickelten Hominiden als dem „Australopithecus" gehören mußten. Er wurde „Homo habilis" (geschickter Mensch) getauft und auf 1,75 Millionen Jahre datiert. Bedeutsam an diesem Fund war ferner, daß der „Homo habilis" in derselben Erdschicht gefunden worden war wie ein weiterer „Australopithecus". Dies war der Beweis dafür, daß die Vertreter der verschiedenen menschlichen Entwicklungsstufen nicht aufeinander gefolgt, sondern Zeitgenossen gewesen waren. Untermauert wurde diese neue Erkenntnis 1972 durch Richard Leakey, einen Sohn des Ausgräberpaares. Am Turkana-See fand er einen Schädel, der ebenfalls einem „Homo habilis" gehörte, aber noch eine Million Jahre älter war.

Auch Steinwerkzeuge, allerdings wesentlich jünger, wurden von den Leakeys gefunden, und zwar in Olduvai, in Olorgesaillie (südlich von Nairobi an der Straße nach Magadi) und in Kariandusi (östlich von Nakuru an der Straße nach Gilgil). Während der Mittelsteinzeit, in Kenia von etwas 100 000 bis 50 000 v. Chr., erfolgte eine merkliche Verfeinerung der Werkzeuge. Ihre Benutzer lebten vom Jagen und Sammeln. Von den Menschen der Jungsteinzeit ist aufgrund archäologischer Belege aus dem Norden Kenias bekannt, daß sie ihre Toten in Höhlen und unter Steinhaufen beisetzten.

Vor etwa 8000 Jahren kam der Fischfang hinzu. Einige Gruppen wurden seßhaft. Nach weiteren 5000 Jahren kamen Viehhaltung und Ackerbau auf, die zwei Produktionsweisen, die heute noch in Kenia dominieren.

Die Spuren der jungsteinzeitlichen Pflanzer können in Hyrax Hill, einem

Ausgrabungsort östlich von Nakuru, besichtigt werden.
Auf die Jungsteinzeit folgte noch vor der Zeitenwende die Eisenzeit. Von der Verarbeitung weicheren Materials wie Bronze oder Kupfer ist bis jetzt nichts bekannt. Die Kenntnisse der Eisenverhüttung wurden von Bantusprechenden Ackerbauern aus dem Südwesten des Kontinents mitgebracht. Sie ließen sich hauptsächlich in den Hochländern und an den fruchtbaren Berghängen nieder und schlugen Schneisen in die Wälder, um Gartenfeldbau zu treiben. Einige Bantu-Gruppen zogen zur Küste und vermischten sich nach und nach mit den dort bereits siedelnden Arabern und Indern.
Die zur gleichen Zeit aus dem südlichen Sudan einwandernden Nilotisch sprechenden Hirtenvölker bevorzugten ihrer großen Rinderherden wegen die weiten Grasländer. Unter ihnen waren auch die Ahnen der heutigen Masai. Ab dem 17. Jahrhundert kontrollierten sie dank ihrer militärischen Überlegenheit ein Gebiet, das sich vom Mt. Kenya bis nach Süd-Tansania erstreckte.
Diese Siedlungsverteilung ist trotz der hohen Mobilität der Bevölkerung in groben Zügen bis heute geblieben.

Das Land Zinj

Die Geschichte der Küste nahm unterdessen einen gänzlich anderen Verlauf. Ägypter, Phönikier, Griechen, Römer und Perser segelten seit dem 3. Jahrtausend v. Chr. bis nach Mozambique hinab, teils im Auftrag ihrer neugierigen Dienstherren, teils, um die rege Nachfrage nach Gold, Elfenbein und Mangrovenholz daheim zu befriedigen. Wie gut man sich im Römischen Reich an der ostafrikanischen Küste auskannte, beweist der „Periplus der Erythräischen See", ein Handbuch für Seefahrer, das von einem griechischen Kaufmann im 1. Jahrhundert n. Chr. geschrieben wurde und Handelsrouten und -kontore am Roten Meer und südlich davon beschreibt.
Im Laufe des 8. und 9. Jahrhunderts n. Chr. übernahmen die Araber die Mittlerposition zum Mittelmeerraum. Die Handelsverbindungen zum Persischen Golf und zu den Kalifen von Bagdad traten in den Vordergrund. Feste Handelsposten entlang der Küste entstanden. Elfenbein blieb weiterhin der Exportschlager Nr. 1, und zwar über Indien hinaus bis ins ferne China. Chinesische Geographen sprachen von einer reichen Stadt namens „Mo Lin", womit sie vielleicht Malindi meinten, und im 12. Jahrhundert gab es in den chinesischen Adelskreisen kaum eine Familie, die nicht Sklaven aus Ostafrika hielt. Schriftlich verbürgt ist der Besuch ei-

ner Gesandtschaft aus Malindi am chinesischen Kaiserhof im Jahre 1414. Als Gastgeschenk brachte sie eine Giraffe mit. Aus China gelangten Stoffe, handwerkliche Produkte und insbesondere Porzellan nach Ostafrika.
Die Araber, die sich an der Küste, dem Land „Zinj", niederließen, vermischten sich mit den „zanji", den Schwarzen. Ibn Battuta, der berühmte arabische Reisende, beschreibt im 14. Jahrhundert die Bewohner der mächtigen Stadt Kilwa an der Südküste des heutigen Tansania als kohlrabenschwarz, Tätowierungen im Gesicht tragend und dem Islam anhängend. Die Häuser seien aus Stein, und nach dem Freitagsgebet verteile der Sultan Stoffe an die Armen. In Ansätzen entwickelte sich hier und auch in den anderen Küstenstädten Mombasa, Malindi, Pate, Lamu und Mogadischu eine Klassengesellschaft, die sich keineswegs ethnisch definierte, sondern zwischen islamischen — nicht nur arabischen — Stadtbewohnern und afrikanischen, nicht islamisierten Landbewohnern unterschied. Gesprochen wurde nicht arabisch, sondern eine Bantu-Sprache, das Kiswahili. Versetzt mit arabischen Wörtern und Begriffen, entwickelte es sich rasch zur Verkehrssprache entlang der Küste.
Die Städte dehnten sich nie ins Landesinnere aus. Sie waren zu sehr auf den Handel im Indischen Ozean ausgerichtet. Untereinander lebten sie in permanenter Rivalität. Sultane und Scheichs schlossen und lösten Bündnisse, erklärten einander den Krieg, vernachlässigten jedoch nie den Handel, der seine Blüte im 15. Jahrhundert erlebte. Dazu trug auch die europäische Nachfrage nach afrikanischen Produkten während der Renaissance bei. Gold, Elfenbein und Schildpatt gelangten über das Rote Meer nach Ägypten und Syrien, von wo sie in den Kreislauf des venezianischen und genuesischen Handels flossen.

Portugiesen, Araber und Briten

Mit der Ankunft der Portugiesen an der ostafrikanischen Küste änderte sich die Situation schlagartig. Von seinem König mit der Entdeckung des Seewegs nach Indien beauftragt, mußte *Vasco da Gama* 1498 auf seiner Fahrt entlang der ostafrikanischen Küste zu seinem Leidwesen feststellen, daß der Handel bereits fest in arabischer Hand war. Niemand freut sich über Konkurrenz, und so gab es bereits in Mozambique handfeste Auseinandersetzungen, von denen man natürlich auch in Mombasa erfuhr. Als die Portugiesen vor der Stadt ankern wollten, kappten ihre Bewohner die Ankertaue der Schiffe und zwangen sie so zur Weiterfahrt. Von allen Städten bereitete ihnen nur Malindi, ein alter Rivale Mombasas, einen freundlichen Empfang. Dort erhielt da Gama einen Lotsen, der die Expedition sicher über den Indischen Ozean nach Kalikut, dem heutigen Kalkutta, bugsierte.

In der Folgezeit mußten die anderen Städte für den unfreundlichen Empfang der ersten Portugiesen büßen. Mombasa wurde 1500, 1505 und 1528 zerstört und seine Bevölkerung massakriert, ein Warnsignal für die übrigen Städte, die nun horrende Tributzahlungen zu entrichten hatten. Portugal war jedoch weit, und die Herrschaft der Portugiesen stand immer auf wackligen Beinen.

Überall flackerten Aufstände auf. Nachdem eine von den Städten zu Hilfe gerufene türkische Flotte von den Portugiesen in die Flucht geschlagen worden war, errichteten sie in Mombasa, einer Stadt von damals etwa 30 000 Einwohnern, das mächtige Fort Jesus (1593-1596).

Trotzdem: langfristig standen sie auf verlorenem Posten. 1696 versetzten die Oman-Araber der portugiesischen Herrschaft mit der Eroberung des Fort Jesus in Ostafrika den Todesstoß. Nach 33monatiger Belagerung ergaben sich die letzten 13 Verteidiger der Festung.

Von 1698 bis 1837 wurde Mombasa mitsamt der Küste von Pate im Norden bis Vanga tief im Süden zumindest formell von den Oman-Arabern kontrolliert. Überall wurden Vizekönige vom Sultan von Oman eingesetzt, um deren Treiben er sich allerdings nicht allzu viel kümmerte, da er selbst Probleme genug hatte. 1739 fielen die aus dem Mazrui-Clan stammenden Statthalter Mombasas von Oman ab und regierten die Stadt als unabhängige „liwalis“ (i. e. Gouverneure) mit Zustimmung und Unterstützung der einheimischen Swahili-Bevölkerung.

Unter der Mazrui-Dynastie (1739-1837) war Mombasa Herrin der gesamten kenianischen Küste sowie Pembas und der nördlichen Küste Tansanias. Aus dieser Zeit stammen die meisten Moscheen. Die Herrschaft der Mazruis endete, als Oman, von den Engländern zur ersten Macht am Persischen Golf aufgebaut, seine Aufmerksamkeit wieder Ostafrika zuwandte. 1837 eroberte Sayyid Said bin Sultan (1806-1856) von Sansibar aus Mombasa.

Bereits vor der Jahrhundertwende hatte der Sklavenhandel im großen Maßstab begonnen. Europäische Kaufleute erwarben auf den Sklavenmärkten an der Küste „schwarzes Elfenbein“ für die Plantagen der Franzosen und Engländer auf den Inseln im Indischen Ozean. Aber auch der

Handel mit Gewürznelken aus Sansibar wurde bald so lukrativ, daß Sayyid Said seinen Hof von Oman nach Sansibar verlegte. Als nüchtern kalkulierender Handelsherrscher schloß er Verträge mit den USA (1833), Großbritannien (1839), Frankreich (1844) und den deutschen Hansestädten (1859). Damit öffnete er sein Reich der ganzen Welt. Nach kurzer Zeit hatte jedoch nicht mehr er das Sagen, sondern die Warenbörsen in London und New York bestimmten den Weltmarktpreis für die Exportwaren Gewürznelken, Elfenbein und Zimt.

Der Sklavenhandel wurde währenddessen auf Betreiben der Engländer schrittweise eingedämmt und 1873 schließlich ganz verboten. Allerdings geschah dies mehr in der Absicht, ihren kolonialen Ambitionen ein humanitäres Deckmäntelchen umzuhängen, als aus christlicher Nächstenliebe.

Ab der zweiten Hälfte des 19. Jahrhunderts diktierten die internationalen Handelsgesellschaften die Bedingungen. Lokale Regenten wurden nach Belieben ein- und wieder abgesetzt. Die Engländer trennten das Sultanat Oman von seinen ostafrikanischen Besitzungen und bauten Mombasa und Sansibar systematisch zu mächtigen Handelspartnern auf.

Die „Entdeckungen“

Unterdessen tasteten sich die ersten Europäer vorsichtig ins Landesinnere vor. Den Anfang machten zwei anglikanische Missionare deutscher Herkunft, Rebmann und Krapf. 1848 stieß Rebmann von Mombasa aus 129 km weit bis in die Taita Hills vor, von wo er als erster Weißer die schneebedeckte Kuppe des Mt. Kilimandjaro erblickte. Krapf hielt sich weiter nördlich. 1849 schlug er sich bis ins Kambaland durch, 322 km von Mombasa entfernt. An einem klaren Morgen des 3. Dezember sichtete er in nordwestlicher Richtung einen anderen weißen Berg, den Mt. Kenya. Die Nachricht von schneebedeckten Bergen am Äquator wurde in Europa noch lange von den „Experten“ für einen Witz, und die beiden Missionare wurden für Aufschneider gehalten. Nachdem die Briten Burton und Speke den Tanganjika-See und den Viktoria-See entdeckt hatten, sorgten die Reisen des Schotten Joseph Thomson und des österreichisch-ungarischen Grafen Teleki für die Erforschung der Hauptstrukturen Kenias und seiner Bevölkerung. 1883 zog Thomson als erster Weißer durch das Land der wegen ihrer Grausamkeit gefürchteten Masai, die bis dahin jeder Karawane den Garaus gemacht hatten.

Thomson war mit 140 Trägern und Bewaffneten ausgekommen. Die Expedition des Grafen Teleki dagegen glich einer Völkerwanderung: 700 Mann schleppten 115 Rollen Eisen-, Kupfer- und Messingdraht, eine Tonne modischer Glasperlen und 22 000 m Kattun. Im Januar 1887 brach die Expedition zur Erforschung des Nordens Kenias auf. Der Weg dorthin wurde, wie damals üblich, regelrecht freigekauft und -geschossen. Gegen Jahresende wurde, nach einem langen und entbehrungsreichen Marsch durch eine bizarre, von Lavabrocken übersäte Mondlandschaft, ein riesiger, jadegrüner See entdeckt. Teleki nannte ihn zu Ehren des österreichischen Kronprinzen „Rudolf-See" (heute: Turkana-See).

Aber was heißt eigentlich „Entdecker"? Für die afrikanische Bevölkerung waren die Reisen der „wazungu" (kisw. für „Weiße") nichts Ungewöhnliches. Was in der Heimat der Entdecker als Heldentat gefeiert wurde, schrumpft arg zusammen, wenn man sich den Verlauf einer typischen Forschungsexpedition näher anschaut. Es beginnt mit der Route. Was die Entdecker später in ihren populären Büchern als einen gefährlichen Weg ins Unbekannte schilderten, war in Wirklichkeit nichts weiter als eine von vielen den Afrikanern längst bekannten Karawanenrouten. Besonders gut kannte sich das Volk der Kamba in Kenia aus. Sie stellten zahlreiche Führer.

Das Gelingen einer Expedition war abhängig von der Kooperationsbereitschaft der Bevölkerung. Natürliche Gefahren wie wilde Tiere und Wassermangel hatten die Europäer, entgegen ihren späteren Behauptungen, kaum zu befürchten. Das Reisen in der Karawane war nahezu risikolos. Die Berufsträger kannten jeden Stein und Strauch auf dem Weg, sie wußten genauestens über Gefahrenquellen Bescheid, und sie wußten vor allem, wo Wasser zu finden war. Entlang der Route gab es schließlich regelmäßig besuchte Lagerplätze, wo bei der Ankunft einer Karawane alles Volk zum Handel zusammenströmte. Außer hauptberuflichen Trägern gab es auch berufsmäßige Karawanendeserteure. Sie ernährten sich und ihre Familien, indem sie sich einige Tage nach Reiseantritt mit dem Vorschuß in der Tasche und einigen Kostbarkeiten aus den Versorgungskisten absetzten. Dies gelang zwar nicht immer, doch für viele war dies eine Form der Existenzsgrundlage. Natürlich reisten die sog. Entdecker nicht blind durchs Land. Seen und Flüsse, Gebirge und Täler wurden vermessen und exakte Karten gezeichnet, fruchtbare Landstriche sogleich mit dem Etikett „Kornkammer" belegt. Die vorgefundene Bevölkerung zerfiel in die Kategorien freundlich und feindlich.

Dies war auch die Zeit, in der in Europa Abenteuerromane aus fernen Ländern Hochkonjunktur hatten. Klischees und rassistische Vorurteile schossen ins Kraut wie nie zuvor. Vieles davon wirkt noch heute. Abgesehen von der verfälschten und von schweren Vorurteilen geprägten Darstellung afrikanischer Völker weckten die Entdecker mit ihren Berichten auch die Neugier der Politiker und der Handelshäuser. Die bekamen alle Informationen an die Hand, um in Kenia eindringen zu können.

Politik im unabhängigen Kenia

Das Hauptziel des modernen Kenia ist es, das Land zu einem afrikanischen Staat zu machen. Die von Kenyatta eingeleitete Afrikanisierungspolitik dauert bis heute an und geht nur sehr langsam vonstatten. (Manche behaupten, sie sei nie ernsthaft begonnen worden ...) Unter den Engländern war den Afrikanern systematisch der Eintritt ins Geschäftsleben verwehrt worden, so daß bei der Unabhängigkeit kaum qualifizierte einheimische Fachkräfte bereitstanden, um die Posten der Europäer und Asiaten zu übernehmen. Anstatt alle Ausländer auszuweisen und so den totalen wirtschaftlichen Zusammenbruch zu riskieren, geht die kenianische Regierung schrittweise vor. Die Asiaten, die den Handelssektor beherrschten, werden nach und nach durch Handels- und Lizenzrestriktionen verdrängt, während die europäischen Siedler — sie trugen die gesamte exportorientierte Landwirtschaft — nach und nach mit großzügigen Kompensationszahlungen abgefunden werden. Das Geld hierfür stammte allerdings über lange Zeit von der englischen Regierung, die als Gegenleistung für diese Großzügigkeit ihre Monopolstellung im Handel mit Kenia behielt.

Die ersten 15 Jahre Unabhängigkeit lesen sich wie eine Erfolgsstory. Kenia wurde berühmt für seine politische Stabilität und sein beispielhaftes Wirtschaftswachstum. In der Tat war die Regierung vergleichsweise erfolgreich beim „nation building", der Integration der vierzig verschiedenen Völkerschaften zu einem einzigen modernen Staat. Dies war vor allem der einigenden Persönlichkeit Jomo Kenyattas zu verdanken, der als Symbol des Unabhängigkeitskampfes von allen Seiten akzeptiert und verehrt wurde.

Der innere Friede ist allerdings nur oberflächlich. Bereits während der Kolonialzeit war eine neue bürokratische afrikanische Herrschaftsklasse entstanden, die sich nach der Erlangung der Unabhängigkeit hemmungslos bereicherte und den nationalen Entwicklungsprozeß hemmte. (1990 verfügten 10 % der Bevölkerung über 60 % des gesamten Volkseinkommens!). Sie machte die kenianische Innenpolitik zu einem unübersichtlichen Gewirr einander bekämpfender, am Stammesdenken orientierter Machtgruppen, die ihre Pfründe mit Intrigen und Vetternwirtschaft zu sichern suchen. Das jetzige Staatsoberhaupt, Präsident Daniel arap Moi, selbst aus dem Volk der Kalenjin, betreibt offiziell (!) eine Politik des Ausgleichs zwischen den Völkern. Vor allem bekämpft er die immer wieder bedrohliche Dominanz der Kikuyu-Clane in der Wirtschaft. So fiel z. B. Minister Charles Nyonyo, ein Kikuyu, 1985 einer Flüsterkampagne zum Opfer. Man sagt, Moi habe persönlich die Aktion gegen den immer einflußreicher werdenden Nyonyo geleitet. Tatsächlich ist die Politik des Ausgleichs ein Tanz auf dem Vulkan, ein ständiges Jonglieren und Taktieren mit den auseinanderdriftenden Interessen der Kikuyu, Luo, der Nomaden im Norden und der Völker entlang der Küste. Natürlich vergißt Moi dabei nicht, auch gut für sich und seine Heimatregion zu sorgen. Von der aus dem englischen „Mutterland" importierten parlamentarischen Demokratie blieb nicht viel übrig. Das kenianische Parlament nimmt nur die Beschlüsse des Präsidenten zur Kenntnis. Obwohl Kenia ein Ein-Parteien-Staat ist, ist auf unterer Ebene doch viel im Fluß. Im September 1983 verloren 49 Parlamentsmitglieder ihre Sitze, darunter auch bekannte „alte Hasen". Sich selbst und seine Führungsregie stellte Moi nie direkt zur Wahl.

Die kenianische Präsidial-Diktatur duldet keine Opposition. Zum erstenmal deutlich wurde dies Mitte der 70er Jahre, als die erste Ölkrise die wirtschaftliche Struktur des erdölimportierenden Landes drastisch verschlechterte und zu Mißstimmungen innerhalb der Regierungspartei KANU führte. Der Staatssekretär J. M. Kariuki legte den Finger auf diese Wunde mit öffentlichen Äußerungen wie „Kenia wurde zu einem Land mit zehn Millionären und zehn Millionen Bettlern". 1975 wurde seine Leiche in den Ngong Hills gefunden. Die Umstände seines Todes blieben bis heute im Dunkeln.

Die befürchteten Unruhen bei der Nachfolge Kenyattas blieben aus. Nach seinem Tod am 22.8.1978 übernahm verfassungsgemäß sein Vize,

Daniel arap Moi, die Regierungsgeschäfte. Sein Motto ist „Nyayo", was frei übersetzt soviel bedeutet wie „in den Fußstapfen des alten Mannes". Zwecks Aussöhnung mit den Regimegegnern entließ er alle politischen Gefangenen, darunter auch den international bekannten Dichter Ngugi wa Thiongo. Weitere Akzente der Moi-Regierung: Kampf gegen Korruption, Schmuggel und Schwarzmarkt, die Säuberung des Beamtenapparats und die Eindämmung der großzügigen Landverteilung an Parteigänger der Regierung. Hierdurch nämlich hatte die Konzentration von Landbesitz in den Händen weniger ähnliche Dimensionen angenommen wie zur Kolonialzeit.

Von traumatischen Erfahrungen blieb Kenia auch in den 80er Jahren nicht verschont. Eine zweite Ölkrise, in astronomische Höhe gestiegene Zinsen für ausländische Kredite und der Verfall der Rohstoffpreise auf dem krisengeschüttelten Weltmarkt hatten ernste wirtschaftliche Konsequenzen, die zwangsläufig wieder in eine innenpolitische Krise mündeten. Als einer neuen Hungersnot im Norden nicht mit eigenen Mitteln begegnet werden konnte, weil zuvor in politischer Kurzsichtigkeit sämtliche Maisreserven des Landes exportiert worden waren, begann es im ganzen Land unruhig zu werden. Im August 1982 versuchten die Studenten der Nairobi University zusammen mit Teilen der Luftwaffe den Putsch. Schlecht organisiert, brach der Aufstand jedoch nach wenigen Stunden zusammen. Eine offizielle Untersuchung zur Aufdeckung der Hintergründe fand nie statt. Anschließend sprach die Regierung von 152 Toten — Augenzeugen berichteten jedoch von wesentlich mehr Toten in einer einzigen Straße Nairobis.

Es wurden allerdings eine Reihe von Sicherheitsoffizieren und zahlreiches Luftwaffenpersonal entlassen. Daß die Wogen sich inzwischen geglättet haben, läßt sich nicht gerade behaupten. Die Universität von Nairobi wird von der Regierung mit Argusaugen beobachtet; mit schöner Regelmäßigkeit wird sie vom Militär geschlossen. Ebenso rigoros ging die Regierung in dieser Zeit gegen eine neue linke Untergrundbewegung mit Namen „Mwa Kenya" vor. Die Gruppe verteilte illegal Schriften und Flugblätter, darunter auch eine Anleitung zum Guerillakrieg in Kenia. Manche glauben, in Mwa Kenya eine Wiederbelebung der Gruppen um den 82er Putschversuch sehen zu können. Genaueres wurde aber nicht bekannt. Bis Juli 1988 wurden in diesem Zusammenhang etwa 100 Personen verhaftet, zehn davon erhielten hohe Gefängnisstrafen. Es scheint nicht, daß Mwa Kenya für die Regierung jemals eine ernsthafte Bedrohung darstellte. Klar ist, daß die Unzufriedenheit im Land, besonders unter den jungen Leuten in den Städten, groß ist und ständig wächst. Die Ursache hierfür liegt im ständigen Rückgang des Lebensstandards und der immer größer werdenden Kluft zwischen Reich und Arm. Hinzu kommt die hohe Arbeitslosigkeit, besonders unter Schulabgängern.

Seit Ende der 80er Jahre streift die Perestroika auch Afrika. Viele Regierungen haben bereits, mit dem Rücken zur Wand, der Forderung ihrer Völker nach Pluralismus und freien Wahlen nachgegeben. Alleinherrscher Moi dagegen sieht hinter der Demokratisierung das Gespenst des Stammesklüngels (Tribalismus). Er befürchtet, daß neue Parteien sich mehr nach der Stammeszugehörigkeit als nach politischen Programmen bilden und ein Mehrparteiensystem deshalb die nach der Unabhängigkeit mühsam errungene staatliche Einheit gefährden könnte. Und so reagieren er und seine ihm ergebene Regierungsmannschaft auf Demokratieforderungen der Bevölkerung mit einem Eiertanz zwischen Repression und Reformversprechungen. Nach der Ermordung von Außenminister Robert Ouko, einem der prominentesten Regimekritiker, sprach Moi im Februar 1990 von einem Verlust „für die ganze Nation" und engagierte Scotland Yard für die Aufklärung des Mordfalls. Der im Anschluß an über 400 Vernehmungen entstandene Bericht belastete Moi jedoch so schwer, daß dieser ihn umgehend auf Eis legte und die britischen Polizisten des Landes verwies. Neben persönlichen Rivalitäten zwischen dem populären und rhetorisch brillanten Ouko und dem eher steifen Moi war nämlich, so der Bericht, die ständige Forderung des Außenministers nach einer Überprüfung aller Minister auf Korruption das Hauptmotiv für seine Ermordung.

Im Mai 1990 forderten Kenneth Matiba und Charles Rubia, zwei Geschäftsleute und frühere Minister, auf einer Pressekonferenz in Nairobi die Wiederherstellung des Mehrparteiensystems, so wie es offiziell noch bis 1982 existiert hatte. Sie wurden verhaftet und im Gefängnis gefoltert. Moi verkündete, er werde alle Systemveränderer „wie Ratten" jagen lassen. In der zweiten Juliwoche kam es in Nairobi, Naivasha, Nakuru und Nyeri zu regierungsfeindlichen Demonstrationen: Die Polizei eröffnete das Feuer, mindestens 20 Personen kamen ums Leben. Die Demonstranten seien „Geisteskranke", „Rowdies" und „Drogenabhängige" gewesen, wie der Präsident sich in der Presse vernehmen ließ.

Einen Monat später sorgte der Fall Muge für Aufregung. An der Spitze der kenianischen Kirchenführer hatte der Bischof von Eldoret bereits seit längerem den Rücktritt von Präsident Moi gefordert. Vor einer Reise in den Busia-Distrikt im Westen des Landes wurde Muge vom amtierenden Arbeitsminister gewarnt. Er würde, so Peter Okondo, nicht lebend zurückkommen. Muge, der in Bisia eine unabhängige Kommission zur Überprüfung von Korruptionsvorwürfen gründen wollte, mißachtete die Warnung und kam auf der Rückreise bei einem Autounfall ums Leben. Okondo mußte zwar danach zurücktreten, die näheren Umstände des Todes von Bischof Muge blieben jedoch im Dunkeln.

Für Schlagzeilen im Ausland sorgte schließlich die Verhaftung des Herausgebers der „Nairobi Law Monthly“, Gitobu Imanyara. Der populäre Journalist und Träger des Freiheitspreises der Liberalen Internationale hatte in einem kritischen Artikel eine Kalenjin-Mafia hinter dem Präsidenten ausgemacht. Diplomatische Interventionen, auch von Außenminister Genscher, zur Freilassung Imanyaras blieben bislang erfolglos. In der Tat sprechen mehrere Anzeichen dafür, daß Moi, als Tugen zum Volk der Kalenjin gehörend, nach einem Jahrzehnt der Politik des Ausgleichs zwischen Kikuyu und Luo nun versucht, diese beiden Völker „auszubooten“. Bereits 1988 wurde Vizepräsident Josephat Karanja, ein Kikuyu, unter fadenscheinigen Vorwänden „zurückgetreten“ und George Saitoti, ein Nicht-Kikuyu, an seine Stelle gesetzt. Robert Ouko war ein Luo; als J.M. Wanjigi, ein Kikuyu und altgedienter Parlamentarier, gegen die Zerstörung eines Slumviertels im Osten Nairobis protestierte, wurde er kurzerhand entlassen. Nach den Unruhen vom Juli machte Präsident Moi dann zum ersten Mal in aller Öffentlichkeit die Kikuyu für die Demonstrationen verantwortlich.

Präsident Moi wittert inzwischen überall Verrat. Sogar Reggae-Musik war 1990 als „aufwieglerische Musik“ ein paar Monate lang verboten. 1991 konstatieren die internationalen Medien der kenianischen Administration erhöhte Nervosität, was sich vor allem daran ablesen läßt, daß Moi hinter jedem neuen Unruheherd fast schon reflexartig auch ausländische Konspirationen vermutet. So beschuldigte er Anfang des Jahres kenianische Studenten in Baltimore (USA), eine Exil-Regierung gegründet zu haben, deren Mitglieder zu allem Überfluß ausnahmslos Kikuyu seien. Wahr ist, daß unter den kenianischen Studenten in den USA eine spürbare Radikalisierung stattgefunden hat, die u.a. zur Gründung eines sog. „Centre for Democracy" führte.

Der Besucher bekommt von den inneren Problemen des jungen Staates jedoch nicht viel mit. Man tut alles, um das gute Image als politisch stabiles Investitionsland zu bewahren. An dieser Stelle ein Wort an die selbsternannten „Dritte-Welt-Spezialisten" daheim: Das politische System Kenias ist nicht erste demokratische Wahl, es gibt Korruption, Wahlbetrug, keine legale Opposition und einen Präsidenten mit diktatorischen Vollmachten. Aber Afrika ist nicht Europa, und das unabhängige Kenia hat mit völlig anders gearteten Problemen zu kämpfen als die Länder im Norden. Da kann man nicht erwarten, daß in zwanzig Jahren Unabhängigkeit erreicht wird, wozu Europa zweihundert Jahre brauchte.
In 60 Jahren Kolonialzeit wurde das Land systematisch ausgebeutet, die afrikanische Bevölkerung zu steuerzahlenden Untertanen, aber nicht zu mündigen Bürgern erzogen. Von qualifizierten Ausbildungsgängen wurden sie ebenso ferngehalten wie von der aktiven Teilnahme am Wirtschaftsleben. Auch heute mischen ausländische Kapitalinteressen in Kenia kräftig mit, nicht uneigennützig, versteht sich. Dazu die Dürren im Norden, das nicht so leicht vergehende Stammesdenken und die immer größer werdende Kluft zwischen Arm und Reich ... all das sollte man bedenken, wenn man mit Kenianern über Politik diskutiert.

Wirtschaft

Kenia ist ein ausgesprochenes Agrarland. Der energisch vorangetriebenen Industrialisierung zum Trotz trägt die Landwirtschaft noch immer die Volkswirtschaft. Das ländliche Erscheinungsbild ist gekennzeichnet von kapitalintensiven, exportorientierten Großfarmen, progressiven kleinbäuerlichen Betrieben und zahllosen am Existenzminimum lebenden, ausschließlich für den Eigenbedarf produzierenden Kleinbauern.
Für den Binnenmarkt werden Mais, Weizen, Hafer und Süßkartoffeln produziert. Zusammen mit der auf hohem Niveau befindlichen Milch- und Viehwirtschaft sind sie die Grundlage der Nahrungsmittelversorgung. Von Zeit zu Zeit, wie während der letzten Dürre, werden Nahrungsmittelimporte nötig.
Wichtigste Exportartikel sind Tee, Kaffee, Sisal und Pyrethrum. Die Erträge aus der Kaffeerekordernte von 1986, die mit der Mißernte in Brasilien zusammenfiel, wirkten nur vor-

übergehend stimulierend auf die Volkswirtschaft. Seit einiger Zeit werden auch Obst, Blumen und Gemüse nach Europa exportiert.

Die Industrie Kenias ist unter den ostafrikanischen Staaten die fortgeschrittenste. Mit über zwei Dritteln des gesamten Produktionswertes dominieren Ver- und Gebrauchsgüter aus Betrieben der Konsumgüterindustrie. Bislang hieß das Schlagwort der Industrialisierung „Importsubstitution", also Herstellung aller bisher importieren Güter im eigenen Land. In Kenia werden produziert: Plastikerzeugnisse, Düngemittel, Möbel, Bekleidung, Schuhe, Zigaretten, Nahrungsmittel und Konserven, Waschmittel und Aluminiumbleche. Es gibt Zuckerfabriken, Brauereien, Stahlwalzwerke, Montagewerke für Radios, Pkws und Lkws sowie Sägewerke. Eine exportorientierte Industrie gibt es nicht, wenn man einmal von den ersten Verarbeitungsstufen von Kaffee und Tee absieht. Die hohen Ausgaben für Energie — in den letzten fünf Jahren machte Öl 40 bis 60 % der Importrechnung aus — legt einer schnelleren Industrialisierung einen Riegel vor.

Die Aussichten für 1987 waren trotzdem nicht schlecht. Vom Kaffeeboom und den gesunkenen Ölpreisen erwartete man eine Stimulierung des Wachstums. Die wichtigsten Handelspartner Kenias sind Tansania und Uganda. Das Ende des blutigen Bürgerkriegs in Uganda wurde von Kenia begrüßt, weil damit wieder lukrative Märkte sowie die Handelsrouten nach Ruanda, Burundi und Ost-Zaire frei wurden.

In der Zwischenzeit hat sich allerdings gezeigt, daß der Aufschwung nur von kurzer Dauer war. Die internationalen Austauschbedingungen haben sich weiterhin zuungunsten Kenias entwickelt, im Februar 1988 mußte die Regierung beim Internationalen Währungsfond (IWF) Kredite über 175 Millionen Dollar beantragen.

Das hatte natürlich seinen Preis und schlug sich in den bei IWF und Weltbank üblichen Auflagen wie Abwertung der Landeswährung und Aufhebung der Importschranken nieder. Nach einer Verlangsamung des Wirtschaftswachstums von 5,2 % auf 4,5 % im Jahr 1989 mußte 1990/91 eine Stagnation bei 3,5 % festgestellt werden. Kenia schlägt sich nach wie vor mit einem riesigen Haushaltsdefizit herum und ist von ausländischen Geldgebern abhängiger denn je. Für eine halbe Million Schulabgänger stehen pro Jahr nicht mehr als 100 000 neue Arbeitsplätze bereit; Lohnerhöhungen werden sofort von der Inflation aufgesaugt.

Kenias Wirtschaft ist eine reine Marktwirtschaft mit den für Länder der Dritten Welt typischen Merkmalen einer „mixed economy“. Das heißt, daß das Kapital sowohl von privaten und staatlichen als auch von verschiedenen ausländischen Unternehmen stammt.

Die Entwicklung bis zum gegenwärtigen Zeitpunkt fand innerhalb vorgegebener kolonialer Strukturen statt, die zwar afrikanisiert, aber nicht grundlegend verändert wurden. So befindet sich die Landwirtschaft zum großen Teil heute noch in der Hand von Großgrundbesitzern, und die Industrie wird ausschließlich von ausländischen Kapitalgruppen kontrolliert. Für ausländische Privatinvestitionen gab es bislang kaum Beschränkungen. Mitte 1986 verkündete Präsident Moi, um die Kenianisierung voranzutreiben, allen ausländischen Investoren, sich bei sog. „Joint Ventures“ (i. e. Gemeinschaftsunternehmen) demnächst mit einem Minderheitsanteil begnügen zu müssen, d.h. dem kenianischen Partner mindestens 51 % der Gesamtanteile einzuräumen. Speditionsunternehmen mit ausländischer Anteilsmehrheit wurden vom Finanzministerium ultimativ aufgefordert, bis zum 31.12.1986 für 51 % kenianische Beteiligung zu sorgen. Ein weiterer Schritt wird die Einschränkung ausländischen Personals sein. Leider hat die freie Marktwirtschaft auch in Kenia ihre Schattenseite. Die Kluft zwischen Arm und Reich ist unüberbrückbar geworden. Die Angehörigen der kleinen, auch für europäische Begriffe superreichen Oberschicht fliegen zum Einkaufen nach London und New York, und auch der noch relativ kleine Mittelstand genießt einen hohen Lebensstandard. Die große Masse der Bevölkerung dagegen hat gerade genug zu essen und nimmt kaum oder gar nicht am Wirtschaftswachstum teil. Neben der, gelinde gesagt, ungleichen Einkommensverteilung gibt es weitere kritische Punkte: Das Ackerland wird zusehends knapper, die Bevölkerung wächst explosionsartig, und die Zahl der Arbeitslosen steigt. Gezählt werden jedoch nur Arbeitskräfte aus dem formellen Sektor. Die „working poor“, die bei langen Arbeitszeiten gegen ein geringes Einkommen in der Schattenwirtschaft des informellen Sektors schuften, sind um ein Vielfaches zahlreicher und werden von keiner Statistik geführt. Mittlerweile umschließt ein lückenloser Ring von Slums, nur zehn Autominuten vom Nairobi Hilton entfernt, die Hauptstadt. Ob die Regierung einen Weg findet, die tickende Zeitbombe zu entschärfen, wird die Zukunft zeigen.

Tourismus

1985 war das beste Jahr für Kenias Fremdenverkehrsindustrie in den letzten zehn Jahren. 500 000 Besucher kamen ins Land, 20 % mehr als im Vorjahr. Dabei wurde von der Entwicklung in Südafrika profitiert, das von den Reiseveranstaltern zunehmend gemieden wird. Außerdem bescherte der weltweite Erfolg des Films „Jenseits von Afrika" dem Land neue Popularität. Aber trotz großangelegter Werbefeldzüge sogar bis nach Australien und Japan fiel die Zahl der Touristen im Jahr darauf wieder merklich. Haben die europäischen und amerikanischen Märkte, was Sonne, Sand und Safari anbelangt, einen Sättigungspunkt erreicht? Seit neuestem muß Kenia darüber hinaus wieder mit dem Nachbarn Tansania als Konkurrent im Safarigeschäft rechnen. Tatsächlich sprachen die Reisebüros in Europa am Ende des Jahrzehnts von einer Sättigung der Touristen: Sie hatten fürs erste genug von wilden Tieren und heißer Sonne. Hinzu kamen beunruhigende Nachrichten von Überfällen auf Touristen in den National Parks sowie die AIDS-Hysterie, die so weit ging, daß britischen Soldaten auf Urlaub der Besuch bestimmter Strände untersagt wurde, weil man die dortigen Moskitos als AIDS-Überträger identifiziert zu haben glaubte. Inzwischen weiß man es besser, es kommen wieder mehr Touristen, aber die Zahlen von 1985 wurden auch 1991 nicht erreicht.

Ob das Geschäft mit den Touristen tatsächlich den erhofften wirtschaftlichen Nutzen bringt, ist jedoch zweifelhaft. Der Fremdenverkehr ist stark abhängig von äußeren Entwicklungen. Z. B. verursachte die erste Ölkrise von 1973/74 einen riesigen Devisenverlust. Außerdem reagiert die Reiseindustrie schon auf die kleinsten Anzeichen politischer Instabilität hysterisch, und Zehntausende von Touristen stornieren ihre Flüge. Der objektive finanzielle Gewinn ist gering: Die Hälfte aller touristischen Ausgaben wird gar nicht in Kenia, sondern im Heimatland des Urlaubers für Anreise und diverse Einkäufe gemacht. Die meisten Hotels sind im Besitz ausländischer Multis (Hilton, Intercontinental) und reicher Privatleute (Aga Khan, Block), die vom guten Investitionsklima (keine oder wenige Retransferbeschränkungen) profitieren und auch die 51 %-Hürde geschickt zu umgehen wissen.

Alles, was die Hotels dem Urlauber bieten, vom getönten Spiegel im WC über das edle Holzparkett im Empfang bis zu den erlesenen Weinen zum Dinner, wird aus Europa importiert. Dies und die hohen Infrastrukturkosten lassen 60 bis 70 % der im Tourismus eingenommenen Devisen wieder aus dem Land fließen. Dabei haben die für die Touristen gebauten Straßen, Kanalisationssysteme etc. oft nur vorübergehend als Arbeitsplätze Bedeutung für die Bevölkerung. Später sind sie für sie ohne jeden Wert.

Ist der wirtschaftliche Nutzen für Kenias Volkswirtschaft schon gering, so sind die soziokulturellen Auswirkungen des Tourismus allemal fragwürdig. Ein Urlaub in Kenia ist nicht das gleiche wie Ferien im Zillertal. Kenia ist ein Entwicklungsland mit hoher Arbeitslosigkeit, lächerlichem Pro-Kopf-Einkommen bei astronomischen Einkommensunterschieden und einer kulturell entwurzelten, am Rande des Existenzminimums lebenden Bevölkerung. Der von Befürwortern des Dritte-Welt-Tourismus strapazierte Slogan „Völkerverständigung" ist in 90 % aller stattfindenden Begegnungen ein Witz. Es findet nun mal keine Begegnung auf gleicher Ebene statt. Die Nichtstuer-Attitüde des Touristen und seine Ignoranz gegenüber den traditionellen und religiösen Werten seiner kenianischen Gastgeber schaffen Distanz und vertiefen bereits existierende Vorurteile. Die afrikanischen Reaktionen reichen von Scham über die eigene vermeintliche Rückständigkeit über Nachahmung des europäischen Lebensstils bis zu Haß und Ablehnung. Das schnelle Geld mit den Fremden lockt bereits die Kinder aus den Schulen, wie im Kwale-Distrikt südwestlich von Mombasa und in Shela auf Lamu, wo die Lehrer vor halbleeren Klassen unterrichten. Der Weg aus der Armut führt für die meisten der Jugendlichen in die Prostitution, die Bettelei und die Kriminalität. Diejenigen, die einen Job als Kellner im Hotel ergattern, arbeiten für den gesetzlichen Mindestlohn von 600 RSH pro Monat, einen Betrag, den der Tourist aus Deutschland leicht an einem Tag ausgibt.

Die Auswirkungen des Tourismus aufs traditionelle Kunsthandwerk: es verkitscht. Die Motive werden dem Geschmack der Käufer angepaßt. Alte religiöse und mystische Themen begegnen einem als Cocktailspießchen, Nagelreiniger und Salatbesteck wieder. Der kenianische Maler Hezron Watindi läßt an Käufern und Verkäufern kein gutes Haar: „Was immer heute in unserer Gesellschaft als Kunst oder Künstler durchgeht, ist von den Launen des Touristen diktiert. Es ist erstaunlich, wie der Tourist, der in jeder Hinsicht so beschränkt in seiner Kenntnis und Würdigung unserer Kreativität ist, jetzt jeden Schlag, jeden Farbklecks, jeden Meißelschnitt diktiert. Das

Wunschdenken, riesige Geldsummen aus der Kunst zu machen, ist verbreitet. Alle diese Aspekte, verbunden mit der dauernden Anwesenheit der Touristen und der Zwischenhändler oder eigentlich Antreiber, den falschen Förderern afrikanischer Kunst, reduziert unsere Kunst zum Absurden."

Die Touristen werden in eigens für sie aufgestellte „traditionelle" Dörfer geführt, wo ihnen „traditional african folklive" gezeigt wird.

Absolute Negativbeispiele sind die Giriama Dancing Villages entlang der Küste, deren Bewohner, unter Vertrag mit den umliegenden Hotels, mit ihren „original afrikanischen Stammestänzen" nur noch Peinlichkeit erzeugen; ihre ursprüngliche Bedeutung haben die Tänze längst verloren.

Die Kritiker sprechen mit Recht von der Kommerzialisierung der einheimischen Kulturen. Daß die traditionelle Gastfreundschaft immer mehr reinen Geschäftsbeziehungen weicht, daß die Überwindung der materiellen Armut mit der Verarmung der Kultur und der zwischenmenschlichen Beziehungen bezahlt wird, ist für viele genau hinschauende Reisende eine deprimierende Erfahrung.

Bevölkerung

Im Jahr 1991 lebten ca. 23 Millionen Menschen in Kenia. 65 000 davon waren Europäer (7000 mit kenianischem Paß), 200 000 Asiaten der verschiedensten Glaubensrichtungen (etwa 20-25 000 haben einen britischen Paß), und 42 000 sind Araber. Letztere gehen jedoch immer mehr in der afrikanischen Bevölkerung auf. Mit einem jährlichen Bevölkerungswachstum von 4 % sind die Kenianer Weltmeister im Kinderkriegen. Die Hälfte der Bevölkerung ist jünger als 15 Jahre, die durchschnittliche Lebenserwartung liegt bei 53 Jahren (BR Deutschland 72 Jahre). Für das Jahr 2000 rechnen die Statistiker mit 34 Millionen Einwohnern.

Früher als Langzeitproblem auf die lange Bank geschoben, erweist sich die Horrorquote von 4 % zusammen mit Ernährungslage, Schulbildung und chronisch schlechter Arbeitsmarktsituation als unbarmherzig tickende Zeitbombe. Die Regierung hat dies erkannt. Die Wachstumsrate soll gesenkt werden. Diesem Plan kann nur Erfolg beschieden sein, wenn es der Regierung gelingt, den Gebrauch von Verhütungsmitteln effektiv durchzusetzen und in der Bevölkerung Verständnis für die Situation des Landes zu wecken. Das aber ist nicht leicht. Vielerorts stoßen Initiativen zur Geburtenkontrolle auf heftigen Widerstand. Im Frühjahr 1986 wurden z. B. von mißtrauischen Eltern in der Schulmilch für die Kinder, aber auch in Impfstoffen und sogar im Bier sterilisierende Mittel vermutet. Die Angst vor einer heimlichen Sterilisierung schreckten vor allem Traditionalisten und die katholische Kirche, der immerhin 30 % aller Christen Kenias angehören. Schließlich ging die Hysterie so weit, daß die Hauptinitiatoren, darunter katholische Priester, festgenommen werden mußten.

Bei einer Siedlungsdichte von 31 Menschen pro qkm (BR Deutschland 248 pro qkm) sollte das rapide Bevölkerungswachstum eigentlich kein Anlaß zur Besorgnis sein. Nur ist diese Zahl eben reine Statistik, denn lediglich 17 % der gesamten Landesfläche sind ackerbaulich nutzbar. Gegenden wie das Hochland nördlich von Nairobi oder die Gebiete um den Viktoria-See sind mit 410 Menschen pro qkm absolut übervölkert. Zunehmende Landflucht, mit Nairobi oder Mombasa als Ziel, ist die unausbleibliche Folge.

97 % der Bevölkerung sind Afrikaner, die sich in 42 ethnische und sprachliche Gruppen mit noch mehr Dialekten gliedern. Es werden drei Sprachgruppen unterschieden: Bantu-Sprachen, Nilotischa-Sprechende und eine kleine Minderheit kuschitische Sprachen benutzende Völker. Bedeutendste Repräsentanten der Bantu-Sprecher sind die Kikuyu (3,6 Mill.), die Luhya (2,3 Mill.) und die Kamba (1,9 Mill.). Mit den übrigen Bantu stellen sie insgesamt zwei Drittel der Bevölkerung. Eine nilotische Sprache benutzen die Luo (2,2 Mill.), die Völkergruppe der Kalenjin (Tugen, Kipsigis, Marakwet etc., insges. ca. 1,7 Mill.) und die Masai (250 000). Die Völker kuschitischer Sprache (alle Galla- und Somali-Völker) stellen nur 4 % der Gesamtbevölkerung Kenias.

Zunächst waren die Bantu reine Ackerbauern und die Niloten viehzüchtende Nomaden. Im Laufe der Jahrhunderte vollzog sich jedoch durch eine permanente Tuchfühlung und den Austausch von Kenntnissen in Bodenbau und Rinderhaltung eine kulturelle Anpassung. So sind die Kalenjin nordwestlich des Viktoria-Sees von der Weidewirtschaft auf die kommerzielle Teeproduktion umgestiegen. Einige Untergruppen der Masai bei Taveta im Südosten sind seßhafte Ackerbauern geworden.

Für die Touristen ist eine solche Vielfalt exotisch und unterhaltsam, für das junge Kenia hingegen bedeutet es einen lästigen Reichtum. Es gilt, aus den willkürlichen Grenzziehungen der britischen Kolonialherren das Beste zu machen, die traditionellen

Antipathien zwischen Nomaden, Ackerbauern und Städtern an der Küste zu überwinden und aus einer derart unterschiedlichen Bevölkerung eine sich mit dem modernen Kenia identifizierende Nation zu basteln („nation building"). Seit den siebziger Jahren dürfen die Behörden z. B. bei einer Einstellung nicht mehr nach der Stammeszugehörigkeit fragen.
Präsident Moi ließ bei seinem Amtsantritt verlauten, er kenne keine Stämme mehr, sondern nur noch Kenianer. Daß ein offizielles Statement wie dieses die Probleme noch lange nicht aus der Welt schafft, ist klar. Die Menschen Nairobis ziehen immer noch die Gesellschaft ihrer Stammesgenossen vor, sei es am Arbeitsplatz, in der Wohngegend oder beim abendlichen Umtrunk in der Stammeskneipe. Man lebt nebeneinander, aber nicht miteinander.
Mehr noch als für die schwarzen Kenianer gilt dies für die Europäer. Ihr Kontakt zur afrikanischen Bevölkerung beschränkt sich auf den Beruf und offizielle Anlässe. Man bleibt sich fremd und legt meist auch gar keinen Wert auf nähere Bekanntschaft.
Noch unterkühlter sind die Beziehungen zwischen Asiaten und Afrikanern. Selten wird man sehen, daß Kontakt zwischen ihnen über das rein Geschäftliche hinausgeht. Ehen zwischen Angehörigen dieser beiden Volksgruppen sind undenkbar.
Trotzdem: auch das Nebeneinander der Rassen, das babylonische Sprachengewirr und die unterschiedlichen körperlichen Merkmale auf Nairobis Straßen fordern eine gehörige Portion Toleranz, die in vielen europäischen Ländern leider nicht selbstverständlich ist.

Die Bauern

Ein Beispiel: die Kikuyu. Vor gut 600 Jahren kamen sie aus dem Süden des heutigen Somalia ins ostafrikanische Hochland, um an den fruchtbaren Hängen des Mt. Kenya, den sie „Kirinyaga" nannten, zu siedeln. Mit den benachbarten Masai gaben sie sich Gesellschaften, lieferten sich aber auch blutige Fehden.
Stellung und Status jedes einzelnen basierten auf der Zugehörigkeit zur Familie, zum Clan (einer aus mehreren Familieneinheiten gebildeten Gruppe mit einem gemeinsamen Vorfahren) und zur Altersklasse. Letztere war von den Masai übernommen und vermittelte Solidarität unter allen Kikuyu über die Verwandtschaftsgrade hinaus. Über die Lebensphilosophie der Kikuyu schrieb Jomo Kenyatta, selbst aus diesem Volk und später erster Präsident Kenias: „In der Kikuyu-Denkart gibt es kein isoliertes Individuum. In erster Linie ist jedes Mitglied ein Verwandter oder Zeitge-

▲ Ein „roter Riese" kreuzt im Tsavo unseren Weg

▼ Die kenianischen Sonnenuntergänge inspirierten Elspeth Huxley zu ihrem weltberühmten Buch „Die Flammenbäume von Thika"

▲ *Immer noch keine Hosen, aber ein Fahrrad: Die Masai suchen sich aus, an welchen Entwicklungen sie teilhaben*
▼ *Längst nicht immer ist der Kopfschmuck der Frauen kostbar: Billige bunte Glasperlen werden immer beliebter*

nosse anderer. Seine persönlichen Bedürfnisse, die geistigen und die körperlichen, können nur im Rahmen seiner Rolle als Mitglied einer Familiengruppe befriedigt werden. Die Tatsache, daß in der Kikuyu-Kultur der Individualismus sprachlich mit schwarzer Magie assoziiert wird, zeigt, wie tiefliegend die Verwandtschaft in den Vorstellungen der Kikuyu mit Gut und Böse verknüpft ist."

Politisch-religiöses Oberhaupt der Familie war der Vater. Er hielt die Verbindung zu den Ahnen aufrecht, wenn es galt, Rat bei wichtigen Entscheidungen einzuholen oder sie zu besänftigen. Um den Fortbestand der Linie zu sichern, heiratete er so viele Frauen, wie es ihm wirtschaftlich möglich war.

Die Kikuyu lebten nicht in geschlossenen Dörfern, sondern in im ganzen Land verstreuten Gehöften. Man kannte kein zentralisiertes, hierarchisch gegliedertes Herrschaftssystem, die politische Macht lag vielmehr bei einem Ältestenrat.

Seit den 1890er Jahren kam es immer häufiger zu bewaffneten Auseinandersetzungen mit arabischen und europäischen Händlerkarawanen. Der Widerstandsgeist der Kikuyu wurde entscheidend gelähmt, als zum Ende des Jahrhunderts eine Serie von Rinderseuchen, Heuschreckenplagen und Dürren ihr Land heimsuchte. 70 % der Bevölkerung kamen dabei um.

Die Überlebenden zogen zu Verwandten in den Norden, um das Ende der Katastrophe abzuwarten.

Und so kam es, daß die um die Jahrhundertwende auf der Bildfläche erscheinenden Briten die gesamte verödet daliegende Region für herrenlos erklärten und der britischen Krone einverleibten. Großzügig wurde das Land an die ins Land strömenden britischen Siedler verteilt. Als die Kikuyu zurückkehrten, mußte sie feststellen, daß sie zu Fremden im eigenen Land gemacht worden waren.

Den Siedlern war das allerdings egal. Sie blieben, wo sie waren, die Armee stets in der Hinterhand. Als Pächter waren die Kikuyu jedoch willkommen, als rechtlose Tagelöhner, ohne die die Bewirtschaftung der riesigen Kaffee- und Teeplantagen gar nicht möglich war, jederzeit verfügbar, jederzeit kündbar. Die Auseinandersetzung um das gestohlene Land zog sich jahrzehntelang hin, bis sie im Mau-Mau-Krieg eskalierte. Das gesamte Volk der Kikuyu wurde in umzäunte Wehrdörfer umgesiedelt, um den Kontakt zur Guerilla zu unterbinden.

Dadurch löste sich die traditionelle Siedlungsstruktur vollends auf, auch die Kultur nahm schweren Schaden.

An die Umsiedlung schloß sich ein mühseliges Programm zur Registrierung des Landbesitzes der Kikuyu an. Sämtliche vormals weit auseinanderliegenden Gärten und Grundstücke wurden zusammengelegt, in ein Grundbuch eingetragen, und so wurde der Übergang vom Familien- zum Privatbesitz vollzogen.
Die Kikuyu litten am meisten während der Kolonialzeit. Aber dadurch organisierten sie sich auch schneller als die anderen Völker in politischen, teilweise stammesübergreifenden Parteien. Derart politisiert und ausgebildet, besetzten sie im unabhängigen Kenia fast zwangsläufig alle Schlüsselpositionen in Staat und Gesellschaft. Vom traditionellen Leben ist nicht viel übrig geblieben. Mit modernen Anbaumethoden werden Mais, Bohnen und Kartoffeln für den Eigenbedarf, Kaffee und Tee für den Export angebaut. Was geblieben ist, ist die allen Ackerbauvölkern gemeinsame Liebe zum Land, das allen Veränderungen zum Trotz neben dem ideellen Wert immer noch die Existenz sichert.

Die Nomaden, z. B. die Masai
Im Jahre 1901 schrieb Sir Charles Elliot, Gouverneur des damaligen East African Protectorate, nach London: „Die Masai sind wunderschöne Bestien, die höchste künstlerische Ansprüche erfüllen." Und: Sie seien wohl der gefährlichste Stamm im britischen Hoheitsgebiet. Heute sind sie nur noch Exoten, nicht nur für die Touristen, sondern auch für ihre kenianischen Mitbürger.
Um 1500 drangen sie allmählich vom Turkana-See südwärts. Bald darauf kontrollierten sie das Savannengebiet beiderseits des Kilimandjaro, von Marsabit im Norden bis nach Manyara im Süden, alles in allem ein Gebiet von der Größe Großbritanniens. Ihre überragende militärische Organisation, die auf der Altersklasse der „moran" (Krieger) basierte, machte sie allen anderen Völkern überlegen. Die britischen Kolonialherren störten ihre Kreise zunächst kaum. Erst als die Siedler auch nach dem fruchtbaren Weidegrund im Ostafrikanischen Graben zu schielen begannen, änderte sich das. Ganze Masaigruppen wurden umgesiedelt, und für ihre jahreszeitlichen Wanderungen von Süden nach Norden ließ man ihnen nicht mehr als einen schmalen Korridor.
Die Masai gliedern sich in mehrere egalitär geführte Untergruppen. Ihr Zusammenhang ist lose, eine weltliche Zentralinstanz fehlt. Über politische und religiöse Fragen entscheidet ein gewählter Ältestenrat.
Das Altersklassensystem der Masai hat drei Phasen, die jeder Mann

durchläuft: die Gruppe der Jungen, der Krieger und der Ältesten. Den Übergang von einer Phase zur nächsten markiert eine Reihe von Übergangszeremonien.

Die Hauptaufgabe der „moran", der Krieger, ist es, ihre Leute vor Feinden und wilden Tieren zu schützen und den eigenen Viehbestand durch Diebstahl bei den Nachbarvölkern zu vergrößern. Übrigens eine Sache, die ihnen nie schwergefallen ist, betrachten sie doch alle Rinder dieser Welt als ihr von Gott gegebenes Eigentum!

Nach acht Jahren ungezwungener Kriegerherrlichkeit treten sie in die Gruppe der Alten ein. Sie heiraten, wählen einige aus jeder Altersgruppe zu ihren Sprechern und lassen im übrigen die Frauen für sich arbeiten. Alles im Leben der Masai dreht sich um das Vieh. Die Ernährung basiert auf Milch, Blut und Fleisch; aus Häuten und Leder werden Kleidung, Sitz- und Schlafmatten gefertigt. Nicht die Qualität des Viehs, sondern die Größe der Herde ist wesentlich für die Messung von Reichtum und Prestige. Rinder werden nicht geschlachtet, denn „verflucht ist derjenige, der nichts hat", auf gut deutsch: „Haste was, biste was". Um ihre Rinder zu schonen, werden als Lasttiere Esel und als Fleischquelle Ziegen und Schafe gehalten. Den Boden zu bestellen, Furchen zu ziehen und Körner hineinzustreuen ist für die meisten Masai heute noch undenkbar. Das ist eine Aufgabe für die verachteten Luo- und Kikuyubauern.

Ihre wie auch die Situation aller anderen Nomadenvölker im heutigen Kenia ist alles andere als rosig. Als eines der konservativen Völker Afrikas haben sie der modernen Entwicklung bis jetzt die kalte Schulter gezeigt. Dem in der Kolonialzeit entstandenen Mythos vom „edlen Wilden" verdanken sie ihren internationalen Sympathievorsprung vor dem „gewöhnlichen" Afrikaner. Europäische Menschenfreunde sind demnach stets besorgt um ihre Würde, wenn sich die „moran" für Geld von den Touristen ablichten lassen. Dabei ist ein anderes Problem viel bedrohlicher. Die Weidegründe können die an Zahl immer weiter zunehmenden Rinderherden nicht mehr tragen, das Vieh trampelt den letzten Rest Fruchtbarkeit aus dem Boden heraus. Zigtausend Rinder krepierten während der Dürrekatastrophe 60/61 und Anfang der 70er Jahre. Staat und Kirchen mußten die Masai durchfüttern, weil sie ihr Vieh lieber verhungern ließen als es zu schlachten.

Der Lernprozeß ist nach diesen Erfahrungen trotzdem nur langsam in Gang gekommen. Einige Masai-Gruppen, z. B. in Narok und Ngong, wurden seßhaft und betreiben kommerziellen Ackerbau. Auch die Techniken der Viehzucht werden verbessert. Wo wie hier ein Wandel zu beobachten ist, drücken auch mehr Kinder die Schulbank. Mädchen sind allerdings in der Schule eine Seltenheit. Die meisten Masai ziehen aber immer noch das Leben der Altvorderen vor. Sie ignorieren auf ihren Wanderungen die Staatsgrenzen, stehlen das Vieh ihrer Nachbarn und töten trotz aller Verbote für ihre Mannbarkeitsfeste hin und wieder einen Löwen. Dies und ihre standhafte Weigerung, Hosen zu tragen, drängt sie immer weiter an den Rand der modernen kenianischen Gesellschaft. Die nahe Zukunft wird zeigen, ob der Zug ohne sie abfährt oder nicht.

Aspekte des traditionellen Lebens

Der kenianische Alltag ist immer noch stark von traditionellen Werten und Einrichtungen geprägt. Uns Europäern erscheinen manche Verhaltensweisen unverständlich, gerade wenn wir sie an einheimischen Computerspezialisten oder Hochschuldozenten beobachten. Denn obgleich vieles Althergebrachte durch die koloniale Unterdrückung, die Christianisierung und die westliche Schulbildung unwiderruflich verlorengegangen ist, hat es im großen und ganzen den totalen Bruch mit den Traditionen nicht gegeben. Auch heute lebt man nach allgemein verbindlichen Grundwerten, gibt den zwischenmenschlichen Beziehungen den Vorrang vor dem Individualismus und gibt sich tief religiös.

Manches erscheint dem Besucher wunderlich und den Anforderungen des modernen Lebens nicht genügend. Hat er jedoch erst einmal begriffen, daß er die Kenianer gründlich mißversteht, wenn er sie mit seinen Maßstäben mißt, wird er bestimmt auch einiges lernen und daheim anwenden können.

Traditionelle Religiosität

Die meisten Kenianer sind 200 %ige Christen oder Moslems. Das hat seine Ursache in der seit jeher tiefen Religiosität, die jeden Bereich des täglichen Lebens durchdringt. Auch vor der Ankunft der Missionare kannte man ein höchstes Wesen, das alles auf Erden erschaffen hatte. Die Gottesvorstellung drückte sich meist in leicht einprägsamen Sprichwörtern, kurzen Gebeten, Liedern und Mythen aus, denn es gab keine Schrift, durch die das Gotteskonzept hätte fixiert werden können.

Gott war allwissend und allmächtig und den Menschen so fern, daß er nicht von ihnen erreicht werden, andererseits aber so nah, daß jeder seine Gegenwart spüren konnte. Während es an der Spitze der spirituellen Hierarchie ziemlich einsam war, wimmelte es darunter nur so von Geistern und Geistwesen. Sie waren die Vermittler zwischen Gott und den Menschen.

Den Lebenden jedoch am nächsten waren die Ahnen. Nach der afrikanischen Philosophie von Tod und Leben war ihr Sterben so lange nicht vollendet, wie sich noch jemand in ihrer Familie an sie erinnerte. So lange gingen sie noch nicht an die Welt der Geister ein, und so lange nahmen sie noch am Leben der Familie teil. Gewöhnlich erschienen sie dem ältesten Familienmitglied oder dem Haushaltsvorstand, der sie um Rat in wichtigen Familienangelegenheiten bat. Sie waren jedoch nicht nur Ratgeber und Trostspender, man konnte sie auch leicht verärgern, wenn man versäumte, die ihnen zustehenden Speise- und Trankopfer bereitzustellen.

Zeit ist nicht Geld

Die traditionelle afrikanische und die europäische Vorstellung von Zeit haben nichts miteinander gemein. Für uns ist Zeit etwas mathematisch präzise Berechenbares. Die Zukunft ist ebenso unendlich wie die Vergangenheit, während die Gegenwart nichts weiter ist als ein flüchtiger Augenblick.

Anders in Afrika. Hier ist Zeit von jeher einfach eine Abfolge von Ereignissen gewesen, die sich in Vergangenheit, Gegenwart und absehbarer Zukunft ereignen. Die Zukunft erstreckte sich dabei nur so weit, wie man sie mit Sicherheit voraussagen konnte. Das Prinzip ist, daß Zeit erlebt und erfahren sein will, bevor sie sinnvoll und wirklich wurde.

Zeit wurde schon immer nach Ereignissen gemessen. In der Landwirtschaft wurden bestimmte Ereignisse mit bestimmten Monaten in Verbindung gebracht. Der Mai mochte „Korn der Ähre" heißen, weil das Korn gerade dann heranreifte, und der Juni vielleicht „Schmiermäulchen", weil die Kinder dann das frische Korn aßen und schmutzige Münder bekamen.

Der Zeitbegriff ist so etwas wie ein Schlüssel zum Verständnis afrikanischer Weltanschauung. Wenn Europäer Afrikaner müßig herumsitzen sehen oder sich über mangelnde Pünktlichkeit beschweren, haben sie den anderen Zeitbegriff nicht akzeptiert. Durch die moderne Entwicklung, das Christentum, die Schulbildung und die Technisierung ist die Zukunft zwangsläufig erweitert worden, und das geht nicht ganz unproblematisch vonstatten.

Das Böse

Schicksalhafte Ereignisse wie Unfruchtbarkeit, beruflicher Mißerfolg, Krankheit und Tod galten (bisweilen heute noch) nicht als Zufälle, sondern als Werk übelwollender, böser Kräfte — vielleicht hatte jemand die Ahnen beleidigt, oder ein neidischer Nachbar hatte versucht, einem mit schwarzer Magie zu schaden. Alles mußte irgendwo seine Ursache haben, und so fügte man sich keineswegs in das Geschehene, sondern reagierte im Gegenteil sehr pragmatisch. Denn wo das Gemeinschaftsgefühl so stark verankert war wie bei den afrikanischen Völkern, mußte jedes Unheil und abweichende Verhalten als gefährlich für die ganze Gemeinde empfunden werden. Um die Ordnung wiederherzustellen, wurde daher alles versucht, um die Quelle des Übels zu finden und zu beseitigen. Je nach der Schwere des Unglücks besänftigte man Ahnen, Geister oder Gott mit Opfern und Reinigungsriten. Oder man spürte den Zauberer oder die Hexe auf, um sie für die Anwendung schwarzer Magie zur Rechenschaft zu ziehen.

Medizinmänner

Um einen eingetretenen „Schadensfall" zu beheben, war ein Spezialist, der mit dem Jenseits Kontakt aufnehmen konnte, notwendig. Andere Bezeichnungen wie „Kräuterdoktor" oder „traditioneller Heilkundiger" treffen seinen Wirkungsbereich besser, denn es war seine Aufgabe, die Krankheits- bzw. Unglücksursache festzustellen, eine Diagnose zu stellen, die richtige Behandlung anzuwenden und die Wiederkehr des Übels zu verhindern. Zu diesem Zweck verwendete er Kräuter, Blätter, Wurzeln, Rinden und Gräser, über deren medizinische Verwendungsmöglichkeiten er in einer langen Ausbildungszeit unterrichtet worden war. Natürlich hatten manche Praktiken, wie das Besprechen bei Krankheitsbehandlungen, keinen Wert an sich. Der Medizinmann war jedoch nicht nur für die medizinische Seite zuständig, sondern auch für die psychologische. Dem afrikanischen Konzept vom Bösen entsprechend, mußte er dem Kranken z. B. nicht nur erklären, daß dieser an Malaria litt, weil er von Mücken gestochen worden war, sondern auch, warum es gerade ihn und nicht jemand anderen erwischt hatte. Die Antwort war meist, daß die Mücken von irgend jemandem magisch beeinflußt und zum Stechen veranlaßt worden waren. Zu seinen Aufgaben gehörte es auch, zur Verhütung von Übel Gegenmittel wie Amulette und Medizin zu liefern. Auch heute gehen viele Schüler und Studenten in Prüfungen gern auf Nummer sicher, indem sie irgendwelche Talismänner ihres Medizinmannes um den Hals oder am Handgelenk tragen.

Beschneidung

Die Beschneidung von Jungen (Zirkumzision, das Abtrennen der Vorhaut) und Mädchen (Klitoridektomie, das Abtrennen der Klitoris) war früher zeremonieller Höhepunkt des sozial besonders hervorgehobenen und mit viel Pomp und Ritual umgebenen Übergangs von der Kindheit zum Erwachsenendasein. Wer unbeschnitten blieb, kam nicht in den Genuß aller Stammesrechte. Er blieb quasi ein unmündiges Kind, durfte nicht heiraten und wurde sogar manchmal für vogelfrei erklärt.

Heute stehen die meisten Kenianer der Beschneidung zwiespältig gegenüber. Viele Eltern schicken ihre Söhne während der Schulferien zur schmerz- und risikolosen Operation ins Krankenhaus; die Beschneidung von Mädchen wurde verboten.

Brautpreis

Das Vorurteil, Mädchen würden gegen Ziegen und Schafe an die Ehemänner verschachert, ist ziemlich zählebig. Dabei haben die Europäer dem ursprünglich gar nicht im Mittelpunkt stehenden materiellen Aspekt zuviel und dem sozialen Aspekt zu wenig Bedeutung beigemessen. In den meisten ostafrikanischen Sprachen sind die Vokabeln, mit denen die Übergabe des Viehs bei der Hochzeit bezeichnet wird, grundverschieden von denen, die z. B. das Kaufen und Verkaufen von Gemüse auf dem Markt bezeichnen. Niemand kaufte eine Braut. Brautpreis meint über den Transfer materieller Güter hinaus die Verbindung zweier Familien und Absicherung für die Eheleute. Scheiterte die Ehe nämlich ohne das Verschulden der Ehefrau, konnte sie nach der Scheidung auf den bei ihrer Familie verbliebenen Brautpreis zurückgreifen.

Heute funktioniert das System nur noch teilweise. Seine ursprünglichen Funktionen gehen langsam verloren. Wo der Brautpreis noch existiert, verlangen die Eltern des Mädchens Geld statt Vieh, eine Entwicklung, die aus der wirtschaftlichen Not resultiert und tatsächlich in den Kauf einer Braut mündet. Häufig beklagen sogar die kenianischen Tageszeitungen, daß Eltern für ein gutes Geschäft ihre 14jährige Tochter von der Schule nehmen und an einen alten, aber reichen Ehemann verkaufen.

Polygamie

Früher war die Vielehe oder Polygamie bei allen Völkern Kenias üblich. Ein Mann heiratete mehrere Frauen, wenn er es sich leisten konnte. Durch deren Arbeit kam er zu Wohlstand, zahlreichem Nachwuchs und sozialem Prestige. Mit Liebe und Romantik hatten traditionell geschlossene Ehen nicht viel zu tun, was jedoch nicht heißen soll, daß dies den Afrikanern erst von uns Europäern beigebracht wurde. Bei den Kikuyu z. B. wurde großer Wert darauf gelegt, daß zwischen dem Mann und seiner ersten Frau echte Zuneigung herrschte, weil sie als Partnerin und Ratgeberin ihres Mannes galt. Hier galt freie Partnerwahl. Weitere Frauen waren für sie eine Arbeitsentlastung.

Heute sind schätzungsweise 25-35 % aller Kenianer polygam. Der Koran erlaubt bis zu vier Frauen, und die traditionellen Religionen kennen keine Obergrenze. Auch die Christen nehmen es nicht ganz so genau, solange sie nicht streng katholisch sind. Die moderne Entwicklung hat jedoch dazu geführt, daß viele Frauen die Polygamie ablehnen und lieber mit einem Partner ihrer Wahl zusammenleben.

Frauen heiraten Frauen

Thika, den 22.4.1986: Scheidungsfall vor Gericht. Mary Wambui Kariuki möchte von ihrer Frau geschieden werden, da letztere ihr gegenüber ihre ehelichen Pflichten vernachlässigt und sie schlecht behandelt habe.

Frauen heiraten Frauen in Kenia — klingt exotischer, als es in Wirklichkeit ist. Diese Art der traditionellen Ehe ist eine soziale Institution zur Aufrechterhaltung der Familie und hat nichts mit Homosexualität zu tun: Eine Frau, die unfruchtbar oder über das gebärfähige Alter hinaus ist, heiratet eine jüngere Frau, indem sie deren Eltern einen Brautpreis bezahlt, was aber nicht bedeutet, daß sie gekauft wird. Der Brautpreis gilt sozusagen als Ehevertrag bei afrikanischen traditionellen Heiraten. Sinn der Frauen/Frauen-Heirat ist es, daß die jüngere Frau für die ältere Kinder gebärt, die den Namen letzterer tragen und deren Erbe antreten können. Diese Heiratsform wird heute noch von vielen ethnischen Gruppen Kenias praktiziert: Kikuyu, Akamba, Nandi, Kipsigis, Gusii, Turkana u. a. Allerdings ist auch diese Institution, wie viele andere traditionelle Kulturelemente in Kenia, im Verschwinden begriffen aufgrund der fortschreitenden Europäisierung. Die Frauen/Frauen-Heirat verliert immer mehr ihren ursprünglichen Sinn und Zweck, da nun die Frauen die Möglichkeit haben, Kinder zu adoptieren, was in traditioneller Zeit (d. h. vor der Kolonisierung Kenias) unmöglich war. Die Kikuyu, die der heutigen westlichen „Zivilisation" von allen ethnischen Gruppen Kenias am stärksten angepaßt sind, hatten ein festgefügtes Sozialsystem, das jeden, der von der gesellschaftlichen Norm abwich, auffing. So auch Frauen, die keine Kinder bekommen konnten — eine Tatsache, die als makelhaft galt. Denn Kinder spielten eine sehr große Rolle im Leben der Kikuyu, hielten sie doch den Familiennamen aufrecht und galten als Prestigeobjekt der Eltern. Um nun diese Frauen aus dem Sozialsystem nicht herausfallen zu lassen, wurde ihnen die Möglichkeit geboten, doch Kinder ihr eigen zu nennen, indem eine andere Frau sie für sie gebar. Sie galten als legale Nachfolger der Familie der älteren Frau.

Auch heute praktizieren die Kikuyu noch die Frauen/Frauen-Heirat, obwohl ihr traditionelles Sozialsystem völlig zerstört ist. Aber wie einige andere traditionelle Institutionen konnte sich auch diese bis in die Gegenwart hinüberretten. Neben ihrem ursprünglichen Zweck hat die Frauen/Frauen-Heirat noch einen weiteren Sinn erhalten: Heute heiraten Frauen vornehmlich jene Frauen, die bereits Kinder haben und darum nicht mehr von einem Mann geheiratet werden. Demnach ist heute mit dieser Institution beiden Frauen geholfen: Die ältere hat Kinder, damit ihre Familie nicht ausstirbt, und die jüngere muß sich nicht mehr darum sorgen, wie sie sich und ihre Kinder ernähren soll.

Bald wird man die Frauen/Frauen-Heirat jedoch wegen des fortschreitenden westlichen Einflusses wohl nicht mehr finden: Sie wird als „hinterwäldlerisch" degradiert — von verschiedenen christlichen Denominationen wird sie sogar verboten. Was sollen dann jene Frauen machen, wenn diese Institution nicht mehr besteht?

Kenia — Ein Abladeplatz des Christentums

Christliche Missionare fanden relativ spät ihren Weg nach Ostafrika. So richtig Schwung in die Missionierung kam erst, als europäische Reisende wie Livingstone und Stanley auf Vortragsreisen durch Europa den Geschäftssinn und die christliche Nächstenliebe ihrer Zeitgenossen weckten. Livingstone's Devise: Christentum und Handel mit Europa, und zwar, um den Sklavenhandel zu unterbinden und „die Neger in die allgemeine Völkerfamilie" einzuführen. Das war an sich ein hehres Ziel, nur war er, wie andere, zu sehr ihrer Zeit verpflichtet, als daß sie nicht wie selbstverständlich Christentum und europäische Zivilisation miteinander gleichgesetzt hätten.

Durchdrungen von der Überzeugung, die Afrikaner vom grausigen Alpdruck der bösen Geister und Fetische befreien zu müssen, eroberte das Missionschristentum ab der Mitte des 19. Jahrhunderts von Mombasa aus das Landesinnere. Überall wurden Kirchen gebaut und Seelen gerettet — wenn sich auch bis in die 20er Jahre hinein die meisten Afrikaner erst auf dem Sterbebett taufen ließen. Viele Völker waren nicht so leicht von der Botschaft der Brüder in Christo zu überzeugen, zumal diese kurz vor oder zeitgleich mit den landgierigen Kolonialisten auf der Bildfläche erschienen. Ein Kikuyu-Sprichwort aus dieser Zeit lautete: „Gutiri Mithungu na mubia" — es gibt keinen Unterschied zwischen einem Kolonialisten und einem katholische Priester.

Typisch für das Missionschristentum war, daß die Priester den unterschiedlichsten Konfessionen angehörten. Durch ihre Arbeit verursachten sie die heutige heillose religiöse Zersplitterung Kenias, indem sie aus den „armen Heiden" zuallererst gute Anglikaner, Baptisten, Katholiken, Lutheraner, Adventisten etc. machten. Der Wettlauf um die Seelen und der erbitterte Konkurrenzkampf muten heute grotesk an. Damals fiel es jedoch niemandem ein, über diese bittere Ironie zu lächeln. Vielmehr lag man sich ständig wegen religiöser und weltlicher Kompetenzstreitigkeiten in den Haaren; allen voran der Orden der Weißen Väter, dessen Priester sich häufig so energisch ins Zeug legten, daß sie dicke Lippen bei der Konkurrenz kassierten.

Für die Afrikaner bedeutete die Missionierung: Trennung von der eigenen Gesellschaft, das Zusammengehen mit den Europäern und die politische und geistige Bevormundung durch einen paternalistischen Klerus. Allein die Befolgung des ersten Gebots verlangte von einem Afrikaner die totale Absage an seine traditionelle Religion mit ihrer Magie und ihren Ahnen und Geistern. Dazu kamen kirchliche Übergriffe in gesellschaftliche Bereiche: Männer wurden in Hosen, Frauen in Kleider gesteckt, die Polygamie (Vielehe) und die Frauenbeschneidung verboten und alle Tänze und Gesänge als obszön angeprangert.

Daß das Christentum bis heute nicht die Harmonie und Einheit der traditionellen Religionen aufweist, zeigen Untersuchungsergebnisse aus der Diözese Nyeri im Kikuyuland. Hier glauben über 80 % der Gemeinde an Hexerei und Magie, trotz Kirchgang und Bibelstunden. Auch die auf dem zweiten Vatikanischen Konzil beschlossene Anpassung der Liturgie an den anderen kulturellen Hintergrund sowie der Wechsel von Latein zu afrikanischen Sprachen hat bisher nicht viel bewegen können.

Von vielen Kenianern wird die Missionskirche daher immer noch mit strikt einzuhaltenden Vorschriften gleichgesetzt, mit Lobeshymnen ohne Rhythmus, bestimmten Ritualen und anderen Äußerlichkeiten. Christentum findet nur sonntags statt und ist sterbenslangweilig. Den traditionellen Religionen war ein solches spirituelles Vakuum fremd, denn sie füllten das tägliche Leben jedes einzelnen aus und bestimmten sein Weltbild. Kein Wunder also, daß sich schon recht früh überall im Land kleine Sekten von der Missionskirche lossagten und unabhängige Separatistenkirchen gründeten. In ganz Afrika gibt es heute etwa 5000 solcher Abfallbewegungen. Ungefähr ein Fünftel aller afrikanischen Christen gehört Splitterkirchen an. Sie stellen für ihre Anhänger einen Ort dar, in dem sie sich zu Hause fühlen können. Traditionelle Elemente wie Heilung und Offenbarung durch Träume und Visionen sowie Ekstase sind wichtige Bestandteile in den Gottesdiensten.

Reisen in Kenia

Im Auto auf Kenias Straßen

Wer sich selbst hinters Steuer klemmt, um auf Erkundungsfahrt zu gehen, darf eines nicht haben: Angst. Und wer sich bereits nach einer Stunde Linksverkehr und einigen Verkehrskreiseln, die er so gerade noch lebendig verlassen hat, in Nairobi entspannt im Fahrersitz zurücksinken läßt, sollte sich stets vor Augen halten: Nichts ist unmöglich auf Kenias Straßen, die Aufmerksamkeit des Fahrers darf nicht eine Sekunde abschweifen. Ein (über-)lebenswichtiges Requisit im Auto ist die Hupe. Bedienen Sie sie nach Herzenslust, mal als Ventil, um Ihrem Ärger im allabendlichen Verkehrschaos Nairobis oder Mombasas Luft zu machen, mal prophylaktisch, um schon von ferne auf dem Mittelstreifen lustwandelnde Fußgänger auf Ihr Nahen hinzuweisen. Wenigstens sie sind sehr rücksichtsvoll und bringen sich sofort hinter Büschen und in Gräben in Sicherheit.

Anders die Autofahrer. Da es zu wenig Verkehrskontrollen gibt und man den Führerschein auch kaufen kann (in Nairobi und entlang der Küstenstraße zwischen Mombasa und Malindi sowie südlich von Mombasa bis nach Ukunda gibt es inzwischen strenge Radarkontrollen!), toben sich mitunter auch recht unerfahrene Automobilisten in verkehrsuntüchtigen Seifenkisten auf den Straßen aus. Lastwagen mit auf die Gegenfahrbahn hinüberschlingernden Anhängern und schlecht befestigter Ladung sind ebenso eine Bedrohung wie die Busse und Sammeltaxis, hierzuland „Matatus" genannt. Sie sind chronisch überfüllt und liefern sich dramatische Kopf-an-Kopf-Rennen zwischen den Haltestellen.

Als Europäer kann man da nur eins tun: Sich an die daheim gewohnten Verkehrsregeln halten und sich nicht vom allgemeinen Jagdfieber anstecken lassen. Zu Ostern, wenn die „Kenya-Safari Rallye" durchs Land rollt, steigt dieses in bedenkliche Höhen. Die Hälfte der kenianischen Jugend tritt dann wie berauscht aufs Gaspedal.

Die größte Gefahrenquelle für einen unerfahrenen oder unvorsichtigen Fahrer ist der allgemeine Straßenzustand. Kenia verfügt über ein Straßennetz von 50 000 km, 5000 km davon sind asphaltiert, und obwohl weit besser als ihr Ruf, erlebt man selbst auf den guten Strecken immer wieder böse Überraschungen. 50 cm hohe, vom Regen unterspülte Straßenkanten, Schlaglöcher wie Bombentrichter und schmieriger Rindermist können das Fahren besonders bei Nacht zu einer entnervenden Strapaze machen. Afrikaner zu Fuß oder auf dem Rad sind in der Dunkelheit aus naheliegenden Gründen noch schlechter zu sehen als Europäer. Die Pisten in den Nationalparks sind in vergleichsweise gutem Zustand, wohingegen die Anfahrtswege Mensch und Material auf eine harte Probe stellen. Im Schrittempo geht es vorbei an tiefen Löchern und großen Felsbrocken, mit Tempo 70 über Wellblechpiste und durch tiefen Sand und Schlamm, wobei es wichtig ist, immer in Schwung zu bleiben, wenn Sie merken, daß Sie sonst nicht durchkommen. Viele dieser Pisten haben eine sehr tiefliegende Fahrspur mit einem steil nach oben gewölbten Mittelstreifen. Es ist daher ratsam, vorher nachzusehen, wo Ölwanne und Auspuff angebracht sind, um die ganze Herrlichkeit nicht zu verlieren.

Aber: So unwahrscheinlich sich das anhört, alle Probleme sind zu bewältigen, vorausgesetzt, man hat das richtige Auto für das jeweilige Terrain, man hält die Geschwindigkeit niedrig und schenkt seine Aufmerksamkeit weniger den Elefanten links im Busch als der Straße vor dem Kühler.

Reisen mit dem Bus

Busse kommen in Kenia überall hin. Die von Nairobi nach Mombasa und auch die in den Westen des Landes sind komfortabel und preiswert. So kostet die Fahrt von Nairobi nach Mombasa, je nach Buslinie, zwischen 17 und 22 DM und dauert etwa sieben Stunden, während es von Nairobi nach Kisumu geringfügig teurer ist.

Plätze sollten Sie immer mindestens einen Tag im voraus buchen.

Besonders bei Fahrten ins Landesinnere müssen Sie sich, trotz der großen Zuverlässigkeit von Fahrern und Fahrwerk, auf Verzögerungen wegen Reifenpannen und Motorschäden gefaßt machen. Sie werden staunen, mit welcher Gelassenheit die Fahrgäste das hinnehmen und wie schnell entweder der Schaden behoben oder selbst in der einsamsten Einöde ein Ersatzbus besorgt ist.

Der „Akamba Bus Service" genießt zu Recht den besten Ruf unter den Transportunternehmen. Seine Fahrzeuge werden sorgfältig gewartet, Verzögerungen sind selten. Er bedient ganz Kenia, und das rund um die Uhr.

In Nairobi hat das Gros der Busunternehmen seinen Sitz jenseits der Tom Mboya St. im Asiatenviertel.
Mit „Coastline Safari“, Accra Rd., gelangt man zu den Orten entlang der Küste;
„Akamba Bus Service“, Lagos Rd., bedient die Küste, Nakuru und den gesamten Westen, die Gegend um den Mt. Kenya und das Kambaland (natürlich!) um Machakos und Kitui;
„Goldline Coach Service“, Accra Rd., ebenfalls die Küste und die größten Städte im Westen;
„East African Road Service“, Racecourse Rd., wie „Akamba“.
Hier können Sie Ihren Platz vorbuchen. In den übrigen Städten befinden sich die Buchungsbüros meist direkt am zentral gelegenen Busbahnhof.
In Nairobi und Mombasa fahren Busse des „Kenya Bus Service“ (KBS). Zwar gibt es keinen Fahrplan oder etwas, das auch nur entfernt daran erinnern würde, aber jedes dieser Ungetüme ist numeriert — ein schwacher Trost indes, denn leider sind die Haltestellen nicht numeriert, und die Busfahrer lieben hinsichtlich der Route auch gern mal etwas Abwechslung. Im folgenden wurden nach bestem Wissen und Gewissen (aber ohne Gewähr!) die zu den beschriebenen Zielen führenden Buslinien sowie die Stellen, wo man einsteigen kann, angegeben.

... mit dem Stadttaxi

Taxen bieten nachts die einzige Fortbewegungsmöglichkeit, besonders in Nairobi und Mombasa. Für Fahrten innerhalb des Zentrums liegt die Verhandlungsbasis bei ca. 4 DM. Viele Nachtlokale liegen etwas weiter ab vom Schuß, zwischen Ihnen und Ihrem Ziel liegt vielleicht ein berüchtigter unbeleuchteter Park oder ein zwielichtiges Viertel. Dann ist es schlicht unvorsichtig, zu Fuß und allein loszumarschieren.
Vorher mit dem Taxifahrer natürlich den Preis aushandeln, Taxameter haben die wenigsten Taxen.

... mit dem Langstreckentaxi

Schneller, bequemer und dabei für nicht viel mehr Geld erreicht man alle größeren Orte auch mit den 7-11sitzigen Langstreckentaxen, meist vom Typ Peugeot 504 (dem meistgestohlenen Auto des Landes), Fiat Minibus oder Nissan-Kleinbus. In Nairobi haben ihren Sitz:
„Rift Valley Peugeot Service“, Latema Rd., zuständig für West-Kenia und das Gebiet um den Mt. Kenya;
„Mombasa Peugeot Service“, Duruma Rd., natürlich die Küste;

„Malindi Taxi Ltd.", Accra Rd., Küste und Hinterland.

Die Einheimischen nehmen aus Kostengründen als „matatus" umgebaute Personenwagen. Die sind eigentlich nur für 10-14 Personen zugelassen, transportieren aber stets mehr als doppelt so viele Passagiere. Diese Fahrzeuge werden nicht ihrer erhöhten Belastung entsprechend technisch aufgerüstet, so daß gut 80 % reine Seelenverkäufer sind. In den Tageszeitungen sind jeden Tag Berichte von Matatu-Unfällen zu lesen, bei denen im Schnitt 12 Menschen ums Leben kamen.

Wenn Sie es trotzdem wagen wollen — in manchen Gegenden wird Ihnen gar nichts anderes übrig bleiben — hier zwei Tips: Bestehen Sie auf einen Platz neben dem Fahrer. Dessen Temperament können Sie hier noch am ehesten zügeln, wenn es während der Hatz von Haltestelle zu Haltestelle mit ihm durchgeht. Jedenfalls fühlt man sich hier noch am sichersten. Wählen Sie immer ein Fahrzeug, daß schon beinah voll besetzt ist, denn sonst warten Sie stundenlang.

... mit der Eisenbahn

Die Züge der „Kenya Railway" sind eine echte Alternative zu Bussen und Langstreckentaxen. Und sie sind von erschütternder Pünktlichkeit! Dies gilt vor allem für den Zug auf der Strecke Nairobi-Mombasa. Insgesamt verkehren auf der 500 km langen Strecke zwei: Der 17-Uhr-Zug ist langsamer als der zwoi Stunden später fahrende. Dafür durchqueren Sie den Nairobi National Park (→dort) noch bei Tageslicht und sehen mit Sicherheit viele Tiere im Licht der untergehenden Sonne. Ein Ticket der ersten Klasse (Schlafwagenabteil für zwei Personen) kostet ca. 30 DM, der zweiten Klasse (Viererabteil) ca. 14 DM. Frisches Bettzeug und ein Handtuch sind gegen eine kleine Gebühr erhältlich. Berücksichtigen Sie, daß Paare sich nur Abteile der ersten Klasse teilen können. Die Abteile zweiter Klasse werden nur an Reisende gleichen Geschlechts vergeben. Der Zug besitzt ein nettes Restaurant, wo Sie das Dinner und das Frühstück einnehmen können. Von der vielgepriesenen Luxusausstattung aus der Kolonialzeit ist allerdings nicht viel geblieben, und die viel zu vielen Kellner rennen sich in der Enge des Waggons gegenseitig in die Hacken. Wegen der englischen Schmalspur und Rinderherden auf den Gleisen benötigt der Zug etwa 12 bis 13 Stunden für die Strecke, die Sie jedoch gemütlich speisend und behaglich schlafend verbringen können. Im Frühjahr 1991 wurde speziell für Touristen ein Zug eingerichtet, der die malerische Strecke tagsüber zurücklegt — allerdings bis jetzt nur am Wochenende.

Der Zug nach Nakuru ist ebenfalls zu empfehlen. Er verläßt Nairobi gegen 15 Uhr und klettert in abenteuerlicher Gleisführung die Steilwände des Ostafrikanischen Grabens hinab. Nach Kitale, Thika und Nyahururu gibt es, entgegen den Markierungen auf der Landkarte, keinen Personenverkehr mehr. In den Westen führen noch zwei weitere Linien: Die eine endet in Malaba an der ugandischen Grenze, für die andere ist Kisumu am Viktoriasee die Endstation. Auf letzterer führt der Zug ebenfalls Schlaf- und Speisewagen mit.

Dienstags, mittwochs, freitags und samstags schließlich verkehrt die Weberlinie Voi-Taveta (tansanische Grenze).

... mit dem Flugzeug

„Kenya Airways" fliegt sechsmal täglich die Strecke Nairobi — Mombasa, nach Malindi mindestens zweimal täglich. Im ersteren Fall beträgt die Flugzeit, je nach Route, zwischen 50 und 140 Min., im letzteren ca. 85 Min. Preise ab Nairobi „economy class": Mombasa ca. 50 DM, Malindi ca. 50 DM. Der Flug nach Kisumu (viermal täglich) liegt bei ca. 35 DM. Die aktuellen Zeiten und Preise erfahren Sie im Büro der „Kenya Airways" in der Kouinange St., Nairobi (Tel. Reservierung: 22 92 91, 22 92 71, 33 27 50) oder direkt am Flughafen (Tel. 82 21 11). Daneben gibt es ein gutes Dutzend mehr oder weniger zuverlässiger Chartergesellschaften — „Air Kenya Aviation" ist die pünktlichste. Alle fliegen vom Wilson Airport in Nairobi und bedienen selbst die entlegensten Winkel des Landes sowie touristische Ziele in den Nachbarländern. Durchschnittliche Preise, zur Orientierung Nairobi — Lamu: 180 DM. Das ist eine erwägenswerte Alternative, denn man spart Zeit, Nerven und Kräfte.

Die profiliertesten Anbieter sind:

„Pioneer Airlines", Wilson Airport, P.O.Box 43356 Nairobi, Tel. 50 13 19, 50 13 99, 50 03 96. Bedient ganz Kenia.

„Cooper Skybird Aircharters Ltd.", P.O.Box 99222 Mombasa, Ambalal House, Tel. 2 14 43 und 2 14 56; in Malindi: Lamu Road, Tel. 2 08 60 und 2 08 61; in Nairobi: „Bunsons Travel", Standard Street, Nairobi, Tel. 2 19 92/3/4.

„Skymaster Ltd.", Wilson Airport, P.O.Box 58771 Nairobi, Tel. 50 16 08, 50 15 93.

... mit dem Leihwagen

Wer nicht auf die öffentlichen Verkehrsmittel angewiesen bleiben will und auch entlegene Gebiete bereisen und die National Parks sehen möchte, sollte sich einen geeigneten Wagen mieten. Bei der Vielzahl der in Nairobi und Mombasa ansässigen Autovermietungen ist ein Preisvergleich nützlich und liefert beim Aushandeln des Mietpreises gute Argumente an die Hand. Denn handeln sollten Sie: Während der Hauptsaison wird wegen der großen Konkurrenz ebenso ein Preisnachlaß gewährt wie während der Flautenzeit der Nebensaison; außerdem beim Aushandeln von Sonderkonditionen, wenn Sie das Auto länger haben wollen. Bei Vertragsabschluß muß eine Kaution hinterlegt werden, eine Versicherung mit Selbstbeteiligung ist inbegriffen. Der gültige nationale oder internationale Führerschein ist erforderlich. Der Fahrer muß über 23 Jahre alt und seit mindestens zwei Jahren im Besitz des Führerscheins sein. Theoretisch darf man mit dem Leihwagen nicht schneller als 65 km/h fahren, da sonst der Versicherungsschutz erlischt; aber kein Mensch hält sich daran!

Welcher Wagen für welche Route? Im allgemeinen brauchen Sie keinen Wagen mit Allradantrieb — weder im Landesinnern noch in den National-Parks. Erst bei schwerer Ladung wird ein hochbeiniger 4 WD-Wagen überlegenswert, weil mit ihm die Gefahr aufzusetzen geringer ist. Bezüglich der Auskünfte zum Straßenzustand nicht so sehr den Autovermietern vertrauen — sie drehen den ortsunkundigen Besuchern natürlich die teuren Allrad-Jeeps an -, sondern zur „Automobile Association" (AA), Hurlingham (im Shopping Centre), P.O.Box 40087 Nairobi, Tel. 72 03 82, gehen (hin mit Bus 46 -9 bzw. 56 ab ehem. GPO an der Kenyatta Ave.).

Standorte der AA außerhalb Nairobis: Eldoret (Oloo St.), Kisumu (Oginga Odinga St.), Mtito Andei (Caltex-Tankstelle), Nakuru (Midland Hotel), Nyeri (Kimathi Way). Bei Mitgliedschaft (zeitlich begrenzt möglich) erhält man u. U. eine Ausgabe des nationalen Werkstattverzeichnisses (gibt es tatsächlich!).

Übrigens: Jeder Autovermieter ist so lange als Halunke zu betrachten, wie er nicht das Gegenteil bewiesen hat. Es empfehlen sich eine Probefahrt und eine gründliche Inspizierung des Wagens. Ferner sollten Sie sich vor Zeugen den optischen Zustand des Wagens bestätigen lassen.

Sind in den Reifen Löcher zu beanstanden? Sind Ersatzreifen und -schläuche vorhanden? Da garantiert zumindest ein Reifenwechsel fällig wird, sind Wagenheber und Schraubenschlüssel unverzichtbar. Obwohl Kenia ein relativ dichtes Netz von Tankstellen besitzt, ist es beruhigend, einen Reservekanister mitzuführen.

Die Durchschnittspreise der einheimischen Anbieter liegen weit unter denen der internationalen Gesellschaften Avis und Hertz. Für einen viertürigen Fiat Uno müssen Sie 26 DM Tagesmiete auf den Tisch legen, dazu an Versicherung 15 DM täglich und mit 0,30 DM pro Kilometer rechnen. Für die ganze Woche verlangen die Mietwagenagenturen durchschnittlich 380 DM plus 105 DM Versicherung, bei unbegrenzter Kilometerzahl, für diesen Wagen. Ein Isuzu Trooper 4WD kostet Sie 70 DM pro Tag, 21 DM Versicherung und 0,70 DM pro Kilometer. Der Benzinpreis für Super liegt bei 0,87 DM pro Liter.

... Mitfahrgelegenheiten

Eine andere, möglicherweise noch preisgünstigere Fortbewegungsart bieten die an einschlägig bekannten Stellen ausgehängten Mitfahrgelegenheiten. Hier wird nach weiteren Mitstreitern gesucht, um die Kosten für den Leihwagen niedrig zu halten; in Afrika umherkutschierende Globetrotter bieten Mitfahrgelegenheiten gegen Benzinkostenbeteiligung. Aushänge befinden sich in der Jugendherberge Nairobis, an dem zur Informationsbörse umfunktionierten „Thorn Tree“ des New Stanley Hotel daselbst und in Travellertreffpunkten wie dem Iqbal Hotel in der Latema Rd. oder Mrs. Roche's Guest House, 3rd Parklands Ave., Parklands, Nairobi. Wer länger in Kenia bleiben möchte, kann über das Informationsbrett in der „Gallery Watatu“, Standard St. (hinter dem „New Stanley's"), u.U. preisgünstig einen Gebrauchtwagen erstehen.

... zu Fuß

Wenn Sie viel Zeit und Unternehmungsgeist mitbringen, ist eine Fußwanderung eine empfehlenswerte Angelegenheit, die hautnahen Kontakt mit Land und Leuten verschafft — ob Sie nun wollen oder nicht. In relativ isolierten Gegenden, wie den Aberdares und den Cherangani-Bergen, sind Sie zu Fuß ohnehin schneller als mit öffentlichen Verkehrsmitteln. Draußen im Busch wird Ihnen manchmal Großwild über den Weg laufen. Büffel und Elefanten machen sich allerdings schnell aus dem Staub, sobald sie Ihrer gewahr werden — solange sie keine Einzelgänger sind oder Junge bei sich haben. Sollte eine Wanderung Sie reizen, wenden Sie sich an den Mountain

Club of Kenya (P.O.Box 45741 Nairobi, Klubhaus am Wilson Airport). Hier erhalten Sie Auskunft und können erste Kontakte schließen. Sog. „walking safaris“, organisierte Wandertouren, sind inzwischen fester Bestandteil vieler Safariveranstalter *(→Nairobi, Mombasa)*.

Unterkunft: Hotels, Hostels, Boarding & Lodgings, Camping

Am günstigsten übernachten Sie in den *„Boarding & Lodgings“* (B&Ls), die selbst im kleinsten Nest zu finden sind. B&L kostet zwischen 4 und 7 DM pro Bett. Die Zimmer sind spartanisch hergerichtet, aber meist sauber und mit frischem, garantiert Omo-gehärtetem Bettzeug ausgestattet. Duschgelegenheiten und die obligatorischen Hocktoiletten befinden sich im Gang oder im Hof. Unterkünfte dieser Art bieten gute Kontaktmöglichkeiten zu den nichtprivilegierten Einheimischen.

Die „Kenya Youth Hostel Association“ (KYHA) betreibt ein kleines Netz zünftiger *Jugendherbergen* in landschaftlich reizvollen Gegenden. In den Bergen sind sie ideale Ausgangspunkte für kleine und große Fußwanderungen sowie Bergbesteigungen. Die Übernachtung kostet ca. 5 DM gegen Vorlage des internationalen Jugendherbergsausweises. Ohne ihn ist nur eine Übernachtung möglich, bei längerem Aufenthalt wird der Beitrag zum nationalen JH-Verband erforderlich, was ca. 29 DM kostet. In den einfacheren Herbergen wird für die Benutzung der Holzkohle beim Kochen eine kleine Gebühr erhoben. Es ist ratsam, sein eigenes Geschirr mitzubringen.

In allen größeren Städten gibt es *YMCAs* und *YWCAs*. Das YMCA in Nairobi (P.O.Box 63063, Tel. 72 40 66) besitzt sogar einen Swimmingpool und Squash-Hallen, die Übernachtungspreise liegen zwischen 20 und 30 DM, drei Mahlzeiten inbegriffen. Hier können Sie sich auch monatlich einmieten, was 235 DM inklusive Vollpension kostet — eine erwägenswerte Alternative für alle, die sich für längere Zeit in der Region aufhalten.

Unter den preiswertesten Hotels europäischen Standards (mit Frühstück, Bad und WC) gibt es sehr schöne Häuser, meist alte, stimmungsvolle Kolonialgemäuer. Die Preise liegen zwischen 20 DM und 50 DM für ein Doppelzimmer mit Frühstück. Aufgetischt werden englisch-europäische Speisen.

Die großen Touristenhotels an der Küste und in den National Parks liegen am anderen Ende der Preisskala. Die Preise rangieren zwischen 70 DM und 200 DM, lassen aber zwischen dem 1. April und dem 30. Juni etwas nach. Viele haben reduzierte Preise für „residents“ (in Kenia lebende Weiße).

Campingplätze gibt es in den National Parks und entlang der Küste, Campingmöglichkeiten bieten die Jugendherbergen und die YMCAs.

Manchem mag es lebensmüde erscheinen, in einer Gegend voller wilder Tiere Heringe in den Boden zu stecken. Das ist es aber nicht — vorausgesetzt, man hält sich an die Anweisungen der Parkranger und Platzwarte. Im Prinzip tun die Tiere, die Moskitos ausgenommen, ihr Bestes, um dem Menschen auszuweichen. Essensreste vor dem Zelt und unverschlossene Proviantbehälter üben jedoch eine magische Anziehungskraft auf kleine und große Räuber aus. Elefanten und Paviane werden hauptsächlich von Obst und Gemüse, Ameisen von Zucker, die übrigen Insekten von Wasser und Honig angelockt. Wenn Sie also keinen gesteigerten Wert auf eine schlaflose Nacht mit einem Elefantenbullen neben Ihrem Zelt legen, verstauen Sie den Proviant am besten im Auto. Vorsicht mit dem Feuer, die Umgebung ist meist strohtrocken und die Gefahr eines Steppenbrandes sehr groß!

Niemals Wertgegenstände im Zelt zurücklassen, denn Diebstahl ist leider häufig. Da viele Campingplätze außer Atmosphäre keine „facilities“ zu bieten haben, weder Duschen noch Einkaufsmöglichkeiten vorsehen, ist absolute Selbstverpflegung angesagt.

Das Zelten in bewohnten Gegenden ist in Kenia unzweifelhaft sicherer als in Europa und Amerika. Ein Lagerfeuer wird die Neugier der umwohnenden Leute erregen, und plötzlich steht eine Delegation im Schein des Feuers mit Buschmessern, „pangas“, und Knüppeln bewaffnet, um nachzusehen, wer die Fremden sind. Nach einem kleinen Schwätzchen ziehen sie sich wieder zurück.

Sport- und Freizeitmöglichkeiten

Zum Baden und Faulenzen allein ist Kenia eigentlich zu schade. Die landschaftliche Vielfalt und ein breit gefächertes touristisches Angebot bieten eine Fülle von Möglichkeiten, den Urlaub spannend und abwechslungsreich zu gestalten.

Bergsteigen und -wandern

In Ostafrika erheben sich die höchsten Berge des afrikanischen Kontinents. Weit über 5000 m ragen die Gipfel des *Mt. Kenya* empor. Himalaya-Expeditionen trainieren das Felsklettern in seinen Wänden, Naturliebhaber erfreuen sich an seiner alpinen Vegetation und der faszinierenden Vogelwelt, und Wandervögel schultern den Rucksack und umwandern in ein bis zwei Wochen das gesamte Bergmassiv.

Der *Mt. Kilimandjaro* reicht bis knapp an die 0000 m-Marke und ist der höchste Berg Afrikas. Er liegt zwar auf tansanischer Seite, ist aber bequem von Mombasa und Nairobi, auch mit öffentlichen Verkehrsmitteln, zu erreichen. Auf seinen Gipfel führen verschiedene markierte Routen, und trotz eines zunehmenden Trekking-Tourismus ist er noch immer eine enorme Herausforderung an Kraft, Ausdauer und Willensstärke.

Die übrigen Gebirgszüge Kenias warten mit anderen Attraktionen auf. So besitzt der *Aberdare National Park* ein gut entwickeltes Wegenetz, auf dem in Höhen zwischen 3000 und 3500 m interessante Touren durch Hochmoore und Bambuswälder unternommen werden können.

Forellenangeln in klaren Bergbächen und das Beobachten wilder Tiere gehören ebenso dazu wie ausgedehnte Fußwanderungen in Begloitung eines Rangers und das Auskundschaften idyllisch gelegener Wasserfälle und verborgener Grotten.

Der *Mt. Elgon* auf der Grenze nach Uganda, Heimat von zahlreichem Großwild, ermöglicht Forellenangeln und Wanderungen durch reizvolle Hochmoorgegenden. Im vorigen Jahrhundert entdeckte Joseph Thomson hier ein System von Höhlen, das Elefanten auf ihrer Suche nach Salz in den Berg getrieben haben und noch immor aufsuchen.

Der *Marsabit National Park* liegt zwar etwas weit ab vom Schuß, entschädigt jedoch mit den größten Elefanten Kenias für die Strapazen der Anfahrt.

Sachkundige Informationen über die tropische Bergwelt des Landes und praktische Tips erteilt der „Mountain Club of Kenya", P.O.BOX 45741. Er ist auch Herausgeber der Bücher „Guidebook to Mt. Kenya and Kilimandjaro" und „The Mountains of Kenya" von Peter Robson.

Die Mitglieder des Clubs treffen sich jeden Dienstag um 19.30 Uhr im Clubhaus am Wilson Airport (Tel. 50 17 47).

Angeln und Fischen

Für Petrijünger bietet Kenia reichlich Gelegenheiten zum Austoben. In den Aberdare-Bergen betreibt das „Kenya Fisheries Department" (das Büro befindet sich in der Nähe des „National Museum" in Nairobi) eine Reihe einfacher, aber reizvoller und preiswerter Angelcamps. Diese funktionieren nach dem Prinzip „Wer zuerst kommt, mahlt zuerst". Die Übernachtung kostet nur ein paar DM.

Selbstversorgung ist angesagt. Wie man am besten hingelangt, sagt Ihnen das Büro in Nairobi.

Während das Angeln in den klaren Gebirgsbächen gut für die Nerven ist, wird das Hochseeangeln fast schon als Leistungssport betrieben. Die beste Fangzeit ist zwischen September und Mai, da die See im Juli und August wegen des Südostmonsuns zu rauh ist. Bei den Hochseefischern sind Speerfisch (Marlin), Barracuda, Kingfish, verschiedene Thunfischarten und der Dorado, eine Makrelenart, aber auch Hammer- und Tigerhai beliebte Beutefische. Auf Hochseeangeln spezialisiert haben sich die Orte Lamu, Malindi, Watamu Kilifi, Mombasa und Shimoni.

Wassersport

Von einigen armseligen Ausnahmen im Inland abgesehen, findet der Wassersport an der Küste statt. Alle großen Hotels vermieten Surfbretter, Taucherausrüstungen, Segelboote und Wasserski zu erträglichen Preisen. Wenn das Meer hinter dem Korallenriff verschwindet, können Sie die Pools der Hotels auch als Fremder gegen eine kleine Gebühr benutzen.

Safaris: Welche Safari für welchen Geldbeutel?

„Safari“ ... man staunt, wie schnell das Kiswahili-Wort für Reise in den eigenen Sprachgebrauch übergeht. Es gibt zwei Möglichkeiten: Entweder Sie vertrauen sich einem professionellen Veranstalter an und lassen sich von ihm in die schönsten Gegenden des Landes transportieren, oder Sie mieten sich einen Wagen samt Campingausrüstung. Safariveranstalter gibt es in Nairobi wie Sand am Meer. Das Angebot reicht von halbtägigen Stadtrundfahrten und der Besichtigung „traditioneller“ Masaitänze über exklusive Ballon- und Flugzeugsafaris (Motto: Ganz Kenia in 14 Tagen) bis hin zu Fußwanderungen und Kameltrips durch die sengende Hitze der Wüste im Norden. Für den Touristen, der die Elefantenherde lieber mit einem Cocktail in der Hand vom Liegestuhl aus betrachtet, ist ebenso etwas dabei wie für den Survival- und Authentizitäts-Freak.

Am unteren Ende der Preisskala liegen die Veranstalter von Camping-Safaris. Sie fahren mit umgebauten Siebentonnern in die entlegensten Gebiete des Landes, bieten Lagerfeuerromantik und Zelten in offener Savanne, ferner Pirschfahrten auf Großwild und Begegnungen mit der Bevölkerung — für Kenia-„Anfänger“ ideal als erste Orientierung und um Berührungsängste abzubauen.

Einige Anbieter: „Special Camping Safaris“, Gilfillan House, 3. Stock, Kenyatta Ave., Nairobi, P.O.Box 51512,

Tel. 33 83 25, altbewährter Veranstalter der legendären Lake Turkana Safaris.

„Best Camping Tours", Nanak House, 2. Stock, Zi. No. 210, Ecke Kimathi Str./Banda Street, Nairobi, P.O.Box 10220, Tel. 2 80 91/ 2 72 03. Dieses Unternehmen organisiert auch Kanusafaris!

„Scenic Safaris Ltd.", Westminster House, 1. Stock, Zi. No. 12, Kenyatta Ave., P.O.Box 49188, Nairobi, Tel. 2 65 26/2 90 92, bietet auch relativ günstige Luxus-Safaris (Übernachtung in gepflegten Lodges) an.

„Safari-Camp Services Ltd.", Koinange St./Moktar Daddah St., P.O.Box 44801, Nairobi, Tel. 2 89 36/33 01 30/89 13 48.

„Gametrackers", Finance House, Ecke Banda St./Loita St., Nairobi, P.O.Box 62042, Tel. 33 89 27/2 27 03, veranstaltet seit kurzem auch mehrtägige Fahrradtouren.

Etwas teurere, dafür aber ungewöhnliche Safaris bieten an:

„Tropical Ice", Jubilee Insurance Exchange, Mama Ngina St., Tel. 2 36 49. Im Angebot: Wandern entlang der Flüsse Tsavo und Galana.

„Bateleur Safaris", Nairobi, P.O.Box 42562, Tel. 2 70 48, Spezialveranstalter für Vogelbeobachtungen und Wandertouren in den Loita-Plains.

„Kentrak", Nairobi, P.O.Box 47964, Tel. 2 73 11/33 90 94, bietet Rucksacksafaris durch die schönsten Landschaften Kenias an.

„Yare Safaris Co. Ltd.", Union Towers, erster Stock, Moi Ave. Ecke Mama Ngina St., Nairobi, P.O.Box 63006, Tel. 72 56 10, voranstaltet neben Camping-Safaris auch Touren nach Tansania, Zimbabwe und Ruanda.

„Farways Safaricentre Ltd.", gegenüber „Castle Hotel", Mombasa, P.O.Box 87815, Tel. 2 33 07/2 33 09/31 30 70, offeriert Segeltörns auf arabischen Dhows, Safaris in die Serengeti und Klettertouren am Mt. Kilimandjaro.

„Savage Wilderness Safaris", P.O.Box 44827, Tel. 52 15 90. Organisiert Wildwasser-Kanutrips auf dem Galana River. Zu buchen über „Let's Go Travel", P.O.Box 60341, Tel. 33 68 90.

Die Preise: Ein einwöchiger Trip zum Turkana-See und die am Weg liegenden Nationalparks kostet zwischen 350 und 430 DM. Im Preis inbegriffen sind drei Mahlzeiten, Zelte und Matratzen sowie Parkgebühren. Während der Hochsaison sollte man im voraus buchen (auch von Deutschland aus möglich).

Inzwischen gibt es mehrere Agenturen, die Geländewagen mit kompletter Campingausrüstung vermieten:

„Habib's Car Hire", Agip House, Haile Selassie Ave., P.O.Box 48095, Tel.

2 04 63, 2 38 16, 2 09 85. Der erfahrenste Safarisausrüster.
„Safari Seekers“, Jubilee Insurance Exchange Building, Kaunda St., Tel. 2 62 06/33 45 85. Stellen auch Gruppen für Fahrrad-Safaris unter erfahrener Leitung zusammen.
„Let's Go Travel“, Caxton House, Standard St., Tel. 2 95 40/2 95 39.
„UTC/Hertz“, Travel House, Kaunda St., Tel. 33 19 60.
Eine viertägige Safari in den Masai Mara National Park kostet ca. 290 DM, ein Trip in den Amboseli und Tsavo National Park *(→dort)* liegt zwischen 300 und 350 DM. Luxussafaris kosten ebensoviel, sind nicht so staubig, dauern aber nur halb so lange. Dafür wird in den luxuriösen Lodges der Parks übernachtet, und Sie lauschen dem Brummen der Klimaanlage auf dem Zimmer anstatt den Geräuschen der afrikanischen Nacht.
Wenn Ihnen die Safari in einer bunt zusammengewürfelten Truppe nicht liegt, mieten Sie sich am besten einen Wagen inkl. Campingausrüstung. Adresse:
„Habib's Cars Ltd.“, Agip House, Haile Selassie Ave., P.O.Box 48095, Nairobi, Tel. 2 04 63, 2 38 16, 2 09 85;
„Glory Car Hire. Tours & Safaris“, Reinsurance Plaza Building, Taifa Rd., P.O.Box 669669, Nairobi, Tel. 2 44 28, 2 29 10, 2 50 24. Praktischerweise hat Glory — als meines Wissens nach einzige einheimische Mietwagenagentur — Filialen in Mombasa, Diani und Malindi. Das hat den Vorteil, daß Sie Ihren Wagen am Ende der Safari nicht wieder in Nairobi abgeben müssen, sondern an der Küste stehen lassen können.
Die Vorteile einer Individualsafari: Man ist unabhängig und trottet nicht hinter der Gruppe her, schläft morgens länger, anstatt sich um 5.30 Uhr mit verklebten Augen auf Pirschfahrt begeben zu müssen, und genießt auch mal den Abend am Lagerfeuer ohne Stimmengewirr und Geschirrgeklapper.
Eine Individualsafari kann natürlich auch preiswerter sein. Allerdings müssen Sie die gesamte Campingausrüstung schon von daheim mitführen. Zu den üblichen Gegenständen kommen hinzu:
— Wasserkanister (mindestens 30 l)
— luftdichte Plastikbehälter für Brot, Zucker, Salz etc.
— Holzbrett zum Schneiden von Brot und Gemüse
— Klappstühle und Tisch
— Petroleumlampe und Taschenlampe
— Axt und Schaufel
— Plastikgeschirr, Besteck und Plastikwanne zum Waschen und Spülen
— Lebensmittel und Getränke
— Insektenspray

— Fernglas

Vereinzelte Übergriffe von Wilderern auf Touristen haben inzwischen dazu geführt, daß besonders im Tsavo strenge Sicherheitsmaßnahmen getroffen wurden. So werden die Zeltplätze von Militär bewacht, und Fahrten vom Tsavo in den Amboseli nur noch im Konvoi durchgeführt. Leider! Die direkteste und lohnendste Art, Land und Leute kennenzulernen, sind die Kamelsafaris. Sie werden in den Wüsten und Dornbuschsavannen des Nordens durchgeführt. Da die Kamele nicht als Reit-, sondern als Lasttiere benutzt werden, verlangt ein solches Unternehmen eine gute körperliche Verfassung, lange vorherige Akklimatisierung und die Bereitschaft, Strapazen auf sich zu nehmen. Offiziell werden Kamelsafaris nur von den Veranstaltern der Luxussafaris angeboten, was natürlich seinen Preis hat. Wesentlich preiswerter wird es, wenn man sich einheimischen Kamelführern anvertraut. Allerdings ist es nicht leicht, sie aufzutreiben, da man nur durch Mundpropaganda an sie herankommt. „Sachdienliche Hinweise" zum Wer und Wo erteilt am ehesten das Büro des zuständigen District Commissioner. In Marsabit werden Kamelsafaris organisiert von:

Duba Kalicha, P.O.Box 181, Marsabit, Tel. 56 (Marsabit Service Station, nach Duba fragen!).

Duba führt nach Absprache Kamelsafaris von North Horr, einer kleinen Missionsstation nordwestlich von Marsabit, nach Loyengalani am Turkana See durch. Der Preis ist Verhandlungssache.

In Rumuruti lebt Simon Evans. Er organisiert Kamelsafaris entlang dem Fluß Ewaso Nyiro in Nordkenia. Adresse: „Ewaso River Camel Hikes", Simon Evans, P.O.Box 9, Rumuruti.

Leichtathletik, Gymnastik und Wettkampfsportarten

In und um Nairobi existieren zahlreiche gut ausgestattete Sport Clubs. In den meisten ist eine zeitlich begrenzte Mitgliedschaft möglich. Will man die Anlagen benutzen, sollte man ihre Verfügbarkeit vorher telefonisch abklären.

„Impala Club", Ngong Rd., P.O.Box 41516, Nairobi, Tel. 56 85 73 (Tennis, Squash, Cricket, Rugby, Hockey)

„Nairobi Gymkhana", Rwathia/Forest Rds., P.O.Box 40895, Nairobi, Tel. 2 00 87 (Tennis, Squash, Cricket, Bridge)

„Parklands Sports Club", Ojijo Rd., P.O.Box 40116, Nairobi, Tel. 74 28 29 (Tennis, Squash, Rugby, Hockey, Cricket)

Weitere Clubs

Golf

„Karen Golf Club", Tel. 8 84 05; „Muthaiga Golf Club", Tel. 2 73 33; „Royal Nairobi Golf Club", Tel. 2 73 32; „Sigona Golf Club", Tel. 21 52; alle Clubs besitzen 18-Loch-Kurse.

Schach

„Nairobi Chess Club", P.O.Box 50443, Nairobi, Tel. 2 50 07, Mr. Adam. Die Clubmitglieder treffen sich jeden Donnerstag um 17.30 Uhr im „French Cultural Centre", Monrovia St./Loita St., Nairobi.

Fotoclubs

„Nairobi Photographic Society", P.O.Box 49879, Nairobi, Tel. 33 71 29. Die Mitglieder treffen sich am ersten und dritten Donnerstag jeden Monats im Hauptquartier der St. John Ambulance, hinter dem früheren Donovan Maule Theatre, um 20.30 Uhr.

Skat

„Skat Club of Nairobi", P.O.Box 47427, Nairobi, Tel. 33 27 44, Mrs. N. Lacy. „Skat Club of Mombasa", P.O.Box 86396, Mombasa, Tel. 48 56 11, S. Garaghan.

Geologie

„Geological Club of Kenya", P.O.Box 44749, Nairobi.

Fallschirmspringen

Der „Kenya Parachute Club" sitzt im Hauptgebäude des Wilson Airport, Nairobi. Kontaktperson ist H. Trempeneau, Tel. 33 24 83.

Geographie

„Geographical Society of Kenya", P.O.Box 41887, Nairobi.

Tier- und Naturschutz

„East African Wildlife Society", Nairobi Hilton Hotel, P.O.Box 20110, Tel. 2 70 47.

„Wildlife Club of Kenya", National Museum, P.O.Box 40658, Nairobi.

Kultur

„African Cultural Society", P.O.Box 69484, Nairobi, Tel. 33 55 81. Kulturveranstaltungen, Vorträge und Theateraufführungen.

Essen und Trinken

Speisen

Das Nebeneinander der verschiedenen Kulturen und Kontinente hat natürlich auch seine Spuren auf der kenianischen Speisekarte hinterlassen. Bevor die Fremden kamen, ernährte sich die afrikanische Bevölkerung hauptsächlich von Hirse, Früchten und Wurzeln. Dann aber gelangte aus dem indopazifischen Raum die Kokospalme nach Ostafrika, aus Asien kamen Zuckerrohr, Reis und Mangofrüchte, und die Portugiesen führten Baumwolle, Mais, Maniok, Ananas, Erd- und Cashewnüsse, Avocados und Papaya aus Brasilien ein. Schließlich kamen die Engländer mit Kaffee, Käse und — Eiercreme.

Die von den Engländern ins Land geholten indischen Bauarbeiter brachten die Currygerichte und die heute unvermeidlich gewordenen Chapatis, meist kalt gegessene Mehlpfannkuchen.
Die afrikanische Küche selbst ist einfach. Es ist auch vermessen, raffiniert verfeinerte Speisen in einem Land zu erwarten, das jedes Jahr froh ist, seine Bevölkerung für ein weiteres Jahr ernährt zu haben. Trotzdem gibt es zahlreiche Gerichte, die nicht nur sattmachen, sondern auch schmecken. Für den europäischen Magen sind sie ohne weiteres genießbar.

Landesübliche, in den einfachen afrikanischen „hotelis" servierte Speisen sind:
githeri = Bohnen und Mais
irio = Bohnen, Gemüse, Mais, Kartoffeln, evtl. Spinat, als „Himmel und Erde" (also gemischt) serviert.
ugali = Maisbrei, der Magenfüller auf dem Land und in der Stadt
matoke = Kochbananen, schmeckt und sieht aus wie Kartoffelpüree
ndizi ya nyama = Kochbananen mit Fleisch
matumbo = gekochte Innereien
wali na nyama = Reis mit Fleisch
wali na maharagwe = Reis mit braunen Bohnen
muhogo ya kuchoma = gegrillte Cassava mit Chilis und Zitronen
nyama ya kuchoma = gegrilltes Fleisch
samaki = Fisch
nyama ya ng'ombe = Rindfleisch
nyama ya mbuzi = Ziegenfleisch
kuku = Huhn
sukuma ya wiki = gekochter Spinat

Indische Speisen
Folgende kurze Auflistung hilft bei der Entschlüsselung indischer Speisekarten:
raita = zerkleinerte Gurken, Paprika und Tomaten in Joghurt
chapati = Pfannkuchen aus Mehl und Wasser
parotha = Appetithäppchen aus Blätterteig
papadum = sehr leichtes, mit Pfeffer gewürztes Brot
curry = dünne, würzige Soße
masala tandoori = schwere, reichhaltige Soße
palluk = Spinatsoße
biriani = Reis mit Gemüse und Hühnerfleisch, mit diversen Gewürzen zubereitet
kulfi = Eis mit Mandeln und Safran
paneer = indischer Käse
kebab = Fleischspießchen
mushkaki = marinierte Fleischstückchen, am Spieß über Holzkohle gegrillt
keema = Hackfleisch

pilau = Reisgericht, gewöhnlich mit Fleisch und Gemüse
jeera chicken = Huhn, mit Kümmel zubereitet
kuku paka = Huhn, in Kokosmilch gebacken
chicken tikka = würziges Grillhühnchen

Getränke

Seit 1983 wird das Angebot importierter europäischer Weine um den lokal produzierten und wesentlich billigeren Papaya-Wein bereichert. Es ist ein trockener Tafelwein vom Rieslingtyp, der kühl serviert wird.
Von den importierten Weinen sind die italienischen Marken am preiswertesten. Weine aus Zimbabwe sind trinkbar, den äthiopischen Soave-Wein dagegen verwechselt man leicht mit Spülwasser. Lokal abgefüllter Gin, Whisky und Brandy verfehlen nicht ihre Wirkung. Ferner gibt es zwei exzellente alkoholische Getränke, den auf Zuckerrohr basierenden „Kenya Cane“, einen feinen weißen Rum, sowie „Kenya Gold“, der sich keineswegs vor „Tia Maria“ zu verstecken braucht.
Bier gibt es in fünf Sorten: „Export“ und „Premium“ sind etwas teurer und stärker als „Tusker“, „Pilsner“ und „Whitecap“. Die Einheimischen trinken ihr Bier vorzugsweise „moto“ (warm). Der Besucher sollte sich daher die Wendung „baridi“ (kalt) beim Bestellen zur Gewohnheit werden lassen. Die staatliche Preisbindung für Alkohol und Sodas wurde vor zwei Jahren aufgehoben, so daß man sich inzwischen auf beträchtliche Preisunterschiede in den Gaststätten, Bars und Hotels gefaßt machen muß.
Anti-Alkoholiker kommen ebenfalls auf ihre Kosten: Kenia wartet auf mit köstlichen Fruchtsäften aus frischem Fleisch von Mangos, Passionsfrüchten, Ananas, Tamarind etc.

Schwarzbrennerei

Gegen Schwarzbrennerei gibt es in Kenia zwar seit Jahrzehnten eine ellenlange Riege von Gesetzen, spürbar nachgelassen hat die illegale Herstellung von Bier und Schnaps jedoch nicht. Das populärste Gesöff ist „pombe“ (Bier) und wird unter verschiedenen Namen überall im Land gebraut. Je nach Zutaten — Zucker, Bananen, Hirse, Kräuter und Wurzeln — verändern sich Farbe und Geschmack. Gewöhnlich ist „pombe“ sehr stark und vermag die Planung für den restlichen Tag locker über den Haufen zu werfen.
„Tembo“ ist Palmwein und wird aus Kokosnüssen hergestellt — ein grauenhaftes Gebräu!
Wer lebensmüde ist, sollte sich mit „Chang'aa“ den Garaus machen. Das ist reinstes Feuerwasser und

scheint aus Brennstoff pur zu bestehen. Die Kenianer nennen es treffend auch „kill me quick“, und Chang'aa-Gelage enden häufig genug mit Alkohol-Toten, was in der kenianischen Presse die Meldungen über Heroinleichen ersetzt. Polizeirazzien und harte Bestrafungen haben bis jetzt nicht gefruchtet.

„Hotels“ und Restaurants

Auswärts essen wird in Kenia niemals langweilig. Die Palette des Angebots reicht von der mit Ingwer gewürzten Schale Tee und dem in altem Zeitungspapier eingewickelten Gebäck bis zum „Lobster Thermidor“ in Etablissements von internationalem Renommé.

Die afrikanischen Restaurants heißen „hotelis“, obwohl man hier nicht schlafen kann. Sie sind in erster Linie billig und ungemütlich. Die Tische stehen auf wackeligen Beinen, die verklebten Ärmel erinnern Sie später daran, was Sie gegessen haben, und die Kellner gehen ihrer Arbeit nach, als hätten sie die Lässigkeit erfunden. Hier zu sitzen macht jedoch Spaß, denn die Tischnachbarn sind einem kleinen Schwätzchen nicht abgeneigt, und so stecken Sie schnell in einer Diskussion über Arbeitslosigkeit, Familie und Politik. Gegessen wird meist mit den Fingern, die Tischsitten fallen ebenso unter den Tisch wie die Essensreste für die umherstreichenden Katzen. Leider halten sich viele Europäer nur an das, was sie kennen, und verpassen so die Gelegenheit, ganz „normale“ Kenianer kennenzulernen. Der Preis für ein opulentes Pilau mit Tee oder Fruchtsaft liegt bei etwa 4 DM; man kann sich aber auch schon für 2 DM satt essen.

Wer lieber chinesisch, italienisch oder jugoslawisch wie zu Hause essen möchte, der hat zumindest in Nairobi und an der Küste reichlich Gelegenheit dazu. Die Preise in den von Europäern und reichen Kenianern frequentierten Restaurants bewegen sich zwischen 15 und 35 DM.

Verhalten

Im allgemeinen werden Besucher aus Europa herzlich willkommen geheißen. Häufig kommen Einheimische direkt auf einen zu, um den Kontakt herzustellen. Die Atmosphäre ist dabei entspannt und zwanglos, und vor allem: Man nimmt sich Zeit, viel Zeit, und hat ebenso Spaß an lockeren Wortspielereien wie an ernsthaften Diskussionen. Was der Besucher nie vergessen darf: Er verbringt seinen Urlaub nicht in irgendeinem europäischen, sondern in einem afrikanischen Land. Das bedeutet die Konfrontation mit anderen

Kulturen, Sitten und Gebräuchen, anderen geschichtlichen Erfahrungen und auch mit bitterer menschlicher Armut. Es gibt kein Patentrezept für richtiges Verhalten. Die folgenden Punkte sind daher auch nicht als Vorschriften zu verstehen, sondern als Gedankenanstöße, die jeder Reisende, dem Takt und Toleranz keine Fremdwörter sind, sicher positiv in seinem eigenen Verhalten umzusetzen weiß.

Erwartungen

Die Begegnung zwischen Einheimischen und Reisenden wird stets von bestimmten Erwartungen begleitet. In unseren Köpfen, seien sie noch so aufgeklärt, geistern immer noch Klischees und Vorurteile herum. Ganz ehrlich, wer denkt bei Afrika nicht wenigstens ein bißchen an wilde Tiere und Menschen, ekstatische Stammestänze und schwarze Erotik? Das sind die Sehnsüchte des „Zivilisationsmenschen", und die werden natürlich von der Reisebranche durch gezielte Werbung clever verstärkt und vermarktet. Andererseits beeinflussen die Erfahrungen aus der Kolonialzeit, die Präsenz weißer Entwicklungshelfer und der Kontakt zu den Touristen das Verhalten und Selbstwertgefühl der Einheimischen. Am liebsten würde man angesichts des Reichtums der Touristen seine afrikanische Herkunft leugnen, man eignet sich eine unterwürfige Dienstleistungsmentalität an und macht mit bei der Vermarktung der eigenen Kultur.

Der alltägliche Rassismus

Unterwegs in Kenia, werden Sie früher oder später die Erfahrung machen, daß etwas nicht so klappt, wie Sie es gern hätten. Irgendwann werden Sie müde und fangen an, sich über „diese Afrikaner", die es so nie zu etwas bringen werden, aufzuregen. Und plötzlich ist er wieder da, der überwunden geglaubte Rassismus. Das Verhalten der Einheimischen wird dann wieder mit ihrer Rasse erklärt, wonach alle Afrikaner unfähig sind, mit den Anforderungen des modernen Lebens fertig zu werden.

In solchen Fällen ist es angebracht, sich zu überlegen, woran es liegen mag, daß das Verhalten der Einheimischen nicht den eigenen Erwartungen entspricht. Z. B. wird bei schlechter, weil nährstoffärmerer Kost unter wesentlich härteren Bedingungen für wesentlich niedrigeren Lohn gearbeitet, alles Punkte, die ein europäisches Leistungsdenken kaum aufkommen lassen. Reagieren Sie dann in Streßsituationen mit Ungeduld und Unverständnis, werden Sie umgehend die Quittung für Ihr Verhalten bekommen, entweder, indem Sie links liegengelassen werden, oder aber indem Sie temperamentvoll dazu angewiesen werden, sich als Gast in Kenia anständig zu benehmen. Am deutschen Wesen soll die Welt genesen — mit diesem Motto im Kopf werden Sie Mühe haben, zunächst unverständliche Verhaltensweisen zu verstehen. Oft sieht man z. B. Männer Hand in Hand über die Straße schlendern, oder einer ergreift die Hand des anderen während eines Gesprächs. Die hierzulande übliche Schlußfolgerung daraus zu ziehen, wäre falsch. Das Gesehene darf nicht an den eigenen Maßstäben gemessen werden. Was bei uns gesellschaftlich geächtet ist, braucht es noch lange nicht in Kenia zu sein. Auch andere körperliche Äußerungen, wie genußvolles Aufstoßen nach dem Essen oder das Kratzen der Genitalien in der Öffentlichkeit, beweisen nicht, daß „die" weniger zivilisiert sind als „wir", sondern daß die Einstellung zum Körper hier eben eine andere ist als bei uns. Das sollte akzeptiert anstatt belächelt werden. Andererseits ist der Austausch von Zärtlichkeiten zwischen Mann und Frau vor aller Augen verpönt und stößt auf Mißfallen.

Fotografieren

Niemand mag es, wenn plötzlich ein Wildfremder vor seiner Nase auftaucht und ungeniert auf den Auslöser drückt. Kriminell wird es, wenn Touristen aus schierer Sensationslust Armut und Hunger auf die Platte bannen, um beim ehrfürchtig erschauernden Publikum zu Hause Eindruck zu schinden. Mittlerweile ist vielerorts in Kenia die Hilflosigkeit gegenüber fotografierenden Touristen in ablehnende Aggressivität (manche Touristen haben schon Prügel bezogen!) oder aber in gesunden Geschäftssinn umgeschlagen. Auf jeden Fall sollten Sie vorher um Erlaubnis fragen und erklären, wozu man das Foto machen möchte. Erleichtert wird das ganze, wenn Sie von einem kenianischen Freund eingeführt werden. Auf keinen Fall dürfen die kenianische Flagge, Gefängnisse und militärische Einrichtungen abgelichtet werden.

Protzen

Jedermann in Kenia weiß, daß es den Menschen in Europa materiell besser geht. Allein die Tatsache, daß man die Reise nach Ostafrika finanzieren konnte, hebt auch den jobbenden Studenten hinauf in die kenianische Oberschicht. Es ist daher unnötig und auch rücksichtslos, von unserer Überflußgesellschaft und der deutschen Tüchtigkeit zu schwärmen nach dem Motto: Das schafft ihr alles auch, wenn ihr nur fleißig seid!

Verständlicherweise werden herablassende Bemerkungen über Kenias politisches System und die wirtschaftliche Lage ebenfalls nicht gern gehört.

Anrede

Ein erwachsener Mann wird mit „bwana“ tituliert, was soviel wie „Herr“ bedeutet. In letzter Zeit wird dieses Wort auch von Jugendlichen untereinander benutzt, im Sinne von „Mensch“, „Mann“. Ein älterer Mann wird mit „mzee“ angesprochen, eine Respektbezeugung und Beweis guter Kinderstube. Eine Frau nennt man „mama“, ein Kind „toto“. Afrikaner und Asiaten sind „Africans“ und „Asians“, nicht etwa „Blacks“ und „Coloured“.

Trinkgeld

Mit dem Trinkgeld sollte man nicht zu geizig sein, denn es bessert den Hungerlohn des Personals beträchtlich auf. Im Schnitt verdient ein Kellner 60-80 DM monatlich, wovon er auch seine Familie durchbringen muß. 10 % des Rechnungsbetrages sind angebracht.

Obrigkeit

Wenn die Nationalhymne gespielt wird — beim Hissen der kenianischen Flagge und vor Beginn jeder Kinovorstellung — ist jedermann gehalten, aufzustehen. Unterläßt man diese Ehrenbezeugung, handelt man sich u. U. eine Menge Ärger ein. Keine kenianischen Banknoten zerreißen, weder in dem Hochgefühl, daß dieses Geld nicht viel wert ist, noch vor dem Abflug auf dem Flughafen, um dem Ausfuhrverbot zu entsprechen. Die Person des Präsidenten und seine Politik sollten nicht lauthals in der Öffentlichkeit kritisiert werden. Moi ist eine den Niederungen des Alltags entrückte Instanz, die die Bösen straft und die Guten belohnt. Soviel in Kenia auch über Politik diskutiert wird, die Person des Präsidenten ist unantastbar. Im Umgang mit der Polizei bei Verkehrskontrollen (Weiße werden allerdings selten angehalten) oder bei offiziellen Anlässen sind Sie gut beraten, wenn Sie sich von Ihrer allerhöflichsten Seite zeigen. Geduld, Freundlichkeit und ein breites Lächeln werden Wirkung zeigen, und ein kleines Trinkgeld (ca. 5 DM) löst die meisten Probleme in Luft auf.

Besuch von Moscheen

Nicht nur an der Küste, sondern auch tief im Landesinnern hat der Islam eine große Anhängerschaft. Die kenianischen Moscheen sind relativ nüchtern und schmucklos. Nicht-Moslems stehen sie nur außerhalb der Gebetszeiten offen; allerdings ist auch dann um Erlaubnis zu fragen. Vor Betre-

▲ *Abendstimmung in der Aruba Lodge im Tsavo-East — ein unvergeßlicher Augenblick*

▼ *Farbenfroh ist der traditionelle Schmuck der Samburu, deren Stammesname zu deutsch „Schmetterling" bedeutet*

▲ Die große Moschee auf Lamus Nachbarinsel Manda verfällt immer mehr und mehr

▼ Ja, sie fahren immer noch: Dampfer vom Typ „Queen of Africa“ verbinden die kleinen Orte am Viktoria-See miteinander

ten ist zweierlei zu beachten: Männer wie Frauen müssen ihre Blößen mit langen Hosen bzw. Röcken und langärmeligen Oberteilen bedecken. Die Schuhe werden vor dem Eingang ausgezogen.
In den „B&Ls" wird man auf dem Flur häufig Moslems beim Gebet antreffen. Daß die dabei eingenommene, für uns ungewöhnliche Haltung kein Anlaß zum Schmunzeln ist, dürfte jedem selbstverständlich sein.

Diebstahl und Sicherheit

Die Einkommensunterschiede im Land sind gewaltig. Bei der Arbeits- und Perspektivlosigkeit der jungen Leute ist es kein Wunder, daß manche den direkten Weg zum Geld einschlagen, die Jungen mit Diebstählen und Überfällen, die Mädchen, indem sie sich an die Touristen verkaufen.
Die Regierung versucht, den steilen Anstieg der Eigentumsdelikte mit drakonischen Strafen zu bekämpfen, hat aber nur bedingt Erfolg, weil damit nicht die Wurzel des Übels gezogen wird. So bringt ein gestohlenes Fahrrad fünf Jahre und eine gestohlene Ziege sieben Jahre Haft ein. Einer Touristin wurde in Mombasa die Handtasche entrissen, woraufhin der jugendliche Täter zu vier Jahren Bau verurteilt wurde. Dabei hatte der Junge noch Glück, denn es kommt immer häufiger zu Lynchjustiz auf Kenias Straßen. Beim Hilferuf des Bestohlenen bildet sich schnell ein Mob, der die Verfolgung des Diebs aufnimmt und „street justice" ausübt, sobald der Unglücksvogel erwischt wird. Sie sollten es sich also gut überlegen, ob der Fotoapparat vielleicht ein Menschenleben wert ist.
Nun soll aber nicht der Eindruck erweckt werden, daß es auf den Straßen nur so von zwielichtigen Gestalten wimmelt. Schlechte Erfahrungen können Sie auch in jeder anderen Großstadt machen. Jedenfalls sollten dunkle, unübersichtliche Seitenstraßen gemieden und alles, was man nicht unbedingt braucht, vor dem Stadtbummel im Hotel zurückgelassen werden. Das Hotelpersonal nicht durch verstreut im Zimmer herumliegende Wertgegenstände zum Zugreifen verleiten, daher alles in den Koffer und dann in den Schrank.

Prostitution

Erfahrungsgemäß ist es sinnlos, gegen die Prostitution zu argumentieren. Jede(r) muß selbst wissen, was sie (er) tut. Dabei muß eines jedoch klar sein: Die „malayas" in den Hotelbars und Diskotheken unterliegen ebensowenig wie die „beach boys" am Strand einer Gesundheitskontrolle. Die Gefahr, sich eine der Geschlechtskrankheiten oder AIDS einzuhandeln, ist sehr groß. Das bedruckte Kärtchen, das manchmal von den Mädchen als medizinischer Unbedenklichkeitsbeweis gezeigt wird, ist nicht viel wert, denn die Stempel können auch vom „fundi“ (Handwerker) um die Ecke angefertigt werden. Und das kostet nur einen Bruchteil der Diagnose des Arztes. Muß es denn sein, so sollte man(n) sich unbedingt mit einem Kondom schützen — Gelegenheiten bieten sich angesichts der unkomplizierten Sexualmoral in Kenia reichlich.

Praktisches von A bis Z

Apotheken

In allen Städten gibt es mindestens eine recht gut ausgestattete Apotheke (chemistry, duka ya dawa). In der Regel hat eine von ihnen bis 21 Uhr geöffnet. Der Dienstplan steht in den Tageszeitungen.

Die kleinen Dörfer liegen meist in Autoreichweite eines District Hospital oder zumindest einer Landebahn, von wo man in ernsten Fällen nach Nairobi geflogen werden kann. Eine ambulante Behandlung ist in bar zu bezahlen.

(Prä-)Historische Kulturstätten und archäologische Ausgrabungen

Wer sich über den neuesten Stand der archäologischen und anthropologischen Forschung in Kenia informieren möchte, wende sich an die „Kenya Museum Society“ (P.O.Box 40658, Tel. 74 21 31, 74 21 62) in Nairobi oder an die „Friends of Fort Jesus“ (P.O.Box 82412, Tel. 31 28 39) in Mombasa. Beide Gesellschaften bieten auch Vortragsreihen und Filmveranstaltungen zum Thema. In letzter Zeit möchten immer mehr Reisende auch selbst bei den Ausgrabungen mithelfen. Wer genug Zeit mitbringt und Schippe und Spaten schwingen will, der wende sich an die „Cave Exploration Group of East Africa“, die unter der Anschrift „Kenya Caverns and Lodges“, P.O.Box 47363, Tel. 6 04 38, in Nairobi zu erreichen ist.

Botschaften und diplomatische Vertretungen

Nairobi

Botschaft der Bundesrepublik Deutschland, Embassy House, Harambee Ave., P.O.Box 30180, Nairobi, Tel. 2 66 61/2 66 62/3; Dienstzeiten: Di., Do., Fr. 7.30-14, Mo., Mi. 7.30-13 und 14-17 Uhr. Telefonbereitschaft rund um die Uhr.

Botschaft Österreichs, Wabera Street, P.O.Box 30560, Nairobi, Tel. 2 82 81/2 82 82. Dienstzeiten: Mo.-Fr. 8.30-12.30 Uhr, 13.30-16.30 Uhr.

Botschaft der Schweiz, International

House, Mama Ngina Street, P.O.Box 30752, Nairobi, Tel. 2 87 35, 2 77 36. Dienstzeiten: Mo.-Fr. 8-12.30 Uhr, 13.30-17 Uhr.

Mombasa

BR Deutschland: Honorarkonsulat, Moi Ave., Cannon Tower, P.O.Box 90171, Tel. 2 49 38, 2 49 39.

Österreich: Nyerere Ave., Ralli House, P.O.Box 84045, Tel. 31 33 86 (privat: 4 85 50).

Schweiz: Tudor, P.O.Box 85722, Tel. 31 66 84 (privat 48 53 14).

Andere afrikanische Länder

Algerien: Matungulu House, Mamlaka Rd., P.O.Box 53902, Nairobi, Tel. 33 42 27/33 41 78.

Ägypten: Chai House, Koinange St., P.O.Box 45198, Nairobi, Tel. 2 59 91.

Äthiopien: State House Ave., P.O.Box 45198, Nairobi, Tel. 72 30 35.

Burundi: Development House, Moi Ave., P.O.Box 44439, Nairobi, Tel. 33 87 35/33 87 21.

Ghana: International House, Mama Ngina St., P.O.Box 48534, Nairobi, Tel. 2 72 31/33 68 83.

Lesotho: International House, Mama Ngina St., P.O.Box 44096, Nairobi, Tel. 33 74 93.

Liberia: Bruce House, Standard St., P.O.Box 30546, Tel. 2 26 04.

Lybien: Jamahiriya House, Loita St., P.O.Box 60149, Nairobi, Tel. 2 98 14/2 94 47/8.

Malawi: Bruce House, Standard St., P.O.Box 30453, Nairobi, Tel. 2 11 74/2 04 35.

Nigeria: Kencom House, Moi Ave., P.O.Box 30510, Nairobi, Tel. 2 83 21/2 46 61.

Ruanda: International House, Mama Ngina St., P.O.Box 48579, Nairobi, Tel. 33 43 41.

Somalia: International House, Mama Ngina St., P.O.Box 30769, Nairobi, Tel. 2 43 01.

Sudan: Shankardass House, Moi Ave., P.O.Box 48784, Nairobi, Tel. 2 07 70/33 16 24.

Swaziland: Silopark House, Mama Ngina St., P.O.Box 41887, Nairobi, Tel. 2 04 68/33 54 17.

Uganda: Cooperative House, Haile Selassie Ave., Tel. 2 79 54/ 2 78 78.

Zaire: Electricity House, Harambee Ave., P.O.Box 48106, Nairobi, Tel. 2 97 71/2.

Zambia: Kampus Towers, University Way, P.O.Box 48741, Nairobi, Tel. 2 92 56/7/8/9.

Zimbabwe: Mainet I.C.D.C House, Tel. 3 30 49.

Bibliotheken und ausländische Kulturinstitute

Alle Einrichtungen befinden sich in Nairobi.

Alliance Francaise, I.C.E.A Building Ground Floor/Kenyatta Avenue, Nai-

robi, Tel. 34 00 54/34 00 79. Mo.-Fr. 10-13 und 14-15.15 Uhr. Sa. 9.30-12 Uhr.
McMillan Memorial Library, Banda Street, Nairobi, Tel. 2 18 44. Mo.-Fr. 9-17 Uhr; Sa. 8.30-13 Uhr.
British Council Library, Mezzanine Floor, I.C.E.A Building, Kenyatta Avenue, Nairobi, Tel. 33 48 55/607. Mo.-Fr. 10-17 Uhr; Sa. 9-12 Uhr.
American Cultural Centre, National Bank Bldg., Harambee Avenue, Nairobi, Tel. 33 78 77, Mo.-Fr. 10-17 Uhr; Sa. 10-13 Uhr.
French Cultural Centre, Maison Francaise, Monrovia/Loita Streets, Nairobi, Tel. 2 46 40 oder 33 07 48, Mo.-Fr. 10-18 Uhr.
Goethe-Institut, Maendeleo House, Monrovia/Loita Streets, Nairobi, Tel. 2 46 40 oder 33 07 48.
Italian Cultural Institute, Wabera Street, Prudential Bldg., Nairobi, Tel. 2 16 15, Mo.-Fr. 8.30-13/14.30-17 Uhr.
Japan Information Centre, Matungulu House (opp. YWCA), Mamlaka Road, Nairobi, Tel. 33 11 96, Mo.-Fr. 10-12/14.10-16.30 Uhr.
Kenya National Library Services, Ngong Road, Nairobi, Tel. 2 78 71/ 2 91 86.

Deponieren von Wertsachen

Deponieren Sie sämtliche Wertsachen an einem sicheren Ort, bevor Sie Nairobi oder Mombasa für eine Safari verlassen. Das Flugticket nimmt das Büro Ihrer Fluglinie für die gesamte Dauer Ihres Aufenthalts kostenlos in Verwahrung. Die übrigen Dokumente sowie nicht benötigtes Gepäck können Sie gegen eine kleine Gebühr im Hotel abstellen. Preiswert ist das in Nairobi im Hotel „Iqbal" in der Latema Rd. sowie in der Jugendherberge in der Ralph Bunche St.; Quittung ausstellen lassen!

Entfernungen

Entfernungen in Kenia (→Seite 101)

Feiertage

1. Januar: Neujahr
Ostern: Karfreitag, Ostermontag
1. Mai: Tag der Arbeit
1. Juni: Madaraka Day, Jahrestag der Selbstregierung
20. Oktober: Kenyatta Day, der Tag der Einkerkerung Jomo Kenyattas
12. Dezember: Jamhuri, Tag der Unabhängigkeit
25./26. Dezember: Weihnachten

Feste und Veranstaltungen

Die Moslems feiern mit dem „Idd-ul-Fitr" das Ende des Fastenmonats Ramadan. Die Begehung der Feier richtet sich nach dem ersten Sichtbarwerden des Neumonds.
Während des Ramadan und des Festes haben in kleineren Orten die Läden und „hotelis" tagsüber geschlos-

Entfernungen in Kenia

	ELDOREI	EMBU	MURANG'A	GARISSA	GILGIL	ISIOLO	KAKAMEGA	KERICHO	KISII	KISUMU	KITALE	MALABAR	MALINDI	MAU SUMMIT	MERU	MOMBASA	NAIROBI	NAIVASHA	NAKURU	NAMANGA	NANYUKI	NYERI	TAVETA	THIKA	NYAHURURU
EMBU	442																								
MURANG'A	394	47																							
GARISSA	685	337	376																						
GILGIL	196	246	199	489																					
ISIOLO	398	184	188	521	246																				
KAKAMEGA	92	525	478	768	279	481																			
KERICHO	161	395	348	638	149	351	130																		
KISII	265	499	452	472	253	455	170	104																	
KISUMU	122	175	428	718	229	431	50	80	123																
KITALE	69	511	466	754	265	467	109	230	283	160															
MALABAR	133	575	527	818	329	531	105	231	274	151	119														
MALINDI	916	657	689	348	720	877	999	869	973	949	985	1049													
MAU SUMMIT	104	338	291	581	92	294	187	57	161	137	173	237	812												
MERU	394	128	175	465	242	56	477	347	451	427	463	527	864	290											
MOMBASA	798	618	571	466	602	579	881	751	855	831	867	931	118	694	746										
NAIROBI	311	131	84	374	115	272	394	264	368	344	380	444	605	207	259	487									
NAIVASHA	225	217	1270	460	29	275	308	178	282	258	294	358	619	121	283	573	86								
NAKURU	154	288	241	531	42	244	237	107	211	187	223	287	762	50	240	644	157	71							
NAMANGA	475	295	248	538	279	436	558	428	532	508	544	608	719	371	423	601	164	250	321						
NANYUKI	316	131	106	468	164	32	399	269	373	349	385	449	795	212	78	677	190	193	162	354					
NYERI	377	88	63	425	185	140	420	290	394	370	406	470	752	233	136	634	147	214	183	311	58				
TAVETA	752	572	524	736	556	713	835	705	809	785	821	885	388	648	700	271	441	527	598	555	631	588			
THIKA	352	90	43	333	156	231	435	305	409	385	421	485	646	248	218	528	41	127	205	205	149	106	482		
NYAHURURU	222	203	178	540	70	176	305	175	279	255	291	355	790	118	172	672	185	99	68	349	94	115	628	221	
VOI	640	460	412	624	444	601	723	593	697	673	709	773	276	536	588	158	329	415	486	443	519	476	1[illegible]2	370	514

sen. „Maulidi", das Fest zum Geburtstag des Propheten, ist erlebenswert und wird besonders farbenprächtig auf der Insel Lamu gefeiert. Insgesamt bleiben die islamischen Feste auf die Küste beschränkt.
Da sich der islamische Kalender nach dem Mond richtet, sind keine genauen Datenangaben möglich. Gefeiert wird der Ramadan, am Ende des Fastenmonats das Fest Idd-ul-Fitr und das Maulidi-Fest, der Geburtstag des Propheten.

Die „Agricultural Society of Kenya", ASK, veranstaltet alljährlich große landwirtschaftliche Ausstellungen, die „Agricultural Shows". Es fließt Bier in Strömen, Snacks werden gereicht — man riecht die britische Farmertradition — und nebenbei werden die schönsten Bullen und die größten Ernteerfolge prämiert. Von den neuesten Aktivitäten der lokalen Frauengruppen ist ebenso etwas zu hören wie von neuen Bienenzuchtmethoden usw.
Jede größere Stadt besitzt ein Veranstaltungsgelände, wo die Shows abgehalten werden.
Eldoret: 1. Märzwoche
Nanyuki: 1. Maiwoche
Meru: 2. Juniwoche
Nakuru: Letzte Juniwoche
Kisii: 1. Juliwoche
Nyeri: 4. Juliwoche
Kisumu: 1. Augustwoche
Embu: 2. Augustwoche
Mombasa: 4. Augustwoche
Nairobi: 1. Oktoberwoche
Kitale: 1. Novemberwoche
Kakamega: 4. Novemberwoche.

Außerdem finden statt:
Januar: „International Bill Fish Competition" in Malindi (Dauer: 1 Woche)
Februar/März: „Mombasa Fishing Festival";
„Delamere Cup", veranstaltet vom „Mnarani Fishing Club" in Kilifi
März: Offene Golfmeisterschaften von Kenia
Ostern: „Kenya Safari Rallye"
Mai: „Kenya 2000", zweitägige Autorallye
Oktober/November: „Malindi Dea Fishing Festival" (Dauer: 1 Woche)
Dezember: „Bahari Club Fishing Festival"

FKK und der öffentliche Geschmack

Entgegen allen Märchenfantasien von afrikanischer Freizügigkeit legt man in Kenia auch am Strand Wert auf (Bade-) Bekleidung. Nacktbaden oder Oben-Ohne wird streng geahndet. Im übrigen sind die Bewohner des Küstengebiets islamisch geprägt, allein deswegen sollten Sie Rücksicht nehmen. Überkommt Sie draußen der gewisse unwiderstehliche Drang, vergewissern Sie sich zuvor auf jeden Fall, daß Ihnen niemand dabei zusieht. Urinieren in der Öffentlichkeit ist in Kenia keineswegs ein Kavaliersdelikt, sondern ein frecher Angriff auf den guten Geschmack.

Fotografieren

Da die Sonneneinstrahlung intensiver ist als in Mitteleuropa, arbeiten Sie in jedem Fall mit einer kürzeren Belichtungszeit. Objektivdeckel zum Schutz vor dem feinen Staub und Skylightfilter sind unerläßlich. Mit einer Kompaktkamera gelingen zwar schöne Schnappschüsse und vielleicht noch Landschaftsaufnahmen, nicht aber Tierfotos. Da ist dann plötzlich nur noch Savanne zu sehen, und die Tiere kann man mit der Lupe suchen!

Eine Spiegelreflexkamera mit auswechselbaren Objektiven (vielleicht ein normales 50 mm Objektiv und ein Zoom bis 300 mm mit hoher Lichtstärke) leistet da bessere Dienste. Denken Sie beim Zoom an empfindlichere Filme! Das Fotografieren von Afrikanern ist technisch gesehen manchmal problematisch, weil ihre Haut wenig Licht reflektiert und sie oft zu allem Überfluß „rücksichtslos" im Schatten sitzen. Die Blende daher weit öffnen. Und: erst fragen, dann knipsen!

Die Masai dürfen seit einem Regierungserlaß nicht mehr von Touristen fotografiert werden. Ausnahmon bilden die künstlichen Masai-Siedlungen bei den Eingängen zum Masai Mara Game Reserve, wo man gegen eine kleine Gebühr einige Exemplare des „stolzesten Stammes Afrikas" ablichten darf.

Handeln

Wo die Preise ausgezeichnet sind, wie in den Supermärkten und den asiatischen Geschäften, ist am Preis natürlich nicht mehr zu rütteln. Überall sonst — auf den Märkten, am Souvenirstand, am Taxistand und in der Autowerkstatt — ist das Feilschen obligatorisch. So ganz unbeleckt sollte man jedoch nicht in die bilateralen Gespräche eintreten. Ein Preisvergleich versetzt einen in die Lage, in ehrliche Entrüstung über den geforderten Preis auszubrechen und die Initiative beim Feilschen zu übernehmen. Dabei sollte man sich von vornherein darüber im klaren sein, daß der „original" Masai-Speer, dessen stolzer Besitzer man nach zähem Ringen geworden ist, tatsächlich immer noch nur die Hälfte wert ist.

Einige Richtpreise: Die in der ganzen Welt beliebten Bastkörbe der Kikuyu, die „Kitondos“, sollten nicht über 120 KSH, Armreifen nicht über 5 KSH, die kleinen Kästchen aus Speckstein nicht über 20 KSH und „Kangas“, die buntbedruckten Baumwolltücher, nicht mehr als 50 KSH kosten.

Impfungen

Nairobi

Nairobi City Council Medical Department, City Hall, Mama Ngina St., Parterre. Öffnungszeiten: Mo.-Fr. 9-12 Uhr. Impfungen gegen: Gelbfieber, Pocken, Cholera, Tetanus und Typhus.

Achtung: Gamma-Globulin-Spritzen gegen Hepatitis (Gelbsucht) sind nur bei privaten Ärzten erhältlich und kosten 20 DM.

Dr. Sheti, Bruce St. House, 3. Stock, Standard St.

Jomo Kenyatta Airport, Medical Officer, Tel. 82 21 11.

Ambulanz des Nairobi Hospitals, Argwings Kodhek Rd., P.O.Box 30026, Tel. 2 14 01, 24 Stunden.

Mombasa

Auskunft erteilt das Municipal Medical Office, Tel. 2 67 91.

Informationsstellen

Nairobi

Ministery of Tourism & Wildlife, Utalii House, Uhuru Highway, P.O.Box 30027, Tel. 33 10 30.

Information Services, Kenya Government, P.O.Box 30025.

Informationsbüro der Nairobi Publicity Association, P.O.Box 42278, Mama Ngina St., gegenüber vom Eingang zum Nairobi Hilton.

Beratungsdienst vom „Tourist's Kenya“, Moi Ave., Union Towers, P.O.Box 40025, Tel. 3 38 71 69, 33 12 74.

Mombasa

Tourist Information Bureau, Moi Ave. (in der Nähe der Stoßzähne) P.O.Box 99596, Tel. 2 41 73. Öffnungszeiten: Mo.-Fr. 8-12 und 14-16.30 Uhr; Sa. 8-12 Uhr.

Informationsbüro des „Ministery of Tourism & Wildlife“, jenseits der Stoßzähne stadtauswärts, Jubilee Insurance Bldg., Moi Ave., P.O.Box 80091, Tel. 2 34 65.

Publikationen:

„What's on“, alle 14 Tage erscheinende Touristenbroschüre mit Hinweisen auf alle aktuellen Veranstaltungen.

„Tourist's Kenya“, wöchentlich erscheinende Broschüre mit Adressen, Veranstaltungstips und Preisen.

Beide Heftchen sind gratis und liegen in den Hotels und Buchläden aus.

Internationale Organisationen:

Alle folgenden Organisationen befinden sich in Nairobi.

UNEP = „UN-ENVIRONMENT PROGRAM“ →Umweltprogramm

der UNO: Gigiri Estate, Limuru Rd., P.O.Box 30552, Tel. 33 39 30.
UNDP = „UN-DEVELOPMENT PROGRAM" →Entwicklungsprogramm der UNO: Kenya Railways, Hq. Bldg., Workshop Rd., P.O.Box 30218, Tel. 2 87 76/7/8/9.
UNESCO = UN-Organisation für Erziehung, Wissenschaft und Kultur: Bruce House, Standard St., P.O.Box 30592, Tel. 2 58 61/2/3/8.
UNICEF = Welt-Kinderhilfswerk der UNO: Gigiri Estate, Limuru Rd., P.O.Box 44145, Tel. 52 07 34/5.
IBRD = International Bank for Reconstruction and Development = Weltbank: Extelcoms House, Haile Selassie Ave., P.O.Box 30577, Tel. 2 43 91.
FAO = Ernährungs- und Landwirtschaftsorganisation der UNO: Matungulu House, Mamlaka Rd., P.O.Box 30470, Tel. 72 54 36/37.
WHO = Weltgesundheitsorganisation der UNO: Afya House, P.O.Box 45335, Tel. 2 80 17.
UNHCR = Amt des Hochkommissars der UNO für Flüchtlinge: Electricity House, Harambee Ave., P.O.Box 43801, Tel. 33 13 30/33 20 66.
Arabische Liga: Uchumi House, Nkrumah Ave., P.O.Box 30770, Tel. 33 57 68/2 52 59.
HABITAT = UN-Siedlungs- und Städtekonferenz: Kenyatta Conference Centre, P.O.Box 30030, Tel. 33 23 83.
PLO = Palästinensische Befreiungsorganisation: Shankardass House, Moi Ave., P.O.Box 58583, Tel. 2 06 34/33 14 47.

Kinos und Theater

Jede größere Ortschaft hat ein Kino, Nairobi und Mombasa besitzen davon gleich mehr als ein halbes Dutzend. Vorgeführt wird Importware aus den USA, England und Indien. Für afrikanische Produktionen muß man sich ironischerweise in ausländische Kulturinstitute begeben.

Theater gibt es nur in Nairobi und Mombasa. Auch hier wird nur europäisches Kulturgut gegeben. Das afrikanische Theater erlebte nur eine kurze, dafür aber umso intensivere Blüte. 1978 verbot die Regierung nach nur sechs Wochen Spielzeit ein Stück des berühmten kenianischen Schriftstellers Ngugi wa Thiongo, das in Kikuyu aufgeführt wurde. Es hieß „I will marry whom I want" (Ich werde heiraten, wen ich will) und erlebte einen wahren Zuschauerboom. Den Herrschenden war es zu progressiv, da es die Friedhofsstille in Politik und Gesellschaft in Frage stellte. Ngugi wurde ein Jahr lang ohne Verhandlung eingesperrt. Seither hat sich das politische Klima nicht wesentlich geändert, problemorientiertes Theater gilt automatisch als subversiv.

Museen

Nationalmuseen gibt es in Nairobi, Lamu, Meru, Kitale und Kisumu. Täglich geöffnet von 9.30 bis 18 Uhr.

Musik und Tanz

„Traditional Dancing and Drumming" gibt es, dank westlichem Einfluß, nur noch in entlegenen Gebieten, weitab vom Touristenrummel. Am bekanntesten sind die Sprungtänze der Masai und Samburu. Ähnliche Tanzformen finden sich auch bei anderen nomadischen Völkern. Berühmt für ihre Trommeln sind die Akamba und Giriama. Popmusik gibt es nur in Nairobi, an der Küste in den Strandhotels und in einigen Country Clubs im Hochland. Im VOK („Voice of Kenya"), dem kenianischen Rundfunksender, dominiert Lingala-Musik aus Zaire die Szene. Sie beeinflußt auch die lokale Popmusik. Näheres zur Szene →*Nairobi, Praktische Tips.*

Notfälle

Rettungswagen und Polizei lassen auf sich warten.

Nairobi

999 von jedem Telefonanschluß. Gratis in öffentlichen Telefonzellen.

Central Police Station Nairobi, Tel. 2 22 22.

Ambulanz, Tel. 2 23 96, 2 40 66, 2 21 82.

Feuer, Tel. 2 24 81.

Flying Doctor Service, Tel. 5 01 30/1.

Mombasa, Bamburi und Shanzu

999 von jedem beliebigen Telefonanschluß. Gratis in öffentlichen Telefonzellen.

Ambulanz und Feuer, Tel. 2 55 57.

Polizei Mombasa, Tel. 2 44 01

Polizei Malindi, Tel. 15.

Öffnungszeiten

Geschäftszeiten: 8-17.30 Uhr, mit einer Mittagspause irgendwo zwischen 12 und 14 Uhr (an der Küste oft auch bis 15 Uhr). Samstags sind die Läden bis mittags auf, sonntags geschlossen.

Behörden haben nachmittags keinen Publikumsverkehr, daher sollten Sie einen Ämtergang vormittags (Mo-Fr) absolvieren.

Viele asiatische „dukas" haben auch bis in den späten Abend und an den Wochenenden geöffnet.

Banken: Mo.-Fr. 8.30-14 Uhr. Internationale Banken wie Barclay's schließen werktags erst um 16 Uhr und haben auch samstags von 9-11 Uhr geöffnet. Der Wechselschalter auf dem Jomo-Kenyatta-Airport ist 24 Stunden geöffnet, 7 Tage in der Woche.

Ortszeit

Am Äquator sind die Tage und Nächte das ganze Jahr hindurch etwa 12 Stunden lang. Die Morgen- und Abenddämmerung gegen 6.30 bzw.

18.30 Uhr sind mit 15 Minuten sehr kurz. Die Ortszeit ist zwei Stunden vor MEZ (mitteleuropäischer Zeit).

Post

Ein Luftpostbrief von Kenia nach Deutschland ist eine Woche, bisweilen kürzer, unterwegs.

Luftpostbriefe nach Deutschland bzw. Europa kosten 6,50 KSH (ca. 0,40 DM), Postkarten 4,50 KSH (ca. 0,26 DM) und Aerogramme (in den Buchläden erhältlich, meist aber ausverkauft) ebenfalls 4,50 KSH. Diese Tarife gelten auch für Vorderasien. Für die USA, Australien und den Fernen Osten gilt: Briefe 9 KSH (0,52 DM), Postkarten 6,50 KSH (0,40 DM) und Aerogramme 4,50 KSH (0,26 DM). Briefe innerhalb Afrikas kosten 5 KSH (0,30 DM), Postkarten 3 KSH (0,18 DM). Aerogramme müssen mit 4,50 KSH freigemacht werden.

Briefmarken sind auf den Postämtern, in den Hotels und einigen Schreibwarenläden erhältlich. Wer auch im Urlaub nicht auf seine Post verzichten will, kann sie sich postlagernd nach Nairobi, Mombasa, Malindi oder Lamu schicken lassen. Die Adressenangabe lautet dann:

Name, Vorname
Central Post Office Nairobi (bzw. Mombasa)
Kenya
Poste Restante (oder „to await arrival“).

Die Briefe werden vom Postamt bis zu einem Monat aufbewahrt. Da sie alphabetisch nach dem Anfangsbuchstaben des Familiennamens einsortiert werden, empfiehlt es sich, diesen dick zu unterstreichen, damit sie nicht unter dem Vornamen weggeordnet werden.

Sicherheit

Es gibt Stellen in Kenia, da kann man sein Zelt tagelang unbeaufsichtigt stehen lassen, und es passiert nichts. Und es gibt einige Stellen, wo man des Nachts unter Garantie Scherereien bekommt.

Als Faustregel gilt: Ärger gibt es vorzugsweise dort, wo es auch Touristen gibt.

Was oft zu beobachten ist: Neuankömmlinge in Kenia, ganz „frisch“ vom Flughafen, werden am häufigsten beraubt. Geben Sie daher in den ersten Tagen ganz besonders gut auf Ihr Gepäck acht, lassen Sie es nicht einmal für 5 Minuten aus den Augen. Wenn Sie mit einem Mietwagen unterwegs sind, lassen Sie ihn in den Städten nicht einmal abgeschlossen zurück. Engagieren Sie lieber zusätzlich für ein paar Shilling jemanden, der darauf aufpaßt. Freiwillige finden sich immer.

Das soll nun keinen Verfolgungswahn auslösen. Es gibt jedoch unvor-

stellbare Armut, besonders in den Städten, und wer Wohlstand signalisiert, kann davon ausgehen, daß andere daran teilhaben wollen. Da ist es besser, die Sachen im Hotelsafe zurückzulassen, bevor man sich ins Gewühl stürzt.
Ist der Diebstahl erst einmal passiert, ist weiterer Ärger vorprogrammiert. Die Polizeibeamten wollen für alles Geld haben (sie werden lausig bezahlt!), und außerdem werden sie den Dieb in der aufgeregten Menge niemals erwischen.

Souvenirs

Bis zum totalen Jagdverbot 1977 wurden hauptsächlich Felle und Produkte aus Elfenbein gehandelt. Heute werden ausschließlich Gegenstände des lokalen „Kunstgewerbes" *(→Tourismus)* feilgeboten — und da muß man schon lange suchen, bis man etwas Echtes findet. Tatsächlich stammen die hochwertigen Artikel — Makondeschnitzereien und kultische Masken — nicht aus Kenia, sondern aus Tansania und Westafrika. Das meiste ist Imitation. Die Armbänder, angeblich aus Elefanten- und Giraffenhaar, sind aus Plastik, die Ohrringe aus Elfenbein sowie die Halsbänder aus Löwenzähnen aus schnödem Kuhhorn.
Nette Mitbringsel sind ...
... *Kangas:* bunt bedruckte Baumwolltücher, von den Frauen vielseitig als Wickelrock, Babytrage, Kartoffelsack und Unterlage benutzt. Jedes Tuch ziert ein traditionelles Swahili-Muster mit modernen Einsprengseln, dazu am Saum ein in lateinischen Buchstaben gedruckter Swahili-Sinnspruch, teils frivol, teils weise. Übrigens machen sich männliche Rucksacktouristen lächerlich, wenn sie sich dieses Frauentuch um die Hüften wickeln.
Dazu ist der *Kikoi* eher geeignet. Er ist das männliche Gegenstück zum Kanga. An der Küste wird er von den Männern während der Arbeit getragen. Er ist bunt und längs gestreift und ebenso vielseitig verwendbar wie der Kanga. Daheim vielleicht als Kopfkissenbezug oder als Hüfttuch beim Saunagang ...
Kitondos: Von den Kikuyufrauen aus Sisal geflochtene, teilweise gefärbte Körbe mit Lederriemen und -deckel. Sehr stabil und praktisch, in allen erdenklichen Größen und wesentlich günstiger als daheim.
Edel- und Halbedelsteine: In Kenia gefunden und in einfacher Verarbeitung angeboten werden: Tsavonit, Aquamarin, Amethyst, Rubin, Saphir und Rosenquarz, aber auch versteinertes Holz. Allerdings sind die Preise in Deutschland oft niedriger als in Kenia.

Specksteinschnitzereien aus Kisii im Westen: Es gibt sie in allen erdenklichen Formen, als Kerzenhalter, Schmuckkästchen, Schachbrett usw., so daß niemand mehr weiß, was das Volk der Gusii ursprünglich selbst aus dem Material hergestellt hat ...
Wo kaufen? Die besten Quellen für Souvenirs sind jene Kunsthandwerksläden, die von den Wohlfahrtsvereinen oder den Selbsthilfegruppen betrieben werden. Hier kann man sicher sein, für sein Geld einen guten Gegenwert zu erhalten und daß es einem guten Zweck zugeführt wird *(→Nairobi, Mombasa).*

Sport
Nationalsport Nr. 1 ist Fußball. Die Nationalelf „Harambee Stars" ist auf den Gewinn des „East-" und „Central Africa Cup" abonniert. Die „AFC Leopards" aus Nairobi und die „Gor Mahia" aus Kisumu zählen zu den besten Vereinsmannschaften des Kontinents.

Sprache
Die Staatssprache ist Englisch. Als zweite gleichberechtigte Staatssprache wurde Mitte der siebziger Jahre das Kiswahili, eine Bantusprache arabischer Prägung, eingeführt. In Verwaltung und Wirtschaft erreicht sie zwar nicht die Bedeutung des Englischen, wohl aber als Verkehrssprache. Mit über 60 Millionen Sprechern ist sie die Lingua Franca in Ostafrika und wird zwischen Ost-Zaire bis zu den Komoren im Indischen Ozean verstanden. Sich zumindest einige Redewendungen in Kiswahili anzueignen *(→Sprachführer),* erleichtert die Kontaktaufnahme mit der Bevölkerung. Wenn man mit einem Antwortschwall in der gleichen Sprache überschüttet wird, kann man immer noch auf Englisch umschalten, das fast jeder Kenianer spricht.

Telefonieren
Kenia besitzt ein gutes Telekommunikationssystem. Zwischen den Städten besteht ein Direktwähldienst. Neben den noch aus der Kolonialzeit stammenden roten Telefonhäuschen gibt es Telefonzellen auf den Postämtern. Sie nehmen 50-Cent- und 1-Shilling-Stücke.
Auskunft („operator"): 900
Feuer, Erste Hilfe, Polizei: 999
Gespräche nach Europa vermitteln die Postämter und die internationalen Hotels. Allerdings: Je weiter man von den städtischen Zentren entfernt ist, desto länger dauert die Herstellung der Verbindung. Ein dreiminütiges Gespräch mit Deutschland kostet ca. 27 DM. R-Gespräche („collect calls") sind jedoch möglich. Billiger geht es vom „Extelcom Offi-

ce" in der Haile Selassie Ave. in Nairobi. Von 22 bis 10 Uhr gibt es hier für Auslandsgespräche eine Gebührenreduzierung um 40 %. Das Amt ist rund um die Uhr geöffnet.
Inzwischen haben Telefonkarten ihren Einzug auch in Kenia gehalten. Zu kaufen gibt es die „cardphones" in den GPOs von Nairobi, Mombasa, Nakuru und Kisumu.
Telegramme können in jedem Postamt aufgegeben werden.

Toilettenpapier

Führen Sie immer Toilettenpapier mit sich, die wenigsten „Boarding & Lodgings" haben welches. Öffentliche Toiletten (Wanawake — Damen; Wanaume — Herren) sind ekelhaft. In öffentlichen Gebäuden und in Hotels wird man Sie nicht zurückweisen.

Trampen

Europäische Tramper sieht man nicht oft in Kenia — die öffentlichen Verkehrsmittel sind lächerlich billig (gemessen am Preisniveau zu Hause) und gelangen fast überall hin. Dennoch kommt man mit dem Daumen gut weg, besonders im Hochland und gegen eine kleine Benzinkostenbeteiligung.

Trinkgeld

Extra-Aufwendungen für aufmerksame Dienste des Hotelpersonals sollten angesichts der kenianischen Hungerlöhne eine Selbstverständlichkeit sein. 10 % sind üblich.

Nairobi

„City in the Sun" — „The City of Flowering Trees" — „The Conservation Capital of the World" — Nairobis Stadtväter waren nicht gerade bescheiden, als sie ihrer Stadt ein attraktives Image verpaßten. Weniger Begeisterte, darunter auch so manche Touristen, sagen lieber „Nairobbery", was die — leider ebenfalls existierende — Schattenseite der Stadt betrifft. Im Buchhandel erhältliche Reiseführer schwärmen dessen ungeachtet von Nairobi, als müßten sie beweisen, daß dieses hervorragende Beispiel westlicher Zivilisation mitten im „schwärzesten Afrika" nicht doch nur eine Fata Morgana ist ... Wer daher mit einer Stadt rechnet, wo das Leben leicht ist und die Menschen exotisch, der schraubt schon auf der halbstündigen Busfahrt vom Jomo-Kenyatta-Airport in die City seine Erwartungen zurück.

Der Himmel über der 1800 m über dem Meer liegenden Ebene ist meist grau und verhangen, und der Bus rumpelt durch triste Industriegebiete, vorbei an ewigen Baustellen, die wegen ihres Alters nicht mehr aus dem Stadtbild wegzudenken sind, und primitiven Arbeitersiedlungen. Da war der alte Masai-Name für die Stelle, wo heute Nairobi liegt, doch zutreffender. Jene Hirten nannten ihn „Engkare Nairobi", was soviel wie „Kalter Sumpf" bedeutet.

Mittlerweile ist der Bus zum Platzen mit Pendlern gefüllt. Mitten im modernen Stadtzentrum, an der Moi Ave., spuckt er seine Ladung aus. Ein Strom von Leibern, Armen und Beinen ergießt sich auf den Bürgersteig, genau dorthin, wo ein anderer bereits ungeduldig in den Bus hineindrängt. Nach einem kurzen, aber erbitterten Kampf landet man auf dem Gehweg — inmitten einer typisch europäischen Großstadt. Bürohochhäuser, Kinos, Restaurants und Modegeschäfte, Verkehrslärm, Hektik und Abgase ... Wie war das mit der „erdigen Luft", die aus der Savanne herüberwehen soll?

Ich bin jedenfalls enttäuscht und fasse den Beschluß, dieser Stadt so bald wie möglich den Rücken zu kehren.

Auf dem Weg zum Hotel, das im Asiatenviertel hinter der Tom-Mboya-St. liegt, spüre ich dann doch noch so etwas wie Atmosphäre. Die charakterlose Hochhauskulisse weicht langsam der alten Kolonialarchitektur; die Handelshäuser aus den 30er Jahren verbreiten immer noch etwas von der „frontier"-Atmosphäre, die

damals in der ganzen Stadt herrschte. Und schließlich die hier lebenden Menschen. Sie stammen aus allen Ecken des Landes und der Welt und haben sich hier aus den unterschiedlichsten Gründen niedergelassen. Die Gerüche ... Nachdem sie den ersten Schock überwunden hat, wittert die Nase über dem Abgasgestank andere, angenehmere Düfte: geröstete Maiskolben, die am Straßenrand verkauft werden, gegrilltes Ziegenfleisch aus den afrikanischen Imbißstuben und asiatische Gewürze aus den „dukas" der indischen Kaufleute. Auf dem Bürgersteig versperrt eine Menschenmenge den Weg. Ein Wanderprediger, in schmutzstarrende Lumpen gehüllt, wettert wortgewaltig gegen die sinkende sittliche Moral in der Stadt, warnt die Männer vor den Verlockungen der zahllosen Prostituierten, wobei er mit seinen Handprothesen wild in der Luft herumfuchtelt. Etwas weiter musizieren junge Männer auf selbstgebastelten Instrumenten, übertönt vom Gekeife einer alten Frau, die sich vom Gemüsehändler betrogen fühlt. Sofort kommt es auch hier zu einem Menschenauflauf, alles mischt sich ein, und man versucht, den Streit zu schlichten.
Obgleich die Stadtverwaltung aus Imagegründen regelmäßig die Innenstadt vom „Makel" lepröser Bettler und bettelnder Frauen säubert, sind die Unterschiede zwischen Arm und Reich gerade hier unübersehbar.

Geschichte

Nairobi ist eine junge, rasend schnell wachsende Stadt. Vor 90 Jahren gab es hier nichts als Savanne, Nomaden vom Stamm der Masai weideten hier ihr Vieh. Mit der Idylle war es vorbei, als 1897 ein gewisser Sergeant George Ellis hier den Meilenstein 327 der von Mombasa kommenden Uganda-Eisenbahn in den Boden rammte. Vor dem steilen Anstieg zum Rand des Ostafrikanischen Grabenbruchs und dem noch mühseligeren Abstieg auf dessen Boden wurde ein Versorgungslager errichtet. 1901, als der Viktoria-See erreicht war, hatten die indischen Bahnarbeiter bereits einen florierenden Bazar aufgebaut, und die provisorischen Hütten und Zelte waren großen Holz- und Steinhäusern gewichen. Die Kanalisation blieb allerdings hinter dem rasanten Wachstum zurück. Es kam zu schlimmen Rattenplagen und Beulenpestepidemien, derer man nur durch das Abbrennen der betroffenen Viertel Herr wurde.
1907 wurde Nairobi anstelle Mombasas Verwaltungssitz des „East African Protectorate". Zu diesem Zeitpunkt lebten bereits einige hundert

weiße Siedler in der Umgebung. Die Stadt wurde Zentrum der europäischen Gemeinschaft und Ausgangspunkt der ersten von zumeist adligen Touristen unternommenen Großwildjagden. Im „Norfolk Hotel" feierte man wilde Parties, und Karen Blixen, die junge Baronin aus Dänemark und Autorin von „Jenseits von Afrika", wartete draußen auf ihrer Farm am Fuße der Ngong Hills auf ihren Geliebten Denys Finch-Hatton. 1931, als ihre Kaffeeplantage unter den Hammer kam, wurde Nairobi Hauptstadt der „Kenya Colony". Inzwischen hatte sie 40 000 Einwohner, davon 6-7000 Europäer. Die weißen Siedler erhielten sogar eine Nationalversammlung. Die nach Beendigung ihres Kontraktes im Land gebliebenen Inder übernahmen, da sie wie die Afrikaner kein Land besitzen durften, die Kontrolle über den Groß- und Einzelhandel. Tausende von Afrikanern strömten in die Stadt, um hier das Geld zu verdienen, das sie für die Entrichtung der Steuern wieder ausgeben mußten.

Während des Zweiten Weltkriegs war Nairobi Garnisonsstadt. Von hier zogen britische Truppen zur Eroberung des von Italien besetzten Äthiopien aus. Wie im Ersten Weltkrieg kamen auch dieses Mal einige zehntausend Kenianer bei den Kämpfen, die sie nichts angingen, ums Leben.

Der afrikanische Bevölkerungsteil überwog von Anfang an. 1979 machte er mit 800 000 Menschen 85 % der Gesamtbevölkerung aus. Den größten Anteil stellen die Kikuyu, da Nairobi am Südrand ihres traditionellen Siedlungsgebietes liegt.

Nur wenige der afrikanischen Bewohner betrachten die Stadt als ihren Hauptwohnsitz. Nairobi ist ein Ort, wo Geld verdient wird, ein Ort, an dem sich aufzuhalten man aus materieller Not gezwungen ist. Ein für moderne afrikanische Großstädte typisches Charakteristikum ist das zahlenmäßige Übergewicht der Männer. Ende der siebziger Jahre lag das Geschlechtsverhältnis bei 4:1, 30 Jahre zuvor sogar bei 8:1. Es ist immer noch üblich, daß der Mann in Nairobi auf Arbeitssuche geht und Frau und Kinder im Dorf zurückläßt. Neben einleuchtenden wirtschaftlichen Gründen spielt dabei auch die Angst hinein, daß die Frau sich in der Stadt der ehelichen Kontrolle entziehen könnte, ein Alptraum für die kenianischen Männer, Machos und Patriarchen in Reinkultur. „Nairobi ist kein Ort für eine Familie", hört man immer wieder.

Heute dürften weit über eine Million Menschen in Nairobi leben. Genaue Zahlen existieren nicht. Jeder zweite lebt in Slums oder unter slumähnlichen Bedingungen, oft nur zehn Autominuten vom Nairobi-Hilton entfernt. Der Arbeitsmarkt kann den ungeheuren Ansturm von Arbeitskräften schon lange nicht mehr absorbieren. Das Mißverhältnis von Bevölkerungswachstum und Landflucht einerseits und Verfügbarkeit produktiver Beschäftigungsmöglichkeiten andererseits ist außer Kontrolle geraten. Seit dem Ende der siebziger Jahre gibt es außerdem immer mehr Arbeitslose mit Hochschulabschluß. Konsequenterweise wandert das Gros der Arbeitsuchenden in den informellen Sektor, die „Schattenwirtschaft", ab und schlägt sich dort als Schuhputzer, Obsthändler oder Handwerker durch. Das gepflegte Zentrum Nairobis allerdings mit seinen breiten Avenues, seinen Restaurants und Cafés läßt den Besucher nicht einmal ahnen, daß es irgendwann in absehbarer Zukunft zur Explosion kommen könnte.

Zu Fuß auf Entdeckungstour

Alle Sehenswürdigkeiten sind bequem und sicher zu Fuß zu erreichen — vorausgesetzt, man gewöhnt sich schnell an den in Kenia herrschenden Linksverkehr und schaut beim Überqueren der Straßen zuerst nach rechts!
Eine Besichtigung Nairobis beginnen Sie am besten mit einem Besuch des *National Museum* (P.O.Box 40658, Tel. 74 21 61). Die zwei Kilometer von der City bis zum *Museum Hill* können entweder zu Fuß oder mit den Buslinien 17 (ab Haltestelle Moi Ave.), 119 (ebenfalls ab Moi Ave.) und 23 (ab Nairobi Hilton) zurückgelegt werden. Das Museum hat täglich von 9.30 bis 18 Uhr geöffnet, der Eintritt beträgt ca. 3 DM.
1910 gegründet, bietet das Museum einen umfassenden Überblick über das kulturelle Erbe des Landes. In der ethnographischen Abteilung sind traditionelle Gebrauchsgegenstände wie Handwerkszeug, Waffen, Kultobjekte und Musikinstrumente zu sehen. Es entsteht allerdings der Eindruck eines chaotisch anmutenden Sammelsuriums, da die Gerätschaften der verschiedenen Völker des Landes bunt zusammengewürfelt in wenigen Vitrinen untergebracht wurden.
Die Fotoausstellung aus der Zeit des Mau-Mau-Aufstandes ist einzigartig in Kenia. Der Swahili-Saal lohnt einen Besuch.
Die prähistorische Abteilung macht Sie mit der Entwicklungsgeschichte des Menschen bekannt. An ihrer Aufklärung hatten der jetzige Direktor des Museums, Dr. Richard Leakey, und seine Eltern, Louis und Mary Leakey, maßgeblichen Anteil. Heute

gehören die Leakeys zu den angesehensten Familien des Landes *(→ Ur- und Frühgeschichte)*. Ferner gibt es eine Schmetterlingssammlung und eine ornithologische Abteilung. Die nichtafrikanischen Vogelarten sind hier allerdings lieblos wie Biordeckel, dafür aber in Reih und Glied, hinter Glas drapiert. Im Hof des Museums steht eine lebensgroße, aus Fiberglas angefertigte Kopie Ahmeds, des größten Elefanten, der je in Kenia gelebt hat. Leider gibt es kein Café, dafür jedoch einen Andenkenladen mit dem üblichen ethnographischen Schnickschnack.

Für die wohlverdiente Tasse Kaffee bietet sich die *Delamere-Terrasse* des berühmten *Norfolk-Hotels* an. Das schöne, im englischen Kolonialstil errichtete Gebäude liegt nur einen Katzensprung vom Nationalmuseum entfernt. Eröffnet wurde es am ersten Weihnachtsfeiertag 1904 und ist somit das älteste Hotel der Stadt. Den Siedlern und Adligen jener Tage war es ein so populärer Treffpunkt, daß es liebevoll das „House of Lords" genannt wurde. Die Delamere-Bar hat schon so berühmte Gäste wie Th. Roosevelt, Winston Churchill, Ernest Hemingway und Robert Ruark empfangen. Im Innenhof sind eine Voliere mit einheimischen Vogelarten sowie Rikschas und Pferdewagen aus der Kolonialzeit zu besichtigen.

Auf der Harry Thuku Rd. stadteinwärts gelangt man 150 m hinter dem „Norfolk" zur *Universität*. Der Campus bedeckt eine Fläche von 4,5 ha. Ein Lehrkörper von 700 kenianischen und ausländischen Wissenschaftlern unterrichtet ca. 5000 Studenten in Kunst und Wirtschaft, Medizin und „african studies", in Landwirtschaft und Tiermedizin — d. h., wenn die Uni nicht gerade wieder geschlossen wurde. Studentinnen sind stark unterrepräsentiert.

Den *City Market* erreicht man über den University Way entlang Muindi Mbingo St. Zur Linken liegen die *Jeevanjee Gardens*. ein während der Mittagspause beliebter Ruheplatz. In letzter Zeit ist der Park zur bevorzugten Bühne begabter Laienprediger geworden, die das Wort Gottes (oder von sonstwem) unter den hier die Mittagspause verbringenden Büroangestellten verbreiten. Etwas weiter, auf der rechten Seite, eingerahmt von Tubman Rd. und Market St., liegt der Markt. Er ist in einem ehemaligen Flugzeughangar untergebracht. Eines vorweg: Billiger ist es in den Supermärkten, denn hier haben sich die Händler auf die Touristen „eingeschossen". Zu ebener Erde werden Obst, Gemüse und Fleisch, auf den Galerien im ersten Stock Souvenirs und allerlei Schnickschnack angeboten.

In der Nähe des City Markets liegt die *Jamia-Moschee.* Sie wurde in den Jahren 1925-33 erbaut. Ihre versilberten Kuppeln und ihre grün-weiße Fassade bringen ein Stück Orient ins moderne Nairobi. Vor dem Betreten die Schuhe ausziehen!

Die andere größere Moschee der Stadt ist die *Khoja-Moschee* an der Moi Ave. Sie wurde von den Ismaeliten, einer fortschrittlichen und wohlhabenden islamischen Sekte unter Führung des Aga Khan, erbaut. Bei Feierlichkeiten werden beide Moscheen von Tausenden bunter Glühbirnen erleuchtet.

Schließlich mündet die Muindi Mbingu St. in Nairobis Prachtstraße, die *Kenyatta Ave.* ein. Sie ist die Hauptverkehrsader der Stadt und wurde von Anfang an so breit angelegt, daß auch zwölfspännige Ochsenfuhrwerke bequem auf ihr wenden konnten. Hier liegen das alte GPO (General Post Office), die meisten Touristikunternehmen und Tour Operators, die internationalen Hotels, hier arbeiten die meisten Schuhputzer. Die nervöse Hektik Nairobis ist hier am deutlichsten zu spüren. Zeit ist Geld — auch für die Parking Boys. Sie bieten sich als Bewacher der geparkten Autos an, aber wehe, ein Autobesitzer geht nicht darauf ein. Unter Garantie wird er bei seiner Rückkehr häßliche Schrammen an seinem Wagen entdecken!

Das Ostende der Kenyatta Ave. wird vom berühmten *New Stanley Hotel* (P.O.Box 30680, Tel. 33 32 33) markiert. Fast noch populärer als das 1913 erbaute Hotel ist sein traditionsreiches *Thorn Tree Café.* Es ist der inoffizielle Mittelpunkt der Innenstadt und der Treffpunkt von Reisenden aus aller Welt. An dem in der Mitte des Cafés gepflanzten Akazienbaum sind Pinnwände angebracht, wo Botschaften für Freunde hinterlassen werden. Manche Traveller verabreden sich auf diese Weise für 1995 in Nepal oder Australien! Bei einer Tasse preiswerten kenianischen Kaffees beobachtet man die auf dem Bürgersteig Vorbeiziehenden, ein buntes Gemisch aus arglos neugierigen, in nagelneue Safarianzüge gezwängten Touristen, ausgebufften Straßenhändlern, schwitzenden Kleinbusfahrern und gelassen darüberstehenden Asiaten.

Das *Eisenbahnmuseum* („Railway Museum“) liegt etwa 15 bis 20 Fußminuten vom „Thorn Tree“ entfernt. Man folgt der Kimathi St. in Richtung Nairobi Hilton (nicht zu übersehen), biegt vor diesem links ab, anschließend wieder rechts und gelangt auf die Moi Ave., der man bis zu ihrem Ende folgt. Jenseits der Haile Selassie Ave., wo inzwischen das neue

GPO eröffnet wurde, liegt der Bahnhof, ein flacher, aus der Pionierzeit stammender Bau. Von hier führt die Station Rd. etwa 800 m weit bis zum Museum. Die interessanten Ausstellungsstücke vermitteln Eindrücke vom Bau der Uganda-Bahn, der sog. „lunatic line“. Fotos von den Bahnarbeiten, alte Waggons (darunter auch derjenige, aus dem Police Superintendent Charles Ryall 1900 von einem Löwen gezerrt und verspeist wurde) sowie auf Hochglanz polierte Lokomotiven machen den Besuch besonders für Eisenbahnfans zum Erlebnis. Öffnungszeiten: täglich 8.30-16.45 Uhr, Sa. 8.30-15.30 Uhr, So. geschlossen. Eintritt: 0,60 DM.

Das Regierungs- und Verwaltungsviertel befindet sich zwischen Haile Selassie Ave., Uhuru Highway, City Hall Way und Moi Ave. Die Gebäude des *Parlaments* liegen an der Parliament Rd., Ecke Harambee Ave. Der nördliche Teil des Gebäudekomplexes stammt aus der Kolonialzeit, der südliche Flügel wurde 1965 fertiggestellt. Die Lobby sowie die Aufgänge zum Plenarsaal sind mit Mosaiken, Friesen und afrikanischen Skulpturen geschmückt. Die Parlamentssitzungen sind öffentlich. Ein Besuch muß vorzeitig am Eingang angemeldet werden.

Das *Kenyatta Conference Centre,* zwischen Harambee Ave. und City Square, ist das Wahrzeichen der Stadt. Erbaut 1969-73, ist es Sitz der Regierungspartei KANU und beliebter Tagungsort internationaler Konferenzen. Das kleine, amphitheaterähnliche Gebäude daneben soll im Design an traditionelle afrikanische Bauformen erinnern (worüber sich streiten läßt!) und bietet 700 Tagungsteilnehmern Platz. Im Turm können 4000 Personen auf einmal konferieren. Im 28. Stockwerk befindet sich ein auf einer Drehscheibe rotierendes Restaurant (1600 m über N.N.), zwei Stockwerke darüber eine Aussichtsplattform, von der man bei gutem Wetter einen schönen Blick über die Stadtgrenzen hinweg auf Ngong Hills und die Masai-Steppe hat. In den Monaten Dezember und Januar hat man mit etwas Glück Sicht bis zu den schneebedeckten Gipfeln des Mt. Kenya und des Mt. Kilimandjaro. Auf dem *City Square,* vor der fotogenen Rückseite des Konferenzzentrums, steht ein Denkmal des Mzee, des ersten Präsidenten Kenias, Jomo Kenyatta. Hinter ihm liegt der *Gerichtshof,* ein ockergelbes Gebäude aus der Kolonialzeit. In Blickrichtung des Mzee liegt, einige hundert Meter entfernt, das *Kenyatta Mausoleum.* Es wurde für die Begräbnisfeierlichkeiten des am 22.8.1978 gestorbenen Präsidenten errichtet.

Jenseits der Moi Ave., im Osten der Stadt, weichen die anonymen Hochhausfassaden abrupt den Bazarstraßen und den bunt bemalten, im dezenten Verfall befindlichen Handelshäusern der asiatischen und afrikanischen Kaufleute. Hier liegen auch die preiswerten Hotels und Lodges. In der quirligen *Biashara St.* wird alles gehandelt, was nicht niet- und nagelfest ist, von orientalischen Gewürzen, indischen Saris, Blechspielzeug und Batikstoffen bis hin zu Werkzeugen, Musikcassetten und Blechkoffern.

Von der Tom Mboya St. führen Querstraßen wie die Latema Rd. und die Accra Rd. auf die *River Road,* spätestens seit dem berühmt gewordenen Buch „Going Down River Road" des Kenianers Meya Mwangi wegen ihrer kleinen und großen Gauner mehr berühmt als berüchtigt. Die Busse der hier ansässigen Unternehmen durchpflügen das Meer von Fußgängern wie Ozeandampfer. Während der „crash hour" um 16 Uhr bricht hier wie überall in Nairobi regelmäßig der Verkehr zusammen.

Kleine, für die Öffentlichkeit zugängliche Hindutempel stehen unmittelbar neben lärmenden *day & nightbars,* den Trinkstuben der nichtprivilegierten Kenianer. Auf den Bürgersteigen werden Zeitungen, Zigaretten und Bonbons, an den Ecken täglich frisch in die Stadt gebrachtes Obst verkauft.

Touristen verirren sich trotz der geringen Entfernung nur selten in diesen Teil Nairobis, von der Hotelrezeption in der Voreingenommenheit bestärkt, man käme da nicht lebend wieder heraus. Natürlich gelten die genannten Vorsichtsmaßnahmen auch hier. Wer sie beherzigt, wird den Besuch der „Altstadt" als weit interessanteres Erlebnis empfinden als den der gesichtslosen City Nairobis.

Sehenswürdigkeiten außerhalb Nairobis

Bomas of Kenya

Bomas of Kenya (Forest Edge Rd., P.O.Box 40689, Tel. 89 18 01, geöffnet Mo.-Fr. 9.00-17.00 Uhr, Sa. u. So. 13.00-18.00 Uhr) ist ein Freilichtmuseum, deklariert als „Stätte nationaler Kultur." Auf dem Gelände gibt es ein Auditorium mit 2000 Sitzplätzen, wo zweimal täglich traditionelle kenianische Tänze aufgeführt werden. Beeindruckender ist allerdings die Dorfanlage, wo die voreuropäischen Bauformen der vielen verschiedenen Völker des Landes besichtigt werden können. Mit dem Wagen erreicht man die 10 km außerhalb liegenden Bomas auf der Ngong Rd., die später in die Langata Rd. mündet.

Hinter dem Eingang zum *Nairobi National Park* biegt man an der Kreuzung in die Forest Edge Rd. ab und ist bald da. Die Tänze finden täglich um 14.30 Uhr, samstags und sonntags um 15 Uhr statt. Mit dem Bus, Linie 24, ab Development House, Moi Ave.

Ngong Pferderennbahn

Die Ngong Pferderennbahn liegt an der Ngong Rd., 8 km vom Zentrum entfernt. Jeden Sonntag finden Rennen statt. Ein guter Ort, um einen Blick in die „gute alte" Kolonialzeit zu erlangen — hier sind die Kinder und Kindeskinder der Kolonialherren anzutreffen —, Geld beim Wetten zu verlieren und einfach Freude an rassigen Pferden zu haben. Busse: ab Nairobi Hilton Richtung Ngong.

Karen Blixen Museum

Seit dem weltweiten Kino-Erfolg „Jenseits von Afrika" ist Karen Blixen auch in Deutschland keine Unbekannte mehr.

Im Jahre 1914 zog sie nach Kenia, zusammen mit ihrem Mann, Baron Bror Blixen, den sie wegen seines Titels geheiratet hatte. Sie kauften eine Kaffeefarm am Fuße der Ngong Hills. Bald ließen sich die beiden in gegenseitigem Einvernehmen scheiden, und später verliebte sich Karen in einen englischen Großwildjäger namens Denys Finch-Hatton. Im Sturm hatte dieser ihr Herz erobert, während er das seine ängstlich hütete. Als er endlich nach Jahren des Weggehens und Zurückkehrens endgültig bei ihr zu bleiben gedachte, kam er bei einem Flugzeugabsturz ums Leben. Tragisch! Die Kaffeefarm ging während der Weltwirtschaftskrise bankrott, und Karen verließ Kenia, um nie mehr zurückzukehren.

Die Verfilmung ihres Buches löste ein wahres Blixen-Fieber aus. In Kenia reagierte man schnell und verwandelte ihr Haus in ein Museum. Seit dem Frühjahr 1986 durchziehen internationale Heerscharen von Karen-Fans mit glänzenden Augen Wohn- und vor allem Schlafzimmer der Baronin, inspizieren die Kuckucksuhr über dem Kamin und werfen einen Blick auf das Bücherregal von Finch-Hatton.

Im Garten wird nach Originalplänen die alte Kaffeeösterei wiederaufgebaut.

Das Museum (tägl. 9.30-18.00 Uhr, Eintritt ca. 3 DM) liegt an der Karen Rd. im gleichnamigen Vorort. Der ist immer noch rein weiß, und Afrikaner werden immer noch mit Personal gleichgesetzt. Per Bus mit Linie 24, ab Nairobi Hilton.

(→Nairobi National Park)

UNIVERSITÄT
POLIZEI
University Way
13
14
22
23
Jèevanjee
Gardens
12
Moktar Daddah St.
36
Muindi Mbingo Street
Nyerere Road
Uhuru Highway
Koinange St.
Loita St.
31
MARKT
CENTRAL PARK
Moi Avenue
3
25
30
11
33
Banda Street
28
Kimathi Street
34
Kenyatta Avenue
Kenyatta Avenue
←
nach Panafric Hotel
Jugendherberge 1
Kwality
Grosvenor
Hurlingham
POST
16
Wabera St.
20
Mama Ngina Street
UHURU PARK
City Hall Way
City Hall Way
Uhuru Highway
21
CITY SQUARE
Taifa Road
KONFERENZ-
ZENTRUM
PARLAMENT
Harambee Avenue
INT.
TELEGRAMME
24
15
Haile Selassie Avenue
EISENBAHN-
MUSEUM
↓
nach Flughafen
Nairobi National Park
BAHNHOF

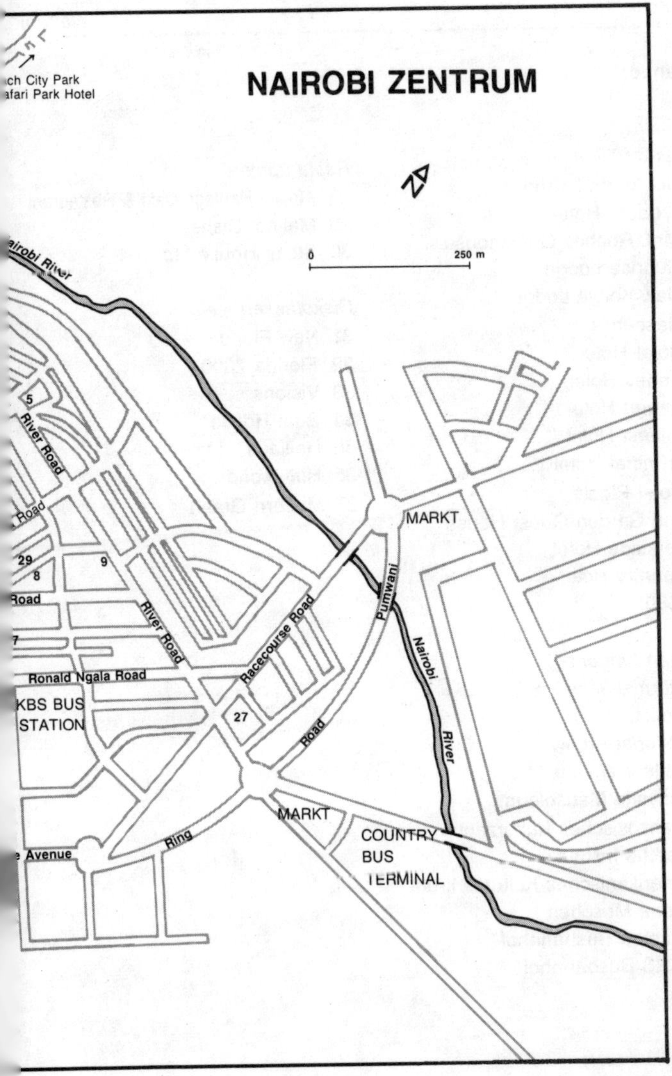

NAIROBI ZENTRUM
ch City Park
afari Park Hotel
0
250 m
Nairobi River
5
River Road
Road
29
9
8
Road
7
River Road
Racecourse Road
Ronald Ngala Road
KBS BUS STATION
27
MARKT
Pumwani
Road
Nairobi River
MARKT
COUNTRY BUS TERMINAL
Ring
Avenue

Legende:

Hotels

1. Nbi Youth Hostel
2. ,,Iqbul‘‘ Hotel
3. Mrs. Roches Guesthouse
4. Sunrise Lodge
5. New Kenya Lodge
6. Naseem's
7. Dolat Hotel
8. Abbey Hotel
9. Sagret Hotel
10. Hillrest Hotel
11. Terminal Hotel
12. Hotel Pigale
13. The Garden Guest House
14. Parkside Hotel
15. Country Hotel
16. ,,680‘‘

Wo man hingeht

17. Informationsbüro
18. Bibliothek
19. National Archiv
20. Gallery Watatu
21. Kenyatta Mausoleum
22. Französisches Kulturzentrum
23. Goethe Institut
24. Amerikanisches Kulturzentrum
25. Jamia Moschee
26. Akamba Busbahnhof
27. EARS Busbahnhof

Restaurants

28. African Heritage Café & Restaurant
29. Malindi Dishes
30. Steak House Ltd.

Diskotheken

31. New Florida
32. Florida 2000
33. Visions
34. Beat House
35. Halliaus
36. Hollywood
37. Modern Green

Praktische Tips

Ankunft auf dem Flughafen

Der Jomo-Kenyatta-Airport verfügt über einen 24-Stunden-Wechselschalter, eine Poststelle, Caféterias, eine Bar und ein Restaurant.

In die 15 km entfernte Stadt fahren Taxen und Busse.

Ein Taxi fährt rund um die Uhr und ist entsprechend teuer, etwa 20 DM. Unbedingt den Preis drücken, da die Fahrer zunächst astronomische Summen verlangen! Der Bus von „Kenya Airways" fährt bis 20 Uhr stündlich und bringt Sie für ca. 3 DM zu jedem Hotel in der City. Busse von KBS (Linie 34) fahren nur bis 18.00 Uhr und bringen Sie über den KBS-Busbahnhof bis zur Jugendherberge in der Ralph Bunche St. — für ganze 0,30 DM!

Mitten in der Nacht anzukommen, ist ungünstig, weil dann nur die Taxen fahren und die meisten der preiswerteren Hotels geschlossen sind. Kenia-Neulinge lassen sich leicht vom Treiben im nächtlichen Nairobi einschüchtern und sind nach einem langen Flug auch nicht mehr in der Lage, alle Antennen auszufahren und besonders ihr Gepäck im Auge zu behalten. Wenn Sie für nächtliche Abenteuer zu müde sind, sollten Sie sich daher lieber im Flughafen eine Bank suchen und den Tagesanbruch abwarten. Das ist im Abfertigungsgebäude die gängige Praxis und wird vom Flughafenpersonal toleriert.

Hin und Her in Nairobi

Für Kenianische Verhältnisse sind Nairobis Taxen unbezahlbar. Nachts bleibt einem jedoch oft nichts anderes übrig, als eines zu nehmen. Manche Gegenden sind einfach nicht sicher genug *(→Sicherheit)*. 3 DM sind die unterste Grenze für Fahrten innerhalb des Stadtkerns. Immer handeln, es fährt reichlich Konkurrenz! Busse und Matatus sind gut für längere Fahrten in die Außenbezirke. Es dauert allerdings etwas, bis man die richtigen Haltestellen gefunden hat. Matatus fahren meist die gleichen Strecken wie die Busse. Eigentlich ist das öffentliche Transportsystem der Stadt ein Chaos par excellence — aber es funktioniert, auch wenn die Polizei mitten in der „crash hour" gegen 16 Uhr nichts Besseres zu tun hat, als Busse und Matatus wegen Überladung aus dem Verkehr zu ziehen. Der Busbahnhof liegt am Ende der River Road, hinter dem bizarr aussehenden *Siri Guru Singh Saba Temple* an der Uyoma St. Bedeutende Bushaltestellen liegen vor dem Ambassadeur Hotel, links neben dem Nairobi Hilton, vor dem Nation House am oberen Ende der Tom-

Mboya-St. und vor dem früheren General Post Office (GPO) an der Kenyatta Ave.

Sicherheit

Unter denjenigen, die in Nairobi bestohlen werden, sind auffallend viele Neuankömmlinge. Sie erleben die Stadt von ihrer rüden Seite, noch bevor sie sich an sie gewöhnt haben. Sie sollten daher in den ersten Tagen übertrieben auf sich und Ihre Sachen achtgeben und daran denken, daß es einige Gegenden in der Stadt gibt, die man besser meiden sollte. Dazu gehören z. B. der Uhuru Park, wo allein spazierende Touristen inzwischen auch schon tagsüber ausgeraubt werden, und die ganze Gegend zwischen City und Nairobi Hill, wo die Jugendherberge liegt. Nachts fahren Sie hier tunlichst nur mit dem Taxi hin und her! Unsicher ist auch das Gebiet um das National Museum und das Kasino. Hier wie dort werden immer wieder arglose Touristen bis aufs Hemd ausgezogen.

Entgegen ihrem Ruf ist das Gebiet hinter der Tom-Mboya-St. vergleichsweise ungefährlich. Wenigstens ich habe mich nachts hier sicherer gefühlt als in der gottverlassenen Innenstadt. Auf den Straßen und Sträßchen ist immer Betrieb, man hat sich im Auge, und ein Überfall kann einfach nicht unbemerkt über die Bühne gehen. Tatsächlich macht die River Rd., die vom kenianischen Schriftsteller Meja Mwangi beschriebene Lasterstraße, viel seltener Schlagzeilen als die oben erwähnten Stellen.

Unterkunft

Ein Zimmer zu finden, ist nicht schwer. Probleme gibt es höchstens, wenn eine internationale Konferenz stattfindet.

Preiswert:

„Nairobi Youth Hostel", P.O.Box 48661 Nbi, Tel. 72 30 12, Ralph Bunche Rd., 2 km vom Zentrum.

Busse: Linien 1, 2, 3, 4, 8, 8b, 8c ab Hilton Hotel und Linie 34 ab Kenyatta International Airport. Preis: 4 DM pro Nacht. Weit ab vom Schuß, dafür gute Informationsbörse fürs Reisen in Kenia. Voraussetzung ist die Mitgliedschaft im Internationalen Jugendherbergswerk, beim Herbergsvater für ca. 11 DM.

„Iqbal Hotel", Latema Rd., P.O.Box 11256, Tel. 2 09 14; Preis: 9 DM pro Doppelzimmer.

In dieser Kategorie das sauberste Hotel mit den besten Betten, dazu zentral, mit den Transportunternehmen vor der Tür.

„Mrs. Roche's Guest House", 3rd Parklands Ave., Parklands, Nbi P.O.Box 41980, gegenüber vom Aga

Khan Hospital. 4,70 DM pro Bett, Campingmöglichkeiten im Garten, 3,40 DM pro Zelt.
Lange Zeit die Geheimadresse und Informationsbörse für Rucksacktouristen. Mrs. Roche, eine gebürtige Polin, hat ihr gesamtes Anwesen als Globetrotterunterkunft umfunktioniert. Leider etwas weit ab vom Schuß. Verbindung: Matatus ab Latema Rd. (sagen Sie dem Fahrer „Aga Khan“) oder Linie 107.
„Safari Park Hotel“, zehn Kilometer außerhalb an der Thika Rd., P.O.Box 45038, Tel. 80 24 93. Beliebter Platz der Überlandreisenden, die hier ihre Zelte aufschlagen. Hin mit den Linien 43, 44, 45, 143, 144, 145.
„YWCA“, Mamlaka Rd., P.O.Box 30710 Nbi, Tel. 33 86 89, 2 00 45. Einzelzimmer ca. 14 DM, monatlich ca. 117 DM; Doppelzimmer ca. 15 DM, monatlich 120 DM (!). Altes gemütliches Kolonialgemäuer von 1916.
„YMCA“, State House Rd., P.O.Box 30330 Nbi, Tel. 33 74 68. Einzelzimmer 20 DM, Doppelzimmer ca. 19 DM. Es gibt einen Swimmingpool, Squashcourts und einen „YMCA Travel Service“. Dessen Campingsafaris sind jedoch nicht billiger als andere.
„Sunrise Lodge“, P.O.Box 48224, Tel. 33 03 62, gegenüber „Iqbal“ (EZ 8 DM, DZ 10 DM). Mit Gittern vor Tür und Fenstern sicherer als Stammheim, dabei sauber und fast gemütlich — wenn einen die Mädchen mit ihren Freiern nicht stören.
„New Kenya Lodge“, River Rd., Bett auf dem Dach 2 DM, im Schlafsaal 3 DM, ein DZ 8 DM. Freundliches Personal und schöne Terrasse, dafür leider kein heißes Wasser.
„Naseem's“, River Rd., DZ für 12,50 DM. Sauber und sicher, mit Frühstück.
„Hotel Bujumbura“, Dubois Rd., 9 DM. Richtung Busbahnhof, die River Rd. hinunter. Hier gibt es noch unzählige andere preiswerte Unterkünfte. Eine Erfahrung für sich ist der Sikh Tempel in der Gaberone Rd. Hier ist Schlafen und Essen gratis, dafür wird eine milde Gabe für die Tempelkasse erwartet.

Etwas teurer in dieser Gegend sind:
„Dolat Hotel“, Mfangano St., P.O.Box 45613, Tel. 2 27 97, 12/17 DM, sauber, freundlich und sein Geld wert.
„Abbey Hotel“, Gaberone Rd., P.O.Box 75260, Tel. 33 14 87, wie „Dolat“, nur lauter.
„Hotel Africana“, Dubois Rd., P.O.Box 47827, Tel. 2 06 54, 19/24 DM. Sauber und gemütlich, mit Frühstück, nicht weit vom „Iqbal“.
„Sagret Hotel“, Ecke River & Gaberone Rds., P.O.Box 18324, Tel. 3 33 95, 21/33 DM. Komfortabel, mit Telefon und WC auf dem Zimmer.

Mittelklassehotels

„Hillcrest Hotel“, Tom Mboya St., 20/28 DM. Die Einzelzimmer sind mit französischen Betten ausgestattet, so daß ohne weiteres auch zwei Personen ein Einzelzimmer belegen können.

Andere Hotels dieser Kategorie liegen westlich der Tom Mboya St., in der Nähe der Jevanjee Gardens und des City Market. Diese Gegend ist ruhiger und vielleicht auch sicherer.

„Terminal Hotel“, Moktar Daddah St., P.O.Box 43229, Tel. 2 88 17, 20/24 DM.

„Hotel Pigale“, Moktar Daddah St., wie „Terminal“, nur: mal sauber, mal schmutzig, je nach Laune des Personals.

„The Garden Guest House“, Monrovia St., P.O.Box 56301, Tel. 33 57 42, 18/22 DM, mit Frühstück.

„Parkside Hotel“, Monrovia St., P.O.Box 39695, Tel. 33 34 45, 20/28 DM, mit Frühstück.

„Suncourt Inn“ (früher „Tropafric Hotel“), University Way, P.O.Box 51454, Tel. 22 14 13/18/58, 20/29 DM. Etwas teurer, dafür atmen Sie jedoch die gleiche Luft wie die Gäste des exklusiven „Norfolk“ nahebei.

Oberklasse

„Hotel Country“, Haile Selassie Rd., Ecke Uhuru Highway, 17/26 DM. Guter Gegenwert für's Geld. Tel. 2 61 90/2 86 47.

„680 Hotel“, Kenyatta Ave. Ecke Muindi Mbingu St., P.O.Box 43436, Tel. 33 26 80, ca. 48/70 DM. Mitten in der City und das preiswerteste der Luxushotels in Nairobi, dazu ein hoteleigener, bewachter Parkplatz.

„Hotel Boulevard“, Harry Thuku Rd., P.O.Box 42831, Tel. 2 27 56/9, 33 72 21, 45/55 DM. Bevorzugter Erholungsort abgenervter Ethnologen und Entwicklungshelfer. Tennisplätze, schöner Pool, Snack Bar, Restaurant. Schöner Ort, um sich von den Strapazen der Reise zu erholen.

„Heron Court Apartment Hotel“, Milimani Rd., P.O.Box 41848, Tel. 72 07 40/1/2/3, 20/26 DM, Apartments mit Küche und WC etwas teurer. Gute Hotelküche.

„Milimani Hotel“, Milimani Rd., P.O.Box 30715, Tel. 72 07 60/3, 53/70 DM.

„Oakwood Hotel“, Kimathi St., P.O.Box 40683, Tel. 2 05 92/3. Altehrwürdiges Gemäuer gegenüber vom „Thorn Tree Café“, mit 43/54 DM vergleichsweise preiswert.

„Hotel Ambassadeur“, Moi Ave., P.O.Box 30399, Tel. 33 68 03, 43/54 DM. Moderne Herberge und angemessenes Preis-Leistungs-Verhältnis.

„Hilton International Nairobi“, Watalii St., P.O.Box 30624, Tel. 33 40 00, 110/140 DM. Luxus, was sonst ...? Im

Vergleich zu anderen Häusern dieser Kette jedoch preiswert.

„Nairobi Serena Hotel", Nyere Rd. Ecke Kenyatta Ave., P.O.Box 46302, Tel. 72 51 11, 130/165 DM. Kommentar unnötig.

„New Stanley Hotel", Kenyatta Ave. Ecke Kimathi St., P.O.Box 30680, Tel. 33 32 33, 94/114 DM. Das älteste Hotel am Ort und zumindest einen kurzen Besuch wert.

„Norfolk Hotel", Harry Thuku Rd., P.O.Box 40064, Tel. 33 54 22, 128/165 DM. Nairobis traditionsreiches Hotel im britischen Landhaus-Stil. Weltberühmt. Wenn Sie hier auch nicht übernachten, die Terrasse, der Innenhof und natürlich die Bar muß man gesehen haben.

Nette Hotels weiter außerhalb

„Grosvenor Hotel", Ralph Bunche St., 28/44 DM, Tel. 72 20 80. Herrschaftliches Haus mit ansprechendem Biergarten und Friseur. Hier treffen sich die Jugendherbergsgäste, denen ein Taxi in die Stadt zu teuer ist.

„Kwality", Argwings Kodhek Rd., nur DZ, 32 DM.

„Hurlingham", Argwings Kodhek Rd., P.O.Box 43158, Tel. 72 19 20, 30/45 DM. Alte Villa im Kolonialstil, bevorzugte Unterkunft der weißen Kenianer während eines Nairobi-Aufenthaltes.

Restaurants

Die Preise in den gepflegten Nationalitäten-Restaurants liegen leicht unter denen in vergleichbaren deutschen Lokalen. Die von der afrikanischen Bevölkerung frequentierten Lokale sind weitaus preiswerter.

Afrikanische Restaurants

„African Heritage Café & Restaurant", Kenyatta Ave., Eingang Banda St., Tel. 39 31 57. Original afrikanische Gerichte sind selten auf den Speisekarten der gehobenen Restaurants zu finden, deswegen ist das „African Heritage" etwas Besonderes. Die Qualität der am Buffet gebotenen Speisen — Matoke, Ugali, Reisgerichte — hängt allerdings von der Tagesform der Köche ab. Jeden Freitag äthiopisches Buffet.

Öffnungszeiten: Mo.-Sa. 9-22.30 Uhr, So. geschlossen.

Indische Restaurants

„Minar", Banda St.

Am Wochenende vollgepackt mit hungrigen asiatischen Familienclans im Sonntagsstaat. Außer schmackhaften indischen Gerichten gibt es eine kleine Auswahl französischer und internationaler Speisen, allesamt in sättigenden Portionen serviert. Tip: Chicken Tikka, 4,70 DM.

Geöffnet: Mo.-Sa. 9.30-14, 17.30-22.15 Uhr, So. 18.30-22 Uhr.

„Satkar", Moi Ave.
Ein Restaurant im ersten Stockwerk. Man sitzt an langen Tischen und genießt südindische vegetarische Gerichte mit so mysteriösen Namen wie „medu vada", „dahi vada" und „raval masala dosa" — Grundlage der meisten sind Crêpes und Klöße (!), serviert mit Soßen und exotisch gewürzten Salaten.
Geöffnet: täglich 19-21 Uhr
„Safeer", Tom Mboya St. (im „Hotel Ambassadeur"), Tel. 33 68 03.
Elegantes Restaurant mit bester indischer Küche und internationalem Publikum. Tip: Reshni Kebab, marinierte, über Holzkohle gegrillte Hähnchenstückchen.
Geöffnet: Mo.-Sa. 12-14.15, 19-22.45 Uhr, So. 12-14, 19-22 Uhr.
Ferner:
„The New Three Bells", Nähe French Cultural Centre, Tel. 2 06 28.
„Curry Pot", oberes Ende der Moi Ave., Tel. 2 86 84, leger und immer voll.
„Fransae", Moktar Daddah St., Tel. 33 53 68, die besten Chapatis.

Chinesische Restaurants
„Mandarin", Tom Mboya St.
Eines der populärsten chinesischen Restaurants Nairobis, immer randvoll mit Stammgästen.
Geöffnet: täglich 12-14, 19-22.30 Uhr, So. geschlossen.
„China Garden", Aga Khan Walk.
Gemütlich eingerichtet, mit fernöstlichen Wandmalereien dekoriert und mit im Fußboden versenkter, unaufdringlicher Lightshow. Vernünftige Preise.
Geöffnet: 11-14.30, 18.30-22.30 Uhr, Sa. mittags geschlossen.
„Rickshaw", Fedha Towers, Tel. 22 36 04. 1991 traf sich tout Nairobi bei diesem Edel-Chinesen.
„Hong Kong", Koinange St., Tel. 22 86 12. Unangepaßte chinesische Küche.

Italienische Restaurants
„Trattoria", Wabera Ecke Kaunda St., Tel. 34 08 55.
Nettes, nicht nur Pizza-Restaurant, in zwei Etagen, mit einem Publikum aus Touristen, europäischen Gastarbeitern und wohlhabenden Kenianern. Die Pizzen sind gut, die Nudelgerichte nicht. Dafür ist die Eiscreme die beste in Nairobi!
Geöffnet: täglich.
„Marino's", Aga Khan Walk, Tel. 33 62 10/33 72 30. Pizzen und Pastas, serviert mit viel Liebe zum Detail.

Französische Restaurants
„Le Jardin de Paris", im französischen Kulturzentrum, Loita/Monrovia St. Leise, klassische Musik aus unsichtbaren Lautsprechern und dekorative Poster an den Wänden. Die

ute Laune trotz schwerer Arbeit

▲ *Milikea und Joseph versuchen sich als Kiswahili-Lehrer*
▼ *Die Kenyatta Ave. ist die Hauptverkehrsader Nairobis*

Leitung nimmt sich gern Zeit, um die Zubereitung des bestellten Gerichtes zu erklären. Geboten werden delikate Salate, Suppen nach Originalrezepten, Kalbshirn und frische Meeresfrüchte.
Geöffnet: Mo.-Fr. 12-14.30, 19-22.45 Uhr, Sa. ab 19 Uhr, So. geschlossen.

Swahili Restaurants
„Malindi Dishes", Gaberone St., Tel. 33 31 91.
Die schreiend gelben Wände und das Wartesaal-Mobiliar bilden einen schön-geschmacklosen Kontrast zu den milden Gerüchen aus der Küche. Auf der Speisekarte stehen außer flotten Sprüchen Gerichte wie Matoke, Chicken Shela und Fish Takaungu, in Kokosmilch zubereitet und mit Reis serviert. Hier zu essen macht Spaß. Die Kellner sind gut gelaunt, es geht locker zu, und es gibt den besten Fruchtsalat und die leckersten Fruchtsäfte der Stadt.
Geöffnet: 6-22 Uhr täglich.

Steakhäuser
„Buffalo Bill's Saloon & Eating House" im „Heron Court", Milimani Rd. Preiswerte, dabei gute Steaks, auf verschiedene Art zubereitet, und die besten Pommes frites der Stadt. Gegessen wird in umgebauten Planwagen, die Tische sind mit rot-weiß-karierten Tischdecken gedeckt. Durch die Lautsprecher dudelt unablässig Country-Musik, an der Theke stehen Pferdesättel statt Barhocker — „Africa ist far away, my friend ..."
Geöffnet: täglich 7.30-23 Uhr.
„Maneaters Den", am oberen Ende der Moi Ave. (im gleichen Haus wie „Lobster Pot"), Tel. 33 11 89. Alle Wildarten, auch solche, die eigentlich geschützt sein sollten.
„Angus", Aga Khan Walk.
Ausgezeichnete Steaks, leckere Soßen und Fleischfilets, dazu gratis Salat von der Salatbar bei aufmerksamer Bedienung und vernünftigen Preisen.
Geöffnet: täglich 10-14, 18-23 Uhr.
„Red Bull", Mama Ngina St.
Rustikal-gemütliche Atmosphäre bei gedämpftem Licht, schwarzen Deckenbalken, kaminroten Tischdecken und etwas zu lauter Musik. Hervorragende Steaks, auch Antilopenfleisch, allerdings etwas teurer (ab ca. 11 DM).
Geöffnet: Mo.-Fr. 12-14, 19-22 Uhr, So. 19-21.30 Uhr, Buffet.
„Delamere Restaurant" im Norfolk Hotel, Harry Thuku Rd.
Gefälliges Restaurant im weltberühmten „Norfolk". Frische Blumen und freundliche Bedienung sind das Tüpfelchen auf dem i. Geboten wird alles, was den Magen erfreut, zubereitet von international renommierten Köchen. Das Menü kostet ca. 17 DM.

Geöffnet: täglich 7.30-10.30, 19.30-22.30 Uhr.
„Steak House Ltd.", Chester House, Koinange St., Tel. 2 30 93. Besondere Empfehlung: 1,2 kg schweres T-Bone Steak.

Die wesentlich preiswerteren afrikanischen Restaurants und Imbißstuben liegen fast ausnahmslos jenseits der Tom Mboya St. Arbeiter, Händler und die versammelte Halbwelt sitzen hier im Neonlicht und verzehren Ugali, Bratfisch oder Pilau. Hervorzuheben sind: „City Hotel", Latema Rd., „Iqbal Hotel", „New Flora" beim Iqbal um die Ecke.

Nachtleben

Das kulturelle Angebot in Nairobi ist vergleichweise dünn. Und so wundert es nicht, daß sich nach Einbruch der Dunkelheit alles ums Tanzen und Trinken dreht. Die Eintrittspreise der Discos und Nachtclubs sind erschwinglich und liegen nur etwas über dem Landesdurchschnitt. Wenn Sie es nicht gerade auf eine Begegnung der 3. Art anlegen, sollten Sie als Paar losziehen. Wer sich allein ins Nachtleben stürzt, hat garantiert schnell eine mehr oder weniger nette Begleitung im Nacken. Bevor Sie losmarschieren, nur noch eins: Die Gegend um die berühmt-berüchtigte River Rd. ist erstaunlicherweise die sicherste *(→Nairobi, Praktische Tips: Sicherheit).* Denn hier wohnen weder die Superreichen noch die ganz Armen. Trotzdem: Die Augen offen zu halten und Ärger aus dem Weg zu gehen, kann nie verkehrt sein.

Nachtklubs/Discos

„New Florida Night Club", Koinange St., Tel. 33 48 70, Eintritt: ca. 6 DM. Sehr europäisch und sehr laut.
„Florida 2000", Moi Ave., wie „New Florida".
„Annabel's", Moi Ave., zivilisiert und relaxed, dafür nicht besonders aufregend. Kleines Restaurant.
„Visions", Kimathi St., Tel. 33 23 31, Eintritt als Paar: ca. 12 DM. Hier singt Madonna für afrikanische und europäische Teenies der feinen Gesellschaft. Zwölf Video-Bildschirme und Spiegelwände geben einem den Rest.
„Luke's Club" (ehem. „Beat House"), Kimathi St., neben „Visions" und so ähnlich, allerdings ohne Videoten. Der „In"-Club Nairobis seit 1990. Exklusiv, offeriert für ca. 300 DM eine Jahresmitgliedschaft — Insel der „Glückseligen"!
„Hollywood Night Club", Moktar Daddah Str., Tel. 2 79 49, kein Striplokal wie sein Vorgänger. Nettes Plätzchen.
„Club Naya", Chiromo Hotel, etwas außerhalb, Busse 21, 22, 23 ab Hil-

ton. Jedes Wochenende fetzige Livemusik aus Zaire.
„Bombax Club", Ngong Rd., Nähe Dagoretti, hier spielt eine der ältesten populären Bands, „Simba Wanyika". Diese Formation um die Brüder Wilson und George Peter spielt seit den frühen siebziger Jahren zusammen und ist berühmt für ihre geschliffenen Gesangspassagen.
Wem der Sinn nach Walzer und Foxtrott steht (gibt es auch in Afrika!), der begebe sich ins „Intercontinental". Hier erleichtert eine hoteleigene Band allabendlich die Verdauung eines reichhaltigen Mahles.
Die meisten genannten Klubs und Discos bieten für Gäste, die lang genug bleiben, Showeinlagen mit Akrobaten, Feuerschluckern und Limbotänzern.
Während man sich in diesen Etablissements auf der Tanzfläche die Glieder verrenkt, tun die Leute in der Latema Rd. dies allein schon deshalb, um in den „Modern Green Day and Night Club" zu gelangen. Hier ist es gewöhnlich voll wie in einer Sardinenbüchse. Warum, läßt sich nicht so genau sagen. Vielleicht, weil der Eintritt frei ist. Für die Mädchen sicher deswegen, weil jeden Tag neue Kunden aus dem streng islamisch geführten „Iqbal" schräg gegenüber herüberkommen.
Viele europäische Reisende meiden diese Kneipe, weil die vielen zwielichtigen Figuren am Eingang und häufig auch handgreiflich ausgetragene Meinungsverschiedenheiten sie abschrecken. Es ist kein Mentholzigaretten rauchendes Publikum, was hier verkehrt, sondern es sind „magendo"-Leute, kleine Gauner und leichte Mädchen, dazwischen ein paar verwegen aussehende Traveller und ein paar Dritte-Weltler aus Deutschlands Instituten für Politikwissenschaften. Wenn Sie sich erst einmal an der dröhnenden Jukebox vorbeigeschoben und zum vergitterten Tresen durchgekämpft haben, werden Sie in aller Ruhe die Neonlichtatmosphäre genießen können. Gespräche kommen schnell zustande, ab und zu hagelt es Backpfeifen (natürlich nicht für Sie!), und wenn ein Gast genug hat, legt er seinen Kopf einfach auf den Tisch und hält ein Nickerchen.
Bars wie das „Green" gibt es viele in Nairobi. Eine andere ganz in der Nähe ist der „New Congon Day & Night Club" in der River Road. Dieser ist etwas gepflegter und so etwas wie ein Talentschuppen für die lokalen Bands. 1987/88 spielte hier „Super Rumba", eine Gruppe, die später einige Hits in den ostafrikanischen Charts landen konnte.
Wie gesagt, es gibt viele Bars dieser Art, vielleicht sogar Hunderte, in Nai-

robi, und niemand hält Sie davon ab, sie zu besuchen. Drinnen geht es längst nicht so gefährlich zu, wie man von draußen anzunehmen versucht ist.

Kinos

Nairobi hat zwölf Kinos, zwei Drive-ins eingeschlossen. Dem Vergleich mit europäischen Großstadtkinos halten sie mühelos stand. Oft bieten sie Gelegenheit, amerikanische Filme zu sehen, noch bevor sie auf das deutsche Publikum losgelassen werden. Wenn die Nationalhymne ertönt, das Aufstehen nicht vergessen!

Kinos in der City:

„20th Century", Mama Ngina St., Tel. 27 57. Riesenleinwand.

„Nairobi", Moi Ave.

„Kenya", Moi Ave., Tel. 2 69 81.

„Embassy", Latema Rd.

„Cameo", Kenyatta Ave.

„Odeon", Latema Rd.

Eintritt: ca. 2 DM.

Buchläden und Büchereien

Die Buch- und Schreibwarenläden der Stadt sind gut bis sehr gut bestückt. Neben englischen, amerikanischen und deutschen Publikationen sind vor allem Produktionen aus dem Kenya Literature Bureau präsent. Die in diesem Verlag hergestellten belletristischen und wissenschaftlichen Publikationen sind teilweise von hohem Niveau und sehr preisgünstig zu haben. Erhältlich sind außerdem Stadtpläne von Nairobi, Mombasa und evtl. auch anderen größeren Städten in Kenia. Sehen Sie irgendwo die Karte eines Nationalparks, den Sie in Ihrem Programm haben, greifen Sie unbedingt zu, denn sie sind aus unerfindlichen Gründen selten.

Zeitungen und Illustrierte (aus- wie inländische) werden draußen auf der Straße verkauft.

Buchläden:

„Nation", Kenyatta Ave./Ecke Kimathi St.

„Heritage", Wabera St.

„Book corner", Mama Ngina St.

„Prestige", Mama Ngina St.

Wenn Sie sich in ethnologische Literatur vertiefen wollen oder einfach nur muffige Bibliotheksluft vermissen, statten Sie am besten dem „British Council" in der Kenyatta Ave. einen Besuch ab. Es hat Di.-Fr. von 10-17 Uhr und Sa. von 9-12 Uhr geöffnet. Oder Sie gehen in die „McMillan Memorial Library" in der Banda St. (Mo.-Fr. 9-17, Sa. 8.30-13 Uhr).

Galerien

Permanente Ausstellungen gibt es nur eine Handvoll in Nairobi. Das Nationalarchiv, vormals „Bank of India" und in der Moi Ave. gelegen, beherbergt im Erdgeschoß die Murumbi-Sammlung. Sie wurde gestiftet von Joseph Murumbi, dem zweiten Vizepräsidenten Kenias, und zeigt in etwas anarchischer Reihenfolge Fotos und Gemälde, die alle irgend etwas mit dem Land zu tun haben: Löwen, Giraffen, Portraits bedeutender Persönlichkeiten, traditionelle Waffen und hölzerne Sandalen, die einem Riesen gehört haben müssen. Oben auf der Galerie hängen Schwarzweißfotos aus Kenias bewegter junger Geschichte. Zu sehen sind Bilder von Mau-Mau-Kämpfern, Konzentrationslagern, den Präsidenten und alte Abbildungen ehemaliger Chiefs. Hinter dem „New Stanley's“ liegt die „Gallery Watatu“, wo Bilder kenianischer Künstler bewundert werden können. Andere Galerien sind „Rowland Ward“ in der Standard St. und „Panafrican Galleries“ (African Heritage) in der Kenyatta Ave. Das französische Kulturzentrum und das deutsche Goethe-Institut am oberen Ende der Loita St. stellen ebenfalls von Zeit zu Zeit aus. Die Deutschen zeigen auch Filme von Faßbinder bis Waalkes.

Büros der Fluggesellschaften

Aeroflot, Corner House, Mama Ngina St., Tel. 2 07 46

Air Canada, Kimathi House, Kimathi St., Tel. 2 10 24

Air France, Chai House, Koinange St., Tel. 33 53 25

Air India, Jeevan Bharati Building, Harambee Ave., Tel. 33 47 88

Air Kenya, Wilson Airport, Tel. 50 10 01

Air Madagascar, Hilton, City Hall Way, Tel. 2 52 86

Alitalia, Hilton, City Hall Way, Tel. 2 43 61

British Airways, Silopark House, Mama Ngina St., Tel. 33 43 61

Egyptair, Shankardass House, Moi Ave., Tel. 26 81

Ethiopian Airlines, Bruce House, Muindi Mbingu St., Tel. 2 66 31

Iberia, Hilton, Mama Ngina St., Tel. 33 86 23

Kenya Airways, Airways Terminal, Koinange St., Tel. 2 92 91

KLM, Fedha Towers, Muindi Mbingu St., Tel. 33 26 73

Olympic Airlines, Hilton, Watalii St., Tel. 33 84 41

PIA, ICEA Building, Banda St., Tel. 3 33 90

Pan AM, Hilton, Tel. 2 35 81

Sabena, International House, Mama Ngina St., Tel. 2 21 85

Scandinavian Airlines, Grindlays Building, Kimathi St., Tel. 33 83 47

Somali Airlines, Bruce House, Muindi Mbingu St., Tel. 33 54 09

Sudan Airways, UTC House, Gen. Kago St., Tel. 2 51 29

TWA, New Stanley House, Standard St., Tel. 2 40 36

Sonst noch ...

Apotheken

Gut sortiert und bis spät in die Nacht geöffnet haben: „Rawan Chemists", Loita St., schräg gegenüber dem alten GPO, und „Saga Chemists", Koinange St., Nähe Kenya Airways Büro.

Fahrräder

Räder indischer Fabrikation kaufen Sie am besten im „Kenya Cycle Mart" in der Moi Ave.

Banken

„Barclays" in der Kenyatta Ave. Mo.-Sa. 9-16.30 Uhr, (Auslandschalter P.O.Box 47278). Geld von daheim kann an diese Adresse gekabelt werden. Der Wechselkurs in den Hotels ist ungünstig.

Reisebüros

Empfehlenswerte Reisebüros sind: „Crocodile Travel", Tom Mboya St. Preisgünstige Flugtickets nach Europa.

„Nilestar", Kenyatta Ave., P.O.Box 90090, Tel. 2 69 97/2 14 26.

„Let's Go Travel", Caxton House, Standard St., P.O.Box 60342, Tel. 2 95 39/34 03 31. Kompetenter und zügiger Service.

Daneben gibt es inzwischen eine Menge von Billig-Anbietern und anderen sog. „Geheimtips". Die meisten davon liegen entlang der Tom Mboya St., sind oft jedoch sehr kurzlebig, so daß Sie selbst Preisvergleiche anstellen müssen. 1991 lagen die Fernflugtarife wie folgt: Frankfurt, Kopenhagen, Amsterdam ca. 300 DM; New York ca. 600 DM; Bangkok ca. 470 DM; Bombay, Kalkutta ca. 240 DM.

Mietwagen

Avis und Hertz-UTC sind gut, aber viel zu teuer. Zu empfehlen sind die folgenden einheimischen Agenturen: „Glory Car Hire", Tubman Rd., P.O.Box 669669, Tel. 22 50 24/22 44 28/22 29 10. Abends: 74 45 31/74 62 22. Gegenüber den übrigen Agenturen hat Glory den Vorteil, daß sie Filialen in Mombasa, Diani und Malindi betreibt. So brauchen Sie nicht wieder nach Nairobi zurückzukehren, sondern können den Wagen gleich an der Küste wieder abgeben.

„Let's go Travel", Caxton House, Standard St.

„Central Rent-a-car", Fedha Towers, Standard St., P.O.Box 49439, Tel. 22 28 88

„Ebra Tours and Safaris", Standard Building, Standard St.

„Concorde Car Hire", Agip Garage, Westlands (15 % Nachlaß bei Barzahlung!)

„Intasun", Kenwood House, Kimathi St., P.O.Box 42977, Tel. 34 01 61/2 40 37/33 44 38

„Rasul's", Butere Rd., Industriegebiet. Beim Abschluß des Vertrags können Sie zwar handeln, doch sollten Sie auf jeden Fall mit 35 DM pro Tag plus 0,70 DM pro Kilometer bei einem Suzuki Jeep rechnen.

Normale Straßenwagen sind etwas billiger, aber kommen dafür nicht überall hin.

→*Reisen in Kenia... mit dem Leihwagen*

Autoreparaturen

Handeln Sie den Arbeitslohn des Mechanikers, so weit es geht, immer vorher aus, sonst erleben Sie Ihr blaues Wunder. In Nairobi kann der „Undugu Society Workshop" am Kreisverkehr, Nähe Fußballstadion, empfohlen werden.

Kleidung

Leichte Baumwollkleidung kaufen Sie günstig bei „Colpro", Kimathi St., oder in der „Bella Boutique", Kenyatta Ave. Neu ist das „Adelphi", Kaunda St. Hier finden Sie außer der klassischen Safaribekleidung Geldgürtel, Schultertaschen und handgefertigte Geldbörsen.

Botschaften

Bundesrepublik Deutschland, Embassy House, Harambee Ave., Tel. 2 66 61

Österreich, City House, Standard St. Ecke Wabera St., Tel. 2 82 81

Schweiz, International House, Mama Ngina St., Tel. 2 87 35

Andere:

Australien, Development House, Moi Ave, Tel. 33 46 66

Belgien, Silopark House, Mama Ngina St., Tel. 2 05 01

Dänemark, Rehani House, Kenyatta Ave., Tel. 33 10 88

Frankreich, Embassy House, Harambee Ave., Tel. 2 83 73

Israel, Mama Ngina St., Tel. 2 04 29

Italien, Prudential Assurance House, Wabere St., Tel. 2 16 15

Kanada, Comcraft House, Haile Selassie Ave., Tel. 33 40 33

Japan, ICEA Building, Kenyatta Ave., Tel. 3 32 95

Niederlande, Uchumi House, Nkruma Ave., Tel. 2 71 11

Norwegen, Rehani House, Kenyatta Ave., Tel. 33 71 21

Spanien, Bruce House, Standard St., Tel. 2 98 71

Schweden, International House, Mama Ngina St., Tel. 2 90 42

United Kingdom (Großbritannien), Bruce House, Standard St., Tel. 33 59 44

USA, Moi Ave., Tel. 33 41 41.

Fluginformationen
Jomo Kenyatta Airport; Tel. 82 21 11

Krankenhäuser
→Medizinische Versorgung

Sprachschulen
Möglichkeiten, Kiswahili zu lernen, gibt es reichlich. Wenn Sie sich diesbezüglich nicht Ihrer Kneipen- oder Straßenbekanntschaft anvertrauen möchten, wenden Sie sich an folgende Institute:
„Kingozi Language Service", Joseph Kangete Rd. Ecke Suna Rd., nahe Adam's Arcade. Hin gelangen Sie mit den Bussen 1-5 ab Hilton. Andere Sprachen werden ebenfalls unterrichtet, aber Kiswahili ist bei weitem die leichteste!
„LACOP" (Language and Cultural Orientation Programmes), Cargen House, Harambee Ave., Tel. 2 68 50, ist die Alternative.
Beide Einrichtungen nehmen 5-6 DM pro Stunde. Private Sprachlehrer finden Sie am schwarzen Brett in der Galerie „Watatu" *(→Galerien).*

Post
General Post Office (GPO), Haile Selassie Ave., Mo.-Fr. 8.30-17 Uhr, Sa. 9-12 Uhr. Briefe nach Deutschland brauchen 5-8 Tage. Es gibt Poste Restante.

Fotokabinen
Wenn Sie schnell ein Paßfoto brauchen — die einzige Fotokabine Nairobis, ich glaube sogar ganz Kenias, befindet sich am unteren Ende der Kenyatta Ave., gegenüber Kimathi St. Ein Fünfminutenservice ist „Studio One", Moi Ave. Ecke Nkrumah Ave. Vier Stück kosten 6 DM.

Fotoapparat (Reparatur)
Defekter Verschluß, exzentrische Elektronik, Sand im Gehäuse — mit solchen Defekten müssen Sie in Kenia immer rechnen. Schnell und zuverlässig repariert die „Camera Clinic" in der Biashara St., Tel. 2 24 92. Vergleichsweise billige Batterien gibt es im „Ebrahim Camera House", Kimathi St., Ecke Standard St. Fotoapparate und Ferngläser verleiht „Elite Camera House", Kimathi St.

Gepäckaufbewahrung
Wenn Sie Ihr Gepäck nicht der Rezeption Ihres Hotels anvertrauen möchten, geben Sie es am Gepäckschalter im Hauptbahnhof ab (geöffnet: tägl. 8.00-12.00 Uhr, 14.00-18.00 Uhr).

Schallplatten und Kassetten
Straßenverkäufer auf der Lithuli Ave. und der River Road haben die größte Auswahl an Singles und Kassetten. Für LP's sind vier große Läden zu-

ständig: „Melodica", Tom Mboya St., „Assanand's", Moi Ave., „Ebrahim Camera Shop", Kimathi St., oder „Woolworth". Immer gut für ein Schnäppchen ist „City Sounds" in der River Road, neben der Zahre Lodge. Bekannte kenianische Interpreten sind Peter Muambi, Mbiri Stars und James Mbugua & the Karufa Brothers. Von den „Nairobianern" gern gehört werden tansanische Bands wie Mlimani Park, Maquis Original, Vijana Jazz und Orchestra Safari Sound International.

Safari-Veranstalter
→Sport und Freizeitmöglichkeiten

Zeltverleih
„Atul's", Biashara St., verlangt 7 DM täglich für ein Drei-Mann-Zelt plus 150 DM Deposit.

Ausflüge von Nairobi

Ngong Hills

Die Ngong Hills sind ein beliebtes Ausflugsziel südwestlich von Nairobi (hin mit den Bussen 111 und 111A ab Nairobi Hilton). Literarisch von Karen Blixen in „Jenseits von Afrika" verewigt, erheben sie sich am Rand des Ostafrikanischen Grabens zu einer Höhe von 2460 m.
Ihre Nairobi zugewandte Seite prägen kleinbäuerliche Betriebe, die von seßhaft gewordenen Masai bewirtschaftet werden. Auf der anderen Seite erstreckt sich bereits die afrikanische Savanne, scheinbar unberührt geblieben über Jahrtausende. Wie eh und je grasen hier die Rinderherden der nomadisierenden Masai neben Giraffen- und Antilopenherden.
Ein Spaziergang über den Bergrücken der Ngongs auf der *Ngong Hill Road* bringt wunderschöne Ausblicke auf die im Osten liegende Stadt und hinab in die verbrannte gelbe Ebene im Westen, die von dunklen vulkanischen Hügeln übersät ist. Bei klarem Wetter sind hinter Nairobi sogar die bläulichen Konturen des Mt. Kenya zu sehen. Etwas getrübt wird das Bild durch den Umstand, daß in letzter Zeit wiederholt Spaziergänger bis aufs Hemd ausgeraubt worden sind. Seitdem findet der Aufstieg vom Dorf auf den Kamm leider nur noch unter Polizeischutz statt.
Die Fahrt um die Ngongs ist eine Reise durch das Gestern und Heute des Landes. Auf weniger als 100 km wird man sowohl mit dem Nairobi des Computerzeitalters als auch mit den nach ihren Traditionen lebenden Masai konfrontiert. Sie mögen sich immer noch nicht mit den modernen Verhältnissen arrangieren *(→Bevölkerung/Masai)*.

Der Bergkamm ist mit dem Wagen erreichbar. Der steile Aufstieg beginnt im Dörfchen *Ngong.* Für die nur noch einige hundert Meter asphaltierte Ngong Hill Road halten Sie sich an der Weggabelung im Dorf rechts.

Zur Rundfahrt wird Nairobi in südwestlicher Richtung auf der Langata Road verlassen. Die Fahrt geht vorbei am Wilson Airport und dem Nairobi-Stausee. Nach dem Haupteingang zum Nairobi National Park taucht eine Weggabelung auf, wo man sich halblinks hält. Bald befindet man sich auf der Magadi Road. Die Landschaft wird langsam hügelig, und die asphaltierte Straße windet sich in großen Schleifen über die südliche Schulter der Bergkette. Hinter *Kiserian,* einem katholischen Missionsdorf, führt die Straße, ständig ansteigend, immer näher an die Ngongs heran. Riesige Maisfelder bedecken die Hänge. Und nach einer weiteren Kurve liegt einem das Panorama einer unverfälschten, rein vulkanischen Landschaft zu Füßen. Die Magadi Road schlängelt sich auf den Boden des Grabenbruchs hinab und verliert sich irgendwo am Horizont. Autos wirken wie Kinderspielzeug.

Am Masaiweiler *Olepolos* biegt eine Erdstraße, die *Ngong Circular Road West,* rechts ab. In atemberaubenden Serpentinen geht es auf halber Höhe die Hügelkette entlang, bis das Dorf Ngong wieder erreicht wird. Von dort gelangt man auf der Ngong Road problemlos zurück nach Nairobi.

Olorgesaillie und Magadi-See

Von allen Seen auf dem Boden des Grabenbruchs liegt nur der Turkana-See tiefer als der Magadi-See (580 m). Die im Vergleich zu Nairobi geringe Höhenlage macht den Ort zu einem der heißesten in Kenia. Bereits beim Panoramablick von der südlichen Schulter der Ngong Hills wird deutlich, was einen beim Abstieg auf den Grabenboden erwartet: Das Land fällt in mächtigen Stufen ab; jede Stufe ist trockener als die vorhergehende. Die Vegetation wird sichtlich spärlicher, woran aber auch die Ziegen der Masai nicht unschuldig sind.

Dieser rapide Szenenwechsel, dazu die mit ihren Herden umherziehenden Masai und die prähistorische Ausgrabungsstätte von Olorgesaillie machen die 110 km lange Fahrt zu einem interessanten und dabei bequemen Trip. Allerdings sollte wegen der Hitze an reichlich Trinkbares sowie an einen gefüllten Reservekanister gedacht werden. Es gibt in Magadi zwar eine Tankstelle, doch man kann nie wissen ...

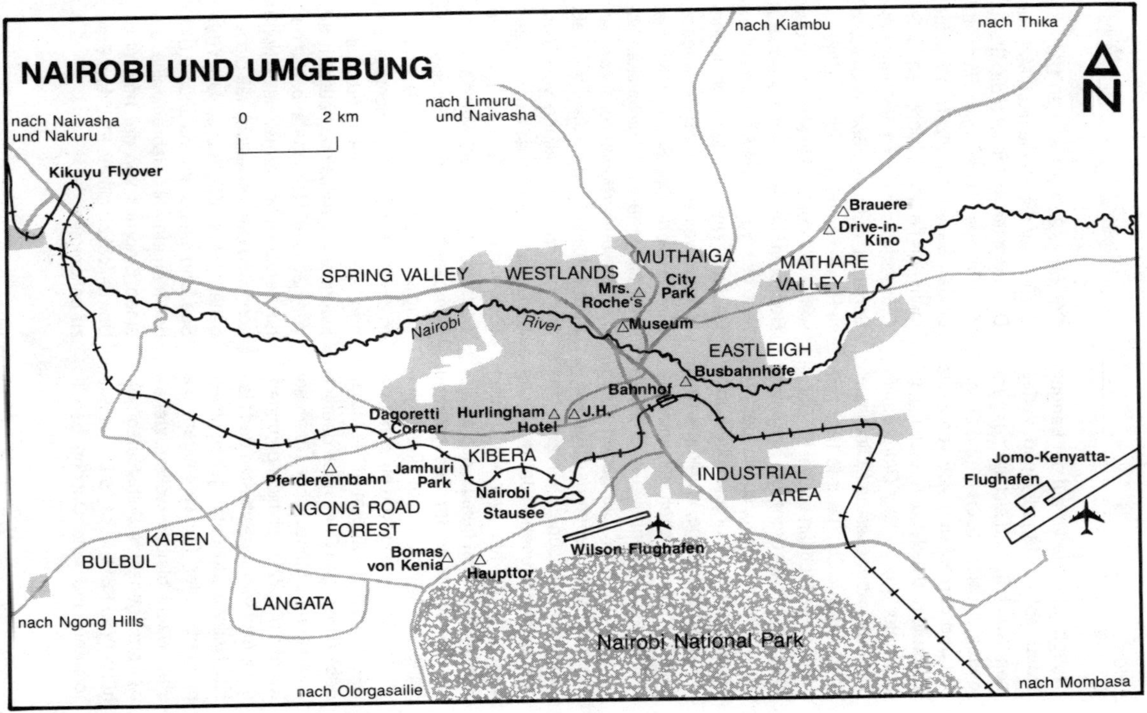
NAIROBI UND UMGEBUNG
nach Kiambu
nach Thika
nach Limuru
und Naivasha
nach Naivasha
und Nakuru
0
2 km
N
Kikuyu Flyover
Brauere
Drive-in-
Kino
MUTHAIGA
MATHARE
VALLEY
SPRING VALLEY
WESTLANDS
Mrs.
Roche's
City
Park
Museum
Nairobi
River
EASTLEIGH
Busbahnhöfe
Bahnhof
Dagoretti
Corner
Hurlingham
Hotel
J.H.
KIBERA
Pferderennbahn
Jamhuri
Park
Nairobi
Stausee
INDUSTRIAL
AREA
Jomo-Kenyatta-
Flughafen
NGONG ROAD
FOREST
KAREN
BULBUL
Bomas
von Kenia
Haupttor
Wilson Flughafen
LANGATA
nach Ngong Hills
Nairobi National Park
nach Olorgasailie
nach Mombasa

Nairobi wird wieder auf der Langata Road, später Magadi Road, verlassen. Nun hält man sich immer geradeaus, passiert *Kiserian* und *Olepolos* und genießt den sich von Stufe zu Stufe neu bietenden Ausblick. 65 km hinter Nairobi liegt *Olorgesaillie.* Die Ausgrabungsstätte („Olorgesaille Prehistoric Site") wurde 1947 zum Nationalpark erklärt und ist für Besucher (Selbstversorger) gut hergerichtet. In einem kleinen, strohbedeckten Museum sind eindrucksvolle Funde wie Steinwerkzeuge, Wurfkugeln aus Lava und die Knochen steinzeitlicher Antilopen, Riesenpaviane und Elefanten zu sehen. Sie geben einen Eindruck vom Leben der frühsteinzeitlichen Menschen vor zwei- bis dreihunderttausend Jahren. Die Leakeys, die hier vor 40 Jahren forschten, fanden heraus, daß an dieser Stelle ein großer See gelegen hatte, der Menschen und Tiere gleichermaßen anzog. Von einer hölzernen Aussichtsplattform ist die Mulde des ehemaligen Sees noch deutlich zu erkennen. Menschliche Überreste wurden bis jetzt noch nicht gefunden, doch die Grabungsarbeiten des Nairobi National Museums gehen unvermindert weiter. Für diejenigen, die über Nacht bleiben wollen, stehen vier strohgedeckte Selbstversorgerhütten (50 KSH = ca. 3 DM) sowie Toiletten und eine Dusche bereit. Camping: 20 KSH = 1,20 DM.

Zurück auf die Straße nach Magadi. Die nächsten 45 km folgt die Straße dem Tal des *Olkeju Ngiro River,* auf beiden Seiten von bizarren Felsformationen flankiert. Nicht weit hinter Olorgesaillie passiert sie eine tiefe Schlucht, auf deren Boden Masai ihre Herden zu tränken pflegen. Immer weiter rollt der Wagen abwärts in den Backofen, mit der dramatischen Kulisse des *Nguruman Escarpment* zur Rechten. Nach 110 km kommt endlich der weißschimmernde *Magadi-See* in Sicht. Der See besteht fast ganz aus festem oder halbfestem Soda (Natriumkarbonat), das zwar erbärmlich stinkt, für Kenia aber als Rohstoff zur Herstellung von Glas, Seife und Chemikalien ein wichtiges Exportprodukt ist. Abgebaut wird die Sodaasche von der „Magadi Soda Company", die auch die Arbeitersiedlung am Rand des Sees anlegen ließ. In der Siedlung gibt es nichts zu sehen, sie ist zweckmäßig-funktional, jedermann schwitzt und freut sich auf den nächsten Heimaturlaub. Nur der für kenianische Verhältnisse hohe Lohn (180 DM monatlich) hält die Arbeiter hier bei der Stange. Über den See führt ein Damm ans andere Ufer, den man einmal befahren sollte, um einen Eindruck von der höllischen Unwirklichkeit dieses Fleckens Erde zu bekommen.

Routenvorschläge/Route 1

(Naivasha-See, Mt. Longonot, Hell's Gate)

Diese Tour führt durch reizvolle, landschaftlich höchst unterschiedliche Gegenden. Der *Naivasha-See* ist als Vogelparadies berühmt und bei Anglern und Ausflüglern aus Nairobi gleichermaßen beliebt. Im Süden erhebt sich auf dem Boden des Ostafrikanischen Grabens der geborstene Vulkankegel des *Mt. Longonot* (2770 m). Sein nahezu kreisrunder Kraterrand kann bequem umwandert werden, und man genießt einen herrlichen Blick auf den See. Ganz in der Nähe liegt *Hell's Gate,* das Höllentor, interessant wegen seiner heißen Quellen und Geiser.

Für die Tour reicht ein normaler PKW völlig aus. Wer es darauf anlegt, kann alles auch an einem Tag sehen, nur — er hat dann überhaupt nichts davon. Und rudern auf dem See oder die Besteigung des Longonot ist dann nicht drin.

Naivasha ist von Nairobi auch mit öffentlichen Verkehrsmitteln zu erreichen.

Langstreckentaxis von RVP fahren vom Büro in der Latema Rd. und brauchen etwa anderthalb Stunden. Tickets unbedingt im voraus buchen! Zu den Unterkünften am Ufer des Sees fahren Matatus. Sie haben eine Haltestelle in der Nähe des unübersehbar europäischen Restaurants „La Belle Inn", und zwar an der Kenyatta Ave. Ecke Kariuki Chotara Rd.

Nairobi wird auf dem Uhuru Highway in Richtung Nakuru verlassen. Nach 40 km auf ansteigender Straße durch das übervölkerte und intensiv genutzte Land der Kikuyu erreicht man die Kreuzung in *Limuru.* Hier biegt man links auf die alte B 3 in Richtung Narok ab. Nun windet sich die Straße im Zick-Zack-Kurs auf den Boden des Grabenbruchs hinab. Links am Straßenrand befindet sich ein Rastplatz, von dem man einen wunderschönen Ausblick auf die im Graben liegenden erloschenen Vulkane Mt. Suswa und Mt. Longonot hat. Zwischen ihnen hindurch schlängelt sich die B 3 und verschwindet irgendwo im blauen Dunst des Horizonts. Zu sehen ist auch die moderne Satellitenübertragungsstation Mt. Margaret.

Kurz vor Erreichen des Grabenbodens passiert die Straße rechter Hand eine kleine Kapelle. Sie wurde während des Zweiten Weltkriegs von italienischen Kriegsgefangenen aus dem Äthiopienfeldzug errichtet.

Nach etwa 60 km biegt die B 3 links nach *Narok* und zum *Masai Mara National Reserve* ab. Geradeaus gelangt man nach 13 km zum Dörfchen *Longonot.* Vor dem Bahnübergang führt ein Weg links von der Straße ab zum Vulkankegel. Am Wegesende läßt man den Wagen stehen, am besten unter Aufsicht, oder man stellt ihn am Bahnhof im Ort ab und geht die letzten 6 km zu Fuß. Im Ort kann man sich bei Bedarf einen Führer mieten (3 DM). Einzige Übernachtungsmöglichkeit ist das „First and Last" — diese Herberge macht ihrem Namen alle Ehre!

Mt. Longonot

Mt. Longonot und das umliegende Gebiet wurden 1983 zum Nationalpark erklärt. Um Wildtiere anzulocken, legte man künstliche Wasserlöcher an. Je näher man zum Vulkan kommt, desto deutlicher sind die tiefen Rinnsale der erkalteten Lava an seinen dunklen, vegetationslosen Hängen zu erkennen. Der Aufstieg vom Auto bis zum Kraterrand dauert gut anderthalb Stunden, die Umrundung des Kraters drei bis vier Stunden. Vom Kraterboden entweichen immer noch heiße Dämpfe. Den höchsten Punkt erreicht man über einen beschwerlichen Weg aus losem Bimsstein. Vor etwas mehr als einhundert Jahren stand hier der erste Europäer, der Schotte Joseph Thomson, und blickte auf die in der Sonne glitzernde Oberfläche des Naivasha-Sees. Ein Abstieg in den Krater ist zwar möglich, doch sollten Sie dies nicht ohne Führer wagen. Der Pfad hinab ist schwer zu finden und überdies sehr steil, und unten soll so mancher Hobbygeologe bereits eine unvergeßliche Begegnung mit agressiven Kaffernbüffel gehabt haben.

Naivasha-See

Zurück auf der Straße, biegt 2 km vor dem Ort *Naivasha* (16 000 Einwohner) links die Moi Lake Road ab. Sie führt rings um den See, anfangs als Asphalt-, später nur noch als holprige Staubstraße.

Mit 1890 m über dem Meeresspiegel ist der Naivasha-See der höchstgelegene See im Ostafrikanischen Grabenbruch. Der Name leitet sich aus dem Masai-Wort „e-naiposha" her, was soviel wie „das, was sich hebt und senkt" bedeutet. Tatsächlich ändert sich der Wasserspiegel ständig. In den 50er Jahren war er so niedrig, daß das heute wieder vom Wasser bedeckte Land kultiviert werden konnte. Gegenwärtig steigt das Wasser wieder, und in vielen abgestorbenen Bäumen im Wasser haben sich Pelikane häuslich eingerichtet. Das Rudern auf dem See kann zu einer lebensgefährlichen Angelegenheit werden, denn der Nachmittagswind vermag die vorher spiegelglatte Was-

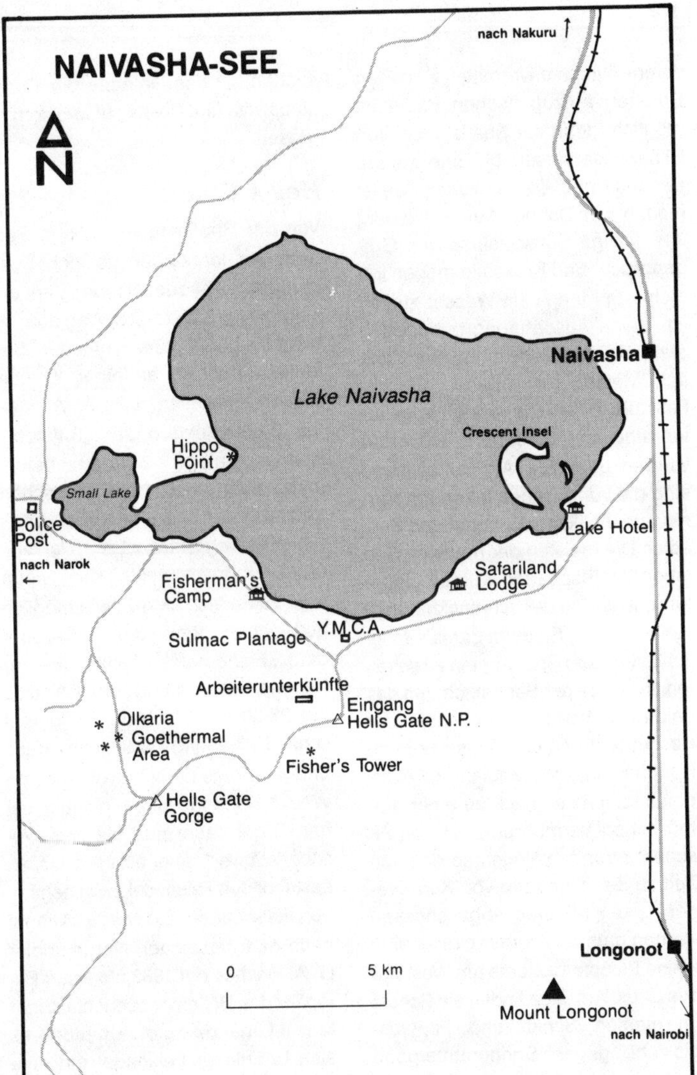

NAIVASHA-SEE
N
nach Nakuru
Naivasha
Lake Naivasha
Crescent Insel
Hippo Point
Small Lake
Police Post
nach Narok
Lake Hotel
Safariland Lodge
Fisherman's Camp
Y.M.C.A.
Sulmac Plantage
Arbeiterunterkünfte
Eingang Hells Gate N.P.
Olkaria Goethermal Area
Fisher's Tower
Hells Gate Gorge
0
5 km
Longonot
Mount Longonot
nach Nairobi

seroberfläche unvermittelt zu hohen Brechern aufzupeitschen. Baden ist möglich, denn der See ist nicht von Bilharziose verseucht. Eine weitere Besonderheit: Der Naivasha-See ist (neben dem Baringo-See im Norden) der einzige Süßwassersee im Grabenbruch, und Krokodile mögen ihn nicht, da ihnen sein Wasser zu kalt ist. Seine Ausdehnung beträgt 130 qkm, seine durchschnittliche Tiefe acht Meter.
Fast alle in Kenia lebenden Vogelarten sind hier zu sehen (340 Arten wurden gezählt!). Am auffälligsten sind die von Fischen lebenden Kormorane, Pelikane, Eisvögel und Seeadler. Die meisten der heute im See lebenden Fischarten wurden eingeführt, teils, wie der schmackhafte Tilapia, um den Siedlern damals Möglichkeiten zum Sportangeln zu schaffen, teils, wie der Seebarsch, um das bald unkontrollierte Anwachsen der Bestände durch das Aussetzen von Raubfischen zu regulieren. Allerdings kam es so auch zu einer dramatischen Vermehrung der von Fischen lebenden Vögel, so daß von Zeit zu Zeit Hunderte von Kormoranen und Pelikanen abgeschossen werden müssen. Ferner gibt es eine kleine Flußpferdkolonie am Westufer des Sees. Am Tage finden sie Schutz im dichten Schilf- und Papyrusdickicht, gegen Sonnenuntergang suchen sie das Gelände der Campingplätze und Hotels auf, um dort zu grasen.

Hell's Gate

Von der Straße rund um den See führt ein lohnender Abstecher zu dem erst 1984 zum Nationalpark erklärten *Hell's Gate.* Der Weg dorthin biegt ein gutes Stück hinter der „Safariland Lodge", an einer kleinen Elektrizitätsstation, links ab. An weiten Blumenfeldern der „Sulmac"-Blumenplantage — sie beschäftigt inzwischen über 4000 Menschen und exportiert nach Europa — vorbei führt der Weg zunächst zum Parkeingang. Übrigens sollte man, wenn man zu Fuß ist, so früh wie möglich aufbrechen, denn vom YMCA oder dem „Fisherman's Camp" bis zur Njorowa-Schlucht und zurück sind es gut 25-30 km. Nach der obligatorischen Eintragung ins Besucherbuch und der Frage nach Löwen auf dem Weg („Hapana, lange nicht gesehen!") geht es weiter bis zum *„Fischer's Tower",* einer bizarren, isoliert dastehenden Felsnadel zwischen hohen Felswänden. Sie wurde benannt nach dem deutschen Naturkundler G. A. Fischer, der 1883 als erster Europäer das Höllentor besuchte. Einer Masai-Legende zufolge handelt es sich bei dieser Felsnadel um eine

Häuptlingstochter, die ihr Heim verließ, um zu heiraten, jedoch sich verbotenerweise für einen letzten Blick noch einmal umdrehte und zu Stein erstarrte — Lots Frau auf afrikanisch! Die senkrechten Felswände zu beiden Seiten erzeugen zunehmend den Eindruck, als ginge es tatsächlich in die Hölle — zumal auch der Weg immer deutlicher bergab führt. Schließlich endet der Weg auf einer kleinen Lichtung, haargenau am Rand der *Njorowa-Schlucht,* dem Höllentor. Ein steiler Pfad führt hinab in die Schlucht. Die senkrecht aufragenden, bis zu 120 m hohen Felswände sind beliebt bei Felskletterern. In prähistorischer Zeit war die Schlucht der Abfluß für die Seen, die den Boden des Grabenbruchs bedeckten. In der Schlucht gibt es heiße Quellen. Ein von der UNO unterstütztes Forschungsprogramm in den 70er Jahren fand heraus, daß sie kommerziell zur Stromgewinnung nutzbar sind. Seit Beginn der 80er Jahre existiert in *Olkaria,* südlich vom Naivasha-See, ein geothermisches Kraftwerk, das als erstes seiner Art in Afrika natürliche Energiequellen in Elektrizität umwandelt. Heute erzeugen drei Turbinen 10 bis 15 % des Energiebedarfs des Landes.

Ein anderes beliebtes Ausflugsziel ist *Crescent Island.* Die Insel liegt genau gegenüber dem „Lake Naivasha Hotel" und ist als privater Wildpark Heimat einiger hundert Vogelarten, Gazellen und Wassertiere. Die ganze Insel ist nur 2 qkm groß und ohne viel Fantasie als der Rest eines ehemaligen Kraterrandes zu erkennen. Ein schmaler Damm verbindet sie mit dem Festland, doch sollte man lieber im Hotel nach einem Boot fragen (7 DM).

Nach 50 km gibt es ab Limuru verschiedene Rückkehrmöglichkeiten nach Nairobi.

Unterkunft

In Naivasha: „La Belle Inn", 12/22 DM mit Frühstück; P.O.Box 532, Tel. 2 01 16.

Natürlich gibt es auch preiswerte „B&Ls". Die meisten befinden sich in der Nähe der Bushaltestelle, z. B. „Top Lodge", 4/7 DM.

Am See:

„Lake Naivasha Hotel", South Lake Rd., P.O.Box 15, Tel. 2 00 13, 110/140 DM (50 % Ermäßigung während der Nebensaison). Hotel aus den 30er Jahren im britischen Landhausstil, herrliche Gartenanlage und hervorragende Küche. Bootsfahrten.

„Safariland Lodge", South Lake Rd., P.O.Box 72, Tel. 2 02 41, angeblich noch schöner (und teurer) als das Lake-Hotel. Tennis, Reiten, Rudern, Bootsfahrten, Camping möglich.

Für Selbstversorger stehen bereit:

Das „YMCA Hostel“, Moi Lake Rd. Es besteht aus sechs strohgedeckten Rundhütten. Camping ist möglich, WC und Duschen sind vorhanden. Decken und Feuerholz sind gegen eine kleine Gebühr zu haben. Ab und zu gibt es Konserven, Fisch und Eier zu kaufen, aber verlassen sollte man sich nicht darauf. Wenn alle Hütten belegt sind, kann die Nacht am Lagerfeuer wunderbar sein, wenn Sie der einzige Gast sind, wird es etwas öde.

Das „Fisherman's Camp“ liegt einige Kilometer hinter dem YMCA. Im Gegensatz zu diesem liegt es direkt am Ufer, theoretisch kann das Zelt ins Wasser hinein gebaut werden. Das Grundstück liegt idyllisch in einem Fieberbaumhain, dazu gehören 1-2 alte Ruderboote, mit denen der See und die Ufer erkundet werden können.

Für die Nacht stehen Hütten — „bandas“ — mit vier Betten, Strom und fließend Wasser zur Verfügung. Schlafsäcke und Feuerholz sind gegen Gebühr zu haben. Weitere Hütten liegen auf der anderen Straßenseite weiter oben am Hang. Sie kosten zwischen 8 und 10 DM pro Nacht. Camping für 3 DM.

Achtung: In der Nähe des Camps lebt eine kleine *Flußpferdkolonie.* Die Dickhäuter kommen gern nachts zum Grasen in das Camp. Solange man sie nicht reizt, sind sie absolut harmlos und gehen ihrer Wege. Achten Sie darauf, ihnen nicht zufällig den Fluchtweg zum Wasser abzuschneiden, denn sonst könnten sie sich bedroht fühlen und angreifen. Im Zelt zu liegen, mit einem fressenden Flußpferd daneben, ist eben „very special“ ...

Route 2

(Naivasha — Aberdare National Park — Nakuru National Park — Menengai-Krater — Nyahururu — Nanyuki — Naro Moru — Nyeri — Thika — Nairobi)

Die Beschreibung dieser Route erfolgt im Uhrzeigersinn, aber natürlich kann sie auch in entgegengesetzter Richtung unternommen werden.

Für die beiden National Parks ist ein eigener Wagen erforderlich, es sei denn, man spekuliert auf einen Lift am Parkeingang. Die übrigen Ziele sind relativ leicht mit öffentlichen Verkehrsmitteln zu erreichen. Preiswerte „B&Ls“ gibt es überall. Sie sollten sich für diese Tour ruhig 5-6 Tage Zeit nehmen.

Aus Nairobi heraus auf dem Uhuru Highway in Richtung Nakuru. Die Straße steigt beständig. Abenteuerlich überladene Lkws kämpfen sich den Rand des Grabenbruchs hinauf und ersticken den nachfolgenden

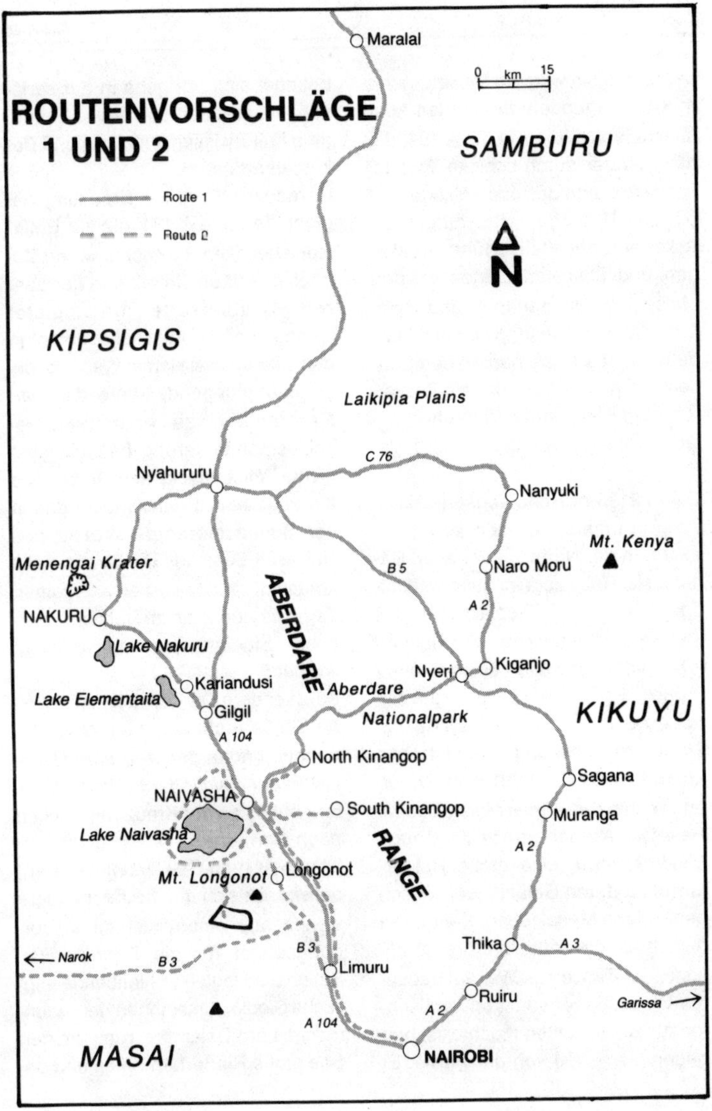

ROUTENVORSCHLÄGE
1 UND 2
Route 1
Route 2
0 km 15
SAMBURU
Maralal
KIPSIGIS
Laikipia Plains
C 76
Nyahururu
Nanyuki
Mt. Kenya
Menengai Krater
Naro Moru
B 5
ABERDARE
A 2
NAKURU
Lake Nakuru
Kiganjo
Nyeri
Kariandusi
Aberdare
Lake Elementaita
Gilgil
Nationalpark
KIKUYU
A 104
North Kinangop
Sagana
NAIVASHA
South Kinangop
Muranga
Lake Naivasha
RANGE
A 2
Mt. Longonot
Longonot
Thika
A 3
B 3
Narok
B 3
Limuru
Ruiru
Garissa
A 2
A 104
MASAI
NAIROBI

Verkehr in schwarzem Dieselqualm. In *Kabete* münden die übrigen Ausfallstraßen Nairobis in die A 104, die nicht länger durch schicke Vororte, sondern durch das übervölkerte und bis zur Unproduktivität aufgeteilte Ackerland der Kikuyu führt. In kleinen und kleinsten Gärten werden Mais, Bohnen, Bananen und Pyrethrum (zur Herstellung von Insektiziden) angebaut. Bis hart an den Straßenrand pflanzen die Bauern Zuckerrohr und Kikuyugras (Viehfutter) an, jeder freie Quadratmeter wird genutzt.

Die in 2134 m Höhe liegende Kreuzung in *Limuru* ist nach 40 km erreicht. In der Nähe, an der alten Banana Hill Road liegt inmitten weitläufiger Tee- und Kaffeeplantagen das „Kentmere Club Hotel". Ein Besuch lohnt nicht nur wegen eines zweiten Frühstücks, sondern auch wegen seiner exquisiten französischen Küche.

Zurück zur Kreuzung. Die nach links abzweigende B 3 führt nach *Narok* und weiter zum *Masai Mara National Reserve.* An der Straße liegt auch *Mayer's Farm,* eine große Rinderfarm, auf deren Gelände vertraglich gebundene Masai leben. Sie führen täglich für die Touristen ihre „traditionellen" Tänze auf. Wer auf bequeme Weise Bilder vom „unverfälschten Afrika" schießen möchte, ist hier gegen Bares mit von der Partie. Er befindet sich übrigens in der seriösen Gesellschaft von etwas bequemen Kulturwissenschaftlern und Dokumentarfilmern.

Geradeaus über die Kreuzung beginnt die neue A 104, die zur Entlastung der alten B 3 gebaut wurde. Zunächst verläuft sie entlang der oberen Grabenkarte und bietet wunderschöne Ausblicke hinab in den Graben. Bei klarem Wetter ist die gegenüberliegende Kante, das *Mau Escarpment,* zu erkennen. Bei schlechter Witterung bedeckt eine dichte Wolkendecke den Graben wie ein Federbett. Später taucht das in der Sonne glitzernde Wasser des Naivasha-Sees auf. Die Straße steigt langsam hinab, vorbei an kleinen Farmbetrieben, die im Rahmen staatlicher Siedlungsprojekte angelegt wurden.

Kurz vor dem Ort Naivasha zweigt eine Straße rechts ab nach *North Kinangop* und in den *Aberdare National Park (→National Parks).* Dahinter geht es an der Kreuzung links ab nach *Naivasha.*

Die nach dem See benannte Stadt entwickelte sich um die Jahrhundertwende aus einem kleinen Versorgungsdepot für die Bahnarbeiter. Schon bald legten wohlhabende englische Siedler, unter ihnen der exzentrische Lord Delamere, rund um den See große Rinderfarmen an und begannen, mit verschiedenen Rinderrassen und Getreidesorten zu experimentieren. Seidem ist Naivasha eines der landwirtschaftlichen Zentren Kenias.

Die Aberdares (Nyandarua-Berge)

Kurz vor Naivasha biegt eine ausgeschilderte Straße zum Aberdare National Park ab *(→National Parks)*. Vor der Überquerung der Aberdares sollte man sich bei der „Automobile Association" in Nairobi oder im „La Belle Inn" in Naivasha nach dem Streckenzustand erkundigen. Die Straße steigt an, bis das *North Kinangop Plateau* erreicht wird. Zwischen 1970 und 2130 m liegend, war dieses Gebiet einst das bevorzugte Siedlungsgebiet der Engländer. In der Tat erinnern die dunklen Wälder und die grünen Weiden an eine mitteleuropäische Landschaft.

Auf der Westseite liegt das *Wanjohi Valley,* vielen besser bekannt als „Happy Valley" aus wilden Tagen, als eine kleine, aber betuchte Gruppe weißer Siedler hier ein ausschweifendes Leben führte.

Bei der Unabhängigkeit war dies der erste Landstrich, der von der neuen Regierung aufgekauft und an die afrikanischen Kleinbauern verteilt wurde.

Die zum Fuß der Aberdares führende Straße ist schlecht. Der Aufstieg zum westlichen Parkeingang nach 30 km ist jedoch asphaltiert. Auf engen Serpentinen schraubt sich die Straße hinauf in eine Höhe von über 3000 m. Während der unruhigen 50er Jahre boten die undurchdringlichen Bambus- und Nadelholzwälder den Mau-Mau-Kämpfern Unterschlupf. Vom *Mujubio-Gate* aus besteht die Möglichkeit der direkten Weiterfahrt nach Nyeri auf der anderen Seite des Gebirgszuges.

Lake Elementaita

Zurück auf die A 104. Hinter Naivasha wird das Land trockener. Es kann nur noch weidewirtschaftlich genutzt werden. Die Straße erreicht die Garnisonsstadt *Gilgil.* Über diesen Ort gibt es nicht viel zu sagen. Außer vielleicht, daß man auf dem Weg nach Nyahururu am „Gilgil Commonwealth War Cemetery" vorbeikommt. Wenn Sie ein paar Stunden Zeit haben, gehen Sie ruhig die zwei Kilometer aus der Stadt hinaus dorthin. Der Friedhof liegt wunderbar in der Stille der Savanne und ist ein herrlicher Ort zum Picknicken und Nachdenken. 200 Männer liegen hier begraben, umgekommen während des Zweiten Weltkriegs im Abessinien-Feldzug gegen die Italie-

ner und während der Mau-Mau-Unruhen in den fünfziger Jahren. Ob rein zufällig oder nicht, die afrikanischen Soldaten liegen am Fuße des Hanges, außer Namen und Rang keine Bemerkungen zu ihrer Person. Weiter oben, wo die Aussicht besser ist, befinden sich die Gräber der britischen Soldaten und weißen Farmer, versehen mit liebevollen Botschaften ihrer Familien. Kein einziger Mau-Mau-Freiheitskämpfer liegt hier, ein Hinweis darauf, daß das Verhältnis der Kenianer zu ihrem Kampf um die Freiheit vom Joch des Kolonialismus noch immer gebrochen ist.
In Gilgil zweigt eine ausgeschilderte Straße nach dem Ort Nyahururu, dem früheren Thomson's Falls, ab. Kurz hinter Gilgil kommt links der *Elmentaita-See* in Sicht. Mit 25 qkm ist er der kleinste der Seen im Graben.
Einen großen Flamingobestand gibt es hier ebenso wie zahllose andere Wasservogelarten. 1985 trocknete der See völlig aus. Leider befindet sich das ganze Gelände im Privatbesitz der Nachfahren Lord Delameres. Seine Farm heißt heute „Soysambu Estate".
Auf der anderen Straßenseite liegt, ganz in der Nähe einer modernen Diatomit-Mine, die prähistorische Ausgrabungsstätte von *Kariandusi*. Louis Leakey fand hier in den vierziger Jahren steinzeitliche Werkzeuge und Fossilien, die in einem kleinen Museum zu besichtigen sind.

Nakuru

Schon bald hat die Straße Nakuru (1860 m, 156 km von Nairobi entfernt) erreicht. Auch diese heute mit über 100 000 Einwohnern viertgrößte Stadt des Landes entstand aus einem Zwischenlager beim Bau der Uganda-Eisenbahn, aber nicht zuletzt auch auf Initiative Lord Delameres, der im Jahre 1903 hier 400 qkm Land kaufte und an 200 Siedlerfamilien weiterveräußerte. So wurde Nakuru zu einem Zentrum der Siedler.
Heute ist sie die Pyrethrum-Hauptstadt Kenias. Getreidesilos prägen das Stadtbild, und viele Entwicklungsinstitutionen haben hier ihren Sitz. Seit dem Ende der siebziger Jahre erhält die Wirtschaft zusätzliche Impulse durch die Ansiedlung von Industriebetrieben (eine Seifen-, eine Decken- und eine Textilfabrik). Ferner gibt es eine Reihe von Betrieben zur Weiterverarbeitung landwirtschaftlicher Produkte.
Sehenswürdigkeiten von touristischem Interesse gibt es in der Stadt selbst nicht.

Unterkunft

„Tropical Valley Lodge", P.O.Box 1903 Nakuru, Tel. 4 26 08, an der Moi

Road Richtung Nakuru-See. Einzelzimmer: ca. 6 DM; Doppelzimmer: ca. 9 DM.
„Nakuru Sweet Mart", P.O.Box 285, Nakuru, Tel. 33 51, Gusii Rd., neben „Tipsy Restaurant".
„N.C.C.K. Nakuru Community Centre Hostel", Flamingo Rd., auf halbem Wege zum See. Einzelzimmer: 4 DM.
„Mukoh Hotel", Gusii Rd. (hinter dem „Nakuru Sweet Mart"), P.O.Box 238, Tel. 4440. Ruhiges und gepflegtes Plätzchen.
„Mau View Lodge", Oginga Odinga Ave., P.O.Box 1413, Tel. 4 49 26, 18/25 DM. Sauber und freundlich, gute Küche, bewachter Parkplatz (!)

Restaurants

„Parana" Kenyatta Ave., Nähe „Bethany Bookshop".
Internationale und asiatische Küche. Tip: Filet Steak, Chicken Curry und das „Maharaja Filet Steak".
„Oyster Shell", Kenyatta Ave. Internationale und indische Küche. Gepflegt-legere Atmosphäre. Am Wochenende Tanz in der eine Etage höher gelegenen „Oyster-Disco".
„Tipsy-Restaurant", Gusii Rd. Modernes Selbstbedingungsrestaurant, aber nicht ungemütlich. Auf der Karte stehen „Samosas", „Kebabs" und eine große Auswahl von Curry- und Pilaugerichten. Indische Süßigkeiten gibt es nebenan im „Nakuru Sweet Mart".

Verkehrsverbindungen

Der Zug nach Nairobi ist nicht zu empfehlen, da er nur nachts fährt und man nichts vom Abstieg in den Ostafrikanischen Graben mitbekommt. In die andere Richtung fahren täglich Busse nach Eldoret, Kisumu, Kisii und noch weiter. Matatus fahren in den Süden nach Narok. Mindestens zwei Busse gehen täglich in Richtung Baringo- und Bogoria-See, mit Endstation Kampi ya Samaki.
Eine wunderschöne Buslinie schlängelt sich durch das Subukia Valley nach Nyahururu.

Menengai Krater

Ein lohnender Abstecher von Nakuru führt hinauf zum 2278 m hohen, erloschenen Menengai-Krater im Norden der Stadt. Zu Fuß sind die 8 km gut in drei Stunden zu bewältigen. Mit dem Taxi ist es allerdings bequemer. Es geht hinaus auf den Menengai Drive und dann an der vierten Abzweigung links ab. Nach etwa viereinhalb Kilometern erreicht man ein Schild „Campsite and Picnic Area", wovon aber nichts zu sehen ist. Nach weiteren 500 m taucht eine Sendestation auf. Danach ist es nicht mehr weit.

Der Blick vom Kraterrand hinab auf den Nakuru-See und in das im Norden liegende *Solai-Tal* ist ein unvergeßliches Erlebnis. Ein Flickenmuster von kleinen Farmen bedeckt den Talboden; vor zehn Jahren war von Kultivierung noch nicht die Rede, ein weiteres Zeichen für Kenias gravierendes Landproblem. Der Krater hat einen Durchmesser von 11 km, er ist einer der größten der Welt, und seine Wände fallen mehr als 500 m tief auf den Kratergrund ab. Inzwischen ist dieser von Wald bedeckt und Lebensraum für Wildtiere geworden.

Für die Masai hat es mit diesem Ort eine besondere Bewandtnis: In den 80er Jahren des vorigen Jahrhunderts trieben die Laikipia-Masai ihre Genossen vom Purko-Clan nach verlorener Schlacht den Berghang hinauf und über den Kraterrand in den Tod. Bei Einbruch der Dunkelheit sind angeblich die Stimmen der Toten zu hören.

Nyahururu

Es gibt zwei gute Straßen nach Nyahururu. Die aus Nakuru herausführende Schotterstraße ist die landschaftich reizvollere. Sie führt vorbei an den Sisalplantagen im Hügelland von Solai und arbeitet sich später einen Steilhang hinauf. Die andere Straße beginnt in Gilgil und durchquert die größten Siedlungsprojekte des Landes.

Nyahururu, bis vor kurzer Zeit noch Thomson's Falls genannt, hat 14 000 Einwohner und liegt in 2360 m Höhe. Weitläufig angelegt, ist es das Zentrum eines großen, landwirtschaftlich geprägten Gebietes und, wie die meisten anderen Städte dieser Region, eine Gründung der europäischen Siedler. Von hier führt eine Erdstraße nordwärts nach *Maralal* und zum Ostufer des *Turkana-Sees*. Nach *Nyeri* und dem *Mt. Kenya* geht es auf der B 5, einer neuen Straße, über die nördlichen Ausläufer der Aberdares. Von Nyeri gelangt man auf die große A 2, die nach *Nanyuki* führt. Der direkteste Weg dorthin ist jedoch eine grobe Erdstraße, die nicht weit hinter Nyahururu links abbiegt. Sie führt durch die Laikipia-Ebene, wo große Viehranches liegen. Die Strecke ist eine Strapaze fürs Material, man kommt nicht besonders zügig voran. Wer eilig und bequem reisen möchte, dem sei der Umweg über Nyeri empfohlen.

Unterkunft

„Thomson's Falls Lodge", am gleichnamigen Wasserfall vor der Stadt ge-

legen, P.O.Box 38, Tel. 2 20 06, mit Campingplatz.
In der Stadt zahlreiche preiswerte Lodges.

Nanyuki

Nanyuki war während der Kolonialzeit ein Treffpunkt der Siedler aus dem Laikipia-Distrikt; die ersten kamen bereits 1907 hierher. Ihren britischen Charakter hat sich die Stadt zumindest entlang der breiten, mit Bäumen und Büschen bepflanzten Hauptstraße bewahrt. Noch heute leben hier viele Kenianer europäischer Abstammung.
Heute hat die Stadt 20 000 Einwohner. In der Nähe liegt ein wichtiger Luftwaffenstützpunkt der kenianischen Armee. Außer seiner durch einige Souvenirstände in Szene gesetzten Attraktion als Ort auf dem Äquator hat Nanyuki dem Besucher nicht viel zu bieten.
Wer mag, kann sich über den Wildbestand in der Umgebung informieren. Nördlich der Stadt beherbergt die „Laikipia Ranch 17" Nashörner, die zusammen mit Weidevieh gehalten werden. Ähnliche Ranches gibt es auch westlich von Nanyuki. Die bekannteste, *El Karama,* ist der Öffentlichkeit zugänglich und besonders empfehlenswert. Sie liegt 42 km nordwestlich der Stadt am Ufer des Ewaso Nyiro und hält Zelte zur Übernachtung bereit. Besonders reizvoll: zu Pferde auf die Pirsch! Fahrten nach „El Karam" organisieren die „Automobile Association" in Nairobi und „Let's go Travel" *(→Nairobi, Praktische Tips).*

Unterkunft

„Nanyuki Youth Hostel", P.O.Box 279, Emmanuel Parish Centre, Market Rd., in der Nähe des Post Office.
„Sportsman's Arms", P.O.Box 3, Tel. 2 32 00; preiswertes „B&L", Camping im Garten möglich.
„Sirimon Guest House", 8/10 DM.
„Joskaki Hotel", gutes Essen und schöner Blick vom Dach auf den Mt. Kenya. Es gibt nur Doppelzimmer, für 9 DM.
Auf dem Weg nach Nyahururu liegt das „Nyahururu Guest House", 4/8 DM.

Naro Moru

Weiter geht's auf der A 2 Richtung Süden. Die mitteleuropäisch anmutende Landschaft läßt vergessen, daß man sich in einem afrikanischen Land am Äquator befindet. Links ragen in einiger Entfernung die beiden Gipfel des Mt. Kenya, *Batian* und *Nelion* in den Himmel, davor die riesigen Weideflächen und Maisfelder der

hiesigen Ranches, von denen viele immer noch Europäern gehören.
Naro Moru ist ein kleiner, ländlicher Ort am Ufer des gleichnamigen Flusses. Ganz in der Nähe wurden viele der Aufnahmen für den Film „Frei geboren" (die Geschichte der Löwin Elsa) gedreht. Im Ort führt eine ausgeschilderte Erdstraße zur *Naro Moru River Lodge.* Sie ist der beliebteste Ausgangspunkt für eine Besteigung des Mt. Kenya. In einem gut ausgestatteten Shop kann man seine Ausrüstung vervollständigen, nötigenfalls Daunenschlafsäcke und Zelte mieten und aktuelle Informationen einholen. Um Verpflegung ist es im Ort selbst schlecht bestellt. Will man einige Tage am Mt. Kenya verbringen, sollte man für Essen und Trinken vorher sorgen.

Unterkunft

„Naro Moru River Lodge", P.O.Box 18, Naro Moru, Tel. 23.
Die Zimmer im Hauptgebäude sind mit 68-79 DM pro DZ überteuert. Allerdings gibt es einige Hütten im Garten, in denen eine Koje etwa 12 DM kostet. Camping ist möglich.
„Mt. Kenya Youth Hostel", P.O.Box 54, 8 km von Naro Moru entfernt Richtung Mt. Kenya. Selbstversorgung und eiskalte Duschen. 2,50 DM pro Bett.
Im Ort Naro Moru gibt es noch das „Naro Moru B&L", 4/7 DM. Nicht unbedingt zu empfehlen.
Unbedingt empfehlenswert dagegen ist das „Mountain Rock Hotel" (früher „Bantu Lodge"), P.O.Box 333 Nanyuki, Tel. (01 76) 6 26 25. Es liegt bereits an den Hängen des Mt. Kenya, ca. 1 km von der Nairobi-Nanyuki-Straße entfernt. DZ ab 25 DM, deftige Mahlzeiten serviert in großzügigen Portionen, aufmerksames Personal. Reiten, Fischen, Wanderungen zu den Mau Mau-Höhlen, Besteigung des Mt. Kenya (Bergausrüstung kann gemietet werden). Auf Wunsch führt eine junge Truppe aus Nayuki traditionelle Tänze auf. Camping möglich. Unter dem Strich wesentlich preisgünstiger als das Angebot der exklusiven Naro Moru River Lodge.

Nyeri

Bald hinter Naro Moru weicht die Weitläufigkeit der Großfarmen den dicht gedrängten Gärten der Kleinbauern. Kurz vor *Kiganjo,* wo sich ein Ausbildungslager der kenianischen Polizei befindet, ermöglicht eine links abbiegende Erdstraße einen kleinen Abstecher zum *Mt. Kenya National Park.* Am Weg liegen das preiswerte Thego Fishing Camp (Rundhütten für Selbstversorger, Camping möglich) und die berühmte Sagana State

Lodge, einst Kenias Hochzeitsgeschenk für die englische Queen. Nicht weit entfernt liegt auch die Mountain Lodge, auf deren Veranda man bei Kaffee und (schlechtem) Kuchen die zur Tränke kommenden Waldtiere beobachten kann.

Über die in Kiganjo rechts abzweigende Straße gelangt man nach Nyeri (40 000 Einwohner, 1950 m), dem Verwaltungssitz der Zentralprovinz und dem Umschlagplatz von Tee und Kaffee aus dem Hinterland. Größere Industrieanlagen gibt es nicht.

Im Umland werden ferner angebaut: Mais, Bohnen, Kartoffeln, Kassave, Bananen, Kohl, Karotten und Nüsse. Die Dörfer der Umgebung sind alle erst in den letzten dreißig Jahren entstanden, viele ein Produkt der Mau-Mau-Zeit, als die Briten die gesamte Kikuyu-Bevölkerung in befestigte Internierungslager steckten. Später zogen die Kolonialherren ab. Die Lager aber blieben stehen und wurden zu Dörfern.

Von Nyeri existieren drei Möglichkeiten, um in den Aberdare National Park *(→National Parks)* zu gelangen. Auf direktem Weg durchs East Gate, 4 km hinter der Stadt, durch das Kiandongoro Gate, 22 km von Nyeri entfernt am Rand des Hochmoors, oder durch den Eingang nördlich der Stadt. Er ist über *Mweiga* zu erreichen.

Unterkunft

„Green Hills Hotel", P.O.Box 313 Nyeri, Tel. 20 17, 26 87, 26 88. Preiswerte Übernachtungsmöglichkeiten in Hütten auf dem Hotelgelände.

„White Rhino Hotel", P.O.Box 30 Nyeri, Tel. 21 89, 20 13.

Diverse „Guesthouses".

Durchs Kikuyuland

Für die Rückkehr nach Nairobi gibt es zwei Möglichkeiten. Die schnellere ist die Fahrt über die A 2. Eine interessante Alternative dazu ist ein kleiner Umweg mitten durch das intensiv bebaute Herzland der Kikuyu. Dazu biegt man im Ort *Sagana,* einem bunten Marktflecken, rechts ab Richtung Murang'a (früher: Fort Hall). In der *St. James and All Martyrs Church* sind beeindruckende Wandmalereien des tansanischen Künstlers Elimo Nyau zu sehen, interessant deswegen, weil sie das Leben und Wirken eines afrikanischen Christus in einer afrikanischen Umgebung schildern. Gestiftet wurde die Kirche übrigens vom Bischof von Canterbury, zur Erinnerung an die zahllosen Mau-Mau-Opfer. In der Nähe befindet sich „Makurwe wa Gathana". Der Legende zufolge brachten hier Gikuyu und Mumbi, Adam und Eva der Kikuyu-Überlieferung, ihre Töchter zur Welt, von denen dieses Volk abstammen soll. Ein Matatu bringt Sie hin.

Thika

Je mehr man sich Nairobi nähert, desto dichter wird der Verkehr. Thika (40 000 Einwohner, 1490 m) entwickelt sich immer mehr zu einem Industrievorort Nairobis. Im Laufe der Dezentralisierungsbestrebungen sind Textil-, Gemüse- und Obstkonservenfabriken sowie Jute, Sisal und Gerbrindenakazie verarbeitende Industrien hier angesiedelt worden. Ende der 70er Jahre wurden Montagewerke für landwirtschaftliche Nutzfahrzeuge errichtet. Die stets wie eine einzige Baustelle aussehende Stadt erinnert kaum noch an die „gute, alte Zeit der Siedler“, die die in Kenia lebende Schriftstellerin Elspeth Huxley in ihrem berühmten Buch „The Flame trees of Thika“ verewigt hat. Eins der wenigen Relikte aus dieser Zeit ist das „Blue Posts Hotel“, P.O.Box 42, Tel. 3 22 41, etwas außerhalb an der Straße nach Norden (14/24 DM), ein schöner Zwischenstop und guter Aussichtspunkt für die nahegelegenen, in breiter Fläche in die Tiefe stürzenden *Chania-Wasserfälle.*

Durch Sisal- und Ananasplantagen geht es im immer chaotischer werdenden Verkehr nach Nairobi. Von Thika ist ein kurzer Abstecher auf die A 3 Richtung *Garissa* empfehlenswert. Nach etwa 15 km biegt man rechts auf eine Erdstraße ab und erreicht nach weiteren 10 km die Brücke über den Athi-River. Einige hundert Meter flußabwärts liegen die *Fourteen Falls,* 30 m hohe Wasserfälle. In der Nähe erhebt sich der *Kilimambogo* (Büffelberg, 2146 m). Sein Gebiet wurde zum *Ol Doinyo Sapuk National Park* erklärt. Ein mit Pkw befahrbarer Weg — Fußgänger sind wegen der Büffelgefahr verboten — führt hinauf auf den Gipfel, der einen schönen Rund-um-Aussichtspunkt besitzt. Im Januar ist der Mt. Kenya besonders gut von dort zu sehen.

Auf einer vierspurigen Schnellstraße geht es anschließend durch Ruiru, danach am Kenyatta University College und den Kahawa Barracks der kenianischen Armee vorbei zurück in die Hauptstadt.

Route 3

(In den alten „Northern Frontier District“: Meru mit Meru National Park — Isiolo — Archer's Post mit Samburu National Park — Laisamis — Marsabit)

Diese Route führt in den ehemaligen *Northern Frontier District,* von vielen

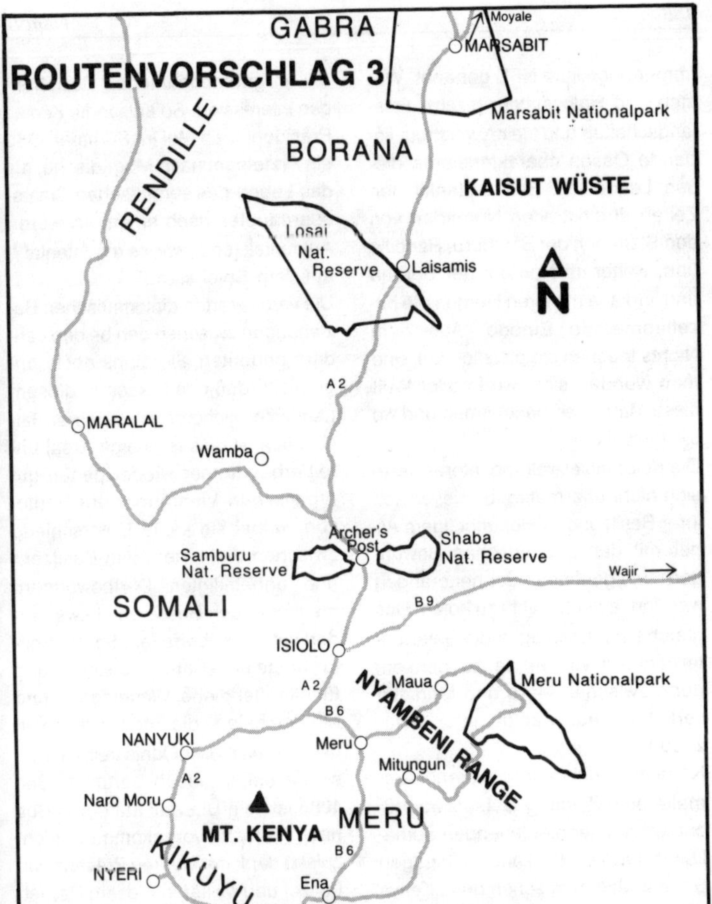

ROUTENVORSCHLAG 3
GABRA
Moyale
MARSABIT
Marsabit Nationalpark
RENDILLE
BORANA
KAISUT WÜSTE
Losai
Nat.
Reserve
Laisamis
N
A 2
MARALAL
Wamba
Archer's
Post
Samburu
Nat. Reserve
Shaba
Nat. Reserve
Wajir
SOMALI
B 9
ISIOLO
A 2
Maua
Meru Nationalpark
NYAMBENI RANGE
B 6
NANYUKI
Meru
Mitungun
A 2
Naro Moru
MT. KENYA
MERU
KIKUYU
B 6
NYERI
Ena
Embu
EMBU
MURANGA
0
km
15
Nairobi
THIKA

immer noch kurz NFD genannt. Wüsten und Halbwüsten, bizarre Felslandschaften und kleine, verstreut liegende Oasen charakterisieren diesen Landesteil. Seit undenklichen Zeiten durchstreifen Nomaden von den Stämmen der Samburu, Rendille und, weiter im Norden, der Borana und Turkana mit ihren Herden die hitzeflimmernde Einöde. Aus dem Nichts tauchen sie plötzlich auf, und man wundert sich, wo in aller Welt diese Menschen herkommen und wo sie hinwollen!

Die Kolonialverwaltung interessierte sich nicht übermäßig für diesen Teil ihrer Besitzung. Außer unnötigem Ärger mit den kriegerischen Bewohnern und gehörigen Sonnenbränden war dort ja auch nichts zu holen. Das gleiche scheinen auch die Safariunternehmen von heute zu denken, denn zwischen Meru und Marsabit verkehren nur wenige ihrer Fahrzeuge.

Nach der Unabhängigkeit erhob Somalia eine Zeitlang Gebietsansprüche wegen der hier lebenden Somalibevölkerung. Es kam zu blutigen Scharmützeln zwischen den „Kenya Rifles" und somalischen Aufständischen, den Shiftas. Inzwischen ist wieder Ruhe eingekehrt. Somalia scheint seine Ansprüche aufgegeben zu haben. Aufgrund vermuteter Ölvorkommen nahe der Grenze ist Kenia an gutnachbarlichen Beziehungen interessiert. So entsandte Kenias Präsident arap Moi im Sommer 1986 ein Ärzteteam nach Mogadischu, als das Leben des somalischen Staatsoberhauptes nach einem schweren Autounfall (oder war es ein Attentat?) auf dem Spiel stand.

Die verbesserten diplomatischen Beziehungen zwischen den beiden Ländern bedeuten allerdings noch lange nicht, daß das Reisen in diesem Landesteil sicherer geworden ist. Tatsächlich ist dieses riesige Areal unregierbar. Immer wieder gehen gut organisierte Viehräuber auf Beutezug, wobei sie keine Unterschiede zwischen Viehhirten, den Besitzern und unbeteiligten Dorfbewohnern machen. Auch Busse und Lkws werden mitunter überfallen. So ist „Shifta" heute eine Sammelbezeichnung für alle Viehdiebe, Wegelagerer und Mordgesellen, die ihr Unwesen in den Weiten dieser Ödnis treiben. Reisende seien jedoch beruhigt: Seit 1986 ist kein Überfall auf einen Bus nach Marsabit vorgekommen, nicht zuletzt dank der starken Präsenz von Polizei und Militär in diesem Gebiet.

Busse fahren von Isiolo über Marsabit bis nach Moyale an der äthiopischen Grenze. In Isiolo kann man auch auf die Ladefläche eines Lkws umsteigen, das ist bequemer und kurzweiliger als die Fahrt in den überfüllten und stickigen Omnibussen, wenn auch nicht billiger. In die National Parks gelangt man allerdings wieder nur mit dem eigenen Gefährt. Den alten NFD zu bereisen, hat seinen besonderen Reiz. An die Stelle quirliger Straßenszenen tritt in der Wüste der weite Himmel, „the big sky", wie die weißen „residents" ihn schwärmerisch nennen.

Die Erdoberfläche ist grünlich-braun und das Land liegt still da ... und ganz plötzlich gerät irgendwo etwas in Bewegung — eine Kamelherde mag es sein, ein Straußenpärchen oder eine Nomadenfamilie, auf ihren Eseln reitend. Es ist ein hartes Land, und karg, dabei aber von einer einfachen, unvergeßlichen Schönheit. Von der Hektik und dem Gestank der modernen Millionenstadt Nairobi scheint man Lichtjahre entfernt.

Ab Isiolo gibt es nur noch strapaziöse Wellblechpisten. Wer mit dem Leihwagen unterwegs ist, der sollte für alle Eventualitäten gerüstet sein. Ausreichend Verpflegung, Wasser, Benzin im Reservekanister, die wichtigsten Ersatzteile und Bordwerkzeug sowie ein Zelt sind unbedingt notwendig. Mit einem Straßenwagen werden Sie nicht weit kommen, hier sollten Sie einmal ausnahmsweise dem Rat der Autovermietungen Glauben schenken und ein geländegängiges Fahrzeug wählen.

Die Länge der Strecke von Nairobi nach Marsabit und zurück über die Westseite des Mt. Kenya beträgt, den Besuch der National Parks eingeschlossen, etwa 1600 km. Mit dem Leihwagen ist die Tour in einer Woche bequem zu bewältigen.

Zwischen dem feinen Villenvorort *Muthaiga* zur linken und den Slums von Mathare Valley zur rechten (eine eindrucksvolle Lektion in Sachen Kapitalismus!) führt die Murang'a Road, später B 6, aus Nairobi heraus Richtung Thika. Bis hier ist die Strecke ziemlich trist. Das ändert sich erst ab dem freundlichen Städtchen *Embu* (1340 m, 12 000 Einwohner), der Hauptstadt des Embu-Distrikts und Zentrum des gleichnamigen, mit den Kikuyu verwandten Volkes. Die B 6 hat nun die Ausläufer des Mt. Kenya-Massivs erreicht. In engen Kurven schlängelt sich die Straße über die Bergfalten. An den Tälern sieht man die langen Gerüstreihen, auf denen die Kaffeebohnen zum Trocknen ausgelegt werden. Ferner werden Obst, Gemüse und Zuckerrohr für den Verkauf angebaut.

Meru

Weiter geht es auf der B 6 Richtung Norden, immer über die tief zerfurchten Berghänge des Mt. Kenya, der sich tagsüber meist unter einer tief hängenden Wolkendecke versteckt. Die Vegetation ist üppig, die Luftfeuchtigkeit sehr hoch. Sägewerke überall. Bei Regen machen die ungezählten Kurven und Steigungen die Fahrt zu einem Abenteuer. In den Tälern und Senken ist stets mit Schlamm und Mist auf der Straße zu rechnen, was bereits manchem selbsternannten Rallye-Experten zum Verhängnis wurde.

Meru (1585 m, 90 000 Einwohner) liegt wie Embu in einem fruchtbaren Farmgebiet, ist Zentrum des gleichnamigen Volkes und Verwaltungssitz des Meru-Distrikts. Von hier bis zum *Meru National Park* sind es nur noch 76 km. Außerdem gibt es im Ort ein kleines, aber wohlsortiertes *Museum* (P.O.Box 592, Tel. 2 04 82). Wahrscheinlich sind Sie der einzige Besucher, hinter dem das Licht wieder ausgemacht wird. Ausgestellt sind Exponate der traditionellen Meru-Kultur. Sehenswert! Im dazugehörigen Garten werden traditionelle Heilpflanzen kultiviert, unter anderem auch „miraa", eine in Kenia halbwegs legale Kaudroge. Ihr Saft wird zusammen mit Kaugummi oder Fanta als Stimulus konsumiert. Das Zeug wird tonnenweise nach Jemen, Dschibuti und Somalia exportiert. In Meru wird es auf dem Markt verkauft. Das hiesige gilt als das beste.

Unterkunft

„Stansted Hotel", hinter dem Gefängnis, an der Straße nach Isiolo. Helle Räume und sein Geld wert. 7/11 DM.

„Meru Country Hotel", P.O.Box 1386, Tel. 2 04 27, mit Videoraum, Nähe Markt, 23/33 DM.

„Castella", 300 m vom „Meru Country" entfernt, sehr preiswert, mit Disco am Wochenende.

„New Milimani Hotel", bestes Essen in Meru, sicherer Parkplatz.

Der Park *(→National Parks)* ist eine Touristenattraktion jüngeren Datums. Von Meru ist er über die hinter der Stadt rechts abzweigende Asphaltstraße zu erreichen. Sie führt über die *Nyambeni-Berge* — herrliche Ausblicke in die nördlichen Savannen — nach *Maua.* Von dort geht es die letzten 25 km auf einer Erdstraße zum *Murera Gate.* Die andere Route biegt 19 km hinter Embu in *Ena* rechts ab. Nach 80 km gelangt man zum Ort *Mitunguu,* wo eine ausgeschilderte Straße zum noch 65 km entfernten *Ura Gate* des Parks führt. Unterkunftsmöglichkeiten gibt es in Lodges, Hütten für Selbstversorger und auf Campingplätzen. Von Nairobi ist der Park auf beiden Routen an einem Vormittag bequem zu erreichen.

▲ Alles, was des Urlaubers Herz begehrt, findet sich am Strand von Diani
▼ Der größte Affenbrotbaum des Landes steht in Ukunda auf dem Gelände der D.A.R.D.-Versuchsfarm

▲ An der Uferpromenade von Lamu-Stadt geht es geschäftig zu
▼ Der legendäre Turkana-Bus kutschiert abenteuerlustige Touristen in den unwegsamen Norden

Isiolo

Zurück auf die B 6. Hinter Meru geht es nur noch bergab. Bereits nach wenigen Minuten Fahrzeit eröffnet sich eine herrliche Aussicht auf die tieferliegenden, von der Sonne verbrannten Steppengebiete mit ihren zerklüfteten Bergketten. Hier die Kühle und die grünen Hänge des Mt. Kenya, dort, zum Greifen nah, die gelbe Weite der hitzeflimmernden Steppen: Es ist faszinierend, wie dicht die verschiedenen Klima- und Wirtschaftszonen beieinander liegen.

Knapp 20 km hinter Meru liegt eine Kreuzung. Geradeaus geht es weiter nach *Nanyuki,* rechts fällt die Straße steil ab nach Isiolo (13 000 Einwohner, 1250 m). Der Ort, 330 km von Nairobi entfernt, ist fast die afrikanische Version eines Wild-West-Städtchens. Die Bevölkerung ist eine abenteuerliche Mischung aus Kikuyu, Samburu, Turkana, seßhaft gewordenen Rendille, Boran und Nachkommen der Somali-Veteranen, die sich nach dem Ende des 1. Weltkrieges hier niederließen. Entlang der hier endenden Asphaltstraße stehen die bunt bemalten Kramläden, Werkstätten und „Hotelis", davor starten in dicken Staubwolken die Busse und Lkws. Die Straße ist der Treffpunkt von modern gekleideten Menschen aus dem Hochland und immer noch traditionell lebenden Nomaden aus dem Norden. Diese versorgen sich in Isiolo mit dem Nötigsten, tauschen Neuigkeiten und verschwinden nach ein paar Tagen wieder in der Endlosigkeit.

500 m hinter dem Ortsausgang ist eine vom Militär bewachte Straßensperre, augenfälliger Beweis dafür, daß Isiolo der letzte Vorposten der Zivilisation ist. Alle Durchreisenden müssen hier ihre Personalien und das Ziel ihrer Fahrt angeben, damit gegebenenfalls Hilfsmaßnahmen eingeleitet werden können. Zwar ist die Zeit der Shifta-Unruhen vorbei, doch werden vorsichtshalber immer noch Lkw-Konvois für die Fahrt nach Marsabit und Moyale zusammengestellt.

Unterkunft

Die Fahrt von Nairobi nach Isiolo im Bus oder auch Langstreckentaxi dauert 6-8 Stunden. Für den Anschlußbus nach Marsabit ist es dann meist schon zu spät. Übernachtungsmöglichkeiten bieten:

„Bomen Hotel", P.O.Box 67, gegenüber „Barclay's" rechts ab, neben dem „Savannah Inn". Bestes Hotel im Ort.

„Subira Lodge", 3 DM pro Bett. In Ordnung.

„Jamhuri Lodge", 5 DM pro Bett.

„Silent Inn", liegt in der hinteren Häuserreihe und verfügt über den Luxus heißen Wassers, 4 DM.

Gut essen kann man im „Safari Hotel". Besonders zu empfehlen: kiloweise zu bestellendes Ziegenfleisch. Das liebe Geld betreffend sei bemerkt, daß es in Moyale, Mandera und Wajir keine Bank mehr gibt. „Barclay's" in Isiolo ist nicht zu verfehlen. Der festungsähnliche Bau hat geöffnet Mo.-Fr. 8.30-13 Uhr und Sa. 8.30-11 Uhr.

Verkehrsverbindungen
Busse fahren nach Marsabit, Wajir und Mandera. Nach Marsabit geht es nur dienstags, donnerstags und samstags. Die Fahrt kostet 12 DM. Der Bus nach Wajir geht mittwochs, freitags und sonntags und kommt am gleichen Tag am Ziel an. Mandera wird erst am nächsten Tag erreicht.

Marsabit

Die meisten der durch Isiolo kommenden Reisenden fahren nur 40 km weiter zum *Samburu National Reserve (→National Parks).* Hier wie im rechts von der Straße liegenden *Shaba National Reserve* sind alle in Ostafrika lebenden Tierarten vertreten. Die für den trockenen Norden typische Dornbuschsavanne bestimmt das Landschaftsbild, nur entlang des ganzjährig Wasser führenden *Uaso Ngiro* bilden dichte Galeriewälder einen scharfen Kontrast.
Zurück auf die Straße, die A 2. Seit 1974 zu einer groben Erd- und Schotterpiste ausgebaut, verbindet sie heute Nairobi mit der äthiopischen Hauptstadt Addis Abeba. Etwa 20 km hinter den Parkeingängen gelangt man zu einer nach links abzweigenden Piste, die nach *Wamba* und *Maralal* führt. Das Gebiet wird zusehends trockener, die Mitreisenden im Bus fallen langsam in den tranceähnlichen Zustand zwischen Schlafen und Wachen. In dieser Gegend fällt der Regen sehr unregelmäßig, oft gar nicht. Da die Nomaden total vom Wasser abhängig sind, führt das Ausbleiben der Regenfälle regelmäßig zu Hungersnöten. Staat und Kirchen haben Versorgungsstationen eingerichtet, um das Schlimmste zu vermeiden. Gegenwärtig besteht zwar keine unmittelbare Not, aber immer mehr Nomaden hängen am Tropf, sind von der Nahrungsmittelhilfe abhängig. Ohne direkt Hunger zu leiden, geben sie das mühselige Umherziehen auf, siedeln sich permanent in der Nähe der Stationen an und werden quasi zu Sozialhilfeempfängern.
Auf halber Strecke liegt *Laisamis.* Hier gibt es Erfrischungen und die von vielen Völkern Kenias benutzten

Zahnreinigungshölzer, „miti". Sie weden von Samburu-Frauen an die Durchreisenden verkauft. Im Ort zweigt eine Piste links ab zum bislang kaum erschlossenen *Losai National Reserve* und in die landschaftlich sehr reizvollen *Ndoto-Berge.*

Hinter Laisamis beginnt die *Kaisut-Wüste.* Es gibt kaum noch Anzeichen von Vegetation. Hinter der Missionsstation Logaloga steigt die Straße langsam an. Die Passagiere im Bus werden wieder wach, denn es wird schnell kühler. In der Ferne erheben sich bereits die erloschenen Vulkane des Marsabit-Massivs aus der Ebene.

Der Ort *Marsabit* (10 000 Einwohner, 1400 m), eine grüne Bergoase mitten im verbrannten Niemandsland, ist Verwaltungsposten, Polizeiposten und Treffpunkt aller in der Gegend umherziehenden Traveller. Die Einwohner sind Angehörige der umwohnenden Nomadenvölker der Gabra, Borana, Somali und Rendille. Deren fast europäisches Äußeres weist auf ihren nichtnegroiden Ursprung hin. Sprachlich gehören sie zu den Nordostkuschiten.

Die *Somali* ziehen erst seit gut einhundert Jahren durch Kenias Wüsteneien. Sie sind zumeist Nomaden, an Orten jedoch, wo selbst die asiatischen Händler kein Geschäft mehr wittern, auch Kaufleute und Ladenbesitzer.

Die frühe Geschichte der anderen, ebenfalls zur kuschitischen Sprachfamilie zählenden Völker, liegt im Dunkeln. Die *Rendille,* heute etwa 25 000 an der Zahl, waren wohl die ersten in diesem Gebiet. Alle Versuche, diese als reine Nomaden zwischen Marsabit und Lake Turkana umherziehenden Menschen seßhaft zu machen, scheiterten. Ihre aus Häuten und Pfählen bestehenden Hütten befestigen sie auf originelle Weise auf den Rücken ihrer Kamele, und im Familienverband ziehen sie durch die trockene Einöde, stets auf der Flucht vor der Trockenheit, die sie spätestens seit der Hungerkatastrophe von 1970/71 von den staatlichen und kirchlichen Versorgungslagern abhängig gemacht hat.

Die Weidegebiete der *Borana* liegen östlich von Marsabit. In Kenia gibt es 50 000 von ihnen, während sie in Äthiopien mit zwei Millionen Angehörigen zu den bedeutenden Staatsvölkern gehören. Mit den Somali liefern sie sich bis heute blutige Fehden um Vieh und Weideplätze. In den abgelegenen Gebieten muß ein junger Mann immer noch einen Mann oder ein Raubtier töten, um als Erwachsener zu gelten.

Die *Gabra* zählen 25 000 Angehörige und sind eine Untergruppe des äthiopischen Galla-Volkes. Mit ihnen verwandt sind die *Orma* im Südosten Kenias.

Im Ort gibt es schöne Ausflugsmöglichkeiten zu den von den Rendille und Borana benutzten Brunnen. Die schönsten sind die *singing wells* von Saganta, wo die Nomaden eine übereinander stehende Menschenkette bilden, um das Wasser in Ledersäcken nach oben zu schaffen. An der Erdstraße nach Moyale, etwa 3 km außerhalb des Ortes, führt ein steiniger Pfad zu einem der zahlreichen Krater der Gegend, hierzulande „gofs" genannt.

Der *Gof Redo* hat einen Durchmesser von 1,5 km und ist 200 m tief. Er ist nicht nur für seine Adler berühmt, die sich von ihren Horsten am Kraterrand in die Tiefe stürzen, sondern auch für seine im Krater herrschenden Aufwinde. Ein hineingeworfener Hut wird emporgetragen und kehrt wie ein Bumerang zu seinem Besitzer zurück.

In direkter Nachbarschaft des Ortes liegt der *Marsabit National Park (→National Parks).* Seine steilen und holperigen Wege sind nur mit einem geländegängigen Wagen zu bewältigen. Berühmt ist der Park wegen seiner Elefanten. Sie sind die größten Ostafrikas.

Einen Wagen mit ortskundigem Fahrer kann man mieten bei:

Hussein K. Leripen, c/o Post Office Marsabit, Tel. 50; privat: 113.

Abdikadir M. Bulge, c/o Game Department Marsabit, P.O.Box 42 Marsabit, Tel. 36.

Unterkunft

„Kenya Lodge", Einzelzimmer 5 DM. Diese Lodge ist eine einfache und saubere Unterkunft und dabei eines der schönsten kleinen „B&Ls", die ich in Kenia gesehen habe. Die WCs sind eine Erholung, die Duschen heiß und das Essen, äthiopische Nationalspeisen, hervorragend. Zu empfehlen: „injera", ein säuerliches Brot mit stark gewürztem Hackfleisch (dem Hörensagen nach soll die Wirtin inzwischen jedoch nur noch kenianisches „junkfood" zubereiten!).

„Marsabit Hotel", P.O.Box 110, Tel. 22 10, 5/10 DM. In der Bar findet das Nachtleben des Ortes statt. Die Bäckerei im Haus liefert jeden Morgen frisches Brot.

Verkehrsverbindungen

Alle zwei Tage fahren Busse nach Moyale und Mandera an der äthiopischen Grenze. Lkws fahren nach North Horr und nach Loyengalani am Turkana-See (zu erfragen an der Tankstelle).

Auf dem Rückweg bietet sich als Alternative zur B 6 über Meru und Embu die Weiterfahrt über die A 2 in Richtung Nanyuki an *(→Route 2).*

Route 4

(Die Turkana-Bus-Route: Nairobi — Naivasha — Gilgil — Nyahururu — Rumuruti — Kisima — Maralal — South Horr — Turkana-See — Samburu Game Reserve — Nairobi)

Auch rund 100 Jahre nach seiner „Entdeckung" durch den ungarischen Grafen Teleki am 5. März 1888 hat eine Safari zum *Turkana-See* immer noch Expeditionscharakter. Das Kenia der eisgekühlten Getränke und bequemen Asphaltstraßen läßt man weit hinter sich, wenn man sich auf diese 1400 km lange Rundfahrt begibt. Der Norden Kenias steht für Wüsten und Halbwüsten, einige wenige Oasen, für ausgetrocknete Flußbetten, „luggas" genannt, für in alle Poren dringenden Staub und ... für unvergeßliche Sonnenaufgänge in der Einsamkeit noch unberührter Natur.

Die Fahrt ist strapaziös und konfrontiert mit so manchen unvorhergesehenen Ereignissen. Es gibt heute zwar erkennbare, entlang den Kamelpfaden der Samburu und Rendille verlegte Pisten, die auch mit einem hochbeinigen, robusten Straßenwagen bewältigt werden können. Zwischenfälle wie plötzlicher Regen, Lavageröll und Sandlöcher in den „luggas" machen 4WD jedoch unbedingt empfehlenswert.

Müßig zu erwähnen, daß auch hier alle im Notfall benötigten Gerätschaften inklusive Zelt mitgenommen werden müssen. Kleine Reparaturen sollten selbst behoben werden können. Unbedingt an Ersatzreifen und -schläuche denken. Der Trip kann durchaus in sieben Tagen gemacht werden, doch sollte der Wagen der Unwägbarkeiten halber ein bis zwei Tage länger gemietet werden.

Es ist ein anstrengender Trip, diese „Journey to the Jade Sea", aber wie John Hillaby, der Autor des gleichnamigen Buches, sind viele der Ansicht, daß es auch die schönste aller möglichen Touren in Kenia ist.

Die andere Möglichkeit hinzugelangen ist mit einem der in Nairobi ansässigen Camping-Safari-Unternehmen. Transportmittel sind umgebaute Lkws mit Allradantrieb, die auf ihren rückwärtigen Sitzflächen 25 Personen Platz bieten. Übernachtet wird in Zelten, der Preis liegt zwischen 350 und 430 DM für acht bis zehn Tage. Im Preis inbegriffen sind drei Mahlzeiten pro Tag und die Parkeintrittsgebühren. Die billigste Art, in den Norden zu gelangen — wenn man sich nicht von dem Gruppenreisecharakter dieser Unternehmen abschrecken läßt.

Aus Nairobi heraus auf der A 104 in Richtung Nakuru. In Gilgil biegt man rechts auf die Straße nach Nyahururu (ehemals Thomson's Falls) ab. Kurz hinter Nyahururu beginnt die Schotterpiste. Sie führt durch den südlichen Rand des *Marmanet Forest.* Er besteht hauptsächlich aus roten Zedern, deren hartes Holz für den Hausbau und die Produktion von Bleistiften genutzt wird — so extensiv, daß von diesem schönen Wald bald nichts mehr übrig sein wird. Leute, die sich auskennen, behaupten, daß von den Bäumen ein Geruch ausgeht, der stark an Gin erinnere ... ein Grund mehr für einen kleinen Spaziergang in diesem Wald.

Nach Verlassen des Marmanet Forest verändert die Landschaft einmal mehr ihr Gesicht. Weitläufige saftiggrüne Weiden erstrecken sich vor dem Auge. Kleine Windmühlen verstärken den Eindruck einer amerikanischen Ranchergegend. Tatsächlich sind die meisten der hiesigen Rinderfarmen immer noch in europäischem Besitz. Nach 35 km wird Rumuruti (2500 Einwohner, 1900 m) erreicht. Es ist eine ländliche Kleinstadt, wo sich seit der „guten alten Zeit" nicht viel geändert zu haben scheint. Lediglich aus einer Straßenkreuzung bestehend, gibt es immerhin einen Country Club, ein Postamt, eine Polizeistation und eine Landebahn. Unterkunft bietet das „Tumaini Country Restaurant" mit sauberen Zimmern.

Nördlich von Rumuruti verläuft die Erdstraße, sich durch inzwischen wieder trockenes Buschland schneidend, parallel zum Ostafrikanischen Grabenbruch. Die Szenerie wird eintönig, und beim Zählen der Telegrafenmasten achtet man bald nicht mehr auf plötzlich im Weg liegende Steinbrocken. Selten gibt der Busch den Blick ins Hinterland frei. Freilebendes Großwild zu sichten, erfordert viel Glück, obwohl es viele Elefanten in dieser Gegend gibt.

96 km hinter Nyahururu zweigt eine Erdstraße links ab. Sie klettert den östlichen Abhang des Ostafrikanischen Grabenbruches hinab und erreicht nach knapp 60 km die nördliche Spitze des *Baringo-Sees.*

Weiter geradeaus geht es zum Dörfchen *Sukuta Lol Marmar,* an dessen Wasserlöchern große Viehherden getränkt werden. Später, in *Kisima,* biegt eine Erdstraße rechts ab nach *Wamba* und zur A 2 nach Marsabit.

Gut 120 km hinter Rumuruti liegt *Maralal* (18 000 Einwohner, 1985 m). Die Stadt ist Verwaltungssitz des Samburu-Distriktes. Es gibt ein paar Büros der Verwaltung, landwirtschaftliche und tiermedizinische Einrichtungen sowie ein „forestry department", wo man die Genehmigung zur Besteigung des *Mt. Kulal* am Turkana-See beantragen muß. Entlang der Hauptstraße können in den „dukas" die Vorräte ergänzt, an der

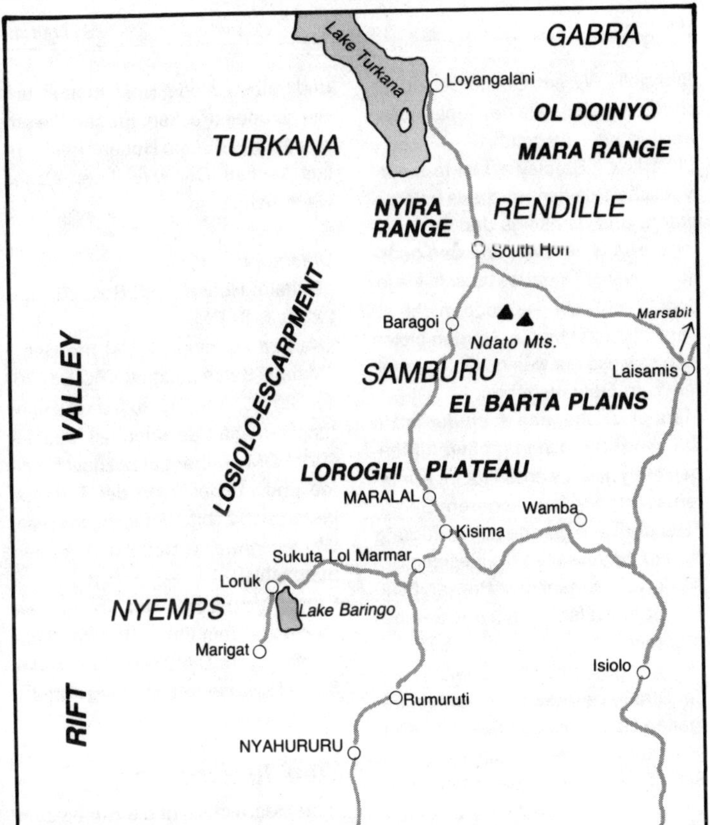

ROUTENVORSCHLAG 4

Tankstelle Wasser, Öl und Benzin gecheckt werden. Kleine Reparaturen werden hier ausgeführt!
Die Bank („Barclay's") ist in einem niedlichen kleinen Holzhaus untergebracht und dienstags und donnerstags jeweils nur zwei Stunden geöffnet. Traveller Cheques tauscht sie jedoch nicht ein — auch nicht so tragisch, denn hier im Norden bieten sich sowieso nur wenige Gelegenheiten zum Geldausgeben.
Maralal ist übrigens auch der letzte Ort, wo Bier noch in größeren Mengen eingekauft werden kann. Für Interessenten einer anderen Safari: Falls die Tiere gerade zur Verfügung stehen, organisieren die hiesigen Behörden zu vernünftigen Preisen Esel- und Kamelsafaris durch das Samburugebiet.
Die bunt geschmückten Samburu auf der Straße verlocken mit ihren rot bemalten Schultern und den mit Lehm gestylten Frisuren zwangsläufig zu Schnappschüssen. Sie sollten es allerdings beim Bestaunen lassen, denn nicht wenige Touristen sind bereits durch ihre Aufdringlichkeit mit ihren „Foto-Objekten" in handgreifliche Auseinandersetzungen geraten.
Wenn Sie sich für Hexerei und Magie interessieren: Es gibt junge „Führer", die Sie für ein kleines Trinkgeld zu alten Samburu-Magiern bringen. Die sagen Ihnen die Zukunft voraus und treiben allerlei Hokuspokus, um Sie zu beeindrucken. Fragen Sie am besten im „Buffalo House" nach Julius Akimati. Der wird Ihnen sicher weiterhelfen.

Unterkunft

„Buffalo House", P.O.Box 28, Tel. 22 28, 8/10 DM.
„Kariara Lodging", 3 DM pro Bett.
„Maralal Safari Lodging", P.O.Box 70, Tel. 20 60, am Ortsausgang, Richtung Turkana-See, sündhaft teuer — 70/111 DM — aber gut bezüglich Kaffee und Kuchen. Von der Terrasse lassen sich Zebras, Paviane, Impalas, Warzenschweine, Büffel und Hyänen beobachten.
Campingmöglichkeiten gibt es etwa 10 km vor dem Ort neben der Straße im Busch. Die tiefen Spuren der Safari-Lkws weisen den Weg dorthin.

Zum Turkana See

Hinter Maralal steigt die Straße zum *Loroghi Plateau* an. Nach gut 25 km biegt ein beschwerlicher Pfad links zum *Losiolo Escarpment* ab. Von hier tut sich ein grandioser Ausblick auf den Grabenbruch auf. Er erscheint wie ein kolossales, 2000 m tiefes Amphitheater, wo andere Wesen als wir Menschen dem Schauspiel der Schöpfung zugesehen haben.

Die Straße in den Norden wird zunehmend schlechter. Vor Ihnen liegen 30 000 qkm Samburu-Gebiet. Die inzwischen einspurig gewordene Piste klettert auf einer in Nord-Süd-Richtung verlaufenden Hügelkette in die weite Trockensavanne des ehemaligen Northern Frontier District hinab. Abschied von der Zivilisation. Nairobi liegt auf einem anderen Stern. Bis *Baragoi,* 140 km von Maralal entfernt, gibt es nichts außer Busch, Felseninseln und hin und wieder Viehherden der Samburu. Will man den besonderen Reiz dieser Landschaft näher kennenlernen, muß man ihn sich buchstäblich erwandern, den Rettungsanker Auto hinter sich lassen und, dem trockenen Knacken und Knirschen unter den Schuhsohlen lauschend, in den Busch eindringen.

Wilde Tiere gibt es erst in den ausgedörrten *El Barta Plains* vor Baragoi wieder zu sehen. Baragoi selbst ist nicht mehr als eine kleine Missionsstation mit Polizeiposten und einer Reihe von „dukas" entlang der Hauptstraße. Benzin gibt es nur hin und wieder, dafür offensichtlich Alkohol im Überfluß ... Versteinertes Holz aus der Umgebung wird zum Kauf angeboten. Danach geht es wieder in den Busch. Abwechslung bringen nur die großen Kamelherden der Samburu, die entlang der Strecke nach Futter suchen.

Nach anstrengenden 70 km gelangt man zur idyllischen Oase von *South Horr.* Die gleichnamige Siedlung liegt eingezwängt zwischen den steilen Bergwänden der Nyiru Range (2700 m) und der etwas niedrigeren *Ol Doinyo Mara Range.* Es gibt eine kleine katholische Missionsstation, eine Volksschule, ein einfaches Krankenhaus sowie eine „dukas". Nach der langen Fahrt durch das Trockengebiet erscheint South Horr wie der Garten Eden, denn im Tal wachsen Bananen, Papayas und Zitronen, und es ist angenehm kühl.

Unterkunft

„Kurungu Camp", etwa 10 km nördlich von South Horr an der Strecke. Es gibt kalte Duschen, hin und wieder kühles Bier und einen bewachten Campingplatz.

Nebenan führen Samburu ihre „traditionellen" Tänze auf. Für 5,40 DM wird man Teil der wild um sich knipsenden weißen Menge. Obgleich die Tänze nur ein müder Abklatsch derer aus einer anderen Zeit sind, ist das Spektakel immer noch sehr beeindruckend.

Einige Tage im Camp zu bleiben und den Bergwald auszukundschaften ist eine lohnende Sache. Samburu führen Sie gern hinauf auf den *Nyiru*

Peak, von wo Sie einen unvergeßlichen Blick auf den Turkana-See haben.

Vom Kurungu-Camp bis zum Turkana-See sind es noch 70 km. Das enge *Horr-Valley* ist das Tor zum See. Die Piste schlängelt sich abwärts durch schwarzes, scharfkantiges Lavageröll. Wo das Gefälle zu steil wird, ist sie mit Beton befestigt. Immer häufiger begegnet man nun Turkana-Nomaden mit ihren Kamelherden. Die wie dicke Enten einherwatschelnden Viecher sind allerdings nur Prestigeobjekte. Für Fleisch, Milch und Kleidung werden Ziegen und Schafe gehalten.
Wie die Samburu stammen die Turkana aus dem südlichen Sudan. Heute leben sie zwischen dem nach ihnen benannten See und dem Lake Baringo im Süden. Auch sie sind Nomaden, die einzige in dieser kargen Gegend mögliche Wirtschaftsform. Das ganze Jahr über sind die jungen Turkana-Männer mit ihren Herden unterwegs, nach Wasser und Futter suchend. Nur zur Regenzeit trifft sich der ganze Familienverband an einem vereinbarten Platz. Das Vieh ist die einzige Lebensgrundlage der Turkana. Bleibt der Regen aus, bricht das empfindliche, den Verhältnissen angepaßte Versorgungssystem zusammen. Zuletzt geschah dies 1970/71, als zigtausend Stück Vieh krepierten und die gesamte Volksgruppe, ohnehin schon unter dem Existenzminimum lebend, an den staatlichen und kirchlichen Tropf mußte.
Um eine neue Existenz für die nicht erst seit der Unabhängigkeit vom Hungertod bedrohten Turkana zu schaffen, versuchte bereits die Kolonialverwaltung, diesen eingeschworenen Nomaden den Fischfang am See schmackhaft zu machen — mit wenig Erfolg. Erst als die Katastrophe unmittelbar bevorstand, wagten sich immer mehr Turkana auf das für sie unheimliche Wasser. 1965 wurde die „Kalokol Fishermen's Co-Operative Ltd." gegründet, die für die inzwischen mit Gewinn arbeitenden Turkana-Fischer Ankauf, Transport und Verkauf übernimmt.
Mit den Samburu halten die Turkana einen wackligen Frieden, der jederzeit wieder in blutige Fehden umschlagen kann.
Allmählich wird das Tal breiter, die Vegetation hört langsam auf. Hier ist die letzte Möglichkeit, Brennholz für den Campingplatz am Turkana-See zu sammeln.
Und plötzlich erscheint sie, die jadegrüne weite Fläche des Sees, zwischen zwei kahlen Hügeln taucht sie in der Ferne auf wie eine Fata Morgana. Heutigen Reisenden ergeht es besser als der Expedition des Gra-

fen Teleki vor 100 Jahren. In irrer Freude stolperten Träger wie Forschungsreisende, erschöpft und dem Verdursten nahe, über die scharfen Lavabrocken zum Seeufer — nur um bitter enttäuscht feststellen zu müssen, daß das Wasser ungenießbar war. Wegen seines hohen Salzgehaltes taugt es nicht zur Bewässerung, deshalb fehlt es auch an jeglicher Vegetation an seinen Gestaden.

Seitdem hat der See noch so manchem Reisenden übel mitgespielt. Seine je nach dem Stand der Sonne grau über jadegrün bis leuchtend blau glitzernde Oberfläche kann zunächst spiegelglatt daliegen und nur wenige Stunden später von heftigen Böen zu meterhohen Brechern aufgepeitscht werden. Teilnehmer verschiedener Expeditionen befuhren den See und kehrten nie wieder zurück — was einen 23jährigen Schweizer jedoch nicht davon abhielt, 1991 den See in West-Ost-Richtung mit dem Surfbrett zu überqueren! Der Grund für die Unberechenbarkeit des Sees ist der schon von weitem sichtbare, rechts von der Piste liegende *Mt. Kulal* (2294 m). Der erloschene Vulkan wirkt wie ein riesiger Windkanal für die von der Küste hinaufkommenden Monsunwinde.

Vor der Abzweigung nach *Loyengalani* biegt eine große Piste zum Südende des Bergmassivs ab. Mit der Genehmigung aus Maralal kann der Rücken des Berges bestiegen werden. Führer kann man in der Missionsstation der „African Inland Church" in *Gatab* am Ende der Piste anwerben. Die Bergtour lohnt sich, denn das Erlebnis des Kontrastes zwischen der trockenen Hitze unten in der Ebene und dem feuchten grünen Urwald auf dem 30 km langen Bergrücken ist unvergeßlich. Die feuchten Luftmassen stauen sich an den Hängen, steigen auf und verdichten sich zu feuchten Nebelschwaden, was für eine relativ üppige Vegetation völlig ausreicht.

Aber wie lange noch? In dem empfindlichen, vom spärlich fallenden Regen abhängigen System der nomadischen Viehwirtschaft spielte der Mt. Kulal wie auch der Mt. Marsabit lange Zeit die Rolle eines lebensrettenden Refugiums in Dürrezeiten. Die immergrünen Wälder auf ihren Rücken waren so etwas wie eine letzte Reserve, die Menschen und Tiere in höchster Not in Anspruch nahmen.

Inzwischen ist die Missionsstation von Gatab zu einem Dorf angewachsen, und das Vieh weidet nun ganzjährig im Bereich der Station, frißt die Fruchtbarkeit aus dem Boden und trägt damit zur Bodenerosion bei, ganz wie die Polizisten, die ihr mageres Gehalt mit der Produktion von Holzkohle aufbessern. Das Ergebnis ist unübersehbar: Die ehemals bewaldeten Berghänge sind verwüstet, nichts wächst mehr dort, man kann der Verwüstung förmlich zusehen. Gatab ist ein Beispiel dafür, wie die „Zivilisation" in wenigen Jahren den Lebensraum der Nomaden zerstört hat. Die sind nämlich jetzt gezwungen, das ihnen verbliebene regenarme Land zu überweiden — die nächste Hungerkatastrophe wäre damit schon in Sicht ...

Bald nach dieser Abzweigung taucht eine Weggabelung auf. Nach Loyengalani geht es rechts ab. Um die Oase, den „Ort der vielen Bäume", scharen sich Grashütten, Lehmhütten, ein paar Schuppen, eine Schule und ein Polizeistation.

Rundherum baumlose Weite. Ohne Zeitungen und ohne Bier, letzteres ein aussagekräftiger Maßstab für den Grad der Isolation, in der die Menschen hier leben. Das Land ist kahl und steinig, die einzigen Akazien und Borassus-Palmen gruppieren sich um die Quellen hinter dem Ort.

Unterkunft

Es gibt zwei Campingplätze mit Hütten und fließend Wasser. Duschen und WCs sind vorhanden. Das einzige kühle Bier gibt es in der „Oasis Lodge", c/o P.O.Box 34464 Nairobi, Tel. 75 11 90/75 00 36/75 00 34, 130/176 DM, nebenan. Allerdings versucht die Lodge exklusiv zu sein und verlangt 10 DM Eintritt. Dafür darf man dann den Swimming-Pool benutzen. Vermutlich soll diese Maßnahme die Campingplatzbesucher fernhalten. Die würden nämlich sonst den gesamten Biervorrat, der mühsam aus Nairobi eingeflogen wird, umgehend eliminieren ...

Angeln

Die Besucher der Lodge kommen vornehmlich zum Angeln auf dem Luftweg hierher. Unter Sportanglern berühmt sind die bis zu 200 Pfund schweren Nilbarsche sowie Tigerfische und die schmackhaften Tilapias. Boote und Angelgerät können in der Lodge gemietet werden, sind allerdings nicht ganz billig. Die Lodge organisiert übrigens auch Trips hinüber zum „South Island National Park". Dann sollte das Wetter jedoch gut sein, denn bis zur Insel sind es 30 km, und die Windverhältnisse auf dem See können jäh umschlagen.

Baden

Es gibt keine Bilharziose im See, so daß man gefahrlos baden kann. Allerdings sollte man sich vor Krokodilen in acht nehmen und nicht zu weit hinausschwimmen.

El Molo Village

Von Loyengalani geht die Piste weiter Richtung Norden. Eine unwirkliche Mondlandschaft ist das, in welcher das kleinste Volk Kenias, die El Molo, sein Dasein fristet. In einer Senke am Seeufer liegt eines ihrer Dörfer. Es besteht lediglich aus einigen runden Hütten und Windschirmen. Die El Molo sind für Ethnologen als Studienobjekte ebenso attraktiv wie für die Reiseunternehmer als Werbeträger. Niemand weiß genau, wie viele Angehörige diese Gruppe noch zählt. Bereits zu Telekis Zeiten waren es nur einige hundert, die sich aus Furcht vor den Überfällen der Turkana und Samburu auf die Inseln im südlichen Turkana-See abgesetzt hatten. Erst um die Jahrhundertwende kehrten sie auf das Festland zurück. Die Nachbarvölker blicken immer noch mit Verachtung auf das armselige Leben der El Molo herab. Der Name bedeutet konsequenterweise „arme Teufel". Früher lebten sie vom Fischfang, den sie mit Hilfe ihrer primitiven Flöße aus Dumpalmen betrieben. Heute sind sie zur Touristenattraktion geworden und leben von dem Geld (6/7 DM), das der Dorfälteste jedem Besucher für die Besichtigung abnimmt.

Daß die El Molo nicht mehr ihre eigene Sprache, sondern die der Samburu sprechen, daß sie wegen Inzucht und infolge von Fehlernährung und permanentem Seewassergenuß Knochenschäden haben, daß sie vielleicht sogar in naher Zukunft aussterben ... der Besucher nimmt's mit Gruseln zur Kenntnis und macht noch schnell ein paar quasi dokumentarische Aufnahmen. Mir selbst war der Besuch in diesem Menschenzoo peinlich.

Sibiloi National Park

Der Sibiloi National Park existiert erst seit 1973 und ist aufgrund seiner Abgelegenheit nicht für Besucher eingerichtet. Der Weg zum vorläufigen Hauptquartier in *Allia Bay* ist extrem schwierig und nur von 4WD-Fahrzeugen zu bewältigen. Die Fahrt dauert gut vier Stunden und geht durch eine bedrückende Mondlandschaft aus schwarzem Lavageröll. Die Hauptattraktion des Parks ist die prähistorische Grabungsstätte *Koobi Fora*. Hier fand Richard Leakey, ein Sohn des Ausgräberehepaares Leakey und Direktor des Nairobi National Museums, im August 1972 einen Schädel des Homo Habilis, der mit rund 2,6 Millionen Jahren 850 000 Jahre älter ist als die Funde vom gleichen Typ in der Olduvai Schlucht *(→Ur- und Frühgeschichte)*. Die Ausgrabungen gehen unvermindert weiter, und die Gewißheit, daß diese Gegend am Ostufer des Turkana-Sees die Wiege der Menschheit ist, nimmt immer weiter zu. Interessante Fundstücke wurden in einem kleinen Museum zusammengetragen, das man jedoch erst nach vorheriger Absprache mit dem Nationalmuseum in Nairobi besuchen darf. Es gibt keinerlei Unterkünfte im Park. Auf Wasserstellen sollte man sich nicht verlassen und daher reichlich Wasser und Benzin aus Loyengalani mitnehmen.

Für die Rückfahrt gibt es zwei Möglichkeiten. Beide führen zunächst bis nach South Horr zurück. 10 km hinter dem Ort zweigt eine holperige, bis jetzt nur mit Allradantrieb befahrbare Piste links ab. Sie führt durch die wunderschönen, aber selten besuchten *Ndoto-Berge* und den *Indoto-Wald* bei *Ilaut*. Die Strecke geht weiter entlang der nördlichen Grenze des Losai National Reserve zum Ort Laisamis an der A 2 nach Marsabit. Von dort über Isiolo zurück nach Nairobi.

Route 5

(Die Gegenwart Kenias: Nairobi — Narok — Masai Mara National Park — Kisii — Kericho — Viktoria-See — Kisumu)

„Zum Viktoria-See? Nee, das lohnt sich doch nicht. Da ist doch nix zu sehen!" Die Begeisterung, die sich im 19. Jahrhundert an der Suche nach den Quellen des Nils und dem größten Binnensee der Welt entzündete, ist heute abgeflaut. Entsprechend begegnen einem westlich von Nakuru nur noch wenige Europäer. Und die, die man unterwegs trifft, haben entweder beruflich hier zu tun, oder sie gehören zu der seltenen Unterart des Homo Touristikus, der mehr Lust auf Land und Leute als auf wilde Tiere und Menschen hat.

Eine Reise in den westlichen Landesteil ist kein Trip in die Träume der eigenen Kindheit, sondern in die lebendige Gegenwart eines jungen afrikanischen Staates. Die Fortbewegung mit öffentlichen Verkehrsmitteln funktioniert gut, überall gibt es preiswerte Übernachtungsmöglichkeiten. Die Straßen zwischen den größeren Ortschaften sind asphaltiert, ansonsten gibt es Erdstraßen, die nur während längerer Regenfälle ein Problem darstellen. Die vorgeschlagene Route führt durch die unterschiedlichsten Landschaftstypen, durch offenes, wildreiches Grasland, dichte, dunkelgrüne Bergwälder, weite Plantagen und dicht besiedelte Kleinbauerngebiete. Für den Besuch des Masai Mara National Parks ist ein Leihwagen nötig. Wer wenig Zeit zur Verfügung hat, kann Kisumu, 350 km von Nai-

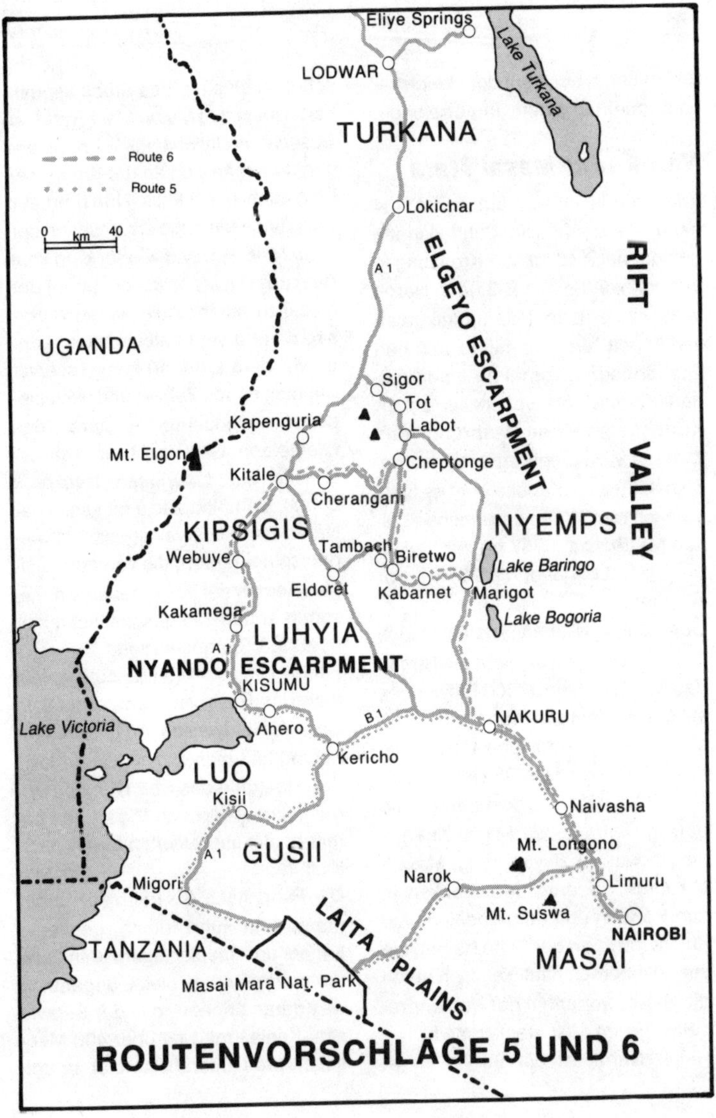

ROUTENVORSCHLÄGE 5 UND 6

robi entfernt, auch auf der Hauptstraße bequem in einem Tag erreichen.

Narok und Masai Mara

Aus Nairobi heraus auf der A 104 nach Naivasha. Die Schnellstraße gelangt nach 40 km zur Kreuzung in *Limuru,* wo die alte B 3 nach Narok links abbiegt. In Haarnadelkurven schlängelt sie sich hinab auf den Grabenboden, vorbei an einer kleinen Kapelle, die von italienischen Kriegsgefangenen während des Zweiten Weltkriegs errichtet wurde. 5 km hinter der Kapelle geht es links ab nach Narok, den erloschenen Vulkan Mt. Suswa (2357 m) zur Linken und Mt. Longonot (2776 m) zur Rechten.

Über die südlichen Ausläufer des Mau Escarpment erreicht die Straße das Städten Narok (9000 Einwohner, 1905 m), Zentrum des nordwestlichen Masaigebietes und 140 km von Nairobi entfernt. Das Straßenbild dieser Wildweststadt bestimmen die bunt geschmückten Masai-Krieger, die „moran" *(→Bevölkerung, Masai).* Mit ihren Speeren und Stöcken in den Händen und dem traditionellen Kurzschwert an der Seite treiben sie ihre Viehherden häufig einfach durch die Stadt, woraufhin der Verkehr regelmäßig im Mist steckenbleibt.

Hinter Narok ist die Straße inzwischen noch ein gutes Stück asphaltiert. Um in das *Masai Mara National Reserve (→National Parks)* zu gelangen, hält man sich an der Weggabelung nach 18 km links. Nun führt der Weg durch die hügelige Savanne der *Loita Hills.* Hin und wieder sind vom Auto aus die *Manyattas* (Hütten) der Masai zu sehen. Viele stehen verlassen da und sind halbverfallen. Lange vor dem Eingang zum Reservat wimmelt es von Zebras und verschiedenen Antilopenarten. Durch das *Olemelepo Gate* geht es schnurstracks zur luxuriösen *Keekorok Lodge.* Campingplätze gibt es in der Nähe. Das Reservat ist berühmt wegen seiner Löwen, die von den riesigen Herden der Savannentiere angezogen werden. Insgesamt leben hier über 100 Säugetierarten.

Für die vorgeschlagene Route verläßt man das Reservat durch das *Ololo Gate* im Nordwesten. An der Weggabelung hält man sich links und folgt der Erdstraße das *Soit Olol Escarpment* hinauf bis nach *Migori,* das bereits an der asphaltierten Straße nach Kisii liegt.

Die Fahrt nach *Kisii* ist sehr angenehm und führt durch gepflegte Kaffee- und Teeplantagen. Kein Quadratmeter Boden bleibt ungenutzt, was daran erinnert, daß der Südwesten Kenias mit weit über 400 Menschen pro Quadratkilometer zu den

am dichtesten bevölkerten Gegenden Kenias gehört.
Kisii ist das Zentrum des Gusii-Volkes, das mit über 900 000 Angehörigen und einer Zuwachsrate von über 4 % ganz besonders von Landnot und Überparzellisierung geplagt wird.
In Kisii selbst gibt es nicht viel zu sehen. Für eine Kleinstadt mit 35 000 Einwohnern produziert sie unglaublich viel Lärm und Hektik. Anscheinend hat sie auch die meisten „B&Ls" in ganz Kenia.

Unterkunft
„Safe Lodge", P.O.Box 156, Tel. 2 09 45, sauber und von exzellentem Ruf, 8/10 DM. Diese Lodge verfügt sogar über ein französisch anmutendes Bistro.
„Hotel Capital", 7/10 DM.
„Satellite Inn", 6/10 DM.
Komfortabler, aber auch teurer wohnt es sich im:
„Kisii Hotel", 15/23 DM und bewachter Parkplatz, an der Straße nach Kisumu, oder im
„Kisii Mwalimu Hotel", P.O.Box 1385, Tel. 2 06 91, 17/22 DM.

Die Gegenwart in Form der Kolonialisten holte das Volk der Gusii im Jahren 1905 ein. Mit Speeren bewaffnet, traten sie gegen ein britisches Maschinengewehr an und verreckten massenweise. „Es war keine Schlacht, es war ein Massaker, mit mehreren hundert Toten", kabelte der junge Winston Churchill, der damals als Kriegsberichterstatter gerade aus Südafrika heraufgekommen war. Als 1908 der District Commissioner während eines Streits mit einem Gusii gespeert wurde, passierte das ganze noch einmal. Die Nachricht über dieses zweite im Namen seiner Majestät verübte Massaker verdanken wir ebenfalls Churchill. Da grenzt es schon an ein kleines Wunder, mit welcher Freundlichkeit und Unvoreingenommenheit die Enkel der Massakrierten den europäischen Reisenden begegnen. Während des ersten Weltkrieges wechselte die Stadt mehrmals den Besitzer. Bei seiner Flucht ließ der britische Kommandeur Schnaps für seinen deutschen Kollegen zurück, wofür sich dieser bei seinem Rückzug schriftlich bedankte!
Von Interesse ist die hiesige Specksteinindustrie. Aus dem in der Umgebung gefundenen Speckstein oder „soapstone" werden die im ganzen Land erhältlichen Souvenirs und Gebrauchsgegenstände gefertigt.

Kericho

Von Kisii geht es auf der B 3 durch ehemals europäisches, heute intensiv von den Gusii und ihren Nachbarn, den Kipsigis, genutztes Farmgebiet nach *Sotik,* dem Zentrum des Anbaus von Passionsfrüchten. Hinter der Stadt bestimmen Teeplantagen, so weit das Auge reicht, das Bild. Das Gebiet um Kericho ist das größte Teeanbaugebiet des Landes und Afrikas. Die fast täglichen Niederschläge, die Höhe von fast 2000 m und das gemäßigte Klima bilden dafür optimale Voraussetzungen. Vor 80 Jahren bedeckten noch dichte Wälder die Hügelketten. Schon von den ersten Siedlern wurden sie in kurzer Zeit abgeholzt, um mit Teesträuchern bepflanzt zu werden. Die Sträucher der endlosen, die Konturen der Bergrücken und -hänge nachzeichnenden Teefelder sind in Hüfthöhe gestutzt. Danach werden sie vieltriebig und bleiben länger ertragreich.

Für den hochwertigen kenianischen Tee werden nur die Spitzen der Teeblätter verwendet. Die größten Teeplantagen sind meist im Besitz internationaler Konzerne und beschäftigen weit über 500 Pflücker. Die kleinen Teefelder werden von Kooperativen betrieben.

In Kericho (30 000 Einwohner, 1830 m) organisiert das beliebte „Tea Hotel" (P.O.Box 75, Tel. 2 02 80/2, 41/50 DM), Besichtigungsfahrten auf die Plantagen und in die Verarbeitungsanlagen. (Angeblich finden diese Fahrten inzwischen nicht mehr statt, da Fotos von den Unterkünften der Plantagenarbeiter und den Arbeitsplätzen in den Fabriken dem Ansehen der Plantagenbesitzer zu schaden drohten). Die Stadt ist das Zentrum des Kipsigis-Volkes und geprägt von freundlichen Grünanlagen.

Die Kipsigis sind eines der größeren Völker der Kalenjin-Gruppe, zu der unter anderem auch die Tugen, das Volk, dem der Staatspräsident entstammt, gehören. Mit allen zu dieser Gruppe zählenden Völkern sind die Kipsigis durch die gemeinsame Herkunft aus dem Norden sowie durch Sprache und Kultur verbunden. Erst seit der Ankunft der Missionare sind sie von der Viehwirtschaft zum Ackerbau übergegangen. Die Nomaden wurden seßhaft. Heute produzieren sie hauptsächlich Mais, Hirse, Erdnüsse und Süßkartoffeln für den Eigenbedarf und Kaffee und Tee für den Verkauf. Zum Vieh haben sie inzwischen ein recht pragmatisches Verhältnis: Sobald Überweidung droht, wird es einfach geschlachtet oder verkauft — für die immer noch nomadisch lebenden Völker schlichtweg undenkbar!

Kericho ist eine freundliche Kleinstadt mit einem gepflegten Park im Zentrum und kurzgeschnittenen Rasenflächen sogar am Busbahnhof und an den Taxiständen. Es gibt noch eine starke asiatische Gemeinschaft hier, und die „Holy Trinity Church", erbaut aus grauem Stein, erinnert an die Zeit der britischen Teepflanzer.

Unterkunft

„Tas Lodge", Moi Highway, P.O.Box 164, Tel. 2 11 12, 8/13 DM, Nähe „Tea Hotel". Gute Bar, Restaurant u. Campingmöglichkeiten, 4 DM, im Garten.

„Kericho Mwalimu Hotel", P.O.Box 834, Tel. 2 06 01, im Zentrum. Nichts besonderes, aber in Ordnung. 17/23 DM.

„Embassy Hotel", 6/7 DM.

Ebenso:

„Kishiara Bar & Lodging" und „Rex Inn".

„Haraka Bar & Restaurant", B&L, 3 DM. Dieses Etablissement ist nur dann zu empfehlen, wenn Sie mit dem letzten Groschen reisen ...

Verkehrsverbindungen

In alle Himmelsrichtungen!

Kisumu

Kurz vor Kericho biegt die B3 links ab nach Kisumu. Nach gut 20 km durch Teeplantagen und Farmbetriebe steigt die Straße 800 m tief hinab in die *Kano-Ebene.* Während der Wagen langsam durch die Serpentinen kurvt, haben Sie bereits einen wunderschönen Ausblick auf einen Teil des in der Ferne glitzernden *Viktoria-Sees.* Das Klima wird spürbar feuchter und wärmer.

Die letzten 50 km nach Kisumu führen über friesisch-plattes Land. Im Norden liegen die größten Zuckerrohrplantagen Kenias. Auf halbem Wege, in Ahero, wurden große Reisfelder angelegt. Dies ist die Heimat des Luo Volkes.

Mit über 2,5 Millionen Angehörigen sind die Luo das zweitgrößte Volk Kenias und damit ein bedeutender Machtfaktor. Ihre Sprache, das Ja-Luo, hat nichts mit den Bantusprachen zu tun und ist verwandt mit den nilotischen Sprachen der Dinka und Nuer im südlichen Sudan.

Im 16. Jahrhundert zogen die Luo von dort in ihre heutige Heimat, wobei sie die Gusii in die umliegenden Hochländer verdrängten. Am Viktoria-See stiegen sie in kurzer Zeit von der Viehzucht auf die Fischerei um, weiter im Landesinnern lernten sie, den Boden zu bestellen. Wegen der in West-Kenia bereits früh eingesetzten Missionierung bildete sich in kurzer Zeit eine neue Elite heraus, die ab den zwanziger Jahren zahlreiche politische Organisationen (z.B. „Young Kavirondo Association") gründete. Seit der Unabhängigkeit gibt es zwischen Luo und den Wirtschaft und Verwaltung beherrschenden Kikuyu erbitterte Konkurrenz. Bei der Vergabe von Posten und Ministerien standen die Luo stets an zweiter Stelle, insbesondere während der Amtszeit des Kenyatta-Clans, als der gesamte Westen des Landes infrastrukturell völlig vernachlässigt wurde. Als Tom Mboya, einer der führenden Luo-Politiker, 1969 in Nairobi auf offener Straße ermordet wurde, kam es im gesamten Luo-Land zu Unruhen. Die Regierung Moi ist jedoch ernsthaft um eine Aussöhnung der beiden Völker bemüht und besetzt auch wichtige Regierungsämter mit Luo-Politikern.

Ihr Zentrum ist Kisumu (170 000 Einwohner, 1130 m), nach Nairobi und Mombasa die drittgrößte Stadt und Verwaltungszentrum des gleichnamigen Distrikts sowie der Nyanza-Provinz. Wie die meisten der in Ost-West-Richtung liegenden Städte verdankt auch Kisumu seine Entstehung der Uganda-Eisenbahn. Am 20. Dezember des Jahres 1901 erreichte sie das Ufer des Viktoria-Sees. Die aus einigen Zelten und Baracken bestehende Endstation wurde *Port Florence* genannt. Von hier aus ging es per Dampfschiff weiter nach Uganda. Port Florence muß ein lausiger Platz zum Leben gewesen sein in jener Zeit. Außer der Schlafkrankheit grassierten die Malaria, Bilharziose und das Schwarzwasserfieber, die Luft war drückend und die Hygiene noch sehr primitiv. Mit der Konsolidierung der britischen Kolonien in den 30er und 40er Jahren ging es dann jedoch steil bergauf.

Das heutige Kisumu ist eine großzügig angelegte moderne Stadt. Breite von Bäumen und gepflegten Blumenbeeten gesäumte Straßen prägen das Stadtbild. Bankgebäude, Geschäfte mit bunt dekorierten Schaufenstern, nette Restaurants und Kneipen sowie eine kleine Bibliothek vermitteln den Eindruck eines quirligen und zukunftsorientierten Gemeinwesens. 1965 wurde, zum ersten Male in Kenia, eine Frau Bürgermeisterin der Stadt.

Durch das Auseinanderbrechen der Ostafrikanischen Gemeinschaft 1977 verlor die Hafenstadt vorübergehend an Bedeutung. Inzwischen hat sie sich jedoch wieder erholt. Seit dem Amtsantritt Präsident Mois wird besonderer Nachdruck auf die strukturelle Entwicklung des bis dahin vernachlässigten Westens einschließlich Kisumus gelegt. Besonders die Leichtindustrie wird gefördert. Bis jetzt gibt es eine Konservenfabrik, eine Fischnetzfabrik, eine Brauerei, Getreidemühlen sowie eine Großbäckerei. In dem vom Staat eingerichteten Industriepark jenseits der Otieno-Oyoo-St. werden aus Abfallprodukten einfache Maschinenteile und Fenster- bzw. Bettrahmen hergestellt. Ein Besuch lohnt sich auf jeden Fall, die Handwerker dort geben bereitwillig über ihre Arbeit Auskunft.

Unterkunft

Die schwüle Hitze in Kisumu und die Moskitos können eine Nacht in Kisumu zu einem unvergeßlichen Erlebnis machen. Es ist daher empfehlenswert, etwas mehr für ein Zimmer mit Ventilator und Moskitonetz auszugeben.

„Sunset Hotel", Aput Lane, P.O.Box 215, Tel. 4 11 00, 41/50 DM.

Einzelzimmer: ca. 48 DM, BB; Doppelzimmer: ca. 75, BB.

Das Hotel ist beliebt wegen der wunderschönen Sonnenuntergänge, die sich dem Besucher von der Terrasse aus bieten. Der Pool ist auch von Nicht-Gästen gegen eine kleine Gebühr zu benutzen. Zu erreichen ist das Hotel über die Jomo Kenyatta Ave., vorbei am „Hotel Royale", bis eine ausgeschilderte Abzweigung links ab zum Seeufer und zum Hotel führt.

„Hotel Royale", Kenyatta Ave., P.O.Box 1690, Tel. 4 05 59,

Einzelzimmer: 16 DM, BB; Doppelzimmer: ca. 27 DM, BB.

Reichhaltiges Frühstück vom Buffet, für die Abende eine gemütliche englische Bar und ein Swimming-Pool. Gegenüber dem Hotel führt eine kleine Straße direkt hinab zum Bahnhof.

„Mona Lisa Guest House", Oginga Rd.

Einzelzimmer: 10 DM, Doppelzimmer: ca. 14 DM.

Einfach, aber gemütlich. Nette Leitung.

„YWCA", Ang'awa Ave.

Doppelzimmer: 8 DM pro Bett; Vierbettzimmer: 6,70 DM pro Bett; Vollpension: 21 DM. Camping im Garten möglich.

Vom Busbahnhof auf dem Nyerere Highway stadteinwärts bis zur BP-Tankstelle, dann links ab in die Otieno Oyoo St., dann die erste rechts.

„Beo grada", Nähe Busbahnhof, 5,50/8 DM. Saubere Zimmer und gutes Essen.

„Razbi's Guest House", Oginga Odinga Rd., P.O.Box 1814, Tel. 4 13 12, nur Doppelzimmer zu 12 DM, in Ordnung.

„East View Hotel", Nähe Busbahnhof, 16/22 DM.

Restaurants

„Alfirose", Oginga Rd., Tel. 4 16 77. Indisch-afrikanische Spezialitäten zwischen weiß getünchten Wänden, serviert auf rot-weiß karierten Tischdecken. Tip: Fischfilet Masala. Geöffnet: täglich 10-23 Uhr, So. 13-23 Uhr.

„Octopus Bottoms Up Day and Night Club“, Ogada St., P.O.Box 1329, Tel. 4 08 35.
Bei stark gedämpftem Licht kann man sich nur auf seine Geschmacksnerven verlassen, wird aber nicht enttäuscht. Leckere Fischgerichte.
„Hotel Royale“, Jomo Kenyatta Ave.
Preiswert. Teils internationale, teils asiatische Küche. Die Speisekarte warnt (einmalig!) vor 20- bis 60minütigen Wartezeiten. Jeden Samstag für knappe 10 DM so viel man essen kann.
Geöffnet: täglich 12.30-14.30 Uhr und 19.30-22 Uhr.
„Sunset Hotel“, Aput Lane.
Vom Restaurant im ersten Stock wunderschöner Ausblick auf den See. Mittwochs werden zum Lunch afrikanische Gerichte serviert. Sonntags gibt es asiatische Küche und Barbecue am Pool, ansonsten internationale Speisen.
„Mona Lisa“, Oginga Rd.
Einfaches Café und Restaurant. Zu empfehlen sind die indischen Vegetarier-Spezialitäten.
Geöffnet: täglich 8-21 Uhr.

Unterhaltung

„Octopus Club“, Wine & Disco, Ogada St.
Westliche und afrikanische Popmusik; einheimisches Publikum.
„Flamingo Casino“, Jomo Kenyatta Ave.
Kein Spielkasino, sondern Discothek und Bar.
Im „Town Hotel“ in der Nähe des „Beo Grada“ gibt es seit Anfang 1991 jede Nacht Livemusik. Bands aus der Umgebung und aus Uganda spielen bis zum Umfallen.

Einkaufen

„Wananchi Craft Shop & Weaving Projekt“, betrieben vom N.C.C.K., Jomo Kenyatta Ave. stadtauswärts. Angeboten werden Luo-Töpferei, Turkana-Nackenstützen, Daumenklaviere aus Uganda, Spielzeug aus Draht. Preiswerter als Nairobi.
Der Markt am Busbahnhof lohnt ebenfalls einen Einkaufsbummel, denn er ist der größte Westkenias.

Banken

Standard Bank: Mo.-Fr. 8.30-14 Uhr, Sa. 8.30-11 Uhr
Barclay's Bank: Mo.-Fr. 8.30-13 Uhr, Sa. 8.30-11 Uhr.

Post

Mo.-Fr. 8-17 Uhr, Sa. 9-12 Uhr. Poste Restante möglich.

Immigration Office

Oginga Odinga St., gegenüber vom British Council. Hier können Sie Ihr Visum verlängern lassen, es geht wesentlich unbürokratischer zu als in Nairobi.

Spaziergang

Als Ausgangspunkt für einen schönen Spaziergang hinaus aus der Stadt bietet sich das „Sunset" an. Von hier geht es auf einem ausgeschilderten Weg zu einer reizend gelegenen kleinen Landzunge mit dem beziehungsreichen Namen „Hippo Point". In der Blütezeit der Kolonie war dieser Ort ein beliebtes Ausflugsziel. Heute erinnern nur noch ein paar Mauerreste an vergangene Tage. Geblieben sind die herrlichen Sonnenuntergänge, und es ist eigentlich schade, daß nichts unternommen wird, den Platz wieder herzurichten.

Verkehrsverbindungen

Busse: Vom Busbahnhof auf dem Nyerere Highway in alle Himmelsrichtungen einschließlich Nairobi. Der „Akamba Bus Service" in der Bank St. fährt nachts mit komfortablen Bussen (Liegesitze) nach Nairobi und Mombasa.

Flugzeug: Das Büro der „Kenya Airways" in der Oginga Rd. bietet Flüge nach Nairobi und Mombasa für 62 DM bzw. ca. 94 DM an.

Eisenbahn: Der Zug nach Nairobi fährt täglich um 20.30 Uhr. Tickets am Bahnhof.

Schiff

Eine reizvolle Alternative zu Bussen und Matatus bieten für Ausflüge entlang des Seeufers drei antike, von „Kenya Railways" betriebene Küstendampfer. Die Tickets sind preiswert, eine Fahrt von Kisumu hinüber nach Homa Bay kostet 7 DM in der ersten Klasse, entsprechend weniger in der 2. und 3. An Bord gibt es guten Tee und manchmal auch ein paar kleine Snacks. Im allgemeinen fahren die beiden Schiffe pünktlich ab. Nur am Ende des Jahres ist mit Verspätungen zu rechnen.

Fahrplan: MV Alestes und MV Reli verkehren täglich außer donnerstags. Angesteuert werden die Orte Kendu Bay, Homy Bay, Kuwur Bay und Asembu Bay. Die MV Kamongo verläßt Kisumu jeden Dienstag in Richtung Kuwur Bay, Homa Bay, Mbita und Mfangano.

Ausflug nach Homa Bay

Homa Bay ist eine trübselige kleine Stadt und nach der langen Bootsfahrt eine Riesenenttäuschung. Vom größten Süßwassersee der Welt sieht man in der doch ziemlich großen Bucht so gut wie nichts, und das Land um die Stadt besteht aus Sisalfeldern und, weiter draußen, aus staubiger Savanne. Falls Sie doch über Nacht bleiben:

„Nyanza", gegenüber Barclay's Bank, 6/8 DM.

„New Brothers", nebenan.

Kostspieliger und sauberer ist: „Homa Bay Hotel", c/o P.O.Box 42013, Tel. 2 97 51/2 34 88/33 08 20, 26/32 DM, vom Anlegesteg sofort rechts ab. Im Grunde zu teuer und selten belegt.

Vom „Got Asego", einem unübersehbaren Hügel vulkanischen Ursprungs, gewinnt man einen etwas freundlicheren Eindruck von der Stadt. Er ist der höchste eines guten Dutzends ähnlicher Erhebungen und von der Stadt in einer Stunde zu Fuß zu erreichen. Der Weg dorthin führt nach der Total-Tankstelle die zweite Straße links ab und hinter der Homa Bay School nach rechts. Oben ist vom See etwas mehr zu sehen, man wundert sich jedoch, daß so viel Land von den Luo genutzt wird. Das ganze Land ist bedeckt von einem Flickenmuster wellblech- und strohgedeckter Hütten, die sich hinter hohen Agavenhecken verbergen. Mit dem Fernglas erkennt man die auf dem See treibenden Papyrusgrasinseln.

Wenn Sie nach Homa Bay gekommen sind, um von hier aus den Lambwe Valley National Park zu besuchen, ist eine weitere Enttäuschung vorprogrammiert. Er ist nämlich nicht mehr auf der Karte zu finden, da er kürzlich in *Ruma National Park* umbenannt wurde, und er bietet mehr oder weniger das gleiche wie die viel leichter zu erreichenden National Parks in Zentral- und Ostkenia. Hin gelangt man auf der Straße von Homa Bay nach Mbita. Nach 34 km ist der nordöstliche Eingang erreicht. Von hier führt ein etwa 7 km langer Weg bis zu einem Rangerposten. Hier zahlen Sie den durch Ihren Anblick völlig überraschten Parkrangern das Eintrittsgeld, dann geht's weiter. Zelten im Park ist erlaubt, aber Sie müssen Ihre eigene Ausrüstung inklusive Verpflegung mitbringen. Natürlich ist der Besuch dieses gottverlassenen National Parks nur mit dem eigenen Gefährt möglich.

Ausflug nach Rusinga

Die Fahrt von Homa Bay zur Insel Rusinga ist dagegen mit öffentlichen Verkehrsmitteln zu bewerkstelligen — und auch lohnender. Busse und Matatus sind allerdings immer zum Bersten gefüllt, und die Straßen miserabel. Nehmen Sie das Schiff, das ist bequemer und macht auch mehr Spaß. Über den See gelangen Sie zunächst nach Mbita, wo Sie sich fragen werden, wie es die Menschen hier aushalten. Dieser leichte Anflug von Depression verschwindet jedoch, wenn Sie über den Damm die Insel Rusinga betreten.

Rusinga ist eine herbe Schönheit. Ihr Inneres ist steinig, und im Zentrum ragen spitze Felsen aus dem jahrhundertelang von hungrigen Ziegen traktierten Boden. Das Leben hier ist hart, Trockenheit an der Tagesordnung und dor heftige Wind eine zusätzliche Plage. Und wenn es regnet, dann sintflutartig, und das verbleibende Erdreich wird hinab in den See gespült oder versickert im porösen Fels unter Ihren Füßen. Ökologisch scheint die Insel am Ende: Nahezu alle Bäume sind gefällt, als Brennholz oder Holzkohle verwandt. Natürlich fallen die Ernten unter diesen Bedingungen dürftig aus, so daß die Bauern ihren Lebensunterhalt durch den Fischfang ergänzen müssen.

Trotzdem, ein Besuch Rusingas lohnt sich, nicht zuletzt, weil Rusinga auch der Geburtsort des populärsten kenianischen Politikers, Tom Mboya, war.

Der charismatische Luoführer wurde 1969 in Nairobi auf offener Straße erschossen, sein Tod löste überall im Luogebiet mit Gewalttätigkeiten verbundene Demonstrationen aus, wobei 43 Menschen ums Leben kamen. Sein Mausoleum liegt auf der Nordseite der Insel, in *Kasamanga.* Vom Damm bis dorthin sind es 5 km, quer durch die Insel. Sie werden sich garantiert nicht verirren, denn hier kennt jeder jeden. Vom Tom Mboya Memorial Health Centre (hier arbeitet eine Handvoll Europäer) sind es noch 2 km bis zum Mausoleum. Die weiße Kuppel ist schon von weitem zu sehen.

Auf dom Grab stehen die Worte geschrieben:

„Thomas Joseph Mboya — August 15th 1930-July 5th 1969.
Go and fight like this man fought
Who fought for mankind's cause
Who died because he fought
Whose battles are still unwon!"

Man ist beeindruckt von diesen Worten, selbst wenn man sonst nichts von diesem Mann weiß. Seine Familie lebt in der Nachbarschaft und freut sich über interessierte Besucher.

Wenn Sie auf der Insel umherwandern, denken Sie daran, daß Sie, wenn Sie noch am gleichen Tag nach Homa Bay zurück wollen, spätestens um 15 Uhr wieder in Mbita sein sollten, um das letzte Matatu oder das letzle Schiff zu erwischen. Falls Sie Pech haben, schlafen Sie im „New Raja's", 4/5 DM. Dies ist ein Platz zum Abgewöhnen, ohne Elektrizität und ohne Wasser und schmutzig — irgendwie so wie Ihr erster Eindruck von Mbita ...

Route 6

(Der Nordwesten: Kisumu — Kakamega Forest — Kitale — Abstecher zum Turkana-See — Cherangani —Hills — Tambach — Marigat — Baringo-See und Bogoria-See — Nakuru — Nairobi)

Diese Route bietet sich gleichermaßen als Fortsetzung der Route 5 wie auch als eigene Rundreise von Nairobi aus an.

Die Ortschaften im Hochland sind uninteressant und mehr als Ausgangspunkte für Exkursionen zu den eigentlichen Attraktionen anzusehen.

Kakamega Forest

Aus Kisumu heraus auf der A 1 in Richtung Kitale. Schon kurz nach Verlassen der Stadtgrenze erklimmt die Asphaltstraße in kurvenreichem Anstieg das westliche Ende des *Nyando Escarpment.* Von oben bietet sich ein schöner Ausblick auf die Oberfläche des Viktoria-Sees und die Kano-Ebene.

40 km hinter Kisumu biegt eine Erdstraße rechts ab in den *Kakamega Forest.* Der Wald ist einer der wenigen in Ostafrika noch erhaltenen Regenwälder. Die Landknappheit ringsherum wird wohl auch ihm in naher Zukunft ein Ende bereiten. Bis dahin bietet er dem Besucher die für Regenwälder typische üppige Vegetation. In 20 bis 30 m Höhe verflechten sich die Äste derart miteinander, daß sie eine fast lichtundurchlässige Decke bilden. Vereinzelt gibt es drei bis vier solcher Etagen, aus denen Baumriesen von 60 m Höhe emporragen. Um die Äste und Stämme schlingen sich Lianen und Efeugewächse. Alle möglichen Farn- und Orchideenarten führen in ihrem Schatten ein Parasitendasein. Beim Durchwandern des Waldes (es gibt kleine Wege) fühlt man sich bald wie im Treibhaus, was bei einer Luftfeuchtigkeit von 90 % kein Wunder ist.

Übernachtungsmöglichkeiten bietet das „Forest Rest House“. Dazu biegen Sie 10 km vor Kakamega zwischen den Orten Mukumu und Shinyalu ab und folgen dem Hinweis „Shabwali High School“. Von dort sind es noch 12 km.

Von Kakamega ist das Rest House auch mit öffentlichen Verkehrsmitteln zu erreichen. Dazu nimmt man ein Matatu Richtung Eldoret über Shinyalu. Auf Ihren Wunsch wird es Sie in der Nähe des Rest House absetzen. Das Haus selbst ist ein Genuß. Es ist von undruchdringlichem Urwald umgeben und verfügt über vier Doppelzimmer. Mal gibt es Wasser, mal nicht. Der Verwalter, Leonard Odhiambo, verkauft Kerosin für die Öllampen. Selbstversorgung ist angesagt. Gekocht wird auf offenem Feuer unterhalb der Schlafräume. Abendessen und Frühstück werden auf der Terrasse eingenommen, den Urwald direkt vis-à-vis. Um ganz sicher ein Zimmer zu bekommen, buchen Sie am besten im voraus bei: The Forester, P.O.Box 88, Kakamega, Western Province. Ein Zimmer kostet 3 DM, Zelten auf dem Rasen beim Haus 0,60 DM.

Leonard Odhiambo ist ein hervorragender Kenner der im Wald lebenden Vogelarten. Für einen angemessenen Lohn führt er Sie drei Stunden lang zu den schönsten Stellen und zeigt Ihnen von Turacos über Papageien bis zu Affen alles, was da kreucht und fleucht.

Kakamega

Die Stadt Kakamega (34 000 Einwohner) wurde vor mehr als 50 Jahren während eines kurzen Goldrausches gegründet, heute hat die Stadt, nach der Schließung der Mine, im wesentlichen Bedeutung als Verwaltungssitz der Westprovinz. Der Ort ist ferner Zentrum des Luyia-Volkes. Mit etwa 2,4 Millionen Angehörigen sind sie das drittgrößte Volk Kenias. Allerdings handelt es sich bei ihnen nicht um eine homogene Gruppe, der Name ist vielmehr eine Sammelbezeichnung für eine Vielzahl durch gemeinsame Sprache und Kultur miteinander verwandter Untergruppen. Dabei haben sie jedoch keine gemeinsame Herkunft, sondern sind das Produkt einer Verschmelzung der verschiedensten Einwanderergruppen aus dem Norden und Westen. Das Luyiagebiet ist das wichtigste Maisanbaugebiet Kenias. Wie überall in diesem Landesteil ist auch hier die Landnot das Problem der nahen Zukunft.

Unterkunft

„Kemo Wayside Club" gegenüber von der „Commercial Bank of Kenya", 7/9 DM.

„Highway Hotel", an der Hauptstraße, 16/27 DM mit Frühstück.

„Golf Hotel", c/o P.O.Box 42013 Nairobi, Tel. 2 97 51/2 34 88/33 08 20, 41/50 DM.

Kitale

Weiter geht es auf der A 1 in den Norden. *Webuye,* das früher Broderick Falls hieß, wird passiert. Das Städtchen hat in den letzten Jahren eine erstaunliche Entwicklung mitgemacht. Die 1974 in Betrieb genommene Papierfabrik — sie deckt ungefähr 80% des inländischen Bedarfs — hat aus den zwei Häuserreihen links und rechts der Straße in kürzester Zeit eine quirlige Kleinstadt von 20 000 Einwohnern gemacht. Der Preis für die Industrialisierung ist weithin sichtbar: Dem riesigen Holzhunger der Fabrik sind die Waldgebiete der Umgebung zum Opfer gefallen. Ob die Aufforstungsprogramme mit dem Holzverbrauch Schritt halten können, bleibt ungewiß.

Von Webuye geht es auf einer guten Erdstraße über *Lugulu* und *Misikhu* weiter. Links von der Straße bekommt das mächtige Massiv des Mt. Elgon (4321 m) die Szenerie zunehmend in den Griff. Die Hänge des erloschenen Vulkans sind fruchtbares Ackerland. Riesige Maisfelder wechseln mit saftigen Weiden und dunkelgrünen Wäldern — kein Wunder, daß die Siedler ihre Daumen auch auf diese Region legten.

Kitale (31 000 Einwohner, 1890 m), früher ein Zentrum der 1908 in diese Gegend gekommenen Weißen, ist heute die Hauptstadt des Trans Nzoia Distriktes und die einzige Stadt Kenias mit regulärem Busservice zum Turkana-See. Die meisten Reisenden bleiben nur für die Nacht und ziehen am nächsten Morgen weiter. Das Klima ist beständig warm, trotz der Höhenlage; die nahe Wüste macht sich hier schon bemerkbar.

Landwirtschaftliche Fahrzeuge prägen das Straßenbild; vor den Geschäften parken die lehmverschmierten Pick-Ups der Farmer. Viele der europäischen Großfarmen rings umher wurden nach der Unabhängigkeit nicht unter den Kleinbauern aufgeteilt, sondern gingen direkt in den Besitz reicher Kenianer über. Diese leben in Nairobi und überlassen die Bewirtschaftung ihren Verwaltern. Bis heute führt diese Fortsetzung der kolonialen Strukturen zu Konflikten mit den Kleinbauern und Landlosen.

Am Ortseingang befindet sich das Kitale Museum (P.O.Box 1219, Tel. 2 06 70, tägl. geöffnet 9.30-18 Uhr). Es beherbergt die ethnographische Sammlung eines gewissen Major Stoneham einschließlich alter Möbelstücke aus dem Leben der Siedler. Ferner gibt es eine naturkundliche Abteilung sowie Seminar- und Vortragsräume.

Unterkunft

„New Mombasa Lodging“, 8/11 DM.
„Hotel Mamboleo Kitale“, 8/14 DM.
„Executive Lodge“, 6/12 DM, Nähe Bäckerei.
„New Kitale Hotel“ 17/28 DM. Hat schon bessere Zeiten gesehen ...

Ausflug zum Saiwa Swamp National Park

Der mit nur 2 qkm kleinste Nationalpark Kenias (P.O.Box 753, Tel. 22, Campingplätze für Selbstversorger) liegt 20 km nördlich der Stadt, nur 4 km abseits der Hauptstraße Kitale-

Lodwar in der Nähe des Dörfchens Kipsain. Attraktion des aus einem Sumpf und Dschungel bestehenden Parks ist die scheue Sitatunga-Antilope, die nur hier so gut zu beobachten ist. Durchs Gelände führen schmale Pfade, auf denen man zu Fuß durch die Wildnis streifen und auch zahlreiche Affen- und Vogelarten beobachten kann.

Restaurants
„Delicious Restaurant", Eis und leckere Milchshakes.
„Shifa's Fish & Chips", billig und lecker.
„Bongo Bar", neben „New Mombasa", füllt ganz Kitale ab.

Verkehrsverbindungen
Kitale ist das Tor zum Norden Kenias. Nach *Lodwar* fahren 2 Busse täglich etwa ab 8 Uhr, für 7/10 DM. Wasser mitnehmen, die Fahrt ist lang und ein trockenes Vergnügen.
Mitfahrgelegenheiten bieten auch die Lkws am Ortsausgang.

Zum Turkana-See (Westufer)

Ein Trip zum Turkana-See, dem größten sodahaltigen Gewässer der Welt, steht für Abenteuer und unvorhergesehene Ereignisse. Die Fahrt führt durch heißes verdorrtes Land, das lediglich ein paar Nomaden ein mageres Auskommen bietet.
Die A 1, die Hauptverbindung Kenias mit dem Sudan, ist inzwischen Teerstraße und auch von Straßenwagen befahrbar. Bordwerkzeug, Ersatzreifen und -schläuche und Getränke sind allerdings noch immer obligatorisch.
Über *Makutano* (letzte Tankstelle vor Lodwar!) geht es zunächst zum *Marich-Paß,* mit der zerklüfteten Bergkette der *Cherangani Hills* zur Rechten. Bereits 30 km hinter Kitale in *Kapenguria* (1953 machten hier die Briten Jomo Kenyatta den Prozeß) geht das fruchtbare Farmland in trockene Savanne über. An der Weggabelung im Marich-Paß hält man sich links und fährt über eine Hängebrücke hinein in die hitzeflimmernde Einöde des Nordens.
Jetzt gibt es nur noch lebensfeindliche Stein- und Geröllwüste, die oft sogar für die abgehärteten Dornbüsche zuviel ist. Bis *Lokichar* sind es 110 km, von dort nach Lodwar noch einmal 80 km. Die Kamelherden der Turkana-Leute bieten die einzige Abwechslung in diesem Niemandsland.
Das Volk der Turkana ist sprachlich mit den Maa-sprechenden Samburu und Masai verwandt, praktiziert aber nicht, wie diese, die Zirkumzision (Beschneidung der Jungen). Darin ähneln sie den Luo. Im 17. Jahrhun-

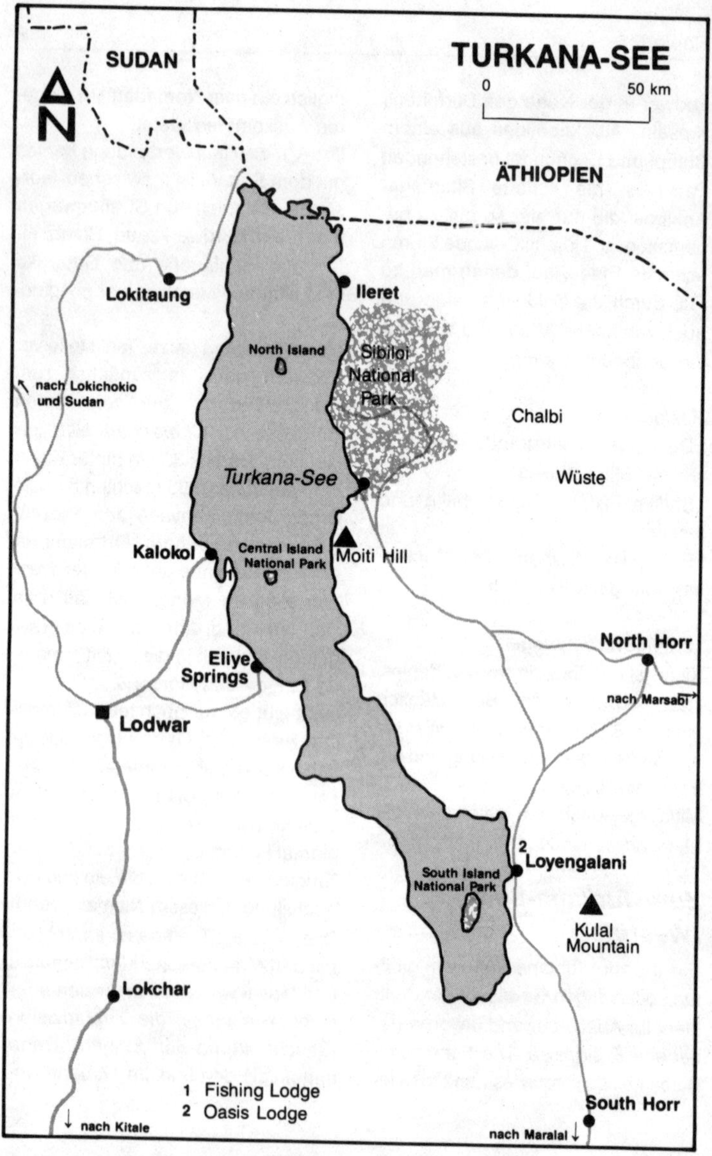

TURKANA-SEE
0
50 km
N
SUDAN
ÄTHIOPIEN
Lokitaung
Ileret
North Island
Sibiloi National Park
nach Lokichokio und Sudan
Chalbi
Turkana-See
Wüste
Kalokol
Central Island National Park
Moiti Hill
North Horr
Eliye Springs
nach Marsabit
Lodwar
Loyengalani
South Island National Park
Kulal Mountain
Lokchar
1 Fishing Lodge
2 Oasis Lodge
South Horr
nach Kitale
nach Maralal

dert kamen sie aus dem Grenzgebiet zwischen Uganda und Sudan hierher. Das beinahe unbewohnbare Land und der tägliche Kampf ums Überleben haben ihre Gesellschaftsform grundlegend geprägt.
Die Tapferkeit der Turkanakrieger ist im ganzen Land bekannt. In den Städten werden sie gern als Schutzleute und Nachtwächter eingestellt. Das Verhältnis zu ihren Nachbarn, besonders zu den Merille weiter nördlich, ist seit eh und je feindlich. Die Briten konnten die unbotmäßigen Turkana erst in den späten zwanziger Jahren befrieden. Nach ihrer Entwaffnung stürzten sich ihre Erzfeinde aus dem Norden auf sie und richteten mit den Gewehren, die sie von den Italienern in Abessinien bekommen hatten, schlimme Massaker an. Als Abessinien Britisch-Ostafrika den Krieg erklärte, wurden die Turkana wieder von den Kolonialherren bewaffnet, und umgehend übten sie blutige Rache an den Merille.
Diese Zeiten sind — jedenfalls im Bereich der Straßen — längst vorbei. Vielleicht sehen Sie noch alte Turkanamänner mit Narben auf Armen und Brust. Narben auf dem linken Oberarm stehen für getötete weibliche, solche auf dem rechten Arm für getötete männliche Feinde.

Lodwar

Nach einer anstrengenden Fahrt kommt endlich Lodwar in Sicht. Lodwar ist Kenias Pionierstadt. Zwar überwiegen seßhaft gewordene Turkana, doch kommen inzwischen auch immer mehr Luo und Luyia hierher, um ihr Glück zu suchen. Das starke Übergewicht von Männern fällt sofort ins Auge. Die Zeitung kommt mit dem Bus, acht Stunden, nachdem der Rest des Landes sich bereits über die neuesten Neuigkeiten informieren konnte.
Überall sitzen Männer, lesend und schwatzend, das Gefühl der Isolierung verdrängend. Man erzählt sich, daß, als der Putsch von 1982 hier oben bekannt wurde, die Polizei alle Gefangenen freiließ und den Rest des Tages mit Bier im Schatten relaxte. So eine Stadt ist Lodwar.
Außerdem erzählen alle vom Öl, es soll irgendwo nördlich der Stadt liegen. Kanadische Ölarbeiter kommen und gehen, und Helikopter landen mehrmals täglich. Die Stadt vibriert in rastloser Erwartung.
Lodwar ist eine unglaublich heiße und staubige Stadt. Viel zu sehen gibt es eigentlich nicht. Eine Bank, ein Postamt und drei Unterkünfte. Von diesen ist die auf modern getrimmte „Turkwel Lodge“ (P.O.Box 14, Tel. 2 12 01), 9/13 DM, mit ihren Ven-

tilatoren (!) und einem guten Restaurant die beste. Außerdem gibt es eine Tankstelle und ein paar „dukas", wo man das Notwendigste einkaufen kann. Nach einer Nacht werden Sie sich zum Seeufer aufmachen.

Von hier sind es noch 80 km nach *Eliye Springs* direkt am Turkana-See. Dieser Ort war früher *der* Platz für Reisende. Heute sind die Hütten ziemlich heruntergekommen, und dort ohne eigenes Fahrzeug hinzukommen, ist eine schweißtreibende und nervtötende Angelegenheit. „Ferguson's Gulf" ist populärer. Der Zielort heißt *Kalokol.* Von Lodwar unternehmen mehrere Fahrzeuge täglich die Fahrt dorthin. Fragen Sie herum, oder warten Sie einfach am Ortsausgang an der Furt des Turkwel-Flusses.

In den letzten vier Jahren haben sich über 20 000 Turkana am Ufer des Sees niedergelassen. Die meisten von ihnen leben direkt oder indirekt von der von Norwegen erbauten Fischfabrik. Zwar haben viele die Viehzucht aufgegeben, doch andere haben ihre Tiere mit zum Seeufer genommen. Für Kalokol hatte das eine ökologische Katastrophe zur Folge. Die norwegische Fischfabrik hat mit Unterbeschäftigung zu kämpfen, seit der Fischbestand zurückging und der Wasserpegel des Sees rapide sank.

In Kalokol gibt es das „Oyavo's Hotel" — 3 DM pro Bett — das einzige seiner Art und dazu ein sehr angenehmes, mit Palmstroh gedecktes Haus. Bringen Sie Kerzen mit, denn es gibt keine Elektrizität. Im Ort bieten einige Turkana äußerst günstig traditionelle Gebrauchsgegenstände zum Kauf an, darunter auch die hölzernen Kopfstützen und die berüchtigten Handgelenkmesser.

Von Kalokol bis zur „Lake Turkana Fishing Lodge" (P.O.Box 509 Kitale, 56/84 DM) am Seeufer sind es noch 5 km. Der Weg führt durch einen lichten Wald von Borassus-Palmen. Da die Lodge auf einer schmalen Landzunge liegt, wird das letzte Stück per Boot zurückgelegt. Kalte Getränke und ein herrlicher Blick über die Bucht belohnen für die Strapazen des Tages. Die Anlage ist spartanisch eingerichtet und nur zum Wochenende belegt.

Unter der Woche ist sie meist leer, und Sie können in der Nähe zelten und problemlos die Bar benutzen.

Die Zeit am See vergeht im Flug. Man kann vieles tun, einfach dasitzen und die sich ständig verändernde Wasseroberfläche betrachten oder die ungezählten Vogelarten, oder auch die Krokodile und Hippos, die sich manchmal hier die Ehre geben.

▲ Ein Gepardenpärchen hat gerade Beute gemacht
▼ Hirtenjungen aus dem Volk der Samburu: Hier in den Bergen scheint die Zeit stehengeblieben zu sein

▲ *Die Vegetation am Turkana-See ist alles andere als üppig*
▼ *„Ich hatte eine Farm in Afrika..." — das Haus der Schriftstellerin Karen Blixen bei Nairobi*

Das klare Wasser ist hervorragend zum Schwimmen geeignet, und die Krokodile sollen völlig ungefährlich sein — sagt man.

Wenn Ihnen das zu beschaulich ist, unternehmen Sie eine Bootsfahrt hinaus zum *Central Island National Park*. Er liegt 15 km vom Ufer entfernt mitten im See, ist 13 qkm groß und besitzt einen Vulkan mit drei Kratern. Die Kraterseen nehmen den meisten Raum ein. Sie liegen geschützt hinter dem felsigen Uferrand. Große Wasservögelkolonien nisten hier, aber eigentlich gehört die Insel den Reptilien. Hier brüten die meisten Krokodile Afrikas ihre Eier aus. Die Krokodilbabys schlüpfen in den Monaten April und Mai und stürzen sich anschließend unter lautem Gekreisch ins Wasser.

Eine von der Lodge organisierte Bootsfahrt hierher kostet ca. 120 DM. Das Boot kann nur vier Personen aufnehmen, so daß der Törn u. U. etwas zu teuer wird. Als Alternative bleiben die Fischer am Ufer. Sie übernehmen die Fahrt schon für 15 DM. Versichern Sie sich zuvor jedoch unbedingt, daß Sie in ein seetüchtiges Fahrzeug steigen. Ein Kompaß ist vielleicht nützlich. Die Wetterstürze auf dem See sind berüchtigt. So manche Crew, einheimische wie europäische, ist nicht mehr zurückgekehrt. Dichter Nebel kann das Boot in Sekundenschnelle umhüllen, wenig später türmen sich die Wellen bis über zwei Meter hoch. „Härter als die Nordsee", charakterisierte ein segelerfahrener deutscher Skipper unlängst den See.

Von Lodwar geht die Straße über das 220 km entfernt liegende Nest Lokitaung bis zur sudanesischen Grenze. Ob man jedoch in den Sudan hineinkommt, ist wegen der politischen und militärischen Situation nicht vorhersagbar. Reisen im südlichen Sudan ist wegen des dort herrschenden Bürgerkriegs lebensgefährlich. Juba, die nächste größere Stadt hinter der Grenze, ist schon seit einigen Jahren von den Rebellen eingekesselt.

Rund um die Cherangani Hills

Schon weit vor Kitale sind die über 3000 m hohen Bergketten der *Cherangani Hills* zu sehen. Es ist das einzige Gebirge nicht-vulkanischen Ursprungs in Kenia. Obgleich landschaftlich sehr reizvoll — schottisch anmutende Hochmoore, Bambus- und sonstige Wälder — verirren sich Besucher nur selten hierher.

Am schönsten ist die Ostseite der Cherangani. Hier führt eine Strecke am *Elgeyo Escarpment* entlang ins *Kerio Valley*. Auf weniger als 6 km fällt der Steilabhang aus einer Höhe von über 3000 m auf 1000 m ab. Für einen kleinen Ausflug in die Cheranganis verläßt man Kitale in Richtung *Eldoret.* Kurz darauf biegt in *Glanville* eine Straße links zum Ort Cherangani ab. Stetig klettert die Straße den Berghang hinauf, es geht durch dunkle Wälder, lichte Rodungen und Farmland. An der Gabelung im Örtchen *Kaperop* geht es links nach *Labot* und von dort über *Kapenguria* zurück auf die A 1.

Für die Umrundung des Gebirges hält man sich in Labot rechts, folgt der Straße bis nach *Cheptonge* und fährt von dort in nördlicher Richtung bis nach *Chesongoch.* Schon auf dem Weg hierher tun sich phantastische Ausblicke das Elgeyo Escarpment hinab auf. Über *Tot* und *Sigor* erreicht man die A 1, auf der es rasch zurück nach Kitale geht.

Kerio Valley

Für die Rückfahrt vom Turkana-See nach Nairobi gibt es zwei Möglichkeiten. Zum einen ist das die Strecke zurück über Kitale und dann auf Asphaltstraße über Eldoret und Nakuru. Sie ist zwar bequemer und schneller, aber bei weitem nicht so interessant wie die andere Route. Diese besteht größtenteils aus grober Erdstraße, kann aber bei trockenem Wetter von jedem robusten Straßenwagen bewältigt werden. An der Weggabelung auf dem Marich-Paß hält man sich links und passiert bald auf engen Kurven die Cheranganis zur Rechten und das Elgeyo Escarpment zur Linken.

Nach den Orten *Sigor, Tot* und *Chepkam* stößt der Weg auf die Kreuzung in *Biretwo.* Hier windet er sich rechts zum Verwaltungszentrum *Tambach* hinauf, das auf halber Höhe des Escarpments liegt.

Die linke Abzweigung der Strecke bleibt jedoch am Fuß des Steilabfalls auf dem Boden des *Kerio Valley.* Die hier lebenden Elgeyo und Marakwet gehören zur Kalenjin-Gruppe. An den steilen Hängen des Kerio-Valley bestellen sie ihre kleinen, kunstvoll terrassierten und mit einem gut funktionierenden Bewässerungssystem ausgestatteten Felder. Ihrer Überlieferung zufolge waren die Terrassen schon vorhanden, als sie sich hier niederließen, ein Hinweis auf die Existenz des kulturell hochstehenden, inzwischen jedoch ausgestorbenen Volkes der Sirikwa.

Es geht durch lichte Akazienwälder und vorbei an riesigen Termitenhügeln, deren Silhouetten sich dramatisch von der Buschlandschaft abheben. Manche von ihnen sind fast fünf Meter hoch, wohl die höchsten im ganzen Land. In der Mitte des Tales, kurz vor der Siedlung *Kabarnet,* überquert die Straße die spektakuläre *Chebloch Gorge.* In 20 m Tiefe zwängt sich das Wasser des Kerio-Flusses mit aller Gewalt durch die nur fünf Meter breite Schlucht.

Kurz hinter der Brücke führt die Straße im Zick-Zack-Kurs hinauf in die *Tugen-Hills.* Von hier gibt es schöne Ausblicke über die Schulter zurück auf das Elgeyo Escarpment und die Cheranganis. Auf dem Rücken der Hügelkette liegt Kabarnet, der Geburtsort Präsident Mois. Hier gibt es ein einfaches Krankenhaus, eine Schule und eine Tankstelle.

Baringo See

Hinter Kabarnet geht es weiter aufwärts in die *Ilkamasia Hills.* Bereits nach wenigen Kilometern biegt eine andere Erdstraße rechts ab nach Süden. Sie führt zwischen den *Tugen Hills* hindurch nach *Eldama Ravine* und erreicht schließlich die B 4 nach *Nakuru.* Obwohl landschaftlich sehr reizvoll, läßt sie die weiter östlich liegenden Baringo- und Bogaria-Seen aus. Um sie zu erreichen, bleibt man auf der Straße, die nun allmählich in die Hauptebene des Ostafrikanischen Grabens hinabführt. Die letzten Kilometer vor *Marigat,* dem Hauptort des ehemals nomadischen, zur Kelenjin-Gruppe zählenden Tugen-Volkes, sind ziemlich hart, und man ist froh, wieder eine Siedlung mit Werkstatt und Tankstelle vor sich zu haben. Die Gegend ringsum ist kahl und wirkt unfruchtbar, überweidet von den Ziegen- und Kamelherden. Der berühmteste Angehörige der Tugen ist der Staatspräsident. Er hat hier seinen Wahlbezirk und seine Farm.

Von Marigat führt eine Straße links hinab zum nur noch 20 km entfernten Baringo-See. Trotz seiner durch die Bodenerosion verursachten bräunlich-schlammigen Oberfläche wirkt er mit seinen Inselchen und grünen Schilfufern vor dem Osthang des Grabenbruchs sehr idyllisch. Der 130 qkm große See ist fischreich und ein Paradies für Ornithologen. Neben Pelikanen, Kormoranen, Flamingos und 400 anderen Vogelarten gibt es Flußpferde und Krokodile. Etwas abseits der Straße liegt das Kampi ya Samaki, das Fischcamp. Es bietet Unterkunftsmöglichkeiten für jeden Geldbeutel.

Unterkunft

„Lake Baringo Club", 150 DM pro Doppelzimmer, luxuriöses Hotel mit exzellenter Bar, bietet Wassersportmöglichkeiten und Bootsfahrten.

„Lake Baringo Self Service Lodge", Hütten für Selbstversorger und ein direkt am See gelegener Campingplatz

mit sanitären Anlagen und nächtlichen Hippobesuchen.
In Kampi ya Samaki befindet sich das „Bahari Hotel“, 3,50/7 DM, zwar mit Moskitonetzen ausgestattet, dafür ist es hier aber während der Nacht ausgesprochen laut.

Verkehrsverbindungen
Busse fahren zweimal täglich (der erste geht morgens um 6.30 Uhr) von hier nach Nakuru. Matatus kommen meist nur bis Marigat weiter südlich. Von dort geht es mit lokalen „Seelenverkäufern“ weiter bis zum See.
Kampi ya Samaki ist die letzte Ortschaft, die von öffentlichen Verkehrsmitteln bedient wird. Weiter in den Norden geht es nur mit Lkws oder, als Mitfahrer, mit Privatwagen.

Bogoria-See

Wer einmal bis zum Baringo-See gekommen ist, sollte sich den Bogoria-See nicht entgehen lassen. Der 34 qkm große See ist ein National Reserve, und für viele der schönste im Graben. Und er ist aufgrund seiner Abgeschiedenheit einer der am wenigsten besuchten.
Der Weg dorthin führt von Kampi ya Samaki wieder zurück nach Marigat. Kurz vor dem Ortseingang zweigt ein ausgeschilderter Weg links ab zum Nordende des Sees.
Unmittelbar hinter seinem Ostufer erheben sich die Wände des *Laikipia Escarpment* bis auf 600 m über den Wasserspiegel, ein wildromantischer Hintergrund für Tausende von Flamingos, Pelikane und Marabus. Letztere stelzen abseits vom großen Pulk im flachen Wasser umher und warten geduldig auf kranke Flamingos, die zum Sterben ans Ufer kommen.
Im Süden des 17 km langen Sees sprudeln *heiße Quellen,* die Fontänen kochenden Wassers bis zu vier Meter hoch in die Luft schießen. Bis jetzt gibt es noch keine sanitären Einrichtungen auf dem als Campingplatz ausgewiesenen Gelände (auch keinen Laden: Selbstversorgung!), dafür aber die Möglichkeit, Kartoffeln und Eier zu kochen! Aber Vorsicht! 1987 ist ein Tourist dabei ausgerutscht und ins kochende Wasser gefallen. Zwar konnte er lebend herausgezogen werden, doch starb er kurz darauf an seinen Verbrennungen.
Besonders schön ist es bei den Quellen bei Sonnenaufgang, wenn die Wasserdampfwolken vor der über der Felswand des Laikipia Escarpments aufgehenden Sonne hochsteigen.
Neben zahllosen Wasservogelarten gibt es hier auch noch Zebras, Klippspringer, Grant-Gazellen und das sonst sehr seltene Kudu.
Zurück nach Nairobi fahren Sie über die stellenweise sehr schlechte Erd-

straße am Seeufer entlang in Richtung Süden. Schon bald erreichen Sie wieder fruchtbarere Gefilde. Sisalplantagen und dichtes Buschland bestimmen jetzt das Bild. Nach etwa 45 km stößt die Straße auf die Ortschaft Mogotio. Geradeaus über die Kreuzung geht es nun rasch durch flaches Farmland nach Nakuru und von dort problemlos weiter nach Nairobi.

Route 7

(Durch den Amboseli- und Tsavo National Park nach Mombasa)

Dies ist die klassische Safari in das Afrika der Kindheitsträume und Reiseprospekte. Löwen, Elefanten und Giraffen und die imposante Kulisse des Mt. Kilimandjaro, des höchsten Berges Afrikas, bekommt man ebenso sicher vor die Kamera wie „malerische" Masai-Hirten und -Herden und — Touristenscharen aus allen Ecken der Welt. Sie kommen meist von den Hotels der Küste hinauf zu einer dreitägigen Luxussafari und düsen hier im Sausetempo, mit Abblendlicht in dichten Staubwolken, von einer Attraktion zur anderen. Die unsäglichen Safari-Kleinbusse mit der komischen Zebralackierung und den „pop-off-roofs" nerven besonders im kleinen Amboseli Park. Sie halten sich nicht an die markierten Wege, sondern preschen forsch querfeldein, sobald sie eine Elefantenherde oder ein paar Geparden entdeckt haben. Afrika wird hier besonders krass vom Massentourismus zum reinen Konsumobjekt degradiert. Das hautnahe Erleben und die Erholung bleiben auf der Strecke.
Während man im Tsavo auch während der Hauptsaison mitunter tagelang keinen Menschen zu Gesicht bekommt, bleibt dies im Amboseli nicht aus. In der Nebensaison ist es allerdings nicht ganz so schlimm.
Für die Durchführung des Trips ist ein robuster Straßenwagen ausreichend. Da sich in der Planung der meisten Keniafahrer ein Badeaufenthalt an der Küste direkt anschließt, empfiehlt es sich, den Wagen bei einem Verleih zu mieten, der über eine Niederlassung an der Küste verfügt, wo man ihn wieder abgeben kann, z.B. „Glory Car Hire" *(→Nairobi, Mietwagen)*.
Wegen der Campingausrüstung empfiehlt sich ein Kombi. Erst wenn mehr als zwei Leute mit von der Partie sind, lohnt sich ein 4WD, der auch schwer beladen kaum Probleme in tiefen Spurrillen hat. In den Parks gibt es bei den Luxuslodges Tankstellen und Werkstätten.
Für den Trip sollten mindestens sieben Tage veranschlagt werden, will man nicht von A nach B hetzen. Mehr

als genug Stellen laden zum längeren Verweilen ein, von manchen mag man sich gar nicht mehr trennen. Die Campingplätze bestehen zum Teil aus nicht mehr als einem Hinweisschild mitten im Busch. Reichlich Wasser ist daher ebenso mitzuführen wie Nahrungsmittel und Getränke. *(→National Parks/Tsavo National Park)*

Amboseli National Park

Hinaus aus Nairobi auf dem Uhuru Highway in Richtung Mombasa und vorbei am Jomo Kenyatta Airport. Bis weit vor die Stadtgrenzen sind die Spuren der Verstädterung sichtbar: überall Autowracks und wilde Mülldeponien, Reklametafeln und Industrieanlagen. In *Athi River,* dem Standort einer Zementfabrik und der zentralen Schlachtanlage der „Kenya Meat Commission", biegt man rechts ab in Richtung *Arusha/Tansania.* Unmittelbar hinter Athi River beginnen die *Athi Plains,* trockenes und kahlgefressenes Weideland der Masai, das von den Schatten der dicken Cumuluswolken verdunkelt wird. Während man sich *Kajiado,* dem Verwaltungssitz des gleichnamigen Distriktes nähert, sind bereits die ersten „manyattas", die pillenschachtelförmigen, aus Schlamm und Dung bestehenden Behausungen der Masai zu sehen. Die meisten sind verfallen, weil ihre Bewohner schon weitergezogen sind.

Vorher wird jedoch *Isinya* passiert. Früher ein Konzentrationslager für gefangene Mau-Mau-Kämpfer, wurde es von den Kirchen unter dem Eindruck der großen Dürre von 1960, die 30 % der Masai-Bevölkerung und 90 % ihres Viehs dahinraffte, in ein Ausbildungszentrum umfunktioniert. Heute werden hier lernwillige Masai in moderner Viehhaltung unterwiesen.

80 km hinter Nairobi liegt Kajiado. Danach wird es allmählich hügeliger. Saisonale Wasserläufe, Termitenhügel zwischen niedrigen Bäumen und Büsche, in denen sich Webervögel eingenistet haben, sind charakteristisch für diese Landschaft. Ab und zu ist etwas Wild zu sehen.

Die dichter werdende Vegetation kündigt den *Namanga-Fluß* an. Und 165 km von Nairobi entfernt liegt schließlich die Grenzstation Namanga. Mitten im Ort markiert ein Schlagbaum die Grenze zu Tansania. Die Asphaltstraße führt weiter nach *Arusha* und zu den populären Safarizielen *Lake Manyara* und *Ngongoro.*

In Namanga selbst gibt es Teestuben und zwei Tankstellen sowie einige Andenkenstände. Der Ansturm der verkaufswütigen Masai erfordert einige Selbstbeherrschung. Wer erst

nachmittags in Nairobi losgefahren ist, sollte hier übernachten, denn die Nacht bricht schnell herein, und die letzten 80 km bis zum Park sind stellenweise ziemlich übel, so daß man jederzeit mit einer Reifenpanne rechnen muß.

Vielleicht stolpern Sie hier über eine etwas skurrile Holländerin mit dem schönen Masai-Namen Nora Ole Sababi. Sie lebt seit zehn Jahren im Ort und läßt eine Gruppe von Masaifrauen „traditionellen" Halsschmuck basteln. Die Glasperlen stammen aus der Tschechoslowakei, von wo sie außerdem an peruanische Indios und nordamerikanische Reservatsindianer gehen. Soviel zum Zauberwort „traditionell". *(→National Parks/Amboseli National Park)*

Unterkunft
„Namanga River Hotel", 22/31 DM, Campingmöglichkeiten 2,50 DM. Gemütlicher alter Kasten aus der Kolonialzeit. Früher war das Haus eine Raststätte auf dem alten Weg von Nairobi nach Arusha.
„Five Star Hotel", 8 DM, nur DZ, unübersehbar im Ort.

Die Fahrt zum *Namanga Gate* des Parks ist etwas eintönig und beschäftigt nur den Fahrer vollauf. Während der Trockenzeit wirbeln Windhosen, die den Staub auch durch die geschlossenen Wagenfenster treiben, durch den Busch. Wenige Kilometer hinter dem Parkeingang liegt rechts bereits die gelbe Fläche des *Amboseli-Sees.* Während der regenlosen Zeit trocknet er nämlich vollständig aus, und die Hitze erzeugt Trugbilder von Wasser und grasenden Tieren.
Der Amboseli National Park besitzt eine der größten Wildkonzentrationen in Afrika. Deswegen, aber auch wegen der unbeschreiblichen Kulisse des Kilimandjaro, der noch einmal über 4000 m aus der Hochebene emporragt, genießt der Park so große Popularität. Bis Anfang der 70er Jahre durften die Masai ihre Herden im Park weiden. Die doppelte Belastung durch Rinder *und* Touristen brachte jedoch das empfindliche Ökosystem ins Wanken. Da die Regierung es sich nicht mit den Touristen verderben wollte, untersagte sie 1973 den Masai das Betreten des Parks. Für diese ist es unbegreiflich, daß die wilden Tiere zu den Quellen dürfen, während sie selbst während der Trockenzeit mit ihren Herden draußen bleiben müssen. Die Situation wurde in jüngerer Zeit etwas dadurch entschärft, daß außerhalb des Parks neue Wasserlöcher angelegt wurden.

In den Tsavo

Die Erdstraße zum Tsavo National Park-West *(→National Parks/Tsavo National Park)* führt durch das Kimana-Gate im Osten des Amboseli Parks und erreicht den Ort *Kimana* nach 35 km. Rechts geht eine Abzweigung nach *Oloitokitok,* einem bunten Marktflecken der Masai, durchaus einen kleinen Abstecher wert. Zum *Chyulu Gate* des Tsavo-East biegt fünf Kilometer hinter Kimana eine neue Erdstraße links ab. Kurz vor dem Parkeingang verläuft, scheinbar unüberwindbar, ein mächtiger Strom aus schwarzer, erkalteter Lava. Sie stammt vom „Shaitani“ (Kisw. für „Teufel“), einem Vulkan am südlichen Ende der Chyulu Hills. Er soll erst in den letzten 100 Jahren entstanden sein.

Diese Route kann in drei bis vier Stunden bewältigt werden. Mehr Zeit braucht, wer den Amboseli durch das nördliche *Lemeiboti Gate* nach *Emali* verläßt. Auf halbem Weg biegt man in Makutano rechts ab auf eine sehr große, mit Steinen und Felsbrocken übersäte Erdpiste, die in die Chyulu Hills hinaufführt. Spätestens hier braucht man einen 4WD. Der Pfad windet sich über bewaldete Bergrücken und gibt an einigen Stellen den Blick auf das wie eine dunkle Mauer im Osten aufragende *Yatta Plateau* frei. Angeblich ist diese Hochebene der längste Lavastrom der Welt. Am südlichen Ende kommt die Piste am „Shaitani“ vorbei und mündet schließlich in den kürzeren Weg zum Chyulu Gate.

Von hier führt der Weg direkt zur *Kilaguni Lodge.* Sie ist eine der luxuriösesten Safari-Hotels Kenias bezüglich Komfort und Großwild-„Konsum“. West- und Ostteil des Tsavo National Parks bedecken zusammen eine Fläche von über 20 000 qkm, was der Größe von Rheinland-Pfalz entspricht. 60 verschiedene Säugetier- und über 500 Vogelarten tummeln sich hier. Insgesamt 2000 km mit Straßenwagen befahrbare Wegstrecke führt durch das Gelände. Niemand geht verloren, denn die Strecken sind vorbildlich ausgeschildert. Außer den Luxuslodges gibt es an allen sehenswerten Stellen auch Campingplätze und Hütten für Selbstversorger mit Toiletten und Duschen.

Ein großer Teil der Parkbesucher steigt in der „Kilaguni Lodge“ ab. Gewöhnlich ist die Luxusherberge voll; die Preise sind gepfeffert. Von der großzügig angelegten Aussichtsterrasse genießt man einen schönen Blick in die offene, von sanften Hügelketten eingerahmte Savanne. Die rote Lateriterde und das versengte Gelb der Grasebene bilden die Bühne für den täglichen Aufmarsch der tierischen Statisten am nahegelegenen Wasserloch — für einen kurzen Besuch bei Kaffee und Kuchen sind Lodges wie diese gut. Für das Erleben der afrikanischen Landschaft sind sie Gift.

Kilaguni (und der Campingplatz am Chyulu Gate) liegen im Zentrum eines gut ausgebauten Streckennetzes. Gegen Osten führen verschiedene Wege durch Elefantengebiet und entlang der Roaring Rocks (sagenhafter Ausblick, aber Vorsicht bei Katzengeruch) durch das *Ngulia Valley* zur *Ngulia Lodge.* Wie ein Felsennest klebt sie genau auf der Kante eines 600 m in die Tiefe abstürzenden Steilabhangs und bietet wunderschöne Ausblicke in das zu Füßen liegende, mit Büschen und niedrigen Bäumen bestandene Tal des Tsavo-Flusses.

Südlich von Kilaguni befinden sich die *Mzima Springs,* eine Reihe von Quellteichen mit kristallklarem Wasser. Ihr Ufer wird umsäumt von mächtigen Papyrusstauden. Drei oder vier Flußpferde fristen hier ein träges Dasein. Insgesamt ist der Ort sehr reizvoll, doch von Touristen so überlaufen, daß man sich mehr im Disneyland als in der freien Natur wähnt. Ganz in der Nähe befindet sich auch *Poachers Lookout*. Dies ist ein kleiner Hügel vulkanischen Ursprungs, von dessen Kuppe sich ein schöner Ausblick auf die umliegende Landschaft und bei klarem Wetter hinüber zum Mt. Kilimandjaro bietet.

Andere lohnende Ausflüge von Kilaguni: *Lake Chala,* ein tiefer Kratersee, durch dessen Mitte die Grenze nach Tansania verläuft. Man kann auf dem Kraterrand spazierengehen und die Aussicht hinab in die flache Savanne genießen oder auf einem schmalen, sandigen Pfad die Kraterinnenwand bis zum Wasser hinabsteigen. Am Ende des Pfads liegt eine wackelige Anlegestelle. Sie wurde seinerzeit von einem Vermessungstrupp gebaut. Beim Baden in dem herrlich klaren Wasser Vorsicht vor Krokodilen!

Lake Jipe

Südlich vom Lake Chala gelegen und ebenso wie dieser von der Grenze geteilt. Man erreicht ihn entweder über die Grenzstadt Taveta oder über die Strecke durch den *Tsavo.*

Der See liegt am Fuße der *Pare-Berge* und ist ca. 50 qkm groß. Am Rangerposten direkt am Seeufer gibt es einen Campingplatz und sanitäre Anlagen. Wegen des hohen Schilfdickichts ist es unmöglich, ans Wasser zu kommen. An den Stellen, wo die Flußpferde nachts zum Grasen auf den Campingplatz kommen, sind tunnelförmige Öffnungen im Schilf. Ein komisches Gefühl, wenn eines dieser Ungetüme in der Dunkelheit das Gras um das Zelt herum mit seinen Hauern abmäht!

Von Kilaguni gibt es mehrere Möglichkeiten der Weiterreise. Wer inzwischen keine Lust mehr auf Fauna und Flora hat, der kann den Tsavo-West via Ngulia Valley durch das *Tsavo Gate* im Osten verlassen und ist

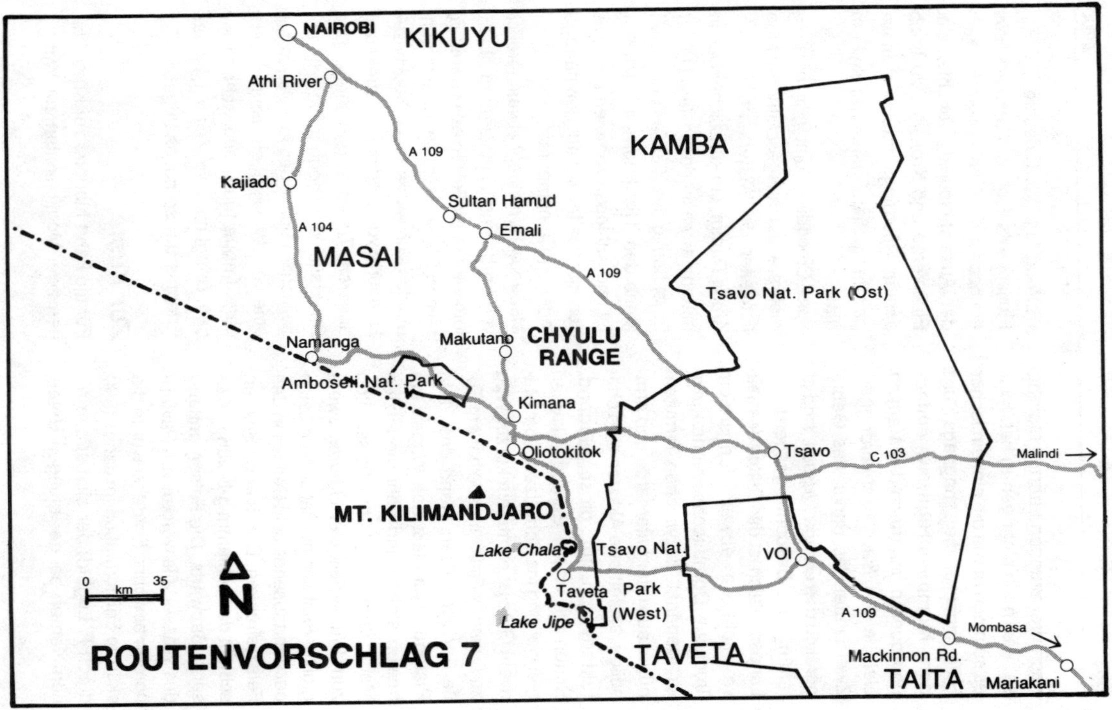

ROUTENVORSCHLAG 7

nach drei Stunden Fahrt in Mombasa. Wer noch nicht genug hat, kann es so machen wie die einheimischen Safarifanatiker, die „shagbags", und den Mombasa-Highway einfach überqueren und durch das *Manyani Gate* in den *Tsavo East* vordringen. Zwei Drittel des Parks, das Gebiet nördlich des *Galana Flusses,* sind allerdings für Besucher gesperrt.

Landschaftlich ist der Ostteil des Tsavo nicht so abwechslungsreich. Trockene Dornbuschsavanne, „nyika" genannt, dazwischen Termitenhügel aus roter Lateriterde und armselige, skelettierte Akazien sind charakteristisch für diese Gegend. Schon die ersten Europäer kamen hier gehörig ins Schwitzen. Vom Manyani Gate ist es nur ein kurzer Weg zu *Lugard's Falls,* unmittelbar am Fuße der schwarzen Wand des Yatta Plateaus. Man läßt den Wagen am besten stehen und geht die letzten Meter über die glatten Felsspalten zum Wasserfall. Der *Galana,* zweitgrößter Fluß Kenias, hat sich im Laufe der Jahrtausende sein Bett tief in den Fels gefressen. Durch enge Spalten schießt das schlammig-braune Wasser flußabwärts. Die Felsen entlang des Wasserfalls werden von Pavianhorden bewohnt. Entdeckt wurde die skurrile Felsformation im Jahre 1890 durch F. Lugard, der sich später einen Namen bei der blutigen Unterwerfung Ugandas machte.

Flußabwärts liegt der *Crocodile Point,* ein hoch auf der Felsenkante liegender Aussichtspunkt. Von hier sind Flußpferde und Krokodile zu beobachten. Allerdings braucht man wegen der großen Entfernung ein Fernglas.

Vom Crocodile Point gibt es noch mehrere gut ausgeschilderte Möglichkeiten der Weiterfahrt.

Aruba Damm: ein künstlicher See inmitten der wasserlosen *Taru Desert.* Er ist häufig das Ziel riesiger Elefantenherden. Nicht nur sie, auch Büffel und Antilopen kommen zum Grasen nicht selten bis auf den nahegelegenen Campingplatz.

Mudanda Rock: liegt etwas nördlich von Aruba und ist ein anderthalb Kilometer langer Felsen aus Granit. Zu seinen Füßen liegt ein Wasserloch, um das sich während der Trockenzeit Hunderte von Elefanten, Büffeln und anderen Tieren versammeln. Das Spektakel kann bequem von der abgeflachten Spitze des Felsens, wohin eine vom Wasserloch nicht einsehbare Treppe führt, beobachtet werden. Bringt man viel Zeit mit, ist das Erlebnis um so nachhaltiger.

Zur Küste

Für die Fahrt hinunter zur Küste stehen zwei Möglichkeiten zur Wahl:

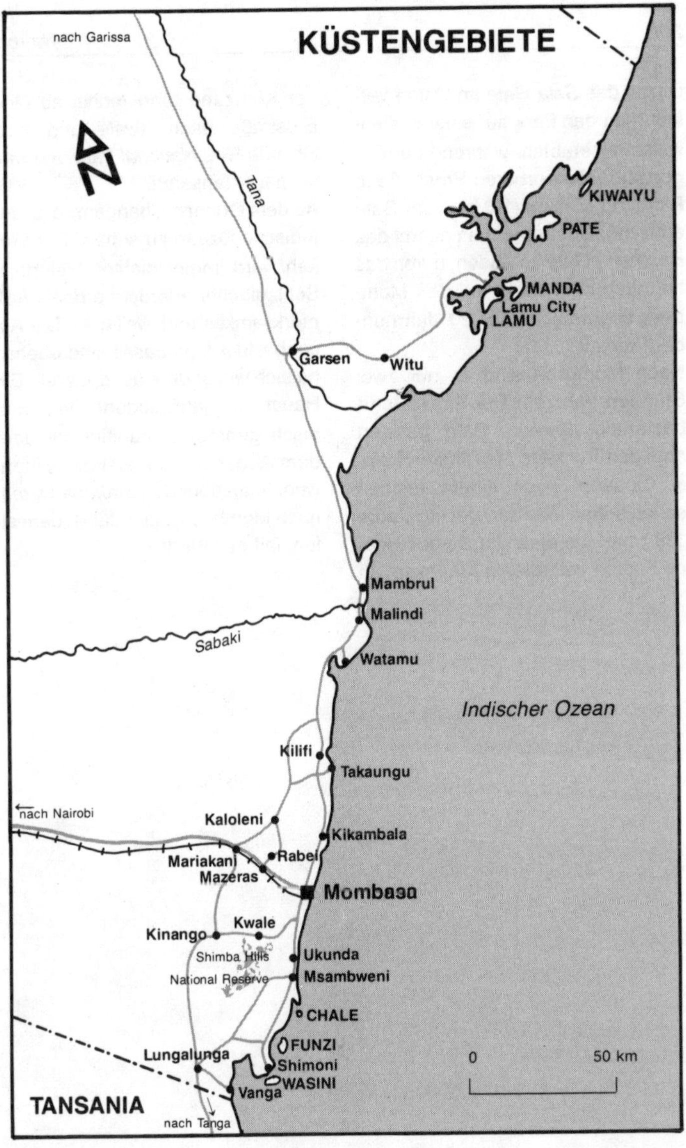

KÜSTENGEBIETE
nach Garissa
N
Tana
KIWAIYU
PATE
MANDA
Lamu City
LAMU
Garsen
Witu
Mambrul
Malindi
Sabaki
Watamu
Indischer Ozean
Kilifi
Takaungu
nach Nairobi
Kaloleni
Kikambala
Mariakani
Rabei
Mazeras
Mombasa
Kwale
Kinango
Ukunda
Shimba Hills
National Reserve
Msambweni
CHALE
FUNZI
Lungalunga
0
50 km
Shimoni
WASINI
Vanga
TANSANIA
nach Tanga

Durch das *Sala Gate* im Osten verläßt man den Park auf einer stellenweise miserablen, während der Regenzeit unbefahrbaren Erdstraße in Richtung Malindi (110 km vom Gate entfernt). Oder aber man nimmt das *Buchuma Gate* im Süden, durch das hindurch man sofort auf den Mombasa Highway und ins 20. Jahrhundert kommt.

Nach Mombasa sind es nur zwei Stunden Fahrzeit. Die Straße führt beständig abwärts. Bald passiert man den Truckstop *Mackinnon Road,* so benannt nach einem reichen schottischen Reeder, der im Jahre 1883 hier die erste Trasse auf eigene Kosten verlegte. In *Mariakani* an der Kreuzung führt rechts ab eine Erdstraße nach *Kwale* und zum *Shimba Hills National Park* und weiter nach Tansania.

Ab dem Örtchen Changamwe ist der Indische Ozean zu sehen. Der Verkehr wird immer dichter. Metertiefe Schlaglöcher erfordern erhöhte Aufmerksamkeit und Weitsicht. Die Außenbezirke *Mombasas* sind ebenso häßlich wie andere auf der Welt. Ein Hauch der jahrhundertealten, arabisch geprägten Tradition ist über dem Abgasgestank erst zu spüren, wenn man über den *Makupa-Damm* nach Mombasa Island fährt, dem alten Teil der Stadt.

Mombasa

„Nähert man sich mit dem Schiff der Küste, bietet Mombasa, wie es sich schaum- und farbenumhüllt aus dem Meer erhebt, einen entzückenden Anblick."
So beschrieb Winston Churchill die Stadt, als er im Jahre 1908 zu einem Besuch des damaligen Protektorats hier an Land ging. Bis in die sechziger Jahre war Mombasa für die Mehrzahl der Besucher das „mlango wa Kenya", das Tor nach Kenia. Inzwischen hat der Flugverkehr den Passagierschiffsverkehr vollständig abgelöst, und der Wahlspruch im Wappen der Stadt gilt nun ihrer Bedeutung als Umschlagplatz und Transithafen ganz Ostafrikas.
Die etwa 500 km lange Mombasa Road, über die die meisten die Stadt von Nairobi aus erreichen, ist die wirtschaftliche Lebensader Kenias, Ugandas und Ruandas. Mit dem Pkw benötigt man 6-7 Stunden bis zur Küste.
Für von Mombasa Kommende: 37 km vor Nairobi liegt der „Small World Country Club", ein Motel mit schönem Restaurant und stets gutbesuchter Freiluftdisco. Geeignet für Leute, die erst spät von Mombasa weggekommen sind und nicht nach Einbruch der Dunkelheit in Nairobi ankommen möchten.
Immer wieder bieten sich prachtvolle Ausblicke in das vor einem liegende, in riesigen Stufen zum Indischen Ozean abfallende Land. Manchmal läßt die Weite der Savanne die Wölbung der Erdkugel erkennen. Entlang der Straße liegen die Rastplätze „Hunter's Lodge", „Tsavo Inn" und „Maneaters". Hier hat vormals ein nach Menschenfleisch geradezu süchtiges Löwenpärchen den Bau der Ugandabahn wochenlang aufgehalten. Wer je nach Chicago kommt: Im dortigen „Field Museum" sind die beiden Löwen heute zu besichtigen, ausgestopft und mottenzerfressen.
In den Moscheen und Tempeln von *Makindu* und *Mackinnon Road* bekommt man gegen einen Obolus in die Kasse ein Essen, meist Gemüse und Reis, angeboten. Hinter Makindu verkaufen Kinder leckeren Honig, den man sich nicht entgehen lassen sollte. Ab hier sind bei klarem Wetter rechts von der Straße die über den Wolken liegenden Schneefelder des Mt. Kilimandjaro zu erkennen.
Mit über 400 000 Einwohnern ist Mombasa heute die zweitgrößte Stadt des Landes. Längst hat sie ihre Stadtgrenzen von der vorgelager-

ten Koralleninsel auf das Festland ausgedehnt und wächst mit einem Tempo von 3,5 % jährlich weiter.

Die Altstadt mit ihren Gassen und Gäßchen, das Herz Mombasas, liegt am südöstlichen Ende der Insel. Der Weg dorthin führt „moja kwa moja", immer geradeaus durch die nach 1930 entstandenen Geschäfts- und Wohnviertel.

Wer direkt aus Nairobi kommt, fühlt sich in den Orient versetzt. Die Bevölkerung ist vielfältig. Die Swahili stellen den ältesten Bevölkerungsanteil. Die Definition, wer eigentlich Swahili ist und wer nicht, ist schwierig, doch als Faustregel gilt: Jede(r), die (der) Kiswahili spricht, afrikanischer und/oder arabischer bzw. asiatischer Herkunft ist, dem Islam anhängt und sich selbst als Mswahili bezeichnet, gehört den Swahili an. In alter Zeit teilten sie sich die politische Herrschaft mit den Arabern. Unter den Briten verloren sie an Einfluß.

Die Zahl der Araber in Mombasa ist rückläufig. Sie gehen allmählich in der afrikanischen Bevölkerung auf. In der Altstadt leben allerdings noch einige Familienclans, wie z. B. die *Mandhrys,* von hohem sozialen Ansehen. Angehörige der aus Oman stammenden Familien bekleideten unter den Briten hohe Verwaltungsämter. Heute sind sie meist im Handel und in selbständigen Berufen anzutreffen. Niedriger gestellt sind die aus Hadramaut im Süden der arabischen Halbinsel stammenden Hadrami und die Jemeniten. Im 17. Jahrhundert kamen sie hierher, teils als Söldner in Diensten Omans, teils als kleine Händler und Saisonarbeiter. Heute sind sie meist im Kleinhandel tätig.

Ferner gibt es rund 30 asiatische Gruppen, die sich entsprechend ihrer Kasten- oder Sektenzugehörigkeit und ihrer Muttersprache strikt voneinander abgrenzen. Die meisten von ihnen lebten bereits während der Mazrui-Zeit im 18. Jahrhundert hier, noch bevor die Briten „ihre" Asiaten zum Bau der Eisenbahn importierten. Es gibt auch eine kleine goanesische Gemeinschaft. Ihre Vorfahren kamen bereits mit den ersten Portugiesen aus deren indischen Kolonie Goa herüber. Als einzige asiatische Gemeinde sind die Goanesen römisch-katholischen Glaubens. Heute mischen sie im Big Business mit.

Zusammen mit den Menschen afrikanischer Herkunft also ein buntes Bevölkerungsgemisch. 40 % sind Moslems der sunnitischen und schiitischen Richtung, 40 000 Menschen sind Hindus, der Rest gehört den verschiedenen christlichen Konfessionen an.

Die Nähe zur arabischen Welt zeigt sich auch in den Kleidungssitten. Ebenso häufig wie Jeans und T-Shirts werden noch traditionelle Kleidungsstücke getragen. Bei den Swahili-Frauen beliebt ist der Kanga, ein bunt bedrucktes Tuch aus Baumwolle. Der Druck geht mit der Mode. Die Motive stammen aus dem arabisch-indischen Raum. Entlang des Saumes zieht sich häufig ein zweideutiger oder frivoler Sinnspruch auf Kiswahili, früher in arabischen, heute in lateinischen Lettern. Kangas werden sowohl als Röcke und Umhänge getragen wie auch als Babytragen oder Kartoffelsäcke verwendet. Auf der Straße tragen viele Frauen noch den Buibui, einen schwarzen Umhang, der Körper und Gesicht vor fremden Blicken schützen soll. Allerdings wird das Schleiergebot in Kenia recht großzügig gehandhabt.

Das traditionelle Gewand der Männer ist der Kanzu. Dies ist ein meist weißes Gewand mit langen Ärmeln und nach innen genähten Taschen. Der Kikoi stammt aus Hadhramaut. Er ist bunt und längs gestreift und wird um die Hüften gewickelt. Heute importiert man ihn aus Somalia. Auch außerhalb der Gebetszeiten tragen viele Männer die Kofia, ein rundes Gebetskäppchen, meist in billiger Ausführung, manchmal aber noch mit der traditionellen Seidenlochstickerei. Bei Hochzeiten und anderen feierlichen Anlässen lassen sich die Frauen Hände und Füße mit kunstvollen Mustern aus Hennafarbe bemalen.

Geschichte

Mombasa blickt auf eine lange, schriftlich belegte Geschichte zurück. Erstmalig erwähnt wird die Stadt im „Periplus der Erythräischen See" im ersten Jahrhundert n. Chr., später in der berühmten Chronik von Kilwa. Sie setzt im 12. Jahrhundert ein.

Der Kern der Siedlung „Manbasa" oder „Al Mambasi" liegt geschützt auf einer vorgelagerten Koralleninsel, die auf drei Seiten vom Festland umgeben ist. Dies machte sie bei Persern und Arabern als Ankerstelle sehr beliebt. Bis zur Ankunft der Portugiesen hatte sich Mombasa zur größten Stadt an der Küste entwickelt. 10 000 Menschen afrikanisch-arabisch-persischer Herkunft lebten in zwei- bis vierstöckigen Steinhäusern und bezogen ihren Wohlstand aus einem festgefügten Handelsnetz im Indischen Ozean.

Den Portugiesen bereitete Mombasa keinen freundlichen Empfang *(→Geschichte Kenias)*. Als Vergeltung plünderten diese die Stadt 1505, 1528 und 1589. Ihre Unabhängigkeit verlor die Stadt endgültig, als ein Feldzug gegen das mit Portugal verbündete Malindi scheiterte. 1593 setzten die Portugiesen der Bevölkerung das mächtige Fort Jesus vor die Nase. Von seinem hohen Korallenfelsen bewachte die Festung den Zugang zum Hafen, und von einem landeinwärts blickenden Wachturm behielt der portugiesische Kommandant die Residenz des von ihm eingesetzten Scheichs im Auge.

Denn die Herrschaft der Europäer stand von Anfang an auf wackeligen Beinen. Mit Bündnissen, Intrigen und Repressalien gegen die Bevölkerung hielten sie sich die nächsten 100 Jahre mühsam über Wasser und überstanden so eine Serie von Revolten und Bevölkerungsverschiebungen, in deren Gefolge immer wieder neue Feinde an die Stadttore klopften.

Im Dezember des Jahres 1698 schließlich war es dann soweit: Die Truppen des Sultans von Oman eroberten das Fort nach dreijähriger Belagerung und machten die Besatzung bis auf den letzten Mann nieder. Der Sultan setzte zur Verwaltung seines neuen Besitzes Statthalter ein. Diese behagten den alteingesessenen Scheichs nur wenig. Die aus Oman stammende Familie der Mazrui konnte sich jedoch behaupten, sagte sich von Oman los und führte Mombasa zwischen 1735 und 1837 einem neuen wirtschaftlichen und kulturellen Höhepunkt zu. Zu Beginn des 19. Jahrhunderts war Mombasa eine von Swahili bewohnte Stadt, die gemeinsam von einer arabischen Dynastie und einheimischen Swahili-Notabeln regiert wurde.

Der Niedergang begann 1813, als ein Feldzug gegen Lamu im Norden scheiterte. Aus Angst vor Vergeltung nahm Oman, vom Ältestenrat Lamus zu Hilfe gerufen, die Gelegenheit wahr und eroberte Mombasa 1837. Die Stadt wurde nun in ein straffer organisiertes politisches und wirtschaftliches System eingegliedert ...

In diese Zeit fallen die ersten vorsichtigen Gehversuche der christlichen Missionare. In *Rabai* auf dem Festland gründeten im Jahre 1846 die deutschen Missionare Rebmann und Krapf *(→Geschichte/Entdeckungen)* die erste Missionsstation in Ostafrika. 30 Jahre später errichtete ein Engländer namens Bartle Frere eine Missionsstation gleichen Namens in Nyali, die vor allem entlaufene Sklaven aufnahm. Dies geschah natürlich nicht nur aus reiner Nächstenliebe, viele von ihnen wurden gezielt als Missionare ausgebildet, damit sie später den Katechismus ins Landesinnere trugen.

Mombasa war Ausgangspunkt für Handelskarawanen und europäische

Forschungsexpeditionen ins Landesinnere. Arabische und Swahili-Sklavenhändler zogen bis in den Osten des heutigen Zaire, später folgten ihnen die europäischen Forschungsreisenden. Zwischen 1895 und 1907 war Mombasa Verwaltungssitz des „British East African Protectorate". Die Sklaverei wurde 1907 endgültig abgeschafft.

Durch die Verlegung der Verwaltungsaktivitäten nach Nairobi verlor Mombasa vorübergehend seine Bedeutung, gewann sie aber durch den neuen Tiefseehafen Kilindini im Süden der Insel wieder zurück. Die Stadt wurde Anziehungspunkt für Menschen aus dem ganzen Land. Weit mehr Personen als durchschnittlich für Gesamt-Kenia errechnet, nämlich gut 25 %, sind im Industrie-, im Dienstleistungs- und im Transport- und Kommunikationssektor beschäftigt. Der Rest bzw. die Mehrheit hält sich irgendwie im informellen Sektor über Wasser und bevölkert die Armen-Quartiere auf dem Festland oder übernachtet in den Hauseingängen und Hinterhöfen der Innenstadt.

Zu Fuß auf Entdeckungstour

Außerhalb der Altstadt gibt es kaum Sehenswürdigkeiten von Interesse. Für einen Bummel im ältesten Teil Mombasas nimmt man sich am besten einen ganzen Tag Zeit — wobei man die Mittagshitze tunlichst im Schatten bei einer Schale Tee mit Ingwer verbringt. „No-go-areas" gibt es natürlich auch hier. Zu nennen wäre besonders die Gegend im Bereich des alten Hafens.

Ausgangspunkt soll das beliebte „Castle Hotel" an der *Moi Ave.* sein. Die Terrasse der im Kolonialstil erbauten Herberge ist seit jeher der Treffpunkt von Touristen, Seeleuten und Prostituierten. In letzter Zeit steigen vorzugsweise Herrenclubs aus Deutschland im „Castle" ab. Die Leitung ist in einem Dilemma: Als traditionsreiches Etablissement ist es auf seinen guten Ruf bedacht und will nicht zur Edelabsteige verkommen. Andererseits konzentriert sich der Tourismus immer mehr auf die großen Strandhotels außerhalb der Stadt, so daß die Gäste ausbleiben. Daher ist man nicht mehr allzu wählerisch mit seinen Gästen. Fazit: Die Prostituierten, „malayas" genannt, dürfen zwar auf der Terrasse sitzen, aber nicht selbst mit den Gästen Kontakt aufnehmen. Die könnten sich ja belästigt fühlen. Mehr oder weniger ungenierte Fleischbeschau ist die Folge, denn man darf sich sicher fühlen und lauthals über die hervorra-

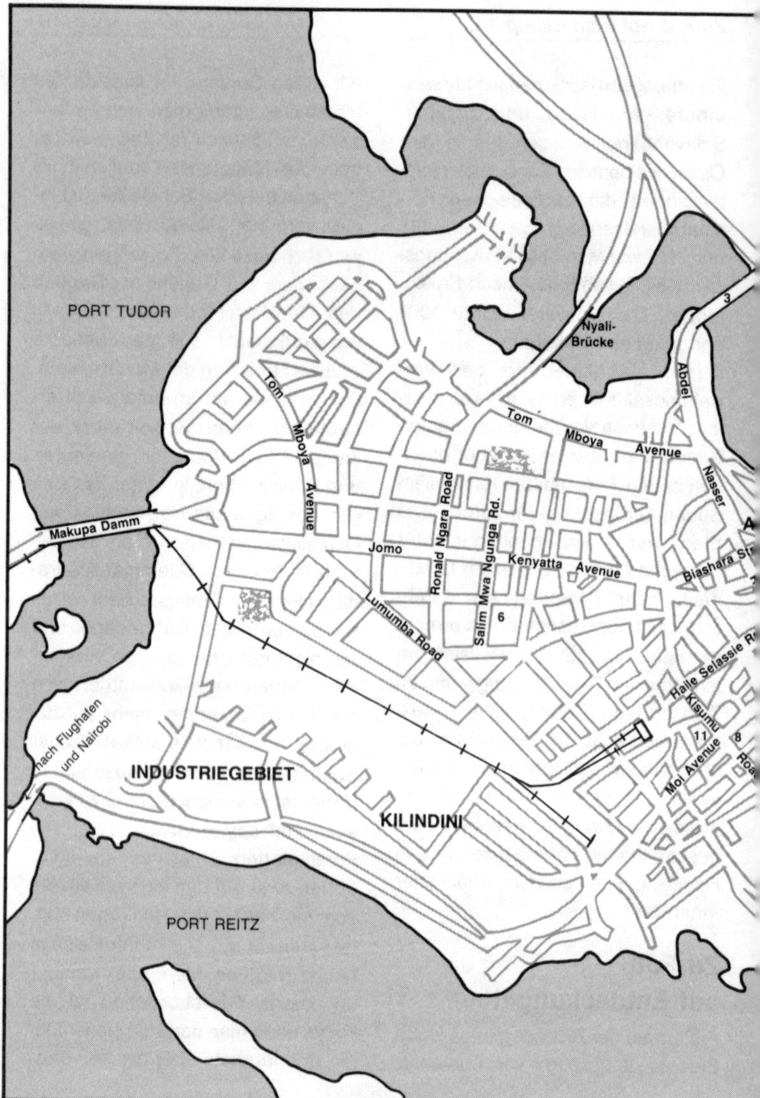
PORT TUDOR
Nyali-Brücke
3
Abdel
Tom Mboya Avenue
Nasser
Makupa Damm
Jomo
Ronald Ngara Road
Salim Mwa Ngunga Rd.
Kenyatta Avenue
Biashara St
Lumumba Road
6
Haile Selassie R
Kisumu
11
8
Moi Avenue
nach Flughafen und Nairobi
INDUSTRIEGEBIET
KILINDINI
PORT REITZ

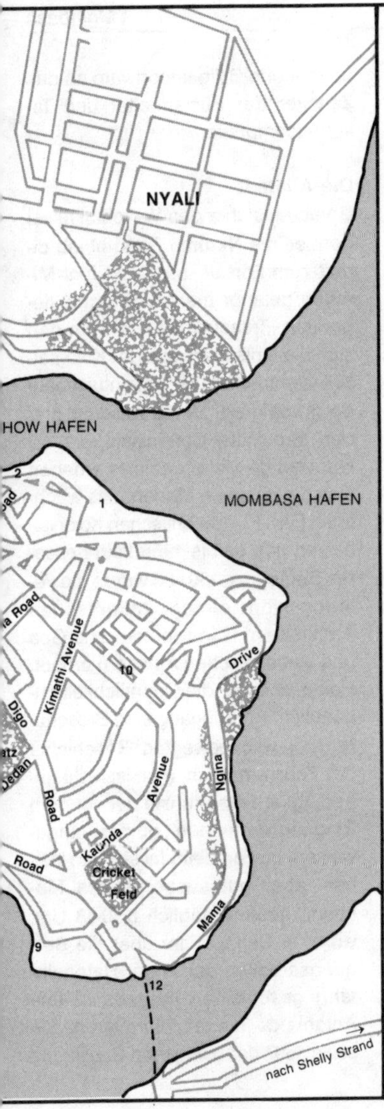

MOMBASA ISLAND

Legende:

1. Fort Jesus Museum
2. Bohra Mosque
3. Alte Brücke (außer Betrieb)
4. Markt
5. Post
6. Makupa Markt
7. British Council
8. Tusks (Stoßzähne — Mombasas Stadtsymbol)
9. Mbaraki Säule
10. YMCA
11. Touristen-Information
12. Likoni Fähre

genden Eigenschaften der Mädchen schwadronieren.
An der Moi Ave. sind die meisten der Schiffahrtsagenturen, Autovermietungen, Bars und Restaurants zu finden. Die langen Reihen der Souvenirstände verbauen regelrecht den Weg auf dem Bürgersteig. Mitunter ist es schwer hindurchzukommen, ohne sich den Weg freigekauft zu haben. Aus Mombasa über die Moi Ave. hinaus Richtung Kilindini überspannen vier überdimensionale Elefantenzähne aus Blech die Straße. Sie wurden aus Anlaß des Besuches von Prinzessin Elisabeth (der späteren Queen) im Jahre 1952 errichtet und sind das Wahrzeichen der Stadt.
Rechts vom „Castle" gelangt man zunächst zu einem Verkehrskreisel. Entlang der *Digo Road,* der Nord-Süd-Achse der Stadt, liegen die meisten Kirchen, Moscheen und Tempel. Dazwischen stehen moderne Regierungsgebäude, das Central Post Office mit seinen Schließfachreihen und Briefmarkenautomaten aus der Kolonialzeit und weiterhin die städtische Markthalle mit ihrem geordneten Chaos. Der Geruch von geröstetem Mais und Cassava liegt in der Luft. Straßenhändler bieten Kokosmilch, Mango- und Zitrusfrüchte, Schnürsenkel, Zigaretten, Kaugummi und Türschilder an. In den Schaufenstern erinnert die ausgelegte überteuerte Billig-Importware an das Zeitalter der Büstenhalter und Taschencomputer.

Die Altstadt

Geradeaus über den Verkehrskreisel geht es die Nkruma Road hinab direkt zum Fort Jesus. Nach fünf Minuten gelangt man zum rechts liegenden „Treasury Square", um den sich die typischen, aus der Kolonialzeit stammenden Verwaltungsgebäude gruppieren. Heute residiert hier der „Provincial Commissioner".
Nur wenige Meter dahinter erheben sich die düsteren Mauern des wuchtigen Fort. Für die britischen Kolonialherren gab es bis 1958 kein besseres Gefängnis. 1591-93 wurde die Festung von einem italienischen Architekten, Handwerkern aus Goa und einheimischen Arbeitern erbaut. Heute ist es für die Öffentlichkeit zugänglich. Am Eingang sind Broschüren zur wild bewegten Geschichte des Forts erhältlich, man ist nicht unbedingt auf die Dienste der vor dem Eingang wartenden „guides" angewiesen. Im Fort befindet sich ein kleines, aber gut ausgestattetes Museum, geöffnet täglich 8.30-18 Uhr, wo u. a. Schaubilder über die Bergungsarbeiten der in der Hafeneinfahrt gesunkenen Fregatte „Santa Antonia de Tanna" informieren. Sie sollte 1697 der belagerten Besatzung

des Forts zu Hilfe kommen, wurde aber von den Kanonen der Omani versenkt. Aus der ferneren Vergangenheit Mombasas sind vor allem Scherben persischer und indischer Keramik sowie chinesisches Porzellan zu sehen.
Gegenüber vom Fort beginnt die Altstadt, die man über die alte Hauptstraße, die „ndia kuu", betritt. In alter Zeit lagen hier die wichtigsten Handelskontore und Geschäfte, und heute sind immer noch Gewürzhändler, Goldschmiede und Seidenhändler bei der Arbeit zu sehen.
Von der „ndia kuu" zweigen zahlreiche, für Autos zu schmale Gassen ab. Sie führen in die Hinterhöfe und zu kleinen, als Versammlungsorte genutzten Plätzen. Oder man steht unversehens vor einer der rund fünfzig noch als solche genutzten Swahili-Moscheen der Stadt. Im allgemeinen sind sie sehr schlicht gehalten. Ihr weißgekalktes Inneres wird durch Pfeiler und Bögen unterteilt. Viele Moscheen besitzen kein Minarott, so daß der Muezzin, zumindest früher, die Gläubigen vom Dach zum Gebet rufen mußte. Die älteste noch benutzte Moschee ist die vom Mandhry-Clan aus Oman erbaute *Mandhry-Moschee* von 1570. Sie befindet sich an der Bachawy Rd., in der Nähe des alten „Government Square". Wegen ihres klobigen Minaretts ist sie leicht zu erkennen. Von ihrer Spitze bietet sich ein Blick in eine andere Zeit. Vor dem Betreten dieser wie auch jeder anderen Moschee müssen die Schuhe ausgezogen werden. Männer haben lange Hosen und Frauen die Knie bedeckende Röcke zu tragen.
Die wichtigsten Feste der kenianischen Moslems sind Idd-ul-Fitr, ein Fest, das den Fastenmonat Ramadan beendet, und „Maulidi al Nabi", der Geburtstag des Propheten.
Das Bild der Altstadt beherrschen die im sog. „Zanzibar-Stil" erbauten Steinhäuser der Oman-Araber und alteingesessenen Asiaten. Ihre Vorderfront schmücken handgeschnitzte Holzvorbauten und kleine vergitterte Fenster, deren Holzläden während der Mittagshitze vollständig geschlossen werden können. Damals ließen die Frauen ihre Körbe von den Holzbalkonen an einem Seil auf die Straße herab, um bei Straßenhändlern Lebensmittel einzukaufen. Viele Häuser haben ein Flachdach, das von den Bewohnern als Terrasse benutzt wird. Im Erdgeschoß ist es meist dunkel und stickig. Früher lebten hier die Sklaven und Diener, während die Herrschaft in den oberen Etagen residierte.
Für Fremde nicht zu erkennen ist die Einteilung der Altstadt in mehrere Stadtviertel, *mitaa (Sing. mta).* Ihre

Bewohner organisieren Feste und gemeinnützige Aktivitäten. Jedes Viertel trägt einen Namen, der sich auf die Herkunft, das Alter des Viertels oder auf ein mit ihm zusammenhängendes wichtiges Ereignis bezieht. Früher bildeten die Mitaa Schutz- und Solidaritätsgemeinschaften, die auf verwandtschaftlichen Beziehungen beruhten; heute nehmen sie auch Zuwanderer auf.

Im Norden der Altstadt dominieren die einfachen, von den Swahili und Hadhrami bewohnten Lehmbauten mit ihren Palm- und Wellblechdächern.

Von der Hauptstraße zweigen nach einigen hundert Metern schmale Gassen links ab zum „Government Square". Hier liegen das Zollhaus, mit Truhen, Messingwaren und kostbaren Teppichen handelnde Geschäfte und der Fischmarkt. Das Verbotsschild am Hafeneingang ist nicht allzu ernst zu nehmen, wohl aber sollte man besser nicht fotografieren. Im Hafenbecken liegen alte, verrostete Pötte. Immer noch gehen hier aber auch die alten arabischen Segelschiffe vor Anker, Überbleibsel aus einer großen Seefahrerzeit. Hartnäckig wird jedes dieser Segelschiffe, ganz gleich, welche Größe und Form es hat, von nautisch Unkundigen als *Dau* (engl. dhow) bezeichnet. Dabei ist die Dhow nur ein kleines, unscheinbares Boot für den Fischfang. Daneben gibt es z. B. die *Jahazi,* die das ganze Jahr über in der Küstenschiffahrt eingesetzt wird. In Lamu oder Somalia gebaut, ist sie an den geflochtenen Palmblattmatten zu erkennen, die als Spritzschutz bei hohem Wellengang an ihren Seiten hochgezogen sind. Gestern wie heute ist die Jahazi für die Versorgung der nördlichen Inseln und Küstenorte unentbehrlich. Die größeren, hochseetüchtigen Segelschiffe *Sambuk* und *Boom* aus dem persischen Golf und Indien laufen Mombasa mit dem „Kaskazi", dem Nordostmonsun, im Dezember an. Sie bringen vor allem Datteln, Teppiche und Truhen mit. Mit dem Südostmonsun, dem „Kusi", verlassen sie die kenianische Küste wieder, schwer beladen mit Mangrovenhölzern, Getreide und Limonen.

Als alte, kosmopolitische Stadt besitzt Mombasa auch eine Menge indischer Tempel. Meist von der Straße durch eine Häuserfront abgeschirmt, stehen sie am Rand des Altstadtbezirks, in jenen Vierteln, in denen sich die mit den Briten ins Land gekommenen indischen Einwanderer ansiedelten. Der schönste dieser Tempel ist der *Jain-Tempel* der gleichnamigen Hindu-Sekte an der Langoni Road. Er besteht fast ausschließlich aus blendend weißem Marmor und steht in der Mitte einer

Plattform, die bei Festen von Tausenden bunter Glühbirnen erleuchtet wird. Der Tempel ist frei zugänglich, beim Betreten müssen jedoch die Schuhe ausgezogen werden. Die Treppe zum Tempelinnern wird von zwei Elefantenstandbildern bewacht. Auch der blanke Fußboden, die Balustraden und die Pilaster sind aus Marmor. Der Duft exotischer Räucherstäbchen steigt in die Nase. Die Gläubigen lassen sich beim Gebet nicht stören.
Das wichtigste Fest der Hindus ist das *Diwali-Fest*. Es wird anläßlich der Wiederkehr des Gottes Rama nach einjährigem Exil gefeiert. Die Hindugemeinde Mombasas wie auch der anderen Städte im Land feiert es mit Feuerwerken und Geschenkopfern. Es findet im Oktober/November statt und kann auch von Andersgläubigen besucht werden.

Praktische Tips

Ankunft auf dem Bahnhof

Der Nachtexpreß aus Nairobi erreicht den verschlafenen Bahnhof Mombasas zwischen sieben und acht Uhr morgens. Mit dem teuren Taxi in den nur anderthalb Kilometer entfernten Stadtkern zu fahren, lohnt sich nicht, es sei denn, man schleppt einen ganzen Bekleidungsladen mit sich herum. Die preiswerten Lodges und Hotels liegen an der *Haile Selassie Road* jenseits des „Jubilee Square" vor dem Bahnhof.

Unterkunft

„New Peoples Hotel", Abdel Nasser Rd., P.O.Box 85342, Tel. 31 28 31, 4/8 DM. Gesichtsloses modernes Gebäude, aber Treffpunkt vieler Rucksackreisender. Ideal wegen seiner Nähe zum Busbahnhof, besonders für Reisende nach Lamu, ansonsten etwas abgelegen.
„New Britannia", Gusii St., P.O.Box 83535, Tel. 31 20 38, 5/8 DM, viele Amerikaner vom Peace-Corps, laute Bar, dafür der Luxus alter Ventilatoren auf einigen Zimmern.
„ABC Lodge", Kwa Shibu Rd., P.O.Box 84935, Tel. 31 33 40, etwas teurer, dafür sauberer: 7/15 DM.
„Cosy Guest House", Haile Selassie Rd., P.O.Box 83011, Tel. 31 30 64, 7/11 DM. Keine Atmosphäre, dafür gehören Balkons zu den Doppelzimmern.
„Hydro Hotel", Digo Rd., Ecke Old Kilindini Rd. Eines der ganz wenigen Hotels am Rand der Altstadt. Die Betten in den Mehrbettzimmern werden auch einzeln vermietet. Die Bude hat einen Hauch von Indien, und wenn die Zimmertür offen steht, kann man dem Koch gegenüber beim Hühnerschlachten zusehen ... 4 DM pro Bett. Jack Kerouac und Allan Ginsberg haben hier geschlafen.

„Glory Guest House", Kwa Shibu Rd. Ecke Chember Rd., P.O.Box 85527, Tel. 31 45 57/31 35 61/2 11 59, 15/22 DM. „Glory Car Hire" betreibt nun auch dieses Gästehaus, professionell und preiswert. Zusätzlich bietet das Haus freien Transfer zum Bahnhof, Rabatt für Studenten und günstige Monatstarife.

„Taj Hotel", Digo Rd., P.O.Box 82923, Tel. 2 31 98, ähnlich „Cosy", aber gepflegter und teurer, 14/18 DM.

„New Palm Tree", Nkrumah Rd., P.O.Box 90013, Tel. 31 17 56, 18/27 DM, mit sonnigem Innenhof im ersten Stock.

„Hotel Splendid", Msanifu Kombo St., P.O.Box 90482, Tel. 2 09 67, 14/28 DM. Bei der Bevölkerung beliebt wegen seiner Dachbar in luftiger Höhe.

„Lotus Hotel", Mvita Rd., Ecke Chathedral Rd., P.O.Box 90193, Tel. 3 21 32 07/234, 25/35 DM. Dies Kolonialgemäuer in der Nähe des Fort Jesus ist besser als die meisten Nobelherbergen in und um Mombasa.

„The Manor Hotel", Nyere Ave., P.O.Box 84851, Tel. 2 18 21, 27/47 DM. Ältestes Hotel Mombasas und immer noch eins der besten.

„Castle Hotel", Moi Ave., P.O.Box 84231, Tel. 2 34 03/2 16 83/31 22 96, 45/70 DM. Das bekannteste Hotel der Stadt und beliebter Treffpunkt.

Für längere Aufenthalte bietet sich das YMCA an, Kaunda Ecke Margaret Ave. Hier kostet ein Einzelzimmer mit Vollpension 123 DM, ein Doppelzimmer mit Vollpension hingegen nur 82 DM pro Person — pro Monat!

Restaurants

Ist Mombasa auch nicht der vielgepriesene Schmelztiegel, die Küche der Küste ist es auf jeden Fall. Wer auf europäischen Eßkomfort und Schulterschluß mit der Elite verzichten kann, bekommt erst in den kleinen Cafés und Trinkstuben, wo die Einheimischen Currygerichte, Bohnen in Kokosmilch und fettige Mandazis verzehren, ein Gefühl für diesen Mikrokosmos Kenias. Die Straßensnacks, die auf kleinen Öfen, „jikos", zubereitet werden und deren Feuer nachts die dunklen Seitenstraßen erhellen, sind jedenfalls eine nachhaltigere Erfahrung als wieder mal Pizza, Spaghetti und Fritten!

Swahili-Restaurants

„Hydro Hotel", Digo Rd., Ecke Old Kilindini Rd.

Eine der ungewöhnlichen Futterstellen in Mombasa. Bei großem Andrang auf den Trog werden die Tische bis in die Fremdenzimmer hineingestellt, so daß man Leber, „fish masala" usw. zwischen (evtl.) frisch gemachten Betten verzehrt.

Geöffnet: täglich 6-21 Uhr.

„Swahili Curry Bowl", Tangana Rd., Ecke Moi Ave., Tel. 31 10 84.
Das beste Swahili-Lokal der Stadt! Wem die Speisekarte nichts sagt, der findet Hilfe bei der netten Bedienung. Das Essen ist mild, aber delikat gewürzt und meist mit Kokosmilch zubereitet. Tip: Kebab und „Chiken biriani".
Geöffnet: 8-10 Uhr, 11-15 Uhr, 19-22 Uhr, So. geschlossen.
„Recoda Hotel", Nyeri St., nur abends geöffnet.
Für die hier gereichten Mahlzeiten sollten Sie sich ruhig einmal nach Einbruch der Dunkelheit in die Altstadt wagen. Spezialität des Hauses: Fisch, Bohnen, Cassava, Mushkaki.

Indische Restaurants

„Geentanjali's", Msanifu Kombo St., Tel. 2 62 60.
„Singh's", Mwembe Tayari, Nähe Busbahnhof.
„Splendid View Restaurant", Maungano Rd., Tel. 31 20 48, Fleisch und Meeresfrüchte in Hülle und Fülle zu vernünftigen Preisen.
„Tamarind Restaurant", Tel. 47 17 47, über die Nyali-Brücke aus der Stadt hinaus, an der ersten Ampel rechts ab und den Hinweisschildern folgen. Das „Tamarind" bietet Liebhabern von Meeresfrüchten Fischgerichte vom feinsten und gilt zu Recht als eines der besten Restaurants Ostafrikas. Die indisch geprägte Küche und der wundervolle Blick auf das nächtliche Mombasa sind wohl die 25 DM wert.

Andere Restaurants

„Istanbul Turkish Restaurant", Moi Ave., schräg gegenüber vom „Castle".
Absolut preiswertes Essen, im absolut einzigen türkischen Restaurant der Stadt. Die Kundschaft ist ein abenteuerliches Gemisch aus Geschäftsleuten, Rucksacktouristen, „malayas" und kleinen Ganoven. Unter zusammengestellten Sonnenschirmen sitzt man im Freien und schaut dem Treiben auf der Straße zu.
Geöffnet: täglich 9-24 Uhr.
„Castle Hotel", Moi Ave.
Die Terrasse des „Castle" ist der Treffpunkt der Stadt. Ein kühles Bier oder ein frischer Fruchtsaft machen die Hitze vergessen. Die Samosas sind vorzüglich. Das Restaurant bietet neben internationaler Küche traditionelle Swahiligerichte wie Huhn in Kokosmilch, Krabben und Fisch.
Geöffnet: täglich 6-24 Uhr.
„Manor Hotel", Nyerere Ave.
Gott sei dank nicht so britisch wie die Öffnungszeiten sind das Menü und die à la carte-Gerichte. Es gibt Fisch- und Grillgerichte sowie kleine Imbis-

se. Sehr angenehm ist es abends auf der Terrasse.
Geöffnet: 7-9 Uhr, 12.15-14 Uhr, 16-17.30 Uhr, 19.30-21 Uhr.

Nachtleben

Findet größtenteils außerhalb der Stadt in den Strandhotels statt. In Mombasa selbst wird es nach Einbruch der Dunkelheit schnell etwas öde. Ein Bummel entlang der Moi Ave., durch die einmündenden Straßen und auch die Altstadt ist ungefährlich und von besonderem Reiz. Vom „Castle" (im Hotel gibt es eine nette britische Bar) bequem zu Fuß zu erreichen sind das „Sunshine" weiter unten an der Moi Ave., das „Kasbah" in der Digo Rd. und das „Birds" hinter dem GPO — Diskotheken, die von Kenianern wie Touristen frequentiert werden. Das „New Florida" am Mama Ngina Drive zielt dagegen auf Touristen und unterscheidet sich kaum von europäischen Discos. Nehmen Sie bitte ein Taxi dorthin, die 2 Kilometer führen durch unbewohntes Gelände. Absolut „in" war 1991 das neue „Toyz" (Tel. 2 11 75) in der Baluchi St., wo sich bei viel Watt und Phon ein buntes Völkergemisch trifft. Schwarze Kenianer sind in der Mehrzahl.

Kinos

„Kenya", Nkruma Rd.
„Regal", Digo Rd.

Buchläden

Mombasa besitzt nicht so viele Buchläden wie Nairobi. Man braucht schon etwas Glück, um hier gute Stadtpläne und Straßenkarten zu bekommen.
„Bahari Book Centre", Moi Ave.
„Kant's Bookshop", Moi Ave.
„City Bookshop", Nkrumah Rd.
„International Bookshop", Nkrumah Rd.
„Husseini Stationary Mart", Digo Rd.

Bank

„Barclay's", Moi Ave., unterhalb „Castle", noch vor Mombasas Wahrzeichen, den Stoßzähnen. Mo.-Sa. 8.30-12.30 Uhr, 14-16.30 Uhr.

Mietwagen

Die Mietwagenagenturen sind etwas preiswerter als in Nairobi. Die meisten haben ihr Büro in der Moi Ave. und Nkrumah Rd.
„Glory Car Hire", Trans-Ocean House, Moi Ave., P.O.Box 85527, Tel. 2 11 59/31 35 61/49 31 79.
„Lofty Safaris", Hassanali Building, Nkrumah Rd., Tel. 2 02 41.
Beide Unternehmen vermieten für 12 DM Tagesmiete auch Motorräder.

Post und Telefon

Poste Restante am Postamt in der Digo Rd., geöffnet Mo.-Fr. 8-16.30 Uhr; Sa. 8-12 Uhr.

Impfungen

Das „Public Health Dept." in der Msanifu Kombo St. nimmt mittwochs nachmittags und freitags nachmittags Gelbfieber- und Choleraimpfungen vor, 4 bzw. 2 DM.

Information

Touristeninformationsbüro der „Mombasa & Coast Tourist Association" an der Moi Ave., jenseits von Mombasas Wahrzeichen, den riesigen Stoßzähnen. Allerdings tun die dort angestellten Damen nicht mehr, als die unwissenden Fragesteller mürrisch auf vergilbte Prospekte aus den 60er Jahren hinzuweisen. Wesentlich informativer ist ein Besuch im Büro des „Ministry for Tourism & Wildlife" etwas unterhalb auf der gleichen Straßenseite.

Einkaufen

Alle großen Geschäfte liegen um den Verkehrskreisel von Moi Ave. und Digo Rd. Ethnographische Souvenirs wie Schnitzereien, geflochtene Körbe, Tierfiguren und Gebrauchsgegenstände aus Speckstein, aber auch Halbedelsteine und Lederwaren sind in den zahlreichen „Curio Shops" entlang der Moi Ave. erhältlich. Hervorgehoben werden muß das „Tototo Home Industries Centre" in der Msanifu Kombo St., Ecke Moi Ave. Der vom National Christian Centre of Kenya (N.C.C.K.) betriebene Laden ist Teil eines Projektes zur Entwicklung des Handwerks. Jungen Kenianern wird Gelegenheit gegeben, hier ihre Arbeiten auszustellen und ihre Fertigkeiten weiter auszubilden. Der Erlös aus dem Verkauf traditioneller Kleider, Flechtarbeiten, Ketten und Armreifen fließt direkt unterprivilegierten Familien in der Stadt und auf dem Land zu.

Visaangelegenheiten

Eine Verlängerung Ihres Touristenvisums bekommen Sie beim „Provincial Headquarters", Mama Ngina Drive, Tel. 31 17 45 oder im „Immigration and Information Department", Nkrumah Rd. Ecke Digo Rd.

Verkehrsverbindungen

Taxi: Taxen für nächtliche Unternehmungen stehen vor dem „Castle". Preis vorher aushandeln!

Bus: Busse nach Nairobi fahren vom Marktplatz Mwembe Tayari (gleichzeitig der Busbahnhof Mombasas) Ecke Kenyatta Ave. Bedient wird die Strecke Tag und Nacht von folgenden Gesellschaften: Akamba, Goldline, Coast Bus, Malindi Taxis. Nachts wird es kalt im Bus, also warme Sachen mitnehmen!

Daressalam: Busse verschiedener Gesellschaften, ebenfalls vom Mwembe Tayari. Die Fahrt dauert 14 Stunden und soll eine Tortur sein.

Malindi: Busse ab Abdel Nasser Rd.
Garissa: Mbuni- oder Tana River Busses.
Lamu: Abdel Nasser Rd., mit Lamy Bus (Mi. u. Sa., gegen 7 Uhr) oder Tawakal (Mo., Di., Do., Fr., gegen 7.30 Uhr).
Für Ziele im Mombasa-Distrikt inkl. Kwale, Diani, Shimoni, Kaloleni und Kilifi ist der KBS (Kenya Bus Service) zuständig. Seine Busse fahren ebenfalls ab Mwembe Tayari.
Zug: Züge nach Nairobi gehen täglich um 17 Uhr (Ankunft 8 Uhr) und 19 Uhr (Ankunft 8.30 Uhr).
Fahrkartenbuchung bei Kenya Railways. Der betreffende Schalter ist geöffnet von 8-12 Uhr und 14-18.30 Uhr.
Flugzeug: Flüge nach Nairobi 6-8 mal täglich mit Kenya Airways, nach Malindi 1-2 mal täglich. Kleine Chartergesellschaften („Equator Airlines", „Sunbird", „Cooper Skybird") fliegen außer diesen Zielen täglich auch Lamu an (ca. 105 DM).
Schiff: Etwas problematischer, aber dennoch möglich sind Schiffspassagen zu den Inseln im Indischen Ozean. Allerdings muß man längere Wartezeiten in Kauf nehmen, die Zeit nämlich, welche die Frachtschiffe benötigen, um ihre Ladung im Hafen zu löschen. Nähere Auskünfte erteilt: „Kenya Ports Authority", P.O.Box 95005 Mombasa, Tel. 31 22 11.
Das Betreten des Hafengeländes von Kilindini erfolgt nur gegen Vorlage des Ausweises.
Die andere Möglichkeit, einen Lift für die Seychellen oder Mauritius zu bekommen, bietet sich im „Seahorse Hotel" in Kilifi nördlich von Mombasa. Das „Seahorse" ist Treffpunkt von Seglern aus aller Herren Länder. Vielleicht haben Sie Glück und können sich auf einem Segelschiff als Koch oder sonstwas verdingen.
Dhows nach Lamu zu finden wird immer schwieriger. Manchmal nimmt ein Schiffsführer Passagiere mit — das Problem ist, daß die Dhows keine Passagier-Versicherung haben, so daß der Kapitän sich strafbar macht, wenn er trotzdem jemanden an Bord nimmt. Sollten Sie dennoch einen Skipper auftreiben, der mitzuspielen bereit ist, rechnen Sie mit einer extra Summe („chai"), die er benötigt, um die Hafenbehörden zu schmieren. Von Lamu aus ist das ganze etwas leichter *(→Lamu/Verkehrsverbindungen).*

Ausflüge von Mombasa

1. Shimba Hills National Reserve

Das Reservat ist 192 qkm groß und liegt nur 24 km von Mombasa entfernt. Auf der Nyerere Rd. geht es über die Tag und Nacht arbeitende Likoni-Fähre auf die asphaltierte Küstenstraße Richtung Süden. Der Weg führt durch malerische Kokospalmenplantagen, Mangohaine und Betelgärten, bis kurz vor *Tiwi* eine ausgeschilderte Erdstraße landeinwärts nach Kwale, der Distrikthauptstadt, abbiegt. Anderthalb Kilometer hinter der Stadt liegt der Haupteingang zum Park.

In die Shimba Hills verirrt sich kaum ein Besucher — obwohl sie in unmittelbarer Nachbarschaft Mombasas und der Strandhotels liegen. Vielleicht, weil die dichten Wälder und tiefen Täler das Aufspüren von Tieren so schwierig machen. Aber selbst, wenn man nichts sieht, die üppige Vegetation, die wunderschöne Landschaft und der Blick aus 450 m Höhe über den grünen Küstenstreifen hinweg zum blauen Ozean und den weißen Streifen des Korallenriffs lohnen allein den Ausflug *(→National Parks)*.

2. Krapf Memorial, Freretown, Jumba la Mtwana

Ein interessanter Ausflug in die bewegte Vergangenheit des jungen Staates. Dazu verläßt man Mombasa auf der Digo Rd., später Abd el Nasser Rd., über die 1980 erbaute Nyali-Brücke. Kurz hinter der Brücke biegt eine Straße rechts ab zum *Krapf-Memorial*. Es handelt sich um eine auf einem kleinen Hügel errichtete Gedenksäule für den deutschen Missionar Johann Ludwig Krapf. Nach den erfolglosen Missionierungsversuchen der Portugiesen war auch dem 1844 im Dienste der C.M.S. („Church Missionary Society") nach Ostafrika Gekommenen wenig Erfolg beschieden. Seine Frau und sein Kind starben kurz nach ihrer Ankunft an Malaria. Ihre Gräber sind ganz in der Nähe zu sehen. Zusammen mit dem zu seiner Unterstützung gekommenen Johann Rebmann zog er später 20 km tief ins Landesinnere nach *Rabai* und gründete dort im Jahre 1846 die erste Missionsstation Ostafrikas. Gemeinsam übersetzten sie die Bibel ins Kiswahili. Krapf erkannte bald, daß seine Missionierungsversuche gegen den die Küste beherrschenden Islam nichts ausrichten konnten. 1847, ein Jahr nachdem Rebmann auf einer Reise in die *Taita Hills* bereits den Kilimandjaro gesichtet hatte, machte Krapf sich ins Land der Kamba auf und sah dabei den anderen schneebedeckten Berg Afrikas, den Mt. Kenya. Die Kamba ließen sich vom Wort des Herrn allerdings nicht beeindrucken.

Krapf und Rebmann blieben Einzelkämpfer. So richtig Schwung in die Missionierung kam erst während der 70er Jahre, zusammen mit einer erhöhten Präsenz europäischer Mächte. Nicht weit hinter dem Denkmal beginnt der ehemalige *Princes Park.* Als ein Geschenk der Herzöge von Gloucester und Windsor sollte er der vom Kolonialstreß abgeschlafften weißen Bevölkerung Mombasas Erholung bieten. Heute findet hier jedes Jahr im August eine große Landwirtschaftsausstellung statt.

Am Ende des Geländes liegt *Mackenzie Point,* von dessen Klippen man einen schönen Ausblick auf den alten Hafen und die Altstadt von Mombasa hat.

Zurück auf die Küstenstraße. Kurz nach der Abzweigung zum Krapf Memorial biegt eine andere ausgeschilderte Straße links ab zur *Emmanuel-Kirche* von *Freretown.* Von Freretown selbst ist heute nichts mehr zu sehen. 1874 wurde es von Sir Bartle Frere als Missionsstation gegründet. Bald wurde sie zur Heimstatt von den Plantagen geflohener und von arabischen Schiffen befreiter Sklaven, die sich um die Station herum ansiedelten. Viele von ihnen waren *Bombay Afrikaner,* so genannt, weil sie auf britischen Fregatten, die sie von arabischen Sklavenschiffen heruntergeholt hatten, nach Indien gebracht worden waren. Dort, in Bombay, gerieten sie unter die Fittiche christlicher Missionare, die sie weitsichtig für Missionierungstätigkeiten in Ostafrika ausbildeten. Nach ihrer Rückkehr wurden sie bald zu unentbehrlichen Helfern der europäischen Geistlichen, die sich schon nach kurzer Zeit eine erfolgreiche Arbeit ohne sie nicht mehr vorstellen konnten. Die Emmanuel-Kirche, die heute noch mit derselben Glocke wie vor hundert Jahren zum Gebet ruft, wurde von den Nachkommen dieser Sklaven gebaut.

Die Fahrt geht weiter auf der Küstenstraße Richtung Norden. Zur Linken liegen, hinter Palmen und Büschen verborgen, die namhaften Strandhotels. Jahr für Jahr sind sie das Ziel Zigtausender sonnenhungriger Touristen aus Europa. Auf einer gebührenpflichtigen Brücke wird der *Mtwapa-Creek* überquert. Nach weiteren anderthalb Kilometern biegt eine kleine Erdstraße rechts ab zu den Ruinen von *Jumba la Mtwana* („Haus des Sklavenhalters"). Täglich geöffnet, Eintritt 10 KSH.

Für die Archäologen sind die Ruinen ein Rätsel geblieben. Da es keine schriftlichen Zeugnisse über diesen Ort gibt, weiß niemand genau, ob der heutige Name der richtige ist. Geschweige denn, was die Bewohner damals bewog, sich dort anzusiedeln und was die Ursache für die Aufgabe der Siedlung nach vier Generationen war. Eines ist aber sicher: Sie wurde um 1350 gegründet und hundert Jahre später wieder verlassen.

▲ *Angesichts des astronomischen Bevölkerungswachstums blicken die Jungen in eine ungewisse Zukunft*

▼ *Lamu voraus. Die Hauptinsel des gleichnamigen Archipels kann seit undenklichen Zeiten nur mit dem Boot erreicht werden*

Eine Trekking-Tour ist strapaziös, aber ein Erlebnis

Ihre Bewohner waren gläubige Moslems, wie die drei Moscheen mit ihren Zisternen und rituellen Waschvorrichtungen beweisen.

Alles weitere ist Spekulation. Chinesische Porzellanscherben deuten auf rege Handelsbeziehungen zwar nicht mit China direkt, wohl aber mit Mombasa hin. Die Stämme der unfruchtbaren Trockengebiete im Norden und Osten schauten immer schon mit gierigen Augen auf den reichen Küstenstreifen. Ständig gab es verheerende Raubzüge und in ihrem Vorfeld alles durcheinanderbringende Bevölkerungsverschiebungen. Es kann sein, daß Jumba eine Flüchtlingssiedlung von Menschen aus nördlich gelegenen Städten gewesen ist. Offensichtlich wurden die Wohnhäuser immer wieder ausgebaut und erweitert, vielleicht ein Hinweis dafür, daß immer wieder Zuwanderer aufgenommen wurden. Warum Jumba verlassen wurde ... vielleicht eine Unterbrechung des Handels, vielleicht eine Seuche, vielleicht das Nahen feindlicher Stämme oder das Versiegen der Quelle; jedenfalls hatten die Bewohner genug Zeit, ihre Habseligkeiten mitzunehmen. Zeichen von Gewaltanwendung gibt es nicht.

Die Ruinen werden von der *Kenya Museum Society* gepflegt und sind gegen eine kleine Eintrittsgebühr zu besichtigen.

3. Bombolulu

Bombolulu ist ein Ausbildungszentrum für Handwerk und Landwirtschaft (Mo.-Fr. 8-12 Uhr, 14-17 Uhr). Etwa 70 meist behinderte Menschen aus der ganzen Küstenprovinz sind hier in einem Workshop und den umliegenden Gärten beschäftigt. Kunstvoll eingefaßte, zu Ketten und Armreifen verarbeitete Münzen aus der Kolonialzeit sind der Verkaufsrenner und werden sogar in die USA exportiert. Die Gärten produzieren Obst und Gemüse. Bauern und junge Leute, sogar aus dem Hochland, absolvieren hier zweijährige Aus- und Fortbildungsprogramme, in denen sie mit neuen Agrartechniken vertraut gemacht werden. 5 km hinter Bombolulu liegt der *Bamburi Nature Trail,* ein den weithin sichtbaren Bamburi-Zementwerken entrissenes und wieder „repariertes" Stückchen unberührter Natur (täglich geöffnet, Eintritt: 2,50 DM). Das Programm begann Anfang der 70er Jahre mit der Anpflanzung von Bäumen und dem Anlegen von Fischteichen. Im Laufe der Zeit fanden viele Vogelarten ihren Weg in die kleine Oase, inzwischen gibt es auch ein Hippo. Es wurde bereits als Baby hierher gebracht. Für die Touristen läßt es sich noch mit der Flasche füttern. Wie nirgends sonst in Kenia haben Sie hier die Gelegenheit, nahe an Pelikane,

Kraniche und diverse Antilopenarten heranzukommen, einzigartig gar die Möglichkeit, die sonst extrem scheuen Servalkatzen zu beobachten. Fütterungszeit ist gegen 16 Uhr. KBS-Busse halten an der eigens für den Trail eingerichteten Haltestelle.

4. Die Badestrände

Weiße, weite Strände, ein strahlend blauer Himmel und eine Sonne, die stets ihre Pflicht tut; dazu ein attraktives arabisch-afrikanisches Ambiente unter Palmen und Kasuarinenbäumen: All das hat Kenias Küste besonders in den letzten Jahren zu einem Zentrum des Ferntourismus gemacht. Die besondere Würze erhält der pauschal gebuchte Badeurlaub durch die Nähe der großen Tierparks und historischen Stätten.

1979 brachte der Tourismus Kenia rund 1,25 Milliarden Shilling ein. Ein Viertel davon ließen deutsche Urlauber im Land. Zwar wurden für 20 000 Kenianer Arbeitsplätze in der Hotelbranche geschaffen. Bei der hohen Arbeitslosigkeit ist das aber nur ein Tropfen auf den heißen Stein. Und daß der Devisengewinn aus dem Tourismus die gesamtwirtschaftliche Entwicklung Kenias vorantreibt, ist zweifelhaft *(→Tourismus).*

Die soziokulturellen Auswirkungen sind eindeutig negativ. Ein Blick auf den Bauboom an der Nordküste: Die Luxusherberge „Whitesands“ am Bamburi Beach plant den großzügigen Ausbau ihrer Anlage. Ganz in der Nähe eröffnete im Frühjahr 1986 das nobelste Hotel der Küste, das „Intercontinental“. Hemmungslose Bodenspekulation bereitet dem Bauboom den Weg. Für die kleinen Bauern und Fischer bleibt natürlich kein Platz. Und ärger als die sowieso schon gemarterte Umwelt wird dabei das gesellschaftliche und kulturelle Gefüge getroffen, was sich auf das Verhalten jedes einzelnen auswirkt. Die traditionelle Lebensweise wird jeden Tag bei den geschmacklosen Darbietungen in den Hotels durch den Kakao gezogen, das Kunsthandwerk richtet seine Formgebung nur noch nach dem Geschmack der Gäste aus, bettelnde Kinder fordern ihren Shilling, und immer mehr Mädchen und Jungen machen das schnelle Geld und prostituieren sich am Strand und in den Discos.

Die Südküste

Aus Mombasa heraus auf der Nyerere Ave. in Richtung Likoni. Die Fähre dorthin geht tagsüber und nachts. Normalerweise herrscht an der Anlegestelle das reine Chaos, und es ist ratsam, entweder die Autofenster hochzukurbeln oder sämtliche Wertgegenstände auf den Wagenboden zu legen.

Busse und Matatus bedienen die Südküste von *Mwembe Tayari* aus in kurzen Abständen. Da die Küstenstraße anderthalb bis drei Kilometer vom Strand entfernt landeinwärts verläuft, muß man die letzten Meter zur angepeilten Herberge zu Fuß zurücklegen — bei der tropischen Hitze und mit schwerem Rucksack eine schöne Quälerei!

Die Südküste hat die anderen Feriengebiete der Küste längst überflügelt. Die Strände haben von allem, was die Nordküste bieten kann, ein wenig mehr. Sie sind weißer, breiter und länger. Selbst während der Hochsaison wirken sie unberührt. Das gilt vor allem für den Abschnitt zwischen *Tiwi* und *Diani*. Wo sich der endlose, zum Meer sanft abfallende Strand am Horizont verliert, taucht plötzlich ein einsamer Spaziergänger aus dem Nichts auf und erinnert daran, daß man doch nicht Robinson auf seiner einsamen Insel ist.

Das vorgelagerte Korallenriff verhindert das Eindringen von Algen und Haien, so daß man hier gefahrlos baden und Wassersport treiben kann. Bei Ebbe ist an manchen Stellen ein Spaziergang direkt bis zum Riff möglich, allerdings nur mit Plastiksandalen, denn in den Wasserlachen warten nicht nur gestrandete Korallenfische auf die nächste Flut, sondern auch stachelbewehrte Seeigel. Wer barfuß darauf tritt, erlebt sein blaues Wunder — und unter Umständen eine böse Infektion.

Nachts herrscht am Strand absolute Stille. Das einzige Geräusch kommt vielleicht von den Kokospalmen, deren harte Blätter im Monsunwind knattern. In der Dunkelheit bringen sich unzählige kleine und nicht so kleine Strandkrebse vor den Menschenfüßen in Sicherheit.

Unterkunft

Das Angebot an Unterkünften reicht von der noblen Luxusherberge über komfortable Bungalows und Hütten („bandas“) für Selbstversorger bis zu preiswerten, mit Duschen und Toiletten ausgestatteten Campingplätzen. Der Service ist gut.

In *Ukunda* am Diani Beach gibt es ein kleines Einkaufszentrum einschließlich Bank, gegenüber steht eine Auto- und Rollervermietung, ferner gibt es Friseursalons und Fachgeschäfte für Taucher und Windsurfer.

Auch wer als Billigurlauber auf den Campingplätzen absteigt, braucht nicht völlig auf die Annehmlichkeiten der hoteleigenen Restaurants, Bars und Diskotheken zu verzichten. Die liegen nämlich meist in der Nähe und sind bequem über den Strand zu erreichen. Die Preise sind naturgemäß höher während der Hochsaison von Juli bis Mitte September und von Dezember bis Februar sowie um Ostern.

„Shelly Beach Hotel", P.O.Box 96030, Tel. 45 10 01/2/3/4, ab 28/ab 45 DM. 3 km von der Likoni-Fähre entfernt und überraschend preiswert für ein Touristenhotel. Wenn Sie die vom hoteleigenen Strand sichtbaren Kräne und Schornsteine vom neuen Hafen in Kilindini stören, springen Sie am besten auf einen Bus Richtung Tiwi und Diani.

Tiwi Beach, 17,5 km südlich von Mombasa und noch weitgehend unberührt vom Touristenrummel. Bis jetzt gibt es an diesem von Korallenfelsen eingerahmten Strand nur preiswerte Bandas für Individualreisende. Overlander aus aller Welt schlagen im Kokospalmenhain ihre Lager auf, um sich von den Strapazen ihrer Afrikadurchquerung zu erholen. Bis jetzt (September 1991), denn angeblich sind die Grundstücke entlang des Strands schon von gewissen Hotelketten aufgekauft. Die Abzweigung zum Tiwi Beach ist unübersehbar mit den Namen der u.g. Ferienanlagen ausgeschildert. Der Sandweg dorthin ist 4 km lang und führt durch die Shambas der Giriama und Digo. Beachten Sie bitte das Warnschild am Anfang des Zubringerwegs: Leider sind schon Touristen auf dem Weg zum Strand ausgeraubt worden. Gehen Sie also nie allein und fahren Sie, wenn möglich, stets mit dem Wagen.

„Tiwi Vilas", P.O.Box 86775 Mombasa, Tel. Diani 23 62 bzw. P.O.Box 47900 Nairobi, Tel. 80 24 58. Bandas für 2 Personen mit WC, Dusche und Küche ab 43 DM. Die Anlage liegt am nördlichen Ende des Strands hoch oben auf den Korallenfelsen. Swimmingpool, gute Küche, gutsortierte Bar (der Besitzer der Anlage ist Direktor der größten Bierbrauerei Kenias) mit Blick auf den Indischen Ozean.

„Sand Island Beach Cottages", P.O.Box 96006 Likoni, Mombasa. Hütten mit Küche, Bad und WC, für 2 bis 6 Personen, zwischen ca. 20 und 60 DM. Für Selbstversorger.

„Twiga Lodge", P.O.Box 80820, Tel. 40 61 Kwale. Seit den 70er Jahren der Treffpunkt von Overlandern, Rucksacktouristen und Touristen, die von dem Rummel in Diani weiter südlich die Nase voll haben. Es gibt preiswerte Bandas, ein paar Doppelzimmer und einen für Camper reservierten Rasen im Schatten schlanker Kokospalmen. Über die Preise läßt sich nichts Konkretes sagen, da sie sich ständig ändern — nicht nur nach oben, sonderbarerweise ebenso oft auch nach unten. Selbstversorger; es gibt jedoch auch ein einfaches Re-

staurant mit Blick aufs Meer. Neben der „Twiga Lodge“ haben Holzschnitzer ihren Stand aufgeschlagen. Sie lassen sich gern bei der Arbeit über die Schulter schauen.
In der Trockenzeit kann man von der Lodge über den Tiwi-Fluß hinüber zum Diani-Strand wandern. An dessen nördlichem Ende steht die alte *Kongo-Moschee,* bekannt auch als „Diani Persian Mosque“. Scheinbar dient sie auch heute rituellen Zwecken, wie die vielen Hühnerfedern und -knochen in den Nischen vermuten lassen. Sogar die alten Holztüren hängen noch in ihren Angeln, und wenn man Glück hat, ist eine offen.
Diani Beach, 35 km südlich von Mombasa und seit Jahren *der* Strand Ostafrikas. Hier reihen sich die großen Hotels wie Perlen einer Kette aneinander, hier ist „pleasure“ und „leisure“ angesagt. Wenn Sie eine Weile mit öffentlichen Verkehrsmitteln durch Kenia gereist sind, werden Sie sich in Diani rasch unwohl fühlen: Den Unterschied zwischen 1. und 3. Welt, zwischen Arm und Reich, aber auch zwischen Vitalität und Lethargie, empfinden Sie nirgends schmerzhafter als hier. Lassen Sie, wenn Sie schon in der Gegend sind, Ihren Urlaub lieber an einem ruhigeren Ort, vielleicht am Tiwi Beach oder in Lamu, ausklingen.

Die folgenden Hotels werden in der Regel bereits daheim pauschal gebucht und bieten die ganze Palette touristischer Dienstleistungen. Diese stehen auch allen offen, die nicht dort wohnen.

„Africana Sea Lodge“ P.O.Box 84616 Mombasa, Tel. 01 27-26 24 Diani, 77/114 DM.

„Jadini Beach Hotel“, P.O.Box 84616 Mombasa, Tel. 01 27-26 22, 83/123 DM.

„Diani Reef Grand Hotel“, P.O.Box 35 Ukunda, Tel. 01 27-27 23/21 95 Diani, 148/235 DM.

„Golden Beach Hotel“, P.O.Box 31 Ukunda, Tel. 01 27-26 25 Diani, 95/132 DM.

„Leisure Lodge Hotel & Club“, P.O.Box 84383 Mombasa, Tel. 01 27-26 20/20 12, Hotel: 105/141 DM, Club: 158/211 DM. Wohl die feinste Adresse an der Küste. Wenn man Glück/Pech hat, trifft man in der Bar Max Streibl, Karl Dall u.ä.

„Leopard Beach Hotel“, P.O.Box 34 Ukunda, Tel. 01 27-21 10/21 11/21 13/27 21 Diani, 73/115 DM.

„Nomad Beach Bandas“, P.O.Box 1 Ukunda, Tel. 01 27-21 55 Diani, 37/62 DM. Selbstversorger; liegt in schönem Kasuarinenwäldchen.

„Robinson Baobab“, P.O.Box 32 Ukunda, Tel. 01 27-20 26/7/8 Diani, 124/208 DM.

„Safari Beach Hotel", P.O.Box 90690 Mombasa, Tel. 01 27-27 26/21 31/ 20 88 Diani, 92/141 DM.
„Tradewinds Hotel", P.O.Box 8 Ukunda, Tel. 01 27-20 16/21 16 Diani, 94/123 DM.
„Two Fishes", P.O.Box 23 Ukunda, Tel. 01 27-21 01/2/3 Diani, 97/126 DM.
Alle diese Hotels bieten erhebliche Preisnachlässe außerhalb der Saison.
Für Selbstversorger:
„Diani Beachalets", P.O.Box 26 Ukunda, Tel. 0 12 61-21 80.
Komfortable Bungalows mit Küche, Kühlschrank, Bad und WC. Für zwei Personen ab 14 DM, vier Personen ab 17 DM, sechs Personen ab 32 DM.
„Dan's Trench", der einzige spottbillige Platz an der gesamten Südküste. Camping in Dan's Garten, einem Relikt aus der Kolonialzeit. Seinen Eltern gehörte damals der halbe Küstenstreifen. Ein Bett kostet bei ihm 2 DM, ein Zelt, für den, der keines dabei hat, 2,50 DM. Dan kriegt jeden untergebracht. Jeden Morgen kommt Saidi Hamisi, der bekannteste fliegende Obsthändler von Diani, mit Bananen, Mangos und Pampelmusen vorbei. Vom Surfbrett über Schnorchel und Flossen bis hin zu Motorrollern kann alles bei Dan ausgeliehen werden. Inzwischen ist der Ort ziemlich heruntergekommen, was daran liegt, daß Dan die meiste Zeit im Krankenhaus in Mombasa verbringt.
Lage: Direkt vor dem „Tradewinds", dann ca. 50 m über die Hotelzufahrt, bis rechts das Haus von Dan auftaucht. Es ist leicht zu übersehen, weil es durch dichte Sträucher vor neugierigen Blicken geschützt wird.

Wer abends genug von der Campingromantik hat, kann sich (mit legerer Strandkleidung) ins *Nachtleben* der Strandhotels stürzen. Sie sind bequem über den Strand zu erreichen. „Das „Tradewinds" bietet regelmäßig Akrobatikshows und Barbecue-Abende. Wer nicht im Hotel wohnt, ißt à la carte, die übrigen Vergnügungen stehen ihm (ihr) ebenso offen wie den Hotelgästen. Die Bar des „Tradewinds" ist die einzige, die so etwas wie Atmosphäre bietet — vielleicht der Weißen wegen, die in der Umgebung leben und sich hier vollaufen lassen.
Das Nachtleben in der „Africana Sea Lodge" ist ungleich lebendiger.
„Die „Banda-Disco" ist so kalt, daß man sich warmtanzen muß. Die hierher eingeladenen kenianischen Musikgruppen haben ein hohes Niveau — nur leider viel zu oft europäische (sprich: deutsche) Schnulzen!
Nicht schlecht ist es abends auch im „Two Fishes". In der „Leisure Lodge"

geht es luxuriös zu. Dank der Anwesenheit von Max Streibl, dem jetzigen bayrischen Ministerpräsidenten, erfuhr man hier vom Tod des großen Vorsitzenden, noch ehe die Deutschen am Frühstückstisch saßen. An der Bar trifft sich der Jet-Set — und alle, die sich zugehörig fühlen. Trotzdem: kein schlechter Platz! Von „Dan's Trench" ist die „Leisure Lodge" nur im Taxi zu erreichen.

Schräg gegenüber vom „Jadini Beach Hotel" liegt auf der anderen Straßenseite die inzwischen legendäre „Bush Bar", eine Open-Air-Disco, die bereits deutschen Illustrierten Artikel über Prostitutionstourismus wert gewesen ist. Nichts für zarte Gemüter.

Ein paar hundert Meter weiter befindet sich das „Shakatak", ein neuer Tanzschuppen internationalen Zuschnitts unter Pinneberger Leitung. Ganz nett, manchmal sogar afrikanische Popmusik.

Essen

Einfache Snacks für wenig Geld bekommen Sie in „James' und Angelina's Hoteli" am Eingang zum „Trado winds Hotel". In der Nähe der „Diani Beachalets" gibt es eine kleine „duka", wo man das Nötigste bekommt. Im modernen Einkaufszentrum von Diani gibt es einen Supermarkt unter österreichischer Leitung, ferner ein paar Boutiquen, eine Schreibwarenhandlung und eine Filiale von „Glory Car Hire". Viele behaupten, das beste Frühstück gäbe es im „Robinson Baobab" für ca. 10 DM. Abends stehen Ihnen die guten bis vorzüglichen Restaurants der großen Strandhotels zur Verfügung.

Besonders empfehlenswert ist jedoch noch immer „Ali Barbour's" (Tel. 20 33 Diani), das in einer Korallenhöhle liegt und französische Küche und erlesene Meeresfrüchte auf der Speisekarte hat.

Neu sind das „Galaxy Chinese Restaurant" (0 12 61-25 29/22 91 Diani) und das indische Restaurant „Maharani", ein märchenhaft schönes (und sündhaft teures) Restaurant im Stil von 1001 Nacht. Vor dem Abend in einem dieser Etablissements (der garantiert ein voller Erfolg wird!) sollten Sie etwas mehr Sorgfalt auf Ihre Garderobe verwenden.

Am Ende der Hotelstraße, bereits hinter „Diani Beachalets", gibt es seit längerem ein idyllisches Restaurant, wo Sie unterm Palmstrohdach Köstlichkeiten aus Mauritius und von den Soyohcllen genießen können — den Namen habe ich zwar vergessen, aber jeder Taxifahrer kennt diesen schönen Ort.

Das beste Frühstück entlang der Südküste gibt es im „Robinson Beach", allerdings für 9 DM. Preiswerter ist das „Settler's Night" — Abendessen im „Nomad's". Wenn Sie eine mit allen erdenklichen Raffinessen verfeinerte Küche genießen möchten, versuchen Sie's im „Ali Barbour". Auch wenn Ihnen das Menü nicht 60 DM wert ist, das Plätzchen ist traumhaft schön und auch so einen Besuch wert.

Freizeitaktivitäten

An Möglichkeiten, den Tag so angenehm wie nur möglich zu verbringen, mangelt es beileibe nicht. Natürlich drehen sich die Angebote der Hotels in erster Linie um den Wassersport. Sie können windsurfen, Unterricht darin nehmen, schwimmen und schnorcheln (Maske und Flossen verleiht jedes Hotel), bei Ebbe hinaus zum Korallenriff wandern, mit dem Glasbodenboot hinausfahren, Wasserski laufen oder sich von einem Fallschrim über die Palmenwipfel tragen lassen. Tauchunterricht (mit nächtlichen Tauchgängen) erteilen „Diani Diving" (P.O.Box 353 Ukunda, Tel. 0 12 61-2074 Diani) und das „Kenya Diving Center The Crab" (P.O.Box 454 Ukunda, Tel. 0 12 61-24 31/2/3, 21 18, 22 17, Manager: Mario Scianna). Wenn Sie genug von Sonne und Wasser haben, mieten Sie sich einen Wagen (z.B. bei „Glory Car Hire" in Diani, Einkaufszentrum) und erkunden Sie die Umgebung. „Glory" und „Flamboyant Bike Hire & Rides" vermieten auch Fahrräder (stabile rotchinesische Dinger) und Motorräder, mit denen Sie die Dörfer entlang der Küstenstraße besuchen können. Oder sie lassen sich mitsamt dem Rad vom Bus südwärts bis zur Abzweigung nach Shimoni bringen und radeln den Rest dorthin — eine wunderschöne Strecke abseits der großen Freizeitzentren!

Weiter nach Shimoni

Südlich von Ukunda beginnt touristisches Niemandsland. Ein Abstecher in den äußersten Süden Kenias ist jedoch lohnend, denn man entdeckt den einen oder anderen völlig unberührten Strand, und auch historisch Interessierte kommen hier auf ihre Kosten.

10 km hinter Ukunda liegt links der Straße zunächst *Kinondo.* Hier können Sie den Strand ein paar Kilometer hinab bis zu einer bewaldeten Halbinsel wandern. Gegenüber liegt *Chale Island,* ein 600 m langes, unbewohntes Inselparadies. Die Touristen aus den Hotels am Diani Strand verbringen hier faule Tage.

Nach Kinondo kommt *Gazi,* ein verschlafenes Nest neben dem Asphalt. Nichts erinnert daran, daß hier vor 100 Jahren Sheikh Mbaruk bin Rashid während der Rebellion gegen

die Briten sein Hauptquartier aufgeschlagen hatte. Um seine Widersacher herauszufordern, ließ er vor seinem Haus die deutsche Kaiserfahne hissen. Aus Deutsch-Ostafrika wurde er auch mit Waffen versorgt. Rashids Widerstand wurde schließlich so heftig, daß die Briten indische Kolonialtruppen zur Niederschlagung des Aufstandes heranholen mußten. Mbaruk floh nach Tanganjika, wo er wenig später starb. Sein großes Haus ist heute eine Grundschule, in der Sie sich außerhalb des Unterrichts gern umsehen dürfen. Das 150 Jahre alte Gemäuer ist leider stark vernachlässigt, und die schöne alte Eingangstür befindet sich heute im Fort Jesus Museum in Mombasa.
Gazi wird durch kein Schild angekündigt. Sie müssen fragen, wann der Ort kommt. Nach Gazi erreicht man Msambweni. Zum Strand muß man mitten durch das Dorf. Über einige Kilometer folgt der Strandweg der Küstenlinie, dann erreicht er wieder die Straße. Der Strand lohnt einen Aufenthalt — ein paar flache Felsklippen, dazwischen weiße Sandstreifen und eine Handvoll Hütten für Selbstversorger. Folgen Sie weiter dem Strandweg, anstatt auf die Straße zurückzukehren, erreichen Sie bald die Insel *Funzi*. Bei Ebbe können Sie sie bequem zu Fuß erreichen. Das gleichnamige Dorf liegt 6 km vom Festland entfernt am Südende der Insel. Dort sind auch die schönsten Strände.
Weiter geht es auf der Straße nach Ramisi, dem Zentrum der Zuckerproduktion an der Küste. Kurz vor dem Ort liegt das Dorf Shirazi, oft auch Kifunzi genannt. Seine Bewohner nennen sich Wa-Shirazi und sind die Nachkommen einer ehemals mächtigen Swahiligruppe. Im 15. und 16. Jahrhundert beherrschten sie den gesamten Küstenabschnitt zwischen Tiwi und Tanga im heutigen Tansania. Die Historiker glaubten lange, daß die persische Stadt Shiras ihr Herkunftsort sei. Heute tendiert man jedoch zu der realistischeren Annahme, daß sie den Namen aus politischen Gründen angenommen haben.
Die Abzweigung nach *Shimoni* ist unübersehbar — ein ganzer Schilderwald zeigt selbst dem kurzsichtigsten Europäer den richtigen Weg.
Noch hat der Massentourismus dieses idyllische Fleckchen Erde nicht überrannt. Dabei sind die Verkehrsverbindungen vorzüglich. Drei Busse von KBS und diverse Matatus bedienen die Strecke Mombasa-Shimoni täglich. Es gibt zwei Hotels im Ort. Der „Pemba Channel Fishing Club" (P.O.Box 44 Msambweni) wird von professionellen Hochseeanglern

aufgesucht und ist ansonsten ein teures und exklusives Vergnügen. Nach der Fangsaison Ende März schließt er für drei Monate. Die „Shimoni Reef Fishing Lodge" (P.O.Box 82234 Mombasa, 82/105 DM) beherbergt auch Landratten, die sich nur ausnahmsweise mal als Petrijünger versuchen wollen, und ist ganzjährig geöffnet.
Die vorgelagerte Insel *Wasini* ist leicht zu erreichen. Eine Motorbarkasse schippert die Touristen zum „Wasini Island Restaurant" (Tel. 23 31 Diani Beach), Einheimische nehmen lieber eine „jahazi". Wasini selbst hat etwas vom Flair Lamus. Keine Autos, schmale Fußwege und viele Esel als einziges Transportmittel. Das Dorf ist eine alte Siedlung der Wa-Umba und erhebt sich inmitten der Ruinen der vorangegangenen Dörfer. Es gibt sogar noch ein altes Säulengrab, an dem eine Einfassung aus chinesischem Porzellan erhalten geblieben ist.
Der Strand ist herrlich, das glasklare Wasser läßt für Taucher keine Wünsche offen. Die Inhaber des „Wasini Island Restaurant" veranstalten Tauchfahrten zu den wunderschönen Korallenbänken des Kisite-Mpunguti National Park, der von Kennern als das beste Tauchgebiet des Landes bezeichnet wird. Der Bootstrip hinaus kostet ca. 30 DM und schließt ein opulentes „seafood"-Mahl ein. Nach letzten Meldungen kann man die Dhow für 350 DM pro Tag chartern — und mit ihr bis nach Zanzibar schippern.
Um eine Unterkunft ist es in Wasini schlecht bestellt. Gewöhnlich gibt es aber immer ein paar vermietbare Häuser im Ort. Inzwischen hat sich Masoud Abdallah Mehemba, der Inhaber des „Mpunguti Restaurant" und ein fabelhafter Koch, um komfortable Hütten und einen schönen Campingplatz vergrößert (P.O.Box 19 Shimoni).
Der letzte größere Ort vor der tansanischen Grenze ist *Vanga.* Hier gibt es nichts mehr zu sehen. Es ist einfach eine Straßensiedlung mit einigen schäbigen Dukas und einer Bar, die ihren Namen nicht verdient. Die Männer des Ortes sitzen hier herum und denken über ihre Isolation nach. Um zu überleben, verkaufen sie die Erträge aus ihren Gärten auf den Märkten Mombasas. Dazu brechen sie schon kurz nach Mitternacht in einer Armada von Matatus auf, und das ganze Nest versinkt dann im aufgewirbelten Staub ...

Die Nordküste

Auch den Nordküstenabschnitt haben die Strandhotels unter sich aufgeteilt. Zu den Hotelstränden haben zwar auch Nicht-Gäste Zutritt, doch stört es immer irgendwie, zunächst am Schlagbaum, dann an den mürrischen Wächtern und schließlich an der Rezeption vorbeizumüssen.

Die Anfahrt erfolgt auch hier mit Bussen und Matatus. Am besten sagt man dem Fahrer den Namen des Hotels, an dessen Strand man baden möchte.

Auch an der Nordküste gibt es verschiedene Unterkunftsmöglichkeiten. Allerdings beherrschen die Strandhotels die Preislandschaft. Die Aufzählung erfolgt von Süden nach Norden. Die angegebenen Preise sind Hochsaisonpreise.

Unterkunft

Nyali Beach:

Als erster Strand nördlich von Mombasa das bevorzugte Wochenendziel der Städter.

„Mombasa Beach Hotel", P.O.Box 90414 Mombasa, Tel. 47 18 61, 105/141 DM.

„Reef Hotel", P.O.Box 82234 Mombasa, Tel. 47 17 71/772/775/776 & 47 24 48/47 27 77, 80/117 DM.

Bamburi Beach:

Bei Ebbe muß man zum Baden ziemlich weit hinauswandern, ehe das Wasser an die Hüften reicht. Wegen seiner Fischerboote aber besonders reizvoll.

„Bamburi Beach Hotel", P.O.Box 83966 Mombasa, Tel. 48 56 11/8, 70/91 DM.

„Neptune Beach Hotel", P.O.Box 83125 Mombasa, Tel. 48 57 01/3, 33/58 DM.

„Severin Sea Lodge", P.O.Box 82169 Mombasa, Tel. 48 50 01/05, 109/155 DM.

„Travellers' Beach Hotel", P.O.Box 87649 Mombasa, Tel. 48 51 21-6, 76/85 DM.

„Whitesands Hotel", P.O.Box 90173 Mombasa, Tel. 48 59 29/7/8/9, 108/152 DM. VP: Einzelzimmer 200 DM, Doppelzimmer 270 DM, Dreibettzimmer: 351 DM.

Jenseits des Mtwapa-Creeks schließt sich der Kikambala Beach an. Hier sind die etwas einsamer liegenden Hotels zu finden. Baden ist nur bei Flut möglich, im allgemeinen werden daher die Pools der Hotels bevorzugt.

Kikambala Beach:

„Whispering Palms Hotel", P.O.Box 5 Kikambala, Tel. 3/4/5/6, 88/117 DM.

Für Selbstversorger:

„Continental Beach Cottages", P.O.Box 124, Tel. Kikambala 77, oder: c/o P.O.Box 57192, Nairobi, Tel. 33 38 25. 2-Personen-Bungalow ca. 30 DM, 4 Personen-Bungalow ca. 44 DM.

„Kanamei Conference & Holiday Centre", P.O.Box 46 Kikambala. Bei diesem Betrieb handelt es sich um eine gemeinsam vom N.C.C.K. und dem kenianischen Jugendherbergsverband geführte Anlage. Es stehen Schlafsäle, Doppelzimmer, Hütten mit Bad und WC sowie Campingmöglichkeiten zur Verfügung (1,50 DM).

Preise: pro Bett ca. 3 DM, Doppelzimmer ca. 8 DM, 1- bis 3-Zimmer-Hütten 22 bis 55 DM.

Im Speisesaal wird durchweg einfaches, aber nahrhaftes Essen angeboten. Die Gäste des Conference Centre sind hauptsächlich einheimische Teilnehmer von Fortbildungsveranstaltungen. Nette Leitung.

Auf der Küstenstraße nach Malindi und Lamu

Das Interessanteste an Malindi ist seine abwechslungsreiche Geschichte, die an Höhen und Tiefen nicht gerade arm ist. Gegenwärtig scheint sie wieder an einem Tiefpunkt angelangt zu sein. Die Stadt, früher *der* Badeort an Kenias Küste, ist ins touristische Abseits geraten. Traditionsreiche Hotels mußten schließen. Die Touristen verbringen die kostbarste Zeit des Jahres lieber weiter südlich. Die hinter ihnen herziehenden „malayas" bringen die Geschäfte Malindis in ernste Schwierigkeiten, da sie mit ihren Wünschen nach Kassettenrecordern und anderen Luxusartikeln zahlungskräftige Stammkunden waren.

Die Straßen der Innenstadt sind übersät von knietiefen Schlaglöchern. Die vorbeirasselnden Lastwagen hüllen die Fußgänger in dichte gelbe Staubwolken ein. Die Araber und Asiaten machen die Afrikaner für den traurigen Zustand der Stadt verantwortlich, diese schieben alles der trägen Stadtverwaltung zu — und alles bleibt beim alten.

Beim alten — diesmal im positiven Sinne — ist auch vieles in der Inselstadt Lamu geblieben. Anders als Malindi blieb dieser Ort von der modernen Entwicklung bis in die 60er Jahre hinein weitgehend unberührt. Dadurch konnte er sein gemächliches Tempo und sein altertümliches Stadtbild bis in die Gegenwart retten. Erst seit dem Ende der 60er Jahre kommen mehr, meist jugendliche, Touristen hierher. Die geographische Lage — Lamu liegt auch für kenianische Verhältnisse weit ab vom Schuß, die Straße dorthin ist schlecht — hat eine Touristensündflut wie in Malindi oder Mombasa bis jetzt verhindert. Gleichwohl ist der Fremdenverkehr auch hier kräftig auf dem Vormarsch.

Verkehrsverbindungen

Alle Küstenorte werden mehrmals täglich von öffentlichen Verkehrsmitteln angefahren. Busse nach Malindi und Lamu starten von „Mwembe Tayari" an der Kenyatta Ave. in Mom-

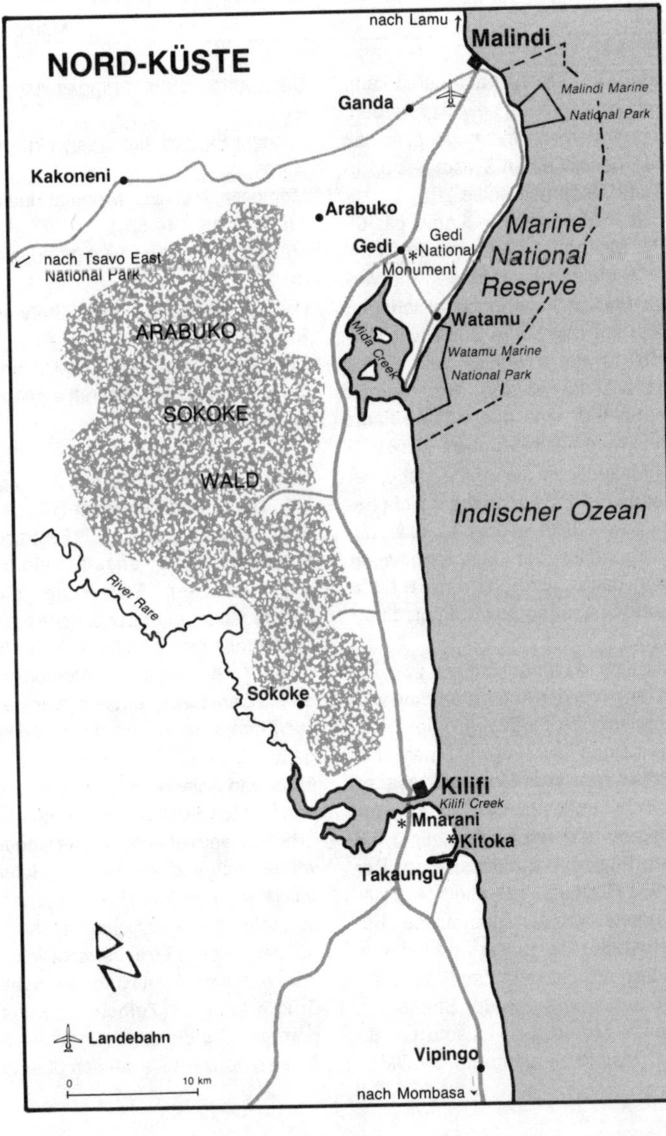

NORD-KÜSTE
nach Lamu
Malindi
Malindi Marine
National Park
Ganda
Kakoneni
Arabuko
Gedi
Gedi
National
Monument
Marine
National
Reserve
nach Tsavo East
National Park
Mida Creek
Watamu
Watamu Marine
National Park
ARABUKO
SOKOKE
WALD
Indischer Ozean
River Rare
Sokoke
Kilifi
Kilifi Creek
Mnarani
Kitoka
Takaungu
Landebahn
Vipingo
0
10 km
nach Mombasa

basa. Die Strecke nach Lamu kann zwar an einem Tag bewältigt werden, ist aber ziemlich anstrengend, so daß man besser einen Zwischenstop in Malindi einlegen sollte.
Preise: Mombasa — Lamu ca. 65 DM; Malindi — Lamu ca. 50 DM.
Nach meinen Erfahrungen mit verschiedenen Transportgesellschaften halte ich den „Tana Bus River Service" für die zuverlässigste.
Bis Malindi ist die Küstenstraße asphaltiert, eine angenehme Fahrt von zweieinhalb Stunden. Kurz hinter Malindi geht sie in eine grobe, bei Regen nur schwer oder gar nicht befahrbare Erdstraße über. *Mokowe,* die Anlegestelle der Motorbarkassen nach Lamu, wird erst nach 6 bis 8 Stunden anstrengender Fahrzeit erreicht.
Wer sich in Lamu nicht erst zwei Tage lang von der Anfahrt erholen will, dem sei das Flugzeug empfohlen. Die kleinen Cessnas und Pipers starten zwar auch von Mombasa, aber es ist nicht unbedingt nötig, auch die bequemen 120 km nach Malindi mit dem Flugzeug zurückzulegen. Der kleine Flughafen in Malindi liegt vier Kilometer vor der Stadt an der Küstenstraße. Die Busse und Matatus halten in Sichtweite des Flughafengebäudes links von der Straße.
Preise: Mombasa — Lamu ca. 80 DM, Malindi — Lamu ca. 54 DM.
Die routinierteste Fluggesellschaft ist:
„Cooper Skybird Aircharters Ltd.", mit Büros in:
Mombasa, Moi Ave., Ambalal House, Tel. 2 14 43/2 14 56
Malindi, Lamu Rd., Tel 2 08 60, 2 08 61
Nairobi, Bunson's Travel, Standard St., Tel. 2 19 92/3/4.
Der Flug führt entlang der Küstenlinie und dauert von Malindi eine halbe Stunde.

Heraus aus Mombasa auf der Digo Rd., später Abd el Nasser Rd., und über die Nyali-Brücke aufs Festland. Die Küstenstraße verläuft in ein bis drei Kilometern Entfernung zum Strand. Kurz hinter der Brücke biegt eine Straße rechts ab zum *Krapf Memorial (→Ausflüge von Mombasa),* eine andere zweigt etwas später links zur Emmanuel-Kirche ab. Für eine ganze Weile säumen nun die parkähnlichen Anlagen der Strandhotels den rechten Straßenrand. Ruhe und Erholung verheißende Name fliegen vorbei, während die kleinen Hotelbusse, vollgestopft mit Bleichgesichtern, die Straße unsicher machen. Auf der anderen Seite herrscht kenianischer Alltag. 8 km hinter der Nyali-Brücke liegt die Zementfabrik von Bamburi. Als die größte ihrer Art in Afrika produziert sie jährlich über eine Million Tonnen Zement. Die Hälfte davon wird exportiert, vornehmlich nach Saudi-Arabien. Der Zement wird aus Korallenkalkstein, der den gesamten Küstenstrich bedeckt, hergestellt.

Hinter Bamburi überquert eine gebührenpflichtige Brücke den mangrovengesäumten *Mtwapa Creek.* Die Hotelschilder werden seltener. Das Straßenbild wird nun bestimmt von kleinen Dörfern und kleinbäuerlichen Betrieben. Die Moscheen am Straßenrand sind schlicht gehalten; grün, blau, gelb und weiß getünchte Häuser verkriechen sich vor der Sonne im Schatten der großen Mangobäume. Auf den Seitenstreifen treiben kleine Jungen die Rinder und Ziegen ihrer Familie zum nächsten Quadratmeter mit frischem Gras. Die Küste gehört zu den dicht besiedelten Gebieten des Landes. Hier leben die *Giriama,* das bekannteste Volk der *Mijikenda*-Gruppe, zu der ferner die *Digo, Duruma* und *Rabai* gehören. Ihr Ursprungsgebiet liegt im heutigen Grenzgebiet von Kenia und Somalia. Besonders die Giriama waren früher die ganze Küste entlang wegen Ihrer Zauberer gefürchtet. Noch heute werden ab und zu Leute der Hexerei beschuldigt, ein Riesenzirkus wird veranstaltet, und am nächsten Morgen steht alles in der Zeitung.

Hinter Kikambala beginnt die ausgedehnte Fläche des *Vipingo Sisal Estate,* einer der größten Sisalplantagen Afrikas. Die Felder mit den in Reih und Glied gepflanzten Agaven bedecken nahe Ebenen und ferne Hügel und verlaufen irgendwo am Horizont.

40 km hinter dem Mtwapa Creek schneidet sich der *Kilifi-Creek* in die Küstenlinie hinein. Die Wartezeit an der Fähre kann man sich mit einer Tüte leckerer Cashewnüsse und einem Bummel entlang der Verkaufsstände vertreiben. Auf der anderen Seite des Creeks biegt ein Weg rechts ab zum Meer. Von dort hat man einen schönen Blick auf den Creek und in seinem Wasser ankernde Jachten.

Der Ort *Kilifi* ist Hauptstadt des gleichnamigen Distrikts. Das Gebiet ist das bevölkerungsreichste der ganzen Küste, und das Problem der landlosen Pächter ist hier besonders groß. Vor der Kolonialisierung gehörte das Land dem Sultan von Zanzibar. Unter den Briten teilte eine Handvoll Großgrundbesitzer alles unter sich auf. Bis heute hat sich daran nicht viel geändert, mit dem unwesentlichen Unterschied, daß es heute afrikanische Großgrundbesitzer sind.

Unterkunft

Billige Herbergen finden Sie auf der Nordseite des Creek.

„„Toplive B&L", oben auf der Klippe.
„Mkuajoni Motel", an der Hauptstraße, hinter der Agip-Tankstelle, mit Bar und Restaurant: 13/25 DM.
„Seahorse Hotel", auf der Nordseite des Creek, links von der Hauptstraße. Das „Seahorse" ist *das* Seglerzentrum des Landes. Die um Kilifi wohnenden Europäer versammeln sich jeden Abend an der hoteleigenen Bar zum großen Besäufnis. Mit etwas Glück und Überredungskunst bekommen Sie hier einen Lift zu den Inseln im Indischen Ozean.

Kurz hinter Kilifi führt die Straße an einer großen Cashewnußfabrik und ihren Plantagen vorbei zum undurchdringlichen *Arabuko-Sokoke-Forest,* einem geschützten Vogelparadies und Lebensraum seltener Pflanzen und Reptilien.

Gedi

103 km von Mombasa entfernt, nachdem die dichte Vegetation des Waldes wieder intensiv bewirtschafteten Feldern gewichen ist, gelangt man zur Abzweigung nach Gedi und Watamu. Nach Gedi geht es rechts ab und dann sofort wieder links, vorbei an einer Markthalle und der Dorfschule. Wenige Minuten später taucht der Eingang zur berühmten Ruinenstadt Gedi auf (täglich 7-18 Uhr, ca. 5 DM). Sie ist nach Fort Jesus das zweitbeliebteste Ausflugsziel an der Küste.
Gedi wurde gegen Ende des 13. oder zu Beginn des 14. Jahrhunderts gegründet. Seinen Höhepunkt erlebte es im 15. Jahrhundert, und im 17. Jahrhundert wurde es aufgegeben. Das ist alles, was man heute weiß. Was die Gründe für das Verlassen der Stadt waren, warum sie gerade an dieser, weit ab vom Meer liegenden und schwer zu verteidigenden Stelle angelegt wurde — man weiß es nicht. Vielleicht waren es Leute aus Malindi, die sich nach Meinungsverschiedenheiten mit dem Herrscher hier niederließen. Von größerer politischer oder wirtschaftlicher Bedeutung scheint die Stadt nicht gewesen zu sein, denn sie wird weder in portugiesischen, arabischen noch in Swahili-Quellen erwähnt. Im frühen 16. Jahrhundert, so die Archäologen, ist Gedi zum ersten Mal zerstört worden, vielleicht von einer Strafexpedition, die Mombasa nach seiner Zerstörung durch die Portugiesen 1529 gegen Malindi und deren Verbündete ausschickte. Wie zahlreiche zwischen den Trümmern gefundene chinesische Porzellanscherben aus der Ming-Zeit beweisen, war die Stadt am Ende dieses Jahrhunderts schon wieder bewohnt. Endgültig verlassen wurde sie unter dem Druck

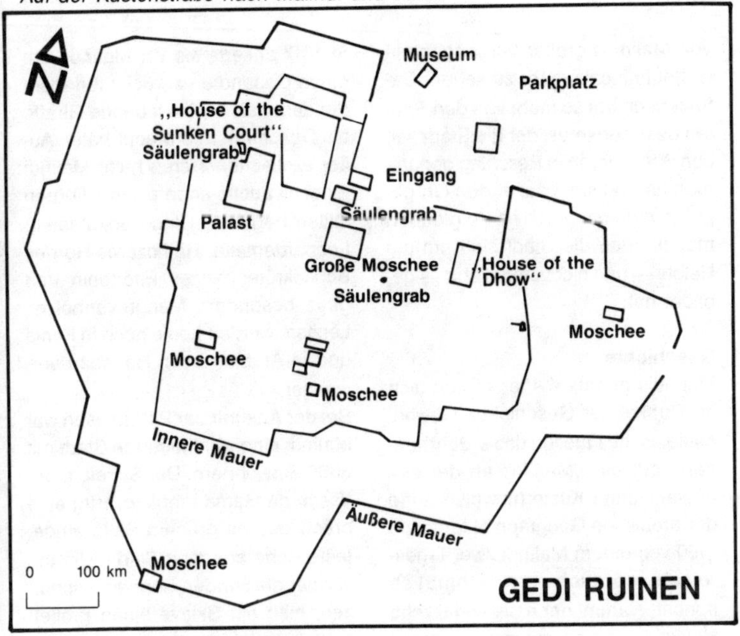

des nach Süden vorstoßenden Galla-Volkes aus Somalia. Nicht nur Gedi, auch alle anderen afroarabischen Siedlungen bis hinab zum Mtwapa-Creek wurden im Laufe des 17. Jahrhunderts aufgegeben.

Der Name Gedi stammt aus der Gallasprache und bedeutet „wertvoll“. Der richtige Name war vielleicht Kilimani. Heute ist die Ruinenstadt teilweise freigelegt und steht unter Denkmalschutz.

Zwischen den Grundmauern wachsen mächtige Affenbrotbäume, „Baobabs“, deren Kronen die ganze Anlage überdachen und nur wenig Sonnenlicht durchlassen. In einem winzigen Museum am Eingang sind die wenigen gefundenen Gegenstände, darunter auch eine venezianische Schere, ausgestellt.

Malindi

Von der Abzweigung nach Gedi bis zum Flughafen von Malindi sind es noch 8, bis nach Malindi selbst noch 14 km.

Von Malindis großer Vergangenheit ist heute nichts mehr zu sehen. Dafür jedoch um so mehr von den Spuren des Tourismus, der die Stadt seit den 30er Jahren in Beschlag genommen hat. So stark hat er den Ort geprägt, daß man noch heute glauben möchte, daß die Stadt sich um die Hotels — und nicht umgekehrt — gebildet hat.

Geschichte

Malindis genaues Alter verliert sich im Dunkel der Geschichte. Obwohl chinesische Quellen des 9. Jahrhunderts auf ein „Ma-Lin" an der ostafrikanischen Küste hinweisen und der arabische Geograph al-Idrisi um 1150 von einem Malindi zwei Tagesreisen nördlich von Mombasa spricht, stammt der erste verläßliche Hinweis auf eine mit dem heutigen Malindi identische Stadt von Abu al Fida (1273-1331).

Obgleich chinesisches Porzellan aus dem 9. Jahrhundert gefunden wurde, gilt es als sicher, daß die Chinesen selbst erst im 15. Jahrhundert nach Ostafrika kamen. In dieser Zeit nämlich begann Kaiser Yung-Lo den Überseehandel des Reiches der Mitte anzukurbeln. Die Quellen berichten, daß dem Eunuchen Cheng-Ho eine große Flotte unterstellt wurde, mit der er Java, Ceylon, Indien, Hormuz und Ostafrika besuchte. Im Jahre 1417 ankerte sie vor Malindi, um einen Gesandten zurückzubringen, der dem Kaiser eine lebende Giraffe als Geschenk überbracht hatte. Außer exotischen Tieren hatte Malindi jedoch auch andere, im Fernen Osten begehrte Dinge anzubieten: Leopardenfelle, Rhinozeros-Hörner, Schildkrötenpanzer, Elfenbein und ganz besonders Mangrovenhölzer. Letztere werden heute noch in Kenia und in Arabien beim Hausbau verwendet.

Bei der Ankunft der Portugiesen war Malindi eine wohlhabende Stadt mit 6000 Einwohnern. Der Scheich, der Vasco da Gama empfing, trug eine prächtige, mit grünem Satin eingefaßte Robe aus roter Seide. Um ihn vor der gleißenden Sonne zu schützen, hielt ein Sklave einen großen seidenen Schirm mit einem vergoldeten Griff über ihn. Zwanzig vornehme Edelleute begleiteten ihn, zahllose Musikanten kündigten sein Erscheinen an. Am Strand sah da Gama Schiffe aus Indien, die Baumwollstoffe, Kupfer, Porzellan, Glasflaschen und Salz ausluden.

Das Verhältnis der Portugiesen zu Malindi blieb gut. Es gab in dieser Zeit sogar ein Sprichwort: „Damas de Malindi, Cavalleiros de Mombaca" (Freundschaft in Malindi, Streit in Mombasa). Obwohl die portugiesischen Schiffe schon bald direkt von

Mozambique nach Goa segelten und Malindi links liegen ließen, hielt der Wohlstand Malindis im 16. Jahrhundert an. Erst im Jahre 1593, als die Portugiesen ihr Hauptquartier nach Mombasa verlegten und den Scheich von Malindi zum ergebenen Sultan von Mombasa machten, ging die Bedeutung Malindis zurück. Der Niedergang dauerte das ganze 17. Jahrhundert hindurch. Der Missionar Ludwig Krapf mußte sich bei seinem Besuch 1845 seinen Weg durch die von dichter Vegetation überwucherte Stadt mit dem Buschmesser freikämpfen. Erst 1861 wurde Malindi vom Sultan von Zanzibar neu gegründet, und zwar zu dem Zweck, Getreide für die Bevölkerung Zanzibars anzubauen. Unter dem massiven Einsatz von Sklavenarbeit war bereits die erste Ernte mit mehreren tausend Sack Getreide erfolgreich. Die Bevölkerung der Stadt stieg wieder auf 5000. Der Sklavenmarkt wurde jeden Freitag vor der Juma Moschee in der Nähe der Säulengräber abgehalten. Auf den Plantagen, wo 6000 Sklaven schufteten, gediehen Casava, Mangos, Bananen, Orangen und Kokosnüsse, Sesam und Hirse, Exportgüter für Arabien und Zanzibar. Mit dem Verbot des Sklavenhandels erlitt Malindi erneut einen Rückschlag, von dem es sich nicht mehr erholte. Ein Beamter der britischen Kolonialregierung beschreibt vor dem Ersten Weltkrieg Malindi als eine verfallene Eingeborenenstadt mit einer gewissen Anzahl reparaturbedürftiger Steinbauten einschließlich Moscheen.

Erst als die britischen Siedler Malindi als Urlaubsort und Alterssitz entdeckten, ging es langsam wieder bergauf. 1931 wurde das erste Hotel, das „Palm Beach Hotel" (heute: „Blue Marlin") gebaut. 1934 stieg Hemingway hier ab, um draußen vor dem Riff hinter Schwertfischen herzujagen. Meist lag er allerdings volltrunken unter den Tischen in der Lobby. Andere Hotels kamen hinzu, und 1979 belief sich die Einwohnerzahl wieder auf 23 000. Heute sieht man die letzten dieser alten sonnenverbrannten Generation die Lamu Rd. entlangzuckeln.

Sehenswürdigkeiten

Von der alten Herrlichkeit ist heutzutage nicht mehr viel zu sehen. In der Altstadt stehen ein paar Steinhäuser, die von indischen Händlern bewohnt werden, ansonsten bilden zahllose flache Lehmhäuser ein verschachteltes, unübersichtliches Labyrinth, in dessen Gassen man während der Regenzeit knietief im schlammigen Wasser watet. Zu besichtigen ist alles in einer knappen halben Stunde. Das bedeutendste historische Denkmal in Malindi ist das *Vasco da Gama-Kreuz.* Es ist eines der ältesten europäischen Monumente im tropischen Afrika und steht auf der südlich der Hafenbucht ins Meer ragenden Landzunge. Im Jahre 1499 schenkte da Gama es dem Scheich von Malindi und baute es vor dessen Palast auf. Der moslemischen Bevölkerung war das jedoch ein Dorn im Auge, und wenig später fand es seinen endgültigen Platz auf der Landzunge. Es besteht aus Lissaboner Kalkstein, dessen leuchtendes Weiß bei Sonnenschein weithin sichtbar ist. Die Klippen, auf denen das Kreuz steht, wurden 1938 und 1949 mit Zement verstärkt, da sie von der See stark unterhöhlt waren.

Einige Minuten vom Vasco da Gama-Kreuz entfernt befindet sich an der zum Fischmarkt führenden Straße eine kleine *Kapelle,* deren Südostteil noch aus der portugiesischen Zeit stammt. Sie muß vor 1542 gebaut worden sein, da sie von einem gewissen St. Francis Xavier in einem Brief nach Rom erwähnt wird. In dem kleinen Kirchhof befanden sich früher portugiesische Grabsteine. 1933 wurde in der Kapelle unter einer dicken Putzschicht ein Bild der heiligen Jungfrau unter dem Kreuz entdeckt.

Jenseits des Fischmarktes, wo selten etwas los ist, befinden sich neben der Jamia Moschee zwei *Säulengräber,* von denen das große aus dem 15., das kleinere aus dem frühen 19. Jahrhundert stammt. Das arabische Dekor ist immer noch deutlich erkennbar. In ihrem Ursprung sind sie jedoch rein afrikanisch, denn ähnliches findet sich nirgends sonst in der arabischen Welt.

Malindi Marine Park

Für den Besuch des Meeresschutzgebietes stehen die Glasbodenboote verschiedener Ausflugunternehmen zur Verfügung. Dort können auch Atemgeräte für Tauchgänge ausgeliehen werden. Versuchen Sie's bei „Sharif's Boats" (Tel. 2 03 74), er bietet Bootsfahrten zu vernünftigen Preisen. Die Riffsafaris finden bei Ebbe statt, weil dann das Meer nicht so aufgewühlt ist und das farbenprächtige Leben unter Wasser genüßlicher beobachtet werden kann. Beim Casuarina Point (weiter auf der Straße über den Silversands-Strand nach Süden) sind der Eingang und das Büro, wo Fahrten zum Riff verkauft werden.

An dieser Stelle ein ernstes Wort zum Naturschutz. Die Korallenriffe vor der kenianischen Küste stehen kurz vor ihrer Vernichtung. Bereits in den 60er Jahren wurden die Gefahren, die das traditionelle Köderfischen, das unkontrollierte Speerfischen und ganz besonders das Sammeln von Korallen und Muscheln für die Touristen für das empfindliche Ökosystem des Riffs darstellen, erkannt. 1968 wurden die Meeresschutzgebiete von Malindi und Watamu eingerichtet, die ersten im tropischen Afrika überhaupt. Der Erfolg blieb aber weit hinter den Erwartungen zurück. Gegen den trotz aller Verbote blühenden Handel mit Muscheln und Korallen sind die Gefahren durch das Süßwasser und den Schlamm aus den Flüssen gering. Ende der 70er Jahre verließen ca. 110 Tonnen Korallen und Muscheln auf dunklen Kanälen Kenia.

Wer sammelt die Meeresschätze, wer sind die Abnehmer? Für die einheimischen Fischer wird es immer schwieriger, ihren Lebensunterhalt zu verdienen, denn die Fischgründe vor der Küste sind nahezu leer. Ohne Schulbildung, ohne Chance auf dem Arbeitsmarkt und meist auch ohne Landbesitz ... was sollen sie anderes tun, als ins Riff zu gehen?

Gewöhnlich verkaufen sie ihre Beute gegen einen Spottpreis an Großhändler. Von dort wandern die Muscheln in die Curio Shops der Hotels, nach Mombasa und Nairobi.

Wenn das so weitergeht, wird es in naher Zukunft kein Leben mehr im Riff geben. Dann müssen sich die Muschelsammler andere Einkommensquellen suchen. Nur welche, das ist die Frage. Schon jetzt kommt ein großer Teil der in Kenia gehandelten Muscheln aus Tansania und Somalia.

Um zu retten, was zu retten ist, müßte ein totales Verbot des Muschelhandels erlassen und das bereits existierende Ausfahrverbot strenger kontrolliert werden. Gleichzeitig müßte der Staat auch einen Gedanken an die Muschelsammler verschwenden und strukturelle Veränderungen zur Hebung ihres Lebensstandards herbeiführen.

Unterkunft

In Malindi eine Bleibe zu finden, ist im allgemeinen unproblematisch. Eng wird es nur, wenn islamische Feiern wie „Maulidi" — der Geburtstag des Propheten — oder das Ende des Fastenmonats Ramadan vor der Tür stehen.

„Malindi Youth Hostel", P.O.Box 476 Malindi, Tel. 3 28, gegenüber vom Game & Fisheries Department, in der Nähe des Krankenhauses. Geschlossen von 14 bis 17 Uhr.

„New Safari Lodge", Nähe Busbahnhof. Direkt gegenüber starten die Busse nach Lamu. Einzelzimmer ca. 4 DM; Doppelzimmer ca. 8 DM.

„New Kenya Hotel", P.O.Box 198 Malindi, Tel. 2 06 57, schräg gegenüber.

„Metro Hotel", P.O.Box 361 Malindi, Tel. 2 04 00, am Fischmarkt.

„Glory Guest House“, Lamu Rd. P.O.Box 994 Malindi, Tel. 01 23 -2 00 65.

„Ozi's Bed&Breakfast“, Seafront Rd., P.O.Box 60 Malindi, Tel. 01 23-2 02 18, 11/18 DM.

„Eden Roc Hotel“, Lamu Rd., P.O.Box 350 Malindi, Tel. 01 23-2 04 80/1/2, ab 35/ab 57 DM.

Wer es luxuriöser haben und obendrein am Strand wohnen möchte, der halte sich an:

„The Driftwood Beach Club“, P.O.Box 63 Malindi, Tel. 2 01 55, ab 35/ab 54 DM.

„Scorpio Villas“, P.O.Box 368 Malindi, Tel. 01 23-2 08 92 oder 2 01 94, Hütte ab 47 DM.

Gottlob geht es am Strand auch billiger:

„Silversands Campsite“, P.O.Box 619, Tel. 2 04 12, 2 km außerhalb, unmittelbar am Strand und unter deutsch-kenianischer Leitung. Mit WC und Duschen, kleinem Shop und Hütten. Wer hier absteigt, kann seine Wertsachen in den Safes der obigen Hotels deponieren.

Der Weg in die Stadt führt durch ein einsames Waldstück und sollte nach Einbruch der Dunkelheit gemieden werden. Die Überfälle auf Touristen haben inzwischen so stark zugenommen, daß einheimische Autofahrer von sich aus anhalten und einsame Fußgänger mit in die Stadt nehmen, um wenigstens ein klein wenig von Malindis lädiertem Ruf wieder aufzupolieren.

Restaurants

„Driftwood Beach Club“, Silversands Beach.

Dinner bei Kerzenlicht unter einem Makuti-Dach. Die Spezialitäten des Hauses: „Crab Masala“ und Garnelen mit Knoblauchbutter. Jeden Dienstagabend Barbecue.

Geöffnet: 12.30-14 Uhr, 19.30-22.30 Uhr.

„Lamu Grill“ im „Lawfords Hotel“, Government Rd.

Ziemlich teuer, aber gut. Die Gerichte tragen elegante Namen wie „Prawns Costa Brava“, „Lobster Thermidor“ und „Pineapples Malindi“.

Geöffnet: täglich 12.30-14 Uhr, 19.30-22.30 Uhr.

„Umande“, Silversands, den braunen Hinweisschildern folgen.

Sitzen unter einem kegelförmigen Makuti-Dach und sich vom lauen Wind von der See die Nase streicheln lassen. Tip: Krabben mit Knoblauch, Ingwer, Brandy und Käse.

Geöffnet: 12.15-14.15 Uhr, 19.30-21.45 Uhr.

„Metro Hotel“, am Fischmarkt.

Einfaches Restaurant unter indischer Leitung.

An der Wand hängen präparierte, traurig auf die Gäste herabschauen-

de Fischleichen. Schmackhafte Currygerichte, Gemüse- und Reisgerichte. Tip: „Kuku paka", Hühnchen in Kokosmilch.
Geöffnet: 7.30-21 Uhr täglich.
„New Kenya Hotel", Jamhuri Rd.
Ideal für alle, die mit dem letzten Groschen reisen. Currygerichte und Chapatis ab 2 DM.

Unterhaltung
Tanz in den Strandhotels und in den Diskotheken entlang der Government Rd.

Einkaufen
In den Andenkenläden entlang der Government Rd. gibt es alles, was es woanders auch gibt — nur teurer.

Fahrräder und Mietwagen
„Silversands Campsite" vermietet Fahrräder, 1991 allerdings nur tageweise. Autos und Motorräder vermietet „Glory Car Hire" (Ngala Building, Lamu Rd., P.O.Box 994, Tel. 2 00 65).

Verkehrsverbindungen
Vom unübersehbaren- und hörbaren Busbahnhof gehen die rollenden Ungetüme um 7.30 Uhr nach Garsen, den Dörfern im Tana River Delta und nach Lamu. Direkte Verbindungen nach Mombasa und Nairobi. In jedem Fall sollten Sie im voraus buchen.

Nach Lamu

Die Insel Lamu sollten Sie am besten zuletzt besuchen. Warum? Ganz einfach. Sie würden sich garantiert vom relaxten Charme dieses wunderschönen Ortes einlullen lassen und den Rest Ihres Urlaubs hier verbringen. Wenn Sie die 225 km dorthin mit dem Bus zurücklegen wollen, bedenken Sie, daß es auch mit dem Flugzeug geht, und das schneller, bequemer und nervenschonender. Die Federung der Busse ist so unbarmherzig hart wie die Straße gespickt ist mit Schlaglöchern. Entgegen allen anderslautenden Plänen ist sie noch immer nicht geteert worden. Während der Regenzeit ist ein etwa 10 km langes, durch eine Niederung führendes Teilstück jenseits des Tana-Flusses meist unpassierbar. Gleiches gilt für die handbetriebene Fähre über den Tana. Bei Hochwasser wird sie außer Betrieb gestellt. Die schwierigen Monate: November, Dezember, Mitte März bis Juni. Am besten erkundigt man sich bei den Fahrern nach dem Streckenzustand.
10 km hinter Malindi überquert die Straße den schlammig-braunen *Sabaki-Fluß,* landeinwärts als *Galana* bekannt. Nach 5 km führt eine Abzweigung rechts ab zum Dörfchen *Mambrui.* Der Ort liegt inmitten von Baumwollpflanzungen, die während

des 19. Jahrhunderts von Tausenden von Sklaven bewirtschaftet wurden. Eine große Moschee bestimmt die Szenerie, und ein Säulengrab (die ehemals acht Meter hohe Säule stürzte 1934 ein) erinnert an vergangene Zeiten.

5 km hinter Mambrui biegt ein Weg rechts ab zur Landzunge *Ras Ngomeni.* 1986 baute Italien die Raketenabschußrampe „San Marco" ins Meer. Eine ganze Reihe von Satelliten wurde bislang erfolgreich ins All befördert. In dem verschlafenen Nest Ngomeni sind die Ruinen eines Forts oder Turms zu sehen. Nach einer Legende wurde es schon im 13. Jahrhundert verlassen, weil Gott eine Flut sandte, um die prahlenden Weiber im Ort zu strafen, da sie in Milch badeten.

Hinter *Gongoni* mit seinen Salzwerken beginnt der Busch. Während der Regenzeit verlangt bereits hier die Straße vom Fahrer sein ganzes Können. Bald wendet sie sich landeinwärts, die Sümpfe und Flußarme des Tana Delta in großem Bogen umfahrend. Abstecher ins Delta sind möglich. Von Interesse sind dabei die Orte *Golbanti* und *Ngao.* In Golbanti gründeten Methodisten im Jahre 1885 eine Missionsstation. Ihre Priester wurden ein Jahr später von marodierenden Masaibanden massakriert. In Ngao baute die deutsche Konkurrenz der Lutheraner eine wehrhafte Kirche und ein trutziges Missionsgebäude, worin heute der leitende Arzt des Distrikt-Krankenhauses wohnt. Wie damals bemühen sich auch heute Missionare und Bibelübersetzer um das Seelenheil der hier lebenden *Pokomo,* angespornt von dem heiligen Ehrgeiz, dem vordringenden Islam Einhalt zu gebieten.

Wer das Delta weiter erforschen möchte, der wende sich an den Kurator des Museums im Fort Jesus in Mombasa. Er gibt nähere Auskünfte.

Weiter führt die Küstenstraße durch endloses, einschläferndes Buschland, bis Garsen (111 km von Malindi) erreicht ist. Der Ort ist ein wichtiges Handelszentrum der Somali, Gabra und Orma. Wenn Sie in den buntbemalten Dukas ihren Geschäften nachgehen, lassen sie ihre großen Viehherden draußen vor der Stadt.

Die meisten Busse legen hier einen längeren Zwischenstop ein, so daß man genug Zeit für eine Tasse süßen Kaffee in einer der vielen zur Straße hin offenen Trinkstuben hat. Jenseits des Tana liegt eine fruchtbare Niederung. In dem weiten Grasland weiden Viehherden, es gibt zahlreiche Wasservögel und auch Antilopen zu sehen. Eine gute Fahrstunde lang ist die Straße seit kurzem asphaltiert —

danach geht die Nerverei weiter!
Ein dichtes Waldgebiet mit kleinen Mango- und Bananengärten dazwischen kündigt *Witu* an. Auf dem Marktplatz macht der Bus wieder Halt. Überhaupt scheint nur der Busverkehr das verschlafene Nest wachzurütteln. Dabei war Witu vor über 100 Jahren die Hauptstadt des kurzlebigen „Shwahililand Sultanats". Auf der Flucht vor den Kanonen des Sultans von Zanzibar, dessen Herrschaft er nicht anerkennen wollte, zog sich Ahmed Simba, der Herrscher über Lamus Nachbarinsel *Pate,* 1862 hierher zurück und gründete besagtes Sultanat.
In Deutschland bekannt wurde Witu, als die Gebrüder Denhardt, ihres Zeichens Geschäftsleute und Kolonialromantiker, 1885 mit dem immer noch wegen Zanzibar besorgten Sultan einen Schutzvertrag schlossen. Witu erhielt, zumindest nominell, Protektoratsstatus. Aber 1890 schon ging das deutsche Intermezzo zu Ende, als nämlich das Reich seine Ansprüche an Kenias Küste im deutsch-britischen Kompensationsgeschäft Zanzibar/Helgoland aufgab. 1892 gab es noch einen Zwischenfall. Die Briten bombardierten den Sultanspalast und setzten den Herrscher ab, nachdem ein paar verbliebene Deutsche umgebracht worden waren. Auf der Straße geht es weiter nach *Mkunumbi* und von dort an der *Lamu-Bucht* entlang nach *Mokowe.* Für die Busse nach Lamu ist hier Endstation. Das letzte Stück Wegs zur Insel wird im „mtaboti" (Kisw. für Motorboot) zurückgelegt.

Lamu

Die Überfahrt mit der meist überfüllten Motorbarkasse dauert zwanzig Minuten. Nach der schlauchenden Busfahrt tun die frische Brise und der Salzwassergeruch gut. Das Boot schlingert entlang der mit Mangrovenwäldern dicht bewachsenen Küste, bis sich nach einer Biegung das glänzende Panorama der alten Stadt Lamu präsentiert. Nachdem man die Kaimauer mit seinen Habseligkeiten erfolgreich erklommen hat und auf der Uferpromenade nach Luft schnappt, fallen sie über einen her, die Schwärme dienstbarer Geister, und bieten, mehr oder weniger aggressiv, ihre Führerdienste zum besten Hotel der Stadt an. Meist ist es ansinnlos, diesen kleinen Dienst von sich zu weisen. Wer nämlich einen bunten Rucksack mit sich in der Stadt herumschleppt, wird auch hier zwingend als wohnungsloser Tourist identifiziert, und sofort beginnt das Spiel von neuem. Vertrauen Sie also ihre Sache ruhig einem der Jugendlichen an. Gestohlen wird so gut wie nicht, denn dazu ist die Stadt einfach zu klein. Sollten Sie wider Erwarten von selbsternannten Führern verschont bleiben, finden Sie Ihr Hotel auch allein. Sie brauchen sich nur stadteinwärts zu halten, und nach wenigen Metern sind Sie schon auf der höchstens zwei Meter breiten Hauptstraße Lamus, der „Harambee Rd." (früher: Usita wa Mui). An ihr liegen die meisten Lodges und Hotels.

Geschichte

Mit ungefähr 9000 Einwohnern ist Lamu heute die größte Stadt des gleichnamigen Archipels, zu dem außerdem noch die größeren Inseln Manda und Pate weiter nördlich gehören. Es gilt als sicher, daß die Inselgruppe bereits um Christi Geburt von den seefahrenden Völkern des Mittelmeeres und des Indischen Ozeans angelaufen wurde. Die frühesten archäologischen Funde datieren aus der Zeit um 800 n. Chr. Aus den ständig benutzten Ankerstellen entwickelten sich allmählich städtische Siedlungen, denn die mit dem Nordostmonsun kommenden Bootsbesatzungen mußten für ihre Rückkehr nach Arabien und Indien auf den Südostmonsun warten. Und das taten sie, indem sie sich häuslich einrichteten. Arabische Handwerker und politisch Verfolgte kamen dazu, viele blieben, und so entstanden Städte nicht nur auf Lamu, sondern auch auf Manda und Pate. Den Wohlstand verdankten sie ihrer Rolle als Umschlagplatz im Fernhandel mit dem Osten.

Im 16. Jahrhundert waren Pate, Lamu und Mombasa die größten Städte an der kenianischen Küste. Die reichste war jedoch Lamu. Es produzierte Getreide und Obst, und für den Export organisierten die Einwohner Amber, Mangrovenholz, Rhinozeros-Horn, Schildpatt und Elfenbein vom Festland.

Als unabhängige Stadtstaaten verfolgten die Städte ureigene Interessen, ihre Geschichte ist somit ein ewiges und schwer überschaubares Hin und Her von Bündnissen und Kriegszügen, von Blütezeiten und Niedergängen. Den um 1500 auftauchenden Portugiesen setzte Lamu keinen Widerstand entgegen und entging dadurch dem Schicksal Mombasas.

Nach der Vernichtung der letzten portugiesischen Garnison durch die Oman-Araber erlebten die Küstenstädte eine Renaissance. Im Jahre 1750 verbündete sich das von Oman abgefallene Mombasa mit Pate, das alsbald zur mächtigsten Stadt des Archipels aufstieg. 1813 kam es gegen Lamu zur Schlacht bei Shela, die für Lamu siegreich endete. Die feindlichen Schiffe hatten sich mit dem Wechsel von Ebbe und Flut verkal-

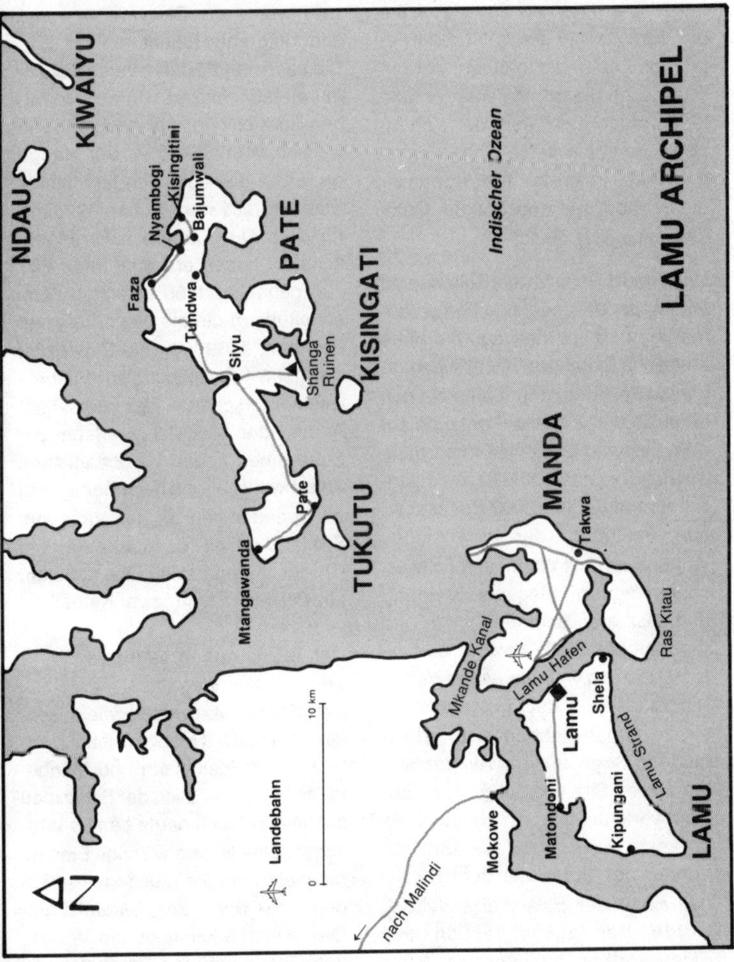
NDAU
KIWAIYU
Nyambogi
Kisingitini
Bajumwali
Faza
Tundwa
PATE
Siyu
Shanga
Ruinen
KISINGATI
Indischer Ozean
LAMU ARCHIPEL
Pate
Mtangawanda
TUKUTU
MANDA
Takwa
Mkande Kanal
Lamu Hafen
Ras Kitau
Lamu
Shela
Lamu Strand
Matondoni
Kipungani
Mokowe
LAMU
N
Landebahn
0
10 km
nach Malindi

kuliert und waren vor Shela gestrandet. Eine leichte Beute für die Krieger von Lamu, die in einem wahren Blutrausch die Schiffe enterten und jeden niedermetzelten, der sich ihnen in den Weg stellte. Angeblich ragen heute noch bei Niedrigwasser die Schädel und Knochen der Getöteten aus dem Sand!

Unter dem Schutz des Sultans von Oman, der das mächtige Fort errichten ließ und von hier aus die neue arabische Expansion nach Süden organisierte, begann für Lamu ein goldenes Zeitalter. Seine Plantagen auf dem Festland erreichten ihre größte Ausdehnung. 40 000 Sklaven erwirtschafteten für ihre 2000 Besitzer einen Reichtum, der in luxuriöse Wohnhäuser mit Warm- und Kaltwasserversorgung, elegante Kleidung und kostbaren Schmuck, gold- und silberfarbene Stoffe sowie in wertvolle Holzschnitzerei umgesetzt wurde. Die Vorteile aus dem guten Verhältnis zu Oman kehrten sich jedoch bald ins Gegenteil um. Als der Sultan seinen Sitz endgültig nach Zanzibar verlegte, ging der Handel bald an Lamu vorbei. Und als 1873 ein Vertrag der Briten mit dem Sultan das Ende der Sklaverei einleitete, wurde der ausschließlich auf Sklavenarbeit basierenden Wirtschaft Lamus der Todesstoß versetzt. 1907 wurde die Sklaverei in Lamu endgültig abgeschafft.

Die nächsten 60 Jahre verschlief Lamu einfach, isoliert von der modernen Entwicklung, weil geographisch weit ab vom Schuß — der Hauptgrund für das äußerlich fast intakte Stadtbild aus dem frühen 19. Jahrhundert. Die modernen Errungenschaften haben erst spät ihren Einzug gehalten: 1965 ersetzten Wasserleitungen die bis dahin üblichen Brunnen, 1969 kam die Elektrizität und 1986 — rechtzeitig zur Fußballweltmeisterschaft — das Fernsehen! Anfang der 60er Jahre erlebte die Stadt einen neuen wirtschaftlichen Aufschwung, als sie neue Bedeutung als Verladehafen für das Vieh vom Festland erhielt. Es gibt heute zwei Grundschulen, zwei Oberschulen, ein Polytechnikum, zwei Kinos.

Der Tourismus in Lamu — ein „sanfter Weg"?

Traditionelle Aktivitäten wie Fischfang, Handel mit Mangrovenholz, Anbau von Kokosnüssen und Mangofrüchten und natürlich der Schiffsbau bestimmen noch heute Lamus Wirtschaft. Eine andere wichtige Einnahmequelle sind die Tausende von Pilgern, die aus ganz Ostafrika um Ostern hierherkommen, um *Maulidi,* den Geburtstag des Propheten, zu feiern.

Eine gänzlich anders motivierte Besucherkategorie sind die zivilisationsmüden Touristen. Seit den 60er Jahren kommen sie in steigender Zahl nach Lamu. Den Tagesablauf und das Verhalten der Einwohner haben sie allerdings noch nicht so stark prägen können wie in Malindi oder Mombasa. Das liegt daran, daß Lamu so schwer zu erreichen ist und daß Besucher, die mit dem Flugzeug hierher kommen, schon am Abend wieder abreisen. Auf der anderen Seite blicken die Einheimischen auf eine reiche und lange Tradition zurück, was das Gefühl für die eigene Bedeutung gestärkt hat. Man biedert sich nicht bei den Fremden an, sondern begegnet ihnen mit freundlicher Distanz. Ferner ist Lamu eine islamische Gemeinde. Der Stolz und die Selbstsicherheit der Menschen gründet sich auf eine festgefügte, auf den Säulen des Islam beruhende Sozialordnung.

Ist Lamu ein Beispiel für den von Tourismuskritikern beschworenen „sanften Weg"? Oberflächlich betrachtet scheint das der Fall zu sein. Die meisten der Bewohner leben nicht ausschließlich vom Fremdenverkehr, die Kultur erscheint dem Außenstehenden weitgehend intakt, und alte Sitten und Gebräuche werden gepflegt. Man scheint den Tourismus als weiteren Wirtschaftszweig zu integrieren, ohne andere Einkommensquellen zu vernachlässigen. Die kleinen Segelboote, die tagsüber mit den Touristen im Archipel auf Tour gehen, werden nachts beim Fischfang eingesetzt. Viele der in den Hotels und Lodges arbeitenden Einheimischen haben ihr zweites Standbein in der Landwirtschaft des Hinterlandes.

Also keine Aussicht auf die reine Tourismuskultur? Schön wär's. Wird die Küstenstraße hinter Malindi erst einmal asphaltiert, wird Lamu seine gewisse Exklusivität endgültig verlieren. Eine zweite Landebahn auf Lamu selbst ist im Gerede, eine zweite Anlegestelle an der Uferpromenade ist bereits im Bau. Jährlich kommen zwei bis drei neue Lodges dazu, und die jungen Leute vernachlässigen die Schule, weil sie lieber schnell zu Geld kommen wollen — vielmehr kommen müssen, denn seit die in Saudi-Arabien als Gastarbeiter unter Kontrakt stehenden Söhne der Stadt Geld in die Stadt bringen, sind die Brautpreise inflationär in die Höhe geschossen. Beträge bis zu ca. 6000 DM sind keine Seltenheit. Der tägliche Umgang mit den meist jugendlichen Besuchern aus aller Welt beeinflußt jetzt schon das Verhalten und die Wertmaßstäbe nachhaltig.

Zu Fuß auf Entdeckungstour

Herausragende Sehenswürdigkeiten

gibt es eigentlich keine, wohl aber die einzigartige Atmosphäre des frühen 19. Jahrhunderts, die sich nahezu unverfälscht in die Gegenwart hinübergerettet hat. Ein zielloser Bummel durch das Labyrinth der Gassen und Gäßchen ist der beste Weg, Eindrücke zu sammeln und auf sich wirken zu lassen. Die günstigste Zeit hierzu ist der späte Nachmittag, wenn die Hitze, im Dezember bis zu 35 °C und im Sommer etwa 28 °C, von der durch die Gassen wehenden Meeresbrise gemildert wird. Überhaupt ist es in der Stadt selbst stets einige Grade kühler als etwa draußen auf dem Pier. Die enge Bauweise erzeugt eine Art Windkanaleffekt und macht selbst die größte Hitze erträglich.

Die Häuser entlang der Uferpromenade stammen aus dem frühen 20. Jahrhundert. Im 19. Jahrhundert bildete die Hauptstraße die Seefront, bis das seichte Ufer zur Landgewinnung mit Geröll aufgeschüttet wurde. Den Mittelpunkt der Stadt bildete das etwas bedrohlich wirkende, 20 m hohe Fort mit seinen wuchtigen Bastionstürmen. Während der Kolonialzeit diente es als Gefängnis; die Renovierung wurde 1991 nach mehrjähriger Arbeit abgeschlossen. Rechts hinter dem Fort liegt die *Pwani-Moschee* von 1370, die älteste noch erhaltene und in Gebrauch befindliche Moschee der Insel. Ihr angeschlossen ist eine der sieben Koranschulen Lamus. Zu Füßen des Forts befindet sich der *Government Square*. Hier wird der tägliche Markt abgehalten. Auf Eseln, Handkarren und gekrümmten Rücken — die einzigen Transportmittel auf der Insel, es gibt keine Autos — werden Limonen, Tomaten, Betelnüsse, Bananen und die besten Mangofrüchte Kenias herangeschleppt. Man sagt, die Mangos seien so gut, daß früher Sklavenhändler damit ihre zerschundene Menschenware vor den Auktionen erfolgreich wieder aufpäppelten. Keine Sklaven-, sondern ganz normale Auktionen finden jeden Samstag statt. Dann wird alles verscherbelt, was nicht niet- und nagelfest ist. Vom Marktplatz wie auch von jedem beliebigen Punkt der Hauptstraße aus kann man sich ins Gassengewirr begeben. Für den Besucher nicht sichtbar, ist Lamu wie Mombasa in verschiedene Stadtviertel, Mitaa, aufgeteilt. Jedes Mta hat seine eigene Moschee, die als Treffpunkt der jeweiligen Nachbarschaft dient. Insgesamt gibt es 24 Moscheen in Lamu.

Die Bevölkerung ist ein Gemisch der verschiedensten ethnischen Gruppen. Die meisten jedoch nennen sich einmütig Swahili, da sie dem Islam anhängen, arabische Vorfahren für sich in Anspruch nehmen und Kiswahili sprechen. Daneben leben hier auch zahlreiche *Bajuni,* die ebenfalls Kiswahili sprechen, aber einen gehörigen Schuß somalischen Blutes in den Adern haben. Die Trennung zwischen diesen beiden Gruppen wird von ihnen selbst gemacht und ist mehr eine politische und wirtschaftliche Angelegenheit als eine abstammungsmäßige.

Die Fassaden der aus Korallenkalkstein errichteten Häuser sind schmucklos, nur unterbrochen von hohen, dunklen Hauseingängen, die sich drei bis vier Stufen über der Gasse befinden. In vielen der Eingänge gibt es rechts und links steinerne Sitzbänke. Die Häuser sind zwei- bis dreistöckig und meist mit einem Flachdach versehen. Viele, insbesondere die der wohlhabenden Familien, haben in den oberen Stockwerken schattige Galerien, wo die Haushaltsmitglieder abends zusammensitzen.

Wie es in den Privathäusern aussieht, bleibt dem Besucher in der Regel verborgen. Ohne ausdrückliche Einladung ist man nicht willkommen, genauso wie anderswo auch. Daß es heute in den Häusern so aussieht wie in der im Lamu-Museum eingerichteten Swahili-Wohnung, ist wohl kaum anzunehmen. Viele Häuser sind stark renovierungsbedürftig. Die prächtigen Wandornamente und Stukkaturen im Inneren weichen immer mehr pflegeleichten weißen Kalkwänden. Besonders seit immer mehr Häuser in Lodges umgebaut werden, zieht man neue Wände hoch und durchbricht alte. Von der alten Bausubstanz bleibt nicht viel übrig Die Anzahl der 250 geschnitzten Holztüren, für die Lamu einst berühmt war, ist auf nunmehr eine Handvoll gesunken. Sie wurden an Touristen verkauft, die sie als Andenken ins Wohnzimmer stellen.

Unterkunft

Die Übernachtungsmöglichkeiten auf Lamu sind vielseitig, auch in ihrem Preis. Im „Petley's Inn" (P.O.Box 4, Tel. 30 48) an der Uferpromenade zahlt man mindestens ca. 40 DM für eine Übernachtung, kommt dafür aber in den Genuß eines der wenigen Swimmingpools der Stadt. Im „Peponi's" in Shela am Südende der Insel wird man mehr als das Doppelte los, aber dafür schläft man in einem Hotel, das in Rene Leclerc's „The 300 Best Hotels in the World" verzeichnet ist. Wer gerade nicht über das nötige Kleingeld verfügt, kann unterm Sternenhimmel auf dem Dach einer der zahlreichen, entlang der Hauptstraße gelegenen Lodges schlafen. Das ist nicht so stickig, und man wird nicht vom Klappern der Klimaanlage wachgehalten, sondern vom leisen Geplauder auf den anderen Dachterrassen eingelullt. 2 DM pro Nacht.

Die meisten Lodges liegen entweder direkt an der Hauptstraße oder in unmittelbarer Nähe von ihr. Keine Lodge ist weiter als 500 Meter von der Uferpromenade entfernt. Die Preise liegen im Schnitt bei 5 DM für ein Einzel- und 10 DM für ein Doppelzimmer. Besonders zu empfehlen sind:

„Pole-Pole-Lodge", schöne Dachterrasse, gepflegtes Inneres.

„Full-Moon-Lodge", mit Frühstück.

„Lamu-Lodge" und „Aroi Lodge".

„Yumbe House Lodge", P.O.Box 81, Tel. 01 21-31 01, 22/35 DM. Neben dem Lamu Museum. Etwas teurer, aber *die* Alternative zu „Peponi's" und „Petley's".

„Casuarina Rest House", P.O.Box 10, Tel. 31 23, Hafenpromenade. Doppelzimmer und Appartments mit Küche für Selbstversorger. Im Untergeschoß ist die Polizeiwache.

Alle genannten Lodges sind einfach eingerichtet, aber sauber und mit dem obligatorischen Moskitonetz ausgestattet. Preislich zwischen den Lodges und „Petley's Inn" bewegt sich das „New Mahrus". Es liegt direkt rechts neben dem Fort. Die vier auf dem Dach gelegenen Doppelzimmer der billigsten „3rd Class A" sind auch die schönsten. Aus den Fenstern der beiden links liegenden Zimmer hat man einen reizvollen Blick hinab auf die Hauptstraße. Preis: ca. 20 DM mit Frühstück.

Restaurants

Für das leibliche Wohl ist wohl gesorgt. In etlichen einheimischen Trinkstuben kann man bei einer Tasse süßen Tees oder aber einem Schälchen von arabischem, mit „iliki" (Kisw. für Ingwer) gewürztem Kaffee die Eindrücke sacken lassen. Dazu gibt es leckeres, meist süßes Gebäck wie „kwini keki" (aus dem Englischen, so benannt wegen seiner Kronenform), „mkate ya mayai", einen sättigenden Eierkuchen, oder „kitumbua", Reiskuchen, dessen Reste noch Tage später zwischen den Zähnen kleben. Für den größeren Hunger bieten einige Restaurants gute und preiswerte Sattmacher, Reisgerichte, Bananenpfannkuchen und Müsli (!). Lokalitäten, wo man sich schon für 2 DM vollstopfen kann:

„New Star Restaurant", Harambee Ave. Die Katzen stürzen sich auf alles, was übrig bleibt.

„Sindbad Restaurant", an der Uferpromenade. Nettes Management und gute Musik.

„Sabrina Restaurant", Harambee Ave., unterdurchschnittliches Essen, dafür aber das absolut häßlichste

▲ *Kommerzielle Anbieter oder auch Fischer setzen Touristen gerne zu einer Insel über*

▼ *Werktags in Jeans, am Wochenende in ,,Kutte'': Samburu beim traditionellen Tanz*

▲ *Die dörfliche Idylle ist angekratzt: Viele der jungen Leute suchen ihr Glück in Mombasa oder Nairobi*

▼ *In den Adern der Kinder fließt indisches, persisches, arabisches und afrikanisches Blut*

Wandgemälde Kenias und die hektischsten Kellner der Stadt.

„Hapa-Hapa-Restaurant“, an der Uferpromenade. Auf der kleinen Terrasse leckere Kokosnußkuchen mit Kaffee und alle erdenklichen Fruchtsäfte. Gehobene Ansprüche hinsichtlich der Eßkultur (Porzellan statt Plastikgeschirr) und einer verfeinerten Küche werden ebenfalls befriedigt.

„Coral Rock“, Harambee Ave., ziemlich weit nördlich. Unter einem Makutidach gibt es frisches Krabbenfleisch mit geschmolzenem Käse, äthiopisches Kebab in gewürztem Joghurt mariniert, oder mit Palmwein zubereiteten Fisch mit Reis und Salat. Getränketip: „Tropical Lassi“, ein Drink aus Honig, Joghurt, Früchten und Eis. Bester Rock 'n' Roll der Stadt.

„Equator Restaurant“. Hier geht es eher klassisch zu. Ron Partridge, der Besitzer, ist ein Stück kenianische Geschichte und begrüßt jeden Gast per Handschlag. Zu den Klängen von Smetanas „Moldau“ und Gershwins „Rhapsody in blue“ erläutert er seinen Gästen persönlich die Speisekarte. Tip: Die Bananenmilch ist die beste in Kenia.

Verhalten

Lamu ist eine streng islamische Gemeinde. Sie ist ein angesehenes religiöses Zentrum, in dem Pilger aus ganz Ostafrika, aber auch aus Indien zusammenströmen, um im März/April „Maulidi-al-Nabi“, den Geburtstag des Propheten, zu feiern. Feierliche Angelegenheiten wie diese geben wegen ihrer für uns malerischen Fremdheit natürlich reizvolle Fotomotive ab. Die tiefe Religiosität der Menschen und ihre Würde zu respektieren, sollte eigentlich selbstverständlich sein. Dazu gehört, nicht wie wild in der Gegend herumzuknipsen. Gerade in Lamu, aber auch in allen anderen noch stark den Traditionen verpflichteten Gemeinwesen, haben die große Vergangenheit und der Islam den Menschen ein starkes Selbstwertgefühl gegeben, das äußerst empfindlich auf die Nichtbeachtung der Umgangsformen reagiert. Also vor dem Fotografieren erst um Erlaubnis fragen und nicht weiter nachsetzen, wenn man auf Unwillen stößt. Jemanden kennenzulernen, ist noch besser, denn er/sie kann einen bei Freunden und Verwandten einführen, die meist sehr erpicht darauf sind, fürs Familienalbum abgelichtet zu werden.

Natürlich werden auch in Lamu die Schuhe vor dem Betreten der Moscheen ausgezogen. Die üblichen Bekleidungsvorschriften gelten auch für die Straße. Ausgezogen und vor der Türschwelle gelassen werden die

Schuhe auch beim Betreten einheimischer Wohnungen.
Bier sollte nicht auf der Straße getrunken, sondern im einzigen Alkoholausschank der Stadt, dem „Petley's Inn", konsumiert werden.

Unterhaltung

Nachtleben wird in Lamu kleingeschrieben. Manche Besucher bekommen nach ein paar Tagen den Zivilisationskoller und verschwinden schnell Richtung Süden zurück zu ihren Surfbrettern und Diskotheken. Außer im „Petley's Inn" wird nirgends Hochprozentiges verkauft. Hier sitzen ergo Entzugserscheinungen bekämpfende Europäer neben Heimweh ersäufenden Bank- und Postangestellten aus dem kenianischen Hochland. Das Bier wird jeden Tag mit dem Boot gebracht.
Es gibt zwei Kinos, die immer gut besucht sind, egal was läuft und trotz der abenteuerlichen Tonqualität, bei der es nicht darauf ankommt, ob ein indischer, amerikanischer oder ein italienischer Film gezeigt wird. Man versteht sowieso nichts, auch wegen der angeregt miteinander plauschenden Zuschauer.
Samstag nachts gibt es eine Tanzveranstaltung in der „Social Hall" am Nordende der Uferpromenade. Außerdem kommt einmal im Monat eine rollende Disco auf die Insel und wird in einem Gebäude des „Civil Servants Club" unterhalb der neuen Sendeanlage im Süden der Stadt installiert. Für den Weg dorthin ist man nachts auf Infrarotbrillen angewiesen oder auf hilfsbereite Einheimische.
Lamu verfügt zudem über ein ausgezeichnetes Museum (P.O.Box 48, Tel. 3073, tägl. 8.30-12.30 Uhr; 14.30-18 Uhr), das detailliert über die große Vergangenheit der Stadt informiert. Zu sehen sind alte Swahili-Einrichtungen, traditionelle Hennamuster und Kleider.
Seit kurzem befindet sich auch eine kleine Bibliothek im Hause, wo man sich bei Interesse weiter mit Lamu und der Küstenkultur beschäftigen kann. Das ist umso leichter, als der Leseraum mit seiner Klimaanlage der kühlste Ort im ganzen Archipel ist!

Bank, Post, Informationsbüros

Entlang der Uferpromenade befinden sich alle für das touristische Wohlbefinden nötigen Einrichtungen.
Banköffnungszeiten: Mo.-Fr. 8.30-13 Uhr; Sa. 8.30-11 Uhr. Die Miete eines Safes kostet 5 DM für sechs Monate.
Vom Postamt sind Gespräche in alle Welt möglich, geöffnet: Mo.-Fr. 8.-12.30 Uhr; 14-17.30 Uhr. Poste Restante möglich.
In zwei kleinen Informationsbüros, dem „Lamu Tourist Office" und dem

Büro der „Pioneer Airlines", werden Bootstouren zu den Inseln Manda, Pate und Kiwayu verkauft. Bei „Pioneer Airlines" sind die Tickets für den Flug nach Malindi, Mombasa und Nairobi erhältlich. Das „Lamu Tourist Office" vermietet übrigens auch mit allem ausgestattete Privathäuser an Touristen. Für eine Gruppe von sechs bis acht Personen eine lohnende Alternative zu den Lodges. Privathäuser vermittelt auch: Jamal A. Yusuf, P.O.Box 3, Lamu, Kenia.

Verkehrsverbindungen

Das Buchungsbüro des Tana River Bus Service befindet sich in der Harambee Rd. links vom Fort. Scheint ständig geöffnet zu haben, trotzdem im voraus buchen. Sogar Busfahrkarten nach Kisumu werden hier verkauft.

Mit der Dhow von hier aus nach Mombasa zu segeln ist etwas leichter zu bewerkstelligen als umgekehrt. Die beste Zeit ist zwischen Dezember und März. Gehen Sie zunächst zum Büro des District Commissioners (1. Stock rechts, gegenüber dem Hafenpier) und lassen Sie sich ein Formular ausstellen des Inhalts, daß Sie die Fahrt in eigener Verantwortung unternehmen. Darauf wird man Ihnen sagen, daß der Törn nach Mombasa etwa 36 Stunden dauern wird, vielleicht auch mehr. Nehmen Sie unbedingt etwas zu essen mit — die eintönige Schiffskost aus Ugali mit Fisch ist nichts für empfindliche Mägen. Handelsüblicher Tarif für die Tour ist etwa 20 DM.

Natürlich kann man auch zurück fliegen.

„Equator Airlines", „Sunbird" und „Cooper Skybird" bedienen Malindi, Mombasa und Nairobi sowie unzählige kleine und kleinste Orte mitten im Busch. Nach Mombasa und Nairobi gehen Flugzeuge zweimal täglich.

Ausflüge

Lamu ist nicht nur historische Stadt und gutes Essen, sondern nennt auch noch eine Traumküste ihr eigen, wo auf 17 km langem Sandstrand keine Menschenseele zu sehen ist. Der Weg dorthin dauert 45 Minuten und führt bei Ebbe an der Küste entlang in den Süden der Insel, wo das 500 Jahre alte Dorf *Shela* liegt. Es erlangte Berühmtheit durch die Schlacht von 1813. Bei Flut bietet sich der Weg durchs Hinterland an, durch die kleinen Shambas und durch Mango- und Palmengärten, die einen wunderschönen grünen Kontrast zum gelben Strand darstellen. Beide Wege kommen beim „Peponi's" direkt an der Südspitze heraus. Am Hotel vorbei noch 300-400 Meter, und man ist völlig allein auf dem breiten Strand.

Beim Baden Vorsicht wegen der starken Strömung!
Ein anderer, nicht unbedingt lohnender Spaziergang führt nach *Matondoni* im Norden der Insel. Das Dorf ist im ganzen Archipel bekannt wegen seiner alten Schiffsbauerfamilien, die immer noch die an der Küste gebräuchlichen „Jahazis" herstellt. Vor dem Fotografieren der Arbeiten auf dem Trockendock unbedingt um Erlaubnis fragen!
Alle Inseln des Lamu-Archipels werden von Fährbooten angelaufen.

Pate

Die Überfahrt zur Nachbarinsel Pate dauert 2 Stunden. Besondere Attraktion der Insel sind die beeindruckenden Ruinenstädte entlang Pates Küste.
Pate ist leichter zu erreichen als immer behauptet wird. Motorbarkassen legen täglich an in Mtangawanda (bis Pate-Stadt ca. 2 Stunden zu Fuß) und in Faza (bis Pate-Stadt ca. 4 Stunden). Am besten ist es, in Mtangawanda an Land zu gehen, von dort zum Hauptort Pate-Stadt und dann über Siyu nach Faza am Nordende zu wandern. Die Tour kann an einem Tag gemacht werden, möglicherweise müssen Sie aber auch länger bleiben. Unterkunft ist ein Problem. Es gibt kein Hotel auf der Insel. Es ist jedoch noch niemand von den Einheimischen im Regen stehengelassen worden, normalerweise wird einem ein Bett in einem Privathaus angeboten. Der Weg von Mtangawanda nach Pate-Stadt ist ein schmaler, durch dichten Busch führender Pfad. Wenn Sie nicht sicher sein sollten, ob Sie sich auf dem richtigen befinden, fragen Sie nach dem „ndia ya Pate", dem Weg nach Pate. Hinter einer kleinen Anhöhe wird der Busch noch undurchdringlicher. Nach einer Stunde sind Sie am Ziel.
Pate-Stadt ist für Reisende, die aus Lamu kommen, gelinde gesagt eine Überraschung. Der Grundriß der Stadt ist nahezu der gleiche — es gibt Gassen und Gäßchen und meterdicke Hausmauern. Der Weg unter Ihren Füßen ist jedoch aus festgestampfter Erde, und die Häuser sind unverputzt. Anders wirken auch die Bewohner des Ortes, besonders die Frauen. Sie sind selbstbewußt, tragen ihr Haar kurz, viele gehen unverschleiert und erwidern die Blicke des Besuchers. Manche von ihnen tragen noch amerikanische Golddollar aus dem vorigen Jahrhundert um den Hals. Die älteren Frauen schmücken sich noch mit Nasenringen.
Gegen ein kleines Trinkgeld werden ein paar Jungen Sie zu den Nabahani-Ruinen führen. Besonders

eindrucksvoll sind die Moschee mit ihren zwei Gebetsnischen sowie das größte Haus der Ansiedlung.
Es wird von den Einheimischen das „portugiesische Haus“ genannt, aber ob es wirklich einem Portugiesen gehört hat, weiß niemand mehr. Scherben und vereinzelt auch antike Haushaltsgegenstände liegen offen in den Ruinen herum.
Wegen der wuchernden Vegetation ist es allerdings sehr schwierig, in das Innere vorzustoßen.

Siyu

Von Pate nach Siyu sind es 8 km. Die erste halbe Stunde geht es immer geradeaus. Dann kreuzt der Weg einen anderen; Sie halten sich rechts. Der schmale rote Erdweg wird allmählich breiter, so breit, daß hier ein Auto fahren könnte. Und wirklich, tatsächlich heißt er „bara bara ya gari“, was soviel wie „Motorweg“ bedeutet. Wahrscheinlich war hier früher ein weißer Pflanzer unterwegs. Nachdem Sie kurz den Strand berührt haben, erreichen Sie nach einer weiteren Stunde Siyu.
Über die Vergangenheit Siyus ist noch weniger bekannt als über Pate-Stadt. Im Landesinnern gelegen und von der See nur schwer zugänglich, war Siyu vom 17. bis zum 19. Jahrhundert eine blühende Stadt und ein Zentrum islamischer Gelehrsamkeit. Während Lamu und Pate Politik machten und Kriege führten, drehte Siyu dem Meer den Rücken. Seine Bewohner kopierten lieber den Koran, fertigten Bücher, illustrierten die Texte und schnitzten wunderschöne Türen. Für seine Lederwaren ist Siyu noch heute berühmt.
Im frühen 19. Jahrhundert lebten hier 30 000 Menschen. Der britische Konsul von Zanzibar beschreibt die Stadt noch 1873 als das Zentrum des gesamten Distrikts.
Heute leben hier nur noch ca. 4000 Menschen. Vom einstigen Glanz ist nichts geblieben. Mitte des 19. Jahrhunderts begann mit der Besetzung durch osmanische Truppen aus Zanzibar der Niedergang.
Aus dieser Zeit stammt das monumentale, völlig renovierte Fort. Allein wegen seiner Größe ist es absolut sehenswert.

Unterkunft

In Siyu eine Unterkunft zu finden, ist nicht ganz einfach. Fragen Sie am besten nach Bakari Maalim. Er ist beim Lamu Museum angestellt und wird Ihnen weiterhelfen. Er besitzt auch drei Fahrräder, die er für Besichtigungsfahrten ausleiht. Vielleicht kommt er auch einmal persönlich mit.

Faza

Von Siyu nach Faza ist es nicht mehr weit. Der Weg dorthin ist schöner. Er führt durch hüfthohes Gras, an fruchtbaren Gärten vorbei und durch überschaubare Buschzonen. Man geht nur ca. 2 Stunden, aber man braucht unbedingt einen Führer.

Archäologisch hat Faza weniger zu bieten als seine Nachbarn, vielleicht, weil es ein paarmal in seiner Geschichte dem Erdboden gleichgemacht wurde. Im 15. Jahrhundert fiel die Armee Pates über die Stadt her, 1586 waren es die Portugiesen, weil sie mit der türkischen Flotte unter Amin Ali Bey kollaboriert hatte. Dabei wurden alle Einwohner massakriert, und den Kopf des Königs, in Salz eingelegt, brachte man nach Goa in Indien und trug ihn dort im Triumphzug durch die Straßen.

National Parks und Game Reserves

Zur Zeit gibt es in Kenia rund 40 National Parks und Wildreservate. Knapp zwei Dutzend davon sind für Touristen erschlossen. Insgesamt bedecken sie eine Fläche von 35 000 qkm, wovon allein der Tsavo National Park über 20 000 qkm für sich einnimmt. Zur Terminologie: National Parks sind ausschließlich den Tieren und Besuchern vorbehalten, das Gelände darf nicht landwirtschaftlich oder sonstwie kommerziell genutzt werden. In den „National" und „Game Reserves" ist eine begrenzte Nutzung des Landes durch die umwohnende Bevölkerung erlaubt. Man kann alle größeren Parks und Reservate in einem robusten Straßenwagen besuchen. Die Ausnahme ist der Sibiloi National Park. Hier braucht man einen hochbeinigen 4WD mit Ersatzreifen und Schläuchen, dazu Reservekanister, Wasser und wagenspezifisches Bordwerkzeug. Während der Regenzeit können die Wege in den Schutzgebieten unbefahrbar sein. Dies gilt insbesondere für den *Aberdare-* und *den Meru National Park.* Über den Streckenzustand informiert die A.A. (Automobile Association) in Nairobi.

Am besten sind die Tiere in der Trockenzeit zu beobachten, und zwar frühmorgens, wenn sie sich an den Wasserlöchern versammeln. Im allgemeinen gibt es zwei Regenzeiten, eine lange von April bis Juni und eine kurze von Oktober bis November. Ideal sind also die Monate August und September, Januar, Februar und März. Detailkarten gibt es an den Parkeingängen und in den Luxuslodges, aber auch in den Buchläden Nairobis und Mombasas zu kaufen. Es gibt eine Reihe von *Verhaltensregeln,* die allein schon der gesunde Menschenverstand vorschreibt. Dazu gehört, den Wagen nur an den dafür vorgesehenen Stellen zu verlassen und nicht in Panik aus dem Zelt zum Auto zu stürzen, während sich draußen ein Elefant über die Vorräte hermacht, die man eigentlich hätte im Wagen verschließen sollen. Apropos Elefanten: Auch brennende Petroleumlampen halten sie nicht davon ab, einen Lagerplatz eventuell näher zu inspizieren. Unter Umständen provoziert eine heiße Funzel vor dem Zelteingang sogar Lebensgefahr, wenn der Dickhäuter sich die zarte Rüsselspitze verbrennt. Nach Einbruch der Dunkelheit ist in den Parks das Herumfahren verboten.

An *Unterkünften* gibt es eine breite Auswahl. Die Luxuslodges sind un-

bezahlbar, aber prima zum Kaffeetrinken, Duschen und Schwimmen geeignet.
Am anderen Ende des Spektrums rangieren die Campingplätze. Viele verfügen über sanitäre Einrichtungen, andere wiederum bestehen aus nichts weiter als einem Schild mit der Aufschrift „Campsite“ mitten in der Savanne. Reichlich Wasser ist daher ebenso mitzuführen wie Nahrungsmittel und Getränke.
Eintrittspreise: 8 DM für Touristen, 3 DM pro Auto. Beim Samburu und Masai Mara berechnet man jeden Tag, ebenso beim Mt. Kenya Park.

Aberdare National Park

Die andere, weithin unbekannte Seite Kenias: An Schottland erinnernde Hochmoor- und Heidelandschaften und nächtliche Temperaturen oft unter dem Gefrierpunkt. Die 70 km lange Bergkette der Aberdares verläuft in Nord-Süd-Richtung etwa von Nyahururu bis Nairobi. Die höchsten Gipfel sind *Ol Doinyo Lesatima* (4001 m), was in der Masaisprache soviel wie „junger Bulle“ bedeutet, und *Kinangop* (3906 m). Dazwischen erstreckt sich ein weites, im Schnitt 3000 m hoch liegendes Moorgebiet. Der National Park ist 767 qkm groß und umfaßt hauptsächlich die oberen Bergregionen. Nur im Osten reicht er bis Nyeri hinab. Die niedrigeren Zonen sind mit undurchdringlichen Bambuswäldern bewachsen. Im Westteil des Parks bekommt man selten Tiere zu Gesicht, dafür ist die Landschaft überwältigend schön: Moore, tiefe Täler mit eiskalten Wasserfällen (Gura-, Karua- und Cave-Wasserfall) und Riesenlobelien am Ufer. Wie ein dicker grüner Teppich legt sich Büschelgras über das Plateau, von dem in der Frühe dampfende Nebelschwaden aufsteigen.
Mehr Tiere gibt es im Westen, wo die Berghänge flacher sind. Hauptsächlich vertreten sind: Elefanten, Büffel, Nashörner, Eland-Antilopen, Bongos, Wasserböcke, Duikers, Riesenwaldschweine, Serval-Katzen, Leoparden, Löwen, Colobus- und Sykes-Affen, Hyänen und wilde Hunde. Die besten Zeiten für Pirschfahrten sind, wie überall, die frühen Morgenstunden und die Abenddämmerung. An vielen Wegen sind Salzlecken aufgestellt, um die Tiere anzulocken. Wer Geduld hat, hat gute Chancen, auch die selteneren Arten, wie das scheue Bongo, den schwarzen Leoparden und das Riesenwaldschwein, zu sehen.
In jüngerer Zeit gab es Berichte von Löwen, die gegenüber Menschen eine ungewöhnliche Aggressivität an den Tag legten. Einige Besucher wurden bereits schwer verletzt, so daß

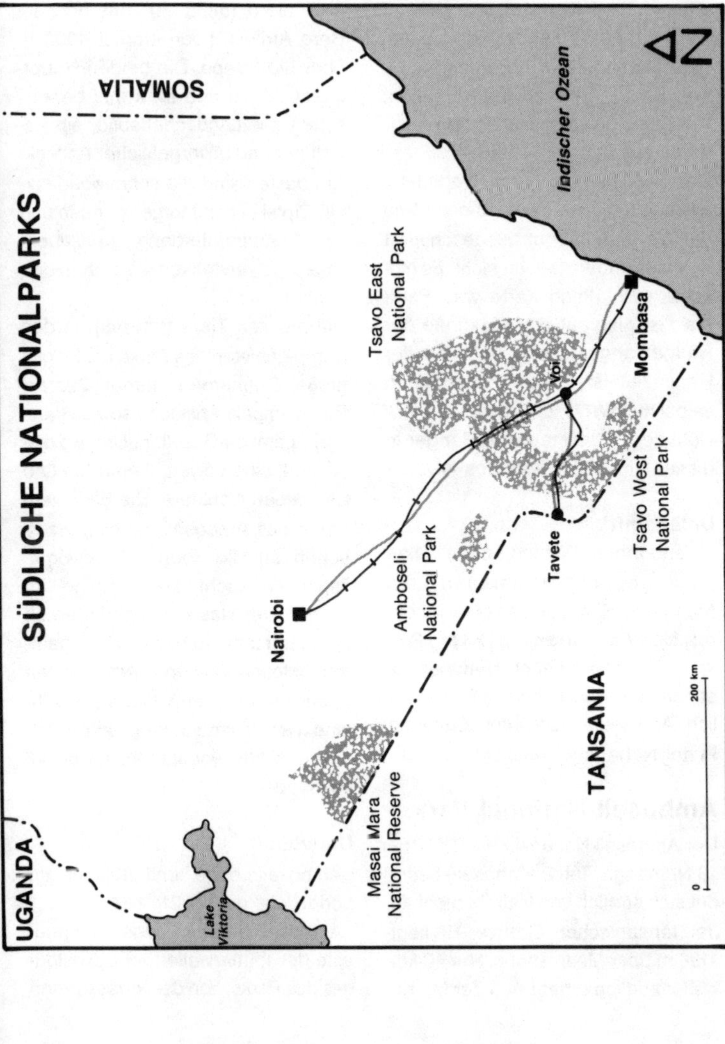
SÜDLICHE NATIONALPARKS
UGANDA
SOMALIA
Lake Viktoria
Masai Mara National Reserve
Nairobi
Amboseli National Park
Tsavo East National Park
Tsavo West National Park
Tavete
Voi
Mombasa
Indischer Ozean
TANSANIA
N
0
200 km

jedem nahegelegt wird, sich nicht zu weit vom Auto zu entfernen und längere Märsche nur in Begleitung eines Parkrangers zu unternehmen. Auf Camping sollte man in den Aberdares zur Zeit verzichten.

Der Park hat ein gutes Wegenetz. Zwar sind die Hauptattraktionen (wie die Wasserfälle) gut ausgeschildert — vieles andere jedoch nicht. Es gibt keine vernünftige Karte vom Park. Man ist also auf die Auskünfte der Ranger angewiesen. Während der Regenzeit ist an ein Fortkommen selbst mit 4WD nicht zu denken, obwohl der Optimismus der Ranger in dieser Hinsicht grenzenlos ist.

Unterkunft

„Kiandongoro Fishing Lodge", eine „do-it-yourself"-Unterkunft am Magura-Fluß inmitten des Hochmoores. Übernachtung ca. 3 DM pro Person in holzvertäfelter Hüttenatmosphäre. Forellenfischen im Fluß möglich, Angelgerät ausleihbar. Camping in der Nähe unter Aufsicht möglich.

Amboseli National Park

Der Amboseli National Park (P.O.Box 18 Namanga, Tel. 2 Amboseli) befindet sich südlich von Nairobi dicht an der tansanischen Grenze. Er liegt 1190 m über Meereshöhe. Nur 40 km weiter südlich erhebt sich der Mt. Kilimandjaro (5895 m), der höchste Berg Afrikas, noch einmal 4000 m über die Ebene. Die beiden Hauptgipfel *Uhuru* und *Mawenzi* beherrschen das Landschaftsbild, ein gewaltiger und unvergeßlicher Anblick. Am besten sind die schneebedeckten Gipfel in den Morgenstunden und vor Sonnenuntergang zu sehen. Tagsüber verstecken sie sich in den Wolken.

Die meisten Tiere trifft man in den Sumpfgebieten des Parks an. Es gibt große Gnuherden, ferner Zebras, Büffel, Impala-Antilopen sowie Grant- und Thomson-Gazellen. Und wo diese sind, sind Löwen, Geparden und Leoparden nicht fern. Die Elefantenherde des Amboseli hat sich inzwischen an die Touristen gewöhnt. Tagsüber sucht sie Kühlung im Sumpf. Der Nashornbestand erholt sich langsam wieder von der hemmungslosen Wilderei. Am ehesten findet man sie im östlichen Buschland. Der Park beherbergt schließlich 420 gezählte Vogelarten, davon 47 Greifvögel.

Unterkunft

„Amboseli Lodge" und „Kilimanjaro Lodge", beide 171/214 DM.

„Amboseli Serena Lodge", die neueste der mittlerweile fünf Luxuslodges des Parks. Von der Terrasse kann

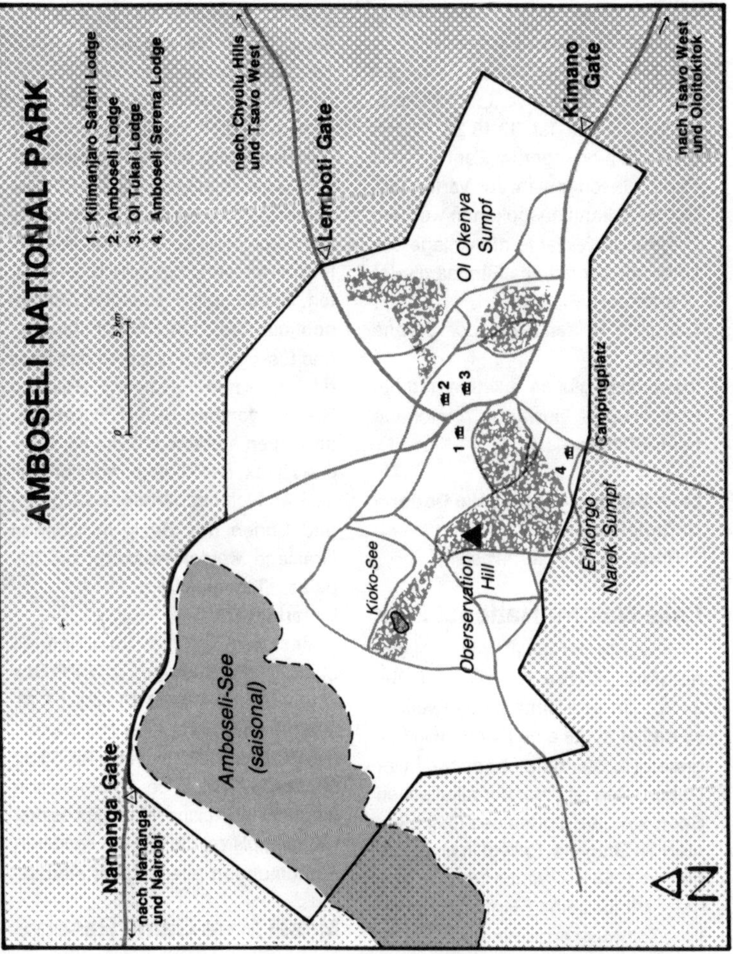
AMBOSELI NATIONAL PARK
1. Kilimanjaro Safari Lodge
2. Amboseli Lodge
3. Ol Tukai Lodge
4. Amboseli Serena Lodge
0
5 km
nach Chyulu Hills und Tsavo West
Lemboti Gate
Kimano Gate
nach Tsavo West und Oloitokitok
Ol Okenya Sumpf
Campingplatz
Enkongo Narok Sumpf
Kioko-See
Oberservation Hill
Amboseli-See (saisonal)
Namanga Gate
nach Namanga und Nairobi
N

man die regelmäßig zu Besuch kommenden Elefanten beobachten.

„Ol Tukai Bandas", Reservierungen bei: Nomads Kenya Ltd., P.O.Box 24793 Nairobi, Tel. 33 18 26. Hütten für Selbstversorger im Zentrum des Parks. Geschirr steht zur Verfügung, Bettzeug kann ausgeliehen werden. Ursprünglich diente die Anlage der Unterbringung eines Filmteams der „Paramount Pictures".

Camping in der Nähe der Serena Lodge.

Inzwischen gibt es Toiletten und hin und wieder lauwarme Limonade beim Platzwart.

Lake Baringo — und Lake Bogoria National Reserve

→*Route 6: Der Nordwesten*

Lake Nakuru National Park

1974 wurde der Lake Nakuru National Park (P.O.Box 539 Nakuru, Tel. 24 70) um sein Hinterland erweitert, so daß er heute eine Fläche von insgesamt 200 qkm bedeckt. Der Nakuru-See ist einer der alkalischen Seen auf dem Boden des Ostafrikanischen Grabens. Er liegt in einer Höhe von 1758 m. Weltberühmt wurde der Park für seine Flamingopopulation. Zeitweise erreichte sie bis zu eine Million Vögel, die dann einen rosafarbenen Ring um den blauen See bildeten. In letzter Zeit ist ihre Zahl leider durch die Wasserverschmutzung zurückgegangen. Viele Flamingos bevorzugen daher den Bogoria-See im Norden. Es gibt jedoch nicht nur Flamingos, sondern noch weitere 400 gezählte Vogel- sowie 50 Säugetierarten im Umland. Die wichtigsten Vogelarten sind: Weißer Pelikan, Kormoran, verschiedene Kranicharten, Storch, Ibis, Fischadler, Schlangenhalsvögel, Löffelreiher, Taucher und Eisvogel. Am Westufer des Sees gibt es einen Felshang, „Baboon Rocks" genannt. Außer Pavianhorden leben hier das murmeltierähnliche Hyrax, der Klippspringer und eine Handvoll Leoparden. Im Norden und Süden des Sees, im offenen Grasland, weiden Wasserböcke, Impalas, „Tommies" etc.

Unterkunft

Außer den beiden Luxuslodges „Lake Nakuru Lodge" (c/o P.O.Box 70559 Nairobi, Tel. 2 49 98/2 67 78, 105/141 DM) und „Lion Hill Camp" (c/o P.O.Box 30680 Nairobi, Tel. 33 32 33, 123/147 DM; in der Nebensaison bis zu 50 % Preisnachlaß) gibt es drei Campingplätze, die alle mit sanitären Einrichtungen ausgestattet sind.

Masai Mara Game Reserve

Zusammen mit der weltberühmten Serengeti auf tansanischer Seite bil-

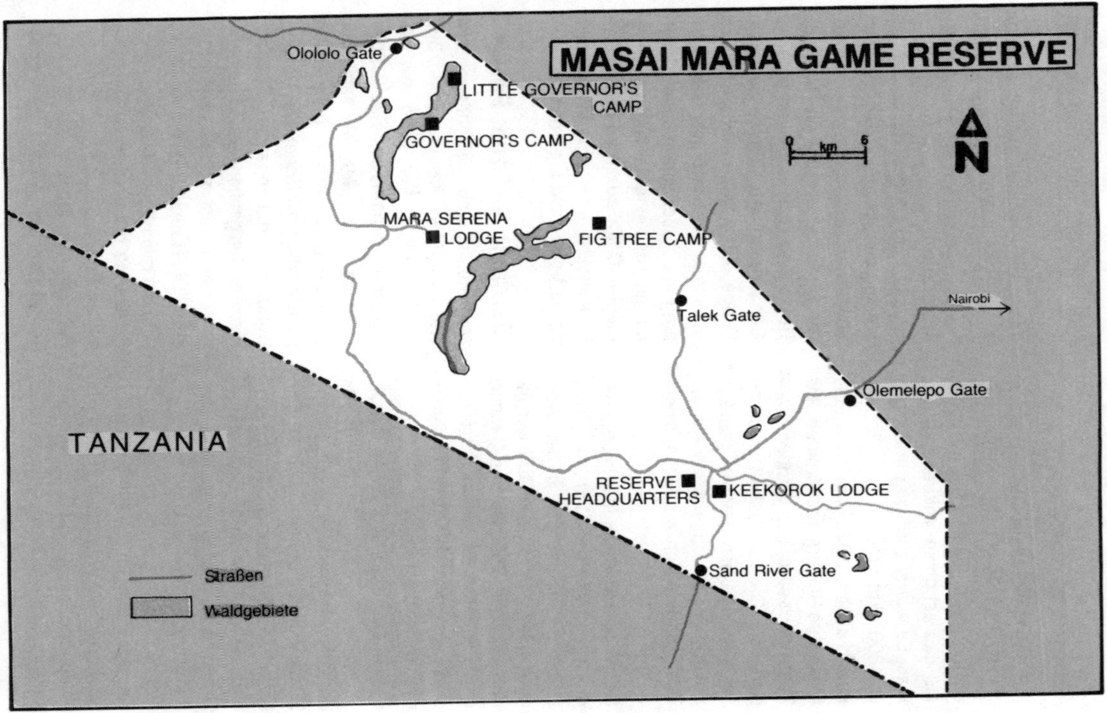
MASAI MARA GAME RESERVE
N
0
km
6
Ololololo Gate
LITTLE GOVERNOR'S CAMP
GOVERNOR'S CAMP
MARA SERENA LODGE
FIG TREE CAMP
Talek Gate
Nairobi
Olemelepo Gate
TANZANIA
RESERVE HEADQUARTERS
KEEKOROK LODGE
Sand River Gate
Straßen
Waldgebiete

det das Masai Mara Game Reserve (P.O.Box 60 Narok) ein einheitliches ökologisches Gebiet. Sie gilt vielen als das schönste Wildreservat Kenias. Es wurde 1961 gegründet und ist 1800 qkm groß.

In den äußeren Bezirken dürfen die Masai ihre Rinderherden weiden, das Zentrum ist allein den Wildtieren vorbehalten. Die Landschaft wird von sanftem hügeligen Grasland geprägt. Entlang der beiden Flüsse *Mara* und *Talek* ziehen sich dunkle Akazienwälder.

Das Grasland ist der ideale Lebensraum für riesige Gnu-, Impala-, Zebra- und Topiherden. In den Wäldern entlang der Wasserläufe und ihrer saisonalen Zuflüsse sind Giraffen und Elefanten zu finden, im Mara sind Herden von bis zu 50 Flußpferden keine Seltenheit.

Die Raubtiere sind jedoch die Hauptattraktion. Bei soviel Beute ringsumher ist es nicht verwunderlich, daß ihr Bestand entsprechend groß ist. Die Mara beherbergt den größten Löwenbestand des Landes. Das offene Grasland ist ideal für Geparden, Hyänen und Schakale. Und als ob all das nicht genug wäre, gibt es noch ein regelmäßig im Juli stattfindendes Spektakel: die Wanderung Hunderttausender Zebras und Gnus von der Serengeti zu den Weidegründen der Mara, ein Ereignis, das früher auch in anderen Teilen Kenias üblich war.

Unterkunft

Es gibt zwei Lodges, die zu den besten (und teuersten) in Kenia zählen, sowie vier „tented camps" im inneren und vier im äußeren Reservat. Beide sind gleichermaßen teuer.

Camping: in den äußeren Bezirken. Einige davon liegen landschaftlich reizvoll in der Nähe des Talek-Gate am Fluß. Außer schmutzigen Toiletten gibt es keine sanitären Einrichtungen. Dafür existieren Duschmöglichkeiten im nahen „Fig Tree Camp". Keine Voranmeldung nötig.

Marsabit National Park

Marsabit ist einer der entlegensten National Parks Kenias. Seine 592 qkm bestehen fast völlig aus undurchdringlichem, den Rücken des 1700 m hohen Mt. Marsabit bedeckenden Waldgebiet inmitten lebensfeindlicher Wüsten. Die Tiere — Büffel, Löwen, Leoparden, Streifenhyänen, Netzgiraffen — sind dementsprechend sehr schwer auszumachen. Die Hauptattraktion des Parks sind die mächtigen Elefanten, deren Stoßzähne die größten in Ostafrika sein sollen.

Bis zu seinem Tod im Jahre 1974 wurde der Park von Ahmed, dem größ-

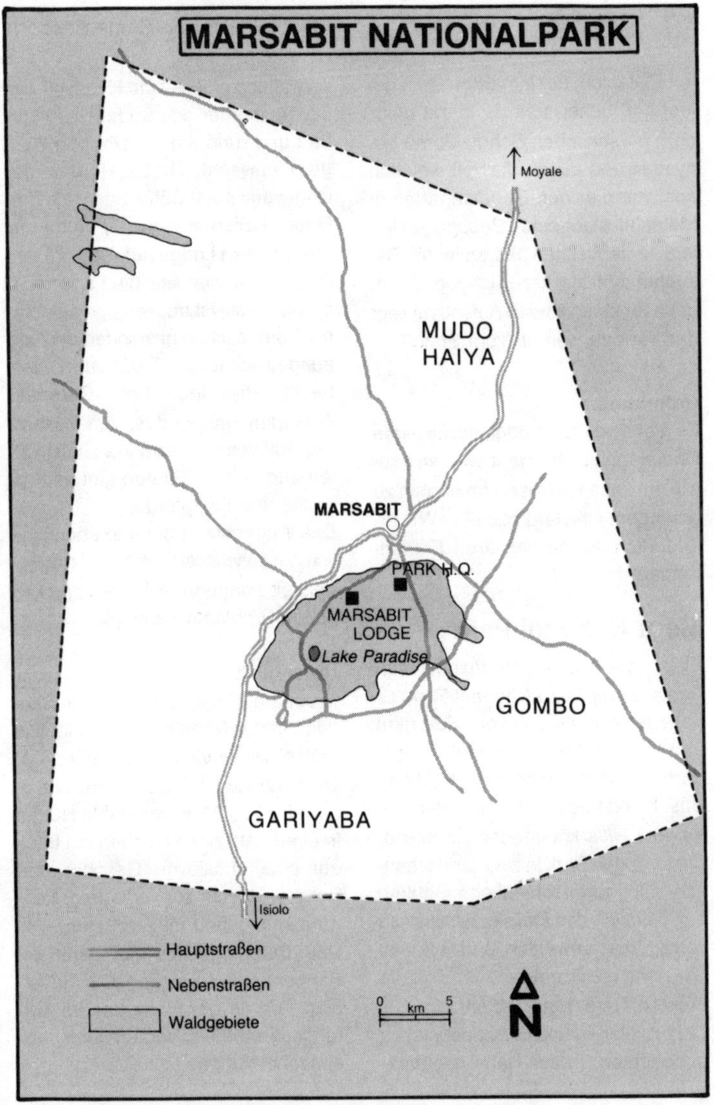
MARSABIT NATIONALPARK
Moyale
MUDO
HAIYA
MARSABIT
PARK H.Q.
MARSABIT
LODGE
Lake Paradise
GOMBO
GARIYABA
Isiolo
Hauptstraßen
Nebenstraßen
Waldgebiete
0
km
5
N

ten Elefanten, der jemals in Kenia gelebt hat, beherrscht. Er stand unter dem persönlichen Schutz Jomo Kenyattas und nutzte dies oft weidlich aus, wenn er den Gemüsegärten in Marsabit-Stadt einen Besuch abstattete. In den letzten Jahren ist die Besucherzahl stark zurückgegangen, denn für einen kurzen Aufenthalt liegt der Park zu weit ab vom Schuß.

Unterkunft

Es gibt eine Luxuslodge sowie einen Campingplatz am Haupteingang sowie am Lake Paradise. Um dorthin zu gelangen, ist allerdings ein 4WD erforderlich. Keine sanitären Einrichtungen.

Meru National Park

Einer der abwechslungsreichsten Parks ist der Meru National Park. Er bedeckt eine Fläche von 1554 qkm und liegt nordöstlich des Mt. Kenya, dort, wo das flache und trockene Buschland beginnt. Der aus den *Nyambeni Hills* kommende *Rojewero-Fluß* teilt den Park in zwei landschaftlich völlig unterschiedliche Gebiete auf. Nördlich des Flusses bestimmen lichte Akazienwälder und offenes Grasland die Szenerie. Hier sind die meisten Tiere (Netzgiraffen, Strauße, Oryx-Antilopen und Grevy-Zebras) zu beobachten. In der Nähe der Parkverwaltung gibt es eine Handvoll weißer Nashörner, aus Südafrika importiert und rund um die Uhr von Rangern bewacht. Große Herden der insgesamt 4000 Büffel und viele Elefanten halten sich in der Nähe der Meru Mulika Lodge auf. Südlich des Rojewero ändert sich die Landschaft abrupt — sie ist trocken und staubig, mit Dornbüschen bestanden und von ausgetrockneten Flußbetten zerfurcht. Hier leben die Gerenuk-Antilopen und Kudus. Am Zusammenfluß des Rojewero wie auch in allen anderen Flußläufen gibt es Krokodile und Flußpferde.

Das Wegenetz ist gut und übersichtlich ausgeschildert. Während der Regenzeit können die Nebenstrecken einige Probleme bereiten.

Unterkunft

„Leopard Rock Self Service Bandas", in der Nähe der „Meru Mulika Lodge". Reservierungen durch: A.A. Travel Limited, P.O.Box 14982 Nairobi, Tel. 74 29 26. Komfortable Hütten in einem Akazienwäldchen mit Blick auf einen Flußarm. Geschirr und Bettzeug stehen zur Verfügung, Nahrungsmittel sind mitzubringen.

Über Campingplätze informieren die Ranger am Parkeingang. Der Hauptplatz liegt in der Nähe des Verwaltungspostens und verfügt auch über einfache Hütten.

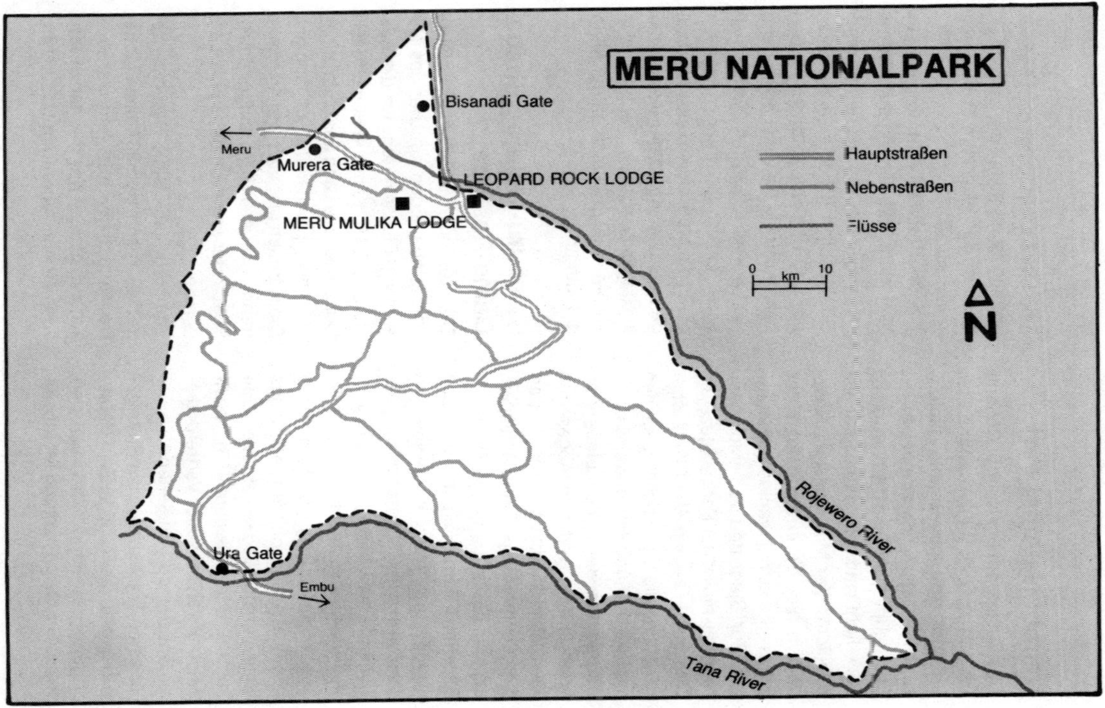
MERU NATIONALPARK
Bisanadi Gate
Meru
Murera Gate
LEOPARD ROCK LODGE
MERU MULIKA LODGE
Hauptstraßen
Nebenstraßen
Flüsse
0
km
10
N
Rojewero River
Ura Gate
Embu
Tana River

Nairobi National Park

Das Besondere am Nairobi National Park ist nicht etwa eine seltene Tierart oder eine interessante geologische Formation, sondern daß es ihn überhaupt gibt. Der 114 qkm große Park liegt nämlich unmittelbar vor den Toren der Millionenstadt Nairobi. Von hier bis in die Wildnis des Parks sind es nur wenige Autominuten. Zur Stadt und zum Mombasa Highway hin ist der Park eingezäunt. Gen Süden zu den Athi Plains ist er offen, und die Savannentiere können sich frei hin und her bewegen.

Die meisten der in Kenia lebenden Arten sind hier vertreten. Abgesehen von Elefanten gibt es Löwen, Geparden, Zebras, Gnus, Eland-Antilopen, Impalas sowie Grant- und Thomson-Gazellen. Ferner sieht man auch Strauße und Warzenschweine. Am ehesten in den Wäldchen entlang der Flußläufe und Bäche sind Giraffen und Nashörner anzutreffen.

Das Wegenetz ist gut und unmißverständlich ausgeschildert. Allerdings sollte man bei Wegweisern wie „Lion Corner" und „Leopard Cliff" nicht gleich erwarten, einen Vertreter dieser Spezies dort zu sehen.

Für einen Tagesausflug mit Picknickkorb genau das Richtige. Zum Haupteingang des Parks fährt man den Uhuru Highway Richtung Mombasa und biegt sofort hinter dem Fußballstadion rechts ab auf die Langata Rd. Hier ist der Weg zum Park bereits ausgeschildert.

Geöffnet hat der Park ab 6.15 Uhr. Wer nicht über ein eigenes Fortbewegungsmittel verfügt, nehme einen Bus der Linie 125 oder 24. Sie gehen um 5.40 Uhr bzw. 6.40 Uhr ab Busbahnhof direkt bis zum Parkeingang. Dort erwischt man mit etwas Glück einen Lift in den Park. Ansonsten bleibt die Möglichkeit, eine halbtägige Safari bei einem der Veranstalter in Nairobi zu buchen. Der billigste — 20 DM — ist „Nilestar" in der Muindi Mbingu St.

Samburu-, Isiolo-, Shaba-Game-Reserve

Die drei Reservate Samburu, Isiolo und Shaba liegen am Ufer des Uaso Nyiro-Flusses, dort, wo die Ausläufer des Mt. Kenya enden und das heiße, trockene Land des ehemaligen „Northern Frontier District" beginnt. Die A 2 nach Marsabit und Äthiopien trennt das erst 1974 eingerichtete Shaba Reservat von den beiden anderen.

Samburu- und Isiolo-Reservat bedecken zusammen 337 qkm Fläche. Dornbuschsavanne ist vorherrschend; entlang des das ganze Jahr über Wasser führenden Uaso Nyiro

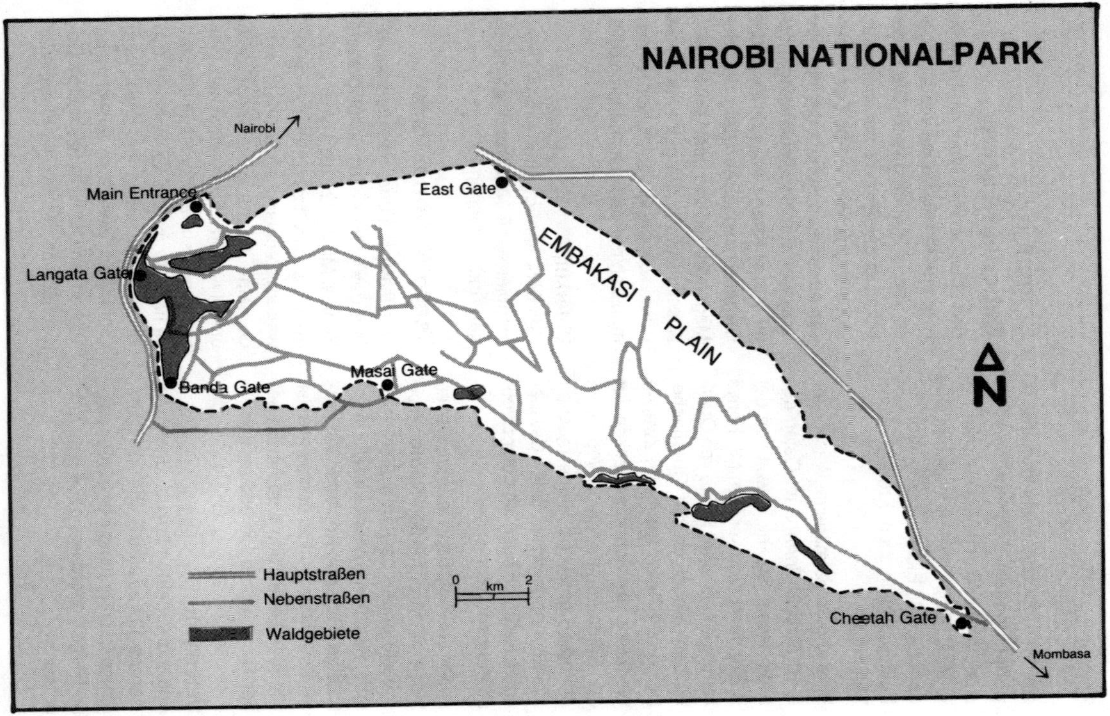
NAIROBI NATIONALPARK
Nairobi
Main Entrance
Langata Gate
Banda Gate
Masai Gate
East Gate
EMBAKASI PLAIN
N
Cheetah Gate
Mombasa
0
km
2
Hauptstraßen
Nebenstraßen
Waldgebiete

ziehen sich jedoch als bemerkenswerter Kontrast dichte grüne Waldstreifen. Hier gibt es die meisten Tiere einschließlich der inzwischen wieder über 100 Elefanten zu sehen. Im Fluß tummeln sich Krokodile und Flußpferde.

Eine andere permanente Wasserstelle ist *Buffalo Springs* im Osten des Isiolo Reservats, nicht weit von der A 2 entfernt. Wasser vom Mt. Kenya kommt hier in einer Reihe von Quellteichen wieder an die Oberfläche. Der größte Teich wurde im Zweiten Weltkrieg als Schwimmbecken für die Soldaten auf dem Weg nach Äthiopien befestigt. Heute tauchen hier die verschwitzten Safari-Camper unter. Natürlich auch ein guter Beobachtungspunkt für Tiere!

Außer den üblichen Tierarten gibt es hier einige nur für den Norden typische Arten, als da wären die Netzgiraffe, das Grevy-Zebra und die langhalsige Gerenuk-Antilope, die nirgends sonst so gut zu beobachten ist wie hier. Leoparden sind häufig bei der Samburu Lodge anzutreffen.

Unterkunft

Außer den beiden Luxuslodges und -camps gibt es eine Reihe von Campingplätzen entlang der „Champagne Ridge“, allerdings ohne jede Einrichtung.

Shimba Hills National Reserve

Das Shimba Hills National Reserve liegt nur 34 km südlich von Mombasa und ist 192 qkm groß. Die Landschaft ist parkähnlich und erinnert an einen englischen Garten. Das Reservat wurde zum Schutz der nur hier lebenden Säbelantilopen eingerichtet. Am ehesten sieht man sie in der Gegend zwischen dem Lango-Magandi-Wald und dem Giriama Hill-Aussichtspunkt. Es gibt eine kleine Herde scheuer Waldelefanten, denen man sich nur vorsichtig nähern sollte.

Unterkunft

Der Park verfügt über einige Campingplätze mit sanitären Einrichtungen und einfachen Hütten.

Tsavo National Park

Der Tsavo National Park ist bei weitem das größte aller Schutzgebiete Kenias. Mit 20 720 qkm ist er größer als alle anderen zusammen. Aus verwaltungstechnischen Gründen wurde seine Trennung in einen West- und einen Ostteil vorgenommen. Zwischen beiden Teilen verläuft die Straße nach Mombasa. Obwohl der Tsavo einer der ersten Parks war, sind immer noch weite Teile schwer zu erreichen. Im Ostteil ist das riesige Gebiet nördlich des Galana-Flusses für die Öffentlichkeit gesperrt und nur mit Sondergenehmigung zu betreten. Der Ostteil ist landschaftlich nicht so abwechslungsreich. In der Hauptsache besteht er aus trockener Dornbuschsavanne. Früher gab es hier große Akazienwälder, denen jedoch die Elefantenherden und eine lange Trockenperiode den Garaus gemacht haben. Es gibt hier zwei herausragende Attraktionen: das *Yatta-Plateau* nördlich des Galana, und *Mudanda Rock,* einen kilometerlangen Felsen zwischen Manyani- und Voi-Gate.

Der Westteil ist landschaftlich abwechslungsreicher. Wie der Ostteil vom Galana, so wird der Westteil vom Tsavo-Fluß geteilt. Südlich des Flusses erstrecken sich offene Savanne und Buschland über 80 km bis zur tansanischen Grenze. Die Gegend nördlich des Flusses steht in scharfem Kontrast dazu. Überall sieht man die Spuren vergangener vulkanischer Aktivitäten.

Fast alle in Kenia lebenden Tierarten sind im Tsavo zu sehen. Die Attraktion des Parks sind jedoch seine Elefanten. Obwohl während der 70er Jahre stark reduziert, gibt es heute wieder 10 000 Stück. Große Herden versammeln sich während der Trockenzeit am Mudanda Rock, am Aruba-Damm und an den Wasserlöchern der größten Lodges. Flußpferde sind am besten bei *Mzima-Springs* im Westteil zu sehen, Krokodile entlang des Galana speziell am *Crocodile Point.* Der Nashornbestand des Parks ist der größte Kenias, allerdings sind sie in diesem riesigen Gebiet schwer auszumachen. Natürlich gibt es auch Löwen und Geparden. Sie zu finden, ist jedoch etwas schwierig, und Besucher mit wenig Zeit können leicht enttäuscht werden. Das Wegenetz ist eines der besten.

Unterkunft

Tsavo-West: „Ngulia Safari Camp", Reservierungen durch: A. A. Travel Ltd., P.O.Box 14982 Nairobi, Tel. 74 29 26.

Hütten für Selbstversorger, am Felshang liegend mit Blick auf ein vielbesuchtes Wasserloch.

Tsavo-Ost: „Aruba Lodge", sechs strohgedeckte Hütten am Ufer des künstlich angelegten Sees, einem Sammelpunkt großer Elefantenherden. Reservierung: A. A. Travel Ltd., P.O.Box 14982 Nairobi, Tel. 74 29 26.

Campingplätze im Tsavo-West gibt es am Mtito Andei, am Chyulu- und am Ziuani-Gate; ferner am Voi-Gate und in Aruba im Ostteil. Alle haben Wasser und sanitäre Einrichtungen.

Mt. Kenya National Park

→*Route 2, Nyeri*

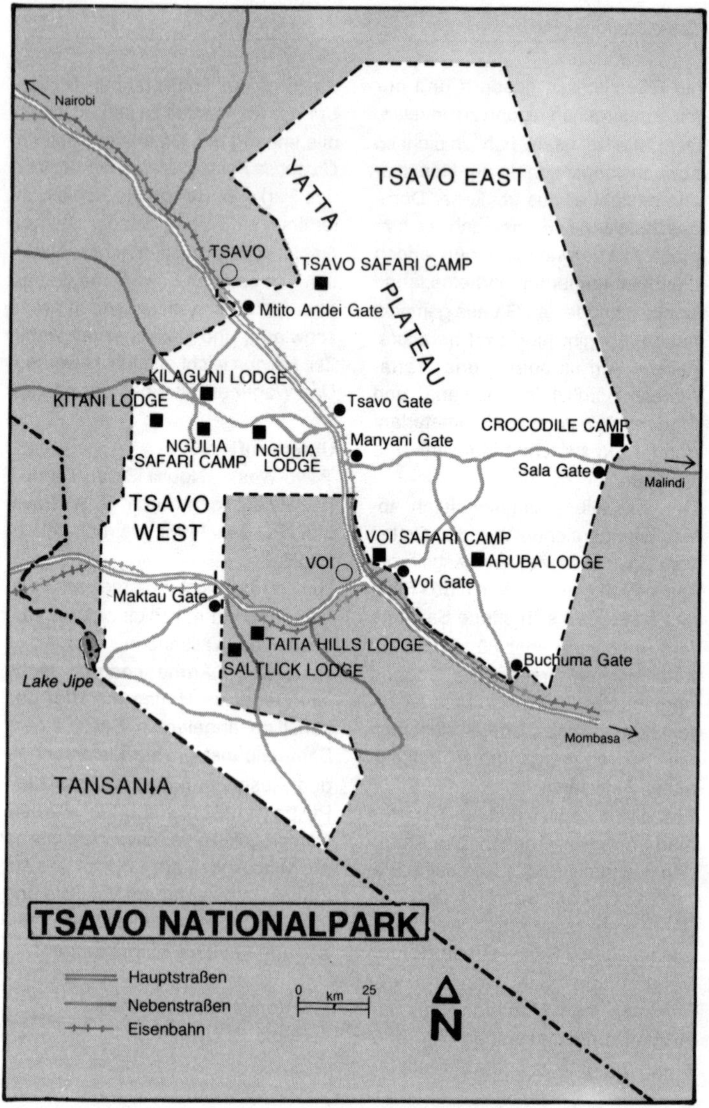

Nairobi
YATTA
PLATEAU
TSAVO EAST
TSAVO
TSAVO SAFARI CAMP
Mtito Andei Gate
KILAGUNI LODGE
KITANI LODGE
Tsavo Gate
NGULIA SAFARI CAMP
NGULIA LODGE
Manyani Gate
CROCODILE CAMP
Sala Gate
Malindi
TSAVO WEST
VOI SAFARI CAMP
VOI
ARUBA LODGE
Voi Gate
Maktau Gate
TAITA HILLS LODGE
SALTLICK LODGE
Lake Jipe
Buchuma Gate
Mombasa
TANSANIA
TSAVO NATIONALPARK
Hauptstraßen
Nebenstraßen
Eisenbahn
0 km 25
N

Sprachführer

Kiswahili für alle Fälle

Kiswahili — auch Swahili oder eingedeutscht Kiswaheli — ist mit über 40 Millionen Sprechern eine der Hauptverkehrssprachen Afrikas und wird im gesamten ostafrikanischen Raum, von den Komoren im Indischen Ozean bis tief hinein nach Zaire, verstanden.

Entstanden an der Küste, ist sie eine gefällige Mischung aus Arabisch und afrikanischen Bantu-Sprachen. Der Name selbst ist dem arabischen „sahil" entlehnt, was „Küste" bedeutet, aber auch die trockenen Randzonen beiderseits der Sahara bezeichnet. Die Küstenbewohner nennen sich „Waswahili". Das Vokabular ist stark mit arabischen (alle Worte, die mit th, dh, gh anfangen), aber auch mit englischen, ja sogar portugiesischen Worten durchsetzt. Grammatik und Satzbau hingegen sind rein Bantu geblieben.

Obgleich überall in Kenia Englisch gesprochen wird, ist es immer nützlich, wenigstens einen kleinen Wortschatz in Kiswahili parat zu haben. Das erleichtert die Kontaktaufnahme ungeheuer und hilft, die Fremdheit auf beiden Seiten zu überwinden. Oft wird auch der zaghafteste Versuch, einen Wunsch in Kiswahili vorzubringen, begeistert aufgenommen und mit einer spontanen Kurzlektion belohnt.

Aussprache

Aussprache, Betonung und Rechtschreibung bereiten uns keine Schwierigkeiten, da diese Sprache ebenso gesprochen wie geschrieben wird. Auch die Vokale werden wie im Deutschen ausgesprochen. Ausnahmen gibt es lediglich bei folgenden Konsonanten:

bw in: Bwana (= Herr) wie in frz. bois

ch in: chai (= Tee) wie in dt. Quatsch

dh in: dhahiri (= klar) wie in engl. that

gh in: ghali (= teuer) wie in dt. ach

j in: maji (= Wasser) wie in engl. Job

kw in: kwa (= auf) wie in frz. quoi

mw in: mwaka (= Jahr) wie in frz. mois

ng in: ng'ombe (= Rind) wie in dt. lange

r in: rangi (= Farbe) gerolltes Zungen-r

s in: sabuni (= Seife) wie in dt. Straße

sh in: shamba (= Garten) wie in dt. Schule

th in: thelathini (= dreißig) wie in engl. think

v in: vipi? (= wie?) wie in dt. Wunde

w in: wapi (= wo?) wie in engl. when

y in: yai (= Ei) wie in dt. jeder

z in: zuri (= schön, nett) wie in dt. sanft

Begrüßung

Sofort mit der Tür ins Haus zu fallen, sprich: sein Begehr vorzubringen, gilt als unhöflich und überdies typisch europäisch. In Kenia nimmt man sich viel Zeit für die Begrüßung, ehe man zu des Pudels Kern kommt.
Gängige Wendungen sind:
Jambo! = Guten Tag! Hallo!
Hujambo, bwana (mama) = Guten Tag, mein Herr (Dame)!
Habari gani? = Was gibt's Neues?
Habari yako (zeno)? = Wie geht's Dir (Euch)?

Habari za safari? = Wie war die Reise?
Habari za njumbani? = Wie läuft's zu Hause?
Habari za kazi? = Was macht die Arbeit?

Fragen wie diese werden immer mit „gut" beantwortet. Daß es einem in Wirklichkeit vielleicht schlecht geht, wird erst später berichtet. Gebräuchliche Antworten sind „nzuri", „salama" und „nyema".

Ältere Menschen werden mit „bwana" oder „mama" bzw. „bibi" tituliert, Gleichaltrige mit „ndugu" (Bruder) oder „rafiki" (Freund) angesprochen. Ältere Männer hören gern den Ehrentitel „mzee" bei der Begrüßung.

Verabschieden

Kwa heri! = Auf Wiedersehen!
Tutaonana (kesho)! = Bis später (morgen)!
Nataka (Tunataka) kwenda sasa = Ich (wir) will (wollen) jetzt gehen
Twendeni! = Laßt uns gehen!
Safari nyema! = Gute Reise!
Rudini nyumbani salama! = Kommt gut nach Hause!
Lala salama! = Gute Nacht!

Nützliche Redewendungen

Das Wörtchen „kuna" (es gibt) hilft weiter, wenn man wissen will, ob und was es zu essen gibt und ob ein Bus zur nächsten Stadt fährt.
Kuna chakula iko hapa? = Gibt es hier etwas zu essen?
Kuna wali na nyama? = Gibt es Reis mit Fleisch?
Kuna chai (kahawa)? = Gibt es Tee (Kaffee)?
Kuna basi kwenda Nairobi? = Gibt es einen Bus nach Nairobi?

Nein!
Hakuna! = Nein, das gibt es nicht!

Und wo? — Dafür bediene man sich des Wörtchens „wapi" (wo).
Wapi hoteli? = Wo ist ein Restaurant?
Wapi choo? = Wo ist das Klo?
Basi kwenda Nairobi wapi? = Wo geht ein Bus nach Nairobi?
Da zumindest in den kleineen Orten sich das öffentliche Leben um den Markt herum abspielt, lautet die Antwort oft:
Sokoni! = Am Markt!

Tafadhali = Bitte
Asante sana! = Vielen Dank!
Unasema Kiingereza (Kijerumani)? = Sprichst du Englisch (Deutsch)?
Ninasema Kiswahili kidogo tu = Ich spreche nur ein wenig Kiswahili
Tafadhali, sema pole pole = Bitte, sprich' langsam.
Inaitwa nini kwa Kiswahili? = Wie heißt das auf Kiswahili?
Unajua ...? = Kennst Du ...?
Hakuna shida/matata! = Kein Problem!
Ninataka ... = Ich möchte gern ...
Sinataka ... = Ich möchte nicht ...
Ngoja! = Warte!
Nina (Sina) haraka! = Ich hab's (nicht) eilig!
Pole sana! = Tut mir leid!
Sawa sawa! = O.K.!
Safi kabisa! = Toll!
Unatoka wapi? = Woher kommst Du?
Mimi ninatoka Ujerumani = Ich komme aus Deutschland
Je, unaitwa nani? = Sag' mal, wie heißt Du?
Jina langu ni ... = Mein Name ist ...
Na wewe, je ...? = Und Deiner?
Mimi ninaitwa ... = Ich heiße ...

Zahlen

moja	=	1
mbili	=	2
tatu	=	3
nne	=	4
tano	=	5
sita	=	6
saba	=	7
nane	=	8
tisa	=	9
kumi	=	10
ishirini	=	20
thelathini	=	30
arobaini	=	40
hamsini	=	50
sitini	=	60
sabini	=	70
themanini	=	80
tisini	=	90
mia	=	100
elfu	=	1000

Fotografieren

Die Menschen in Kenia reagieren im allgemeinen unwillig bis sauer, wenn sie merken, daß man mit der Linse auf sie zielt. Nicht, weil sie fürchten, daß der Fremde mit dem Foto Macht über ihre Seele gewinnt (die guten alten Zeiten sind vorbei!), sondern weil es schlicht und ergreifend ihre Menschenwürde verletzt. Viele sind sich zunehmend ihrer Armut bewußt, kein Wunder angesichts der tagtäglichen Konfrontation mit unerreichbaren Wohlstandssymbolen wie Nikon-Kameras und Walkman. Das Gefühl der Machtlosigkeit und der Erniedrigung erzeugt Haß und Aggressionen. In solchen Fällen gebieten es Rücksichtnahme und Einfühlungsvermögen, den Apparat zurückzulassen und ganz auf Erinnerungsbilder zu verzichten.

Lernt man jemanden näher kennen, ist das Fotografieren kein Problem. Bei wildfremden Personen empfiehlt es sich, vorher um Erlaubnis zu fragen und zu erklären, warum man ein Foto machen möchte.

kupiga picha = fotografieren
Inawezekana kupiga picha ya wewe (zeno)? = Ist es möglich, ein Bild von Dir (Euch) zu machen?
Kwa nini? = Warum?
Ninataka kuonyesha picha marafiki yangu nyumbani! = Ich möchte die Bilder meinen Freunden zu Hause zeigen!

Im Restaurant

Ninataka (mntaka) kula (kunywa) ... = Ich (wir) möchten essen (trinken) ...
Tafadhali lete ... = Bitte bringen Sie ...
chakula ya asubuhi = Frühstück (meist süßer Tee mit Milch)
chakula ya mchana = Mittagessen
chakula ya jioni = Abendessen
chai = Tee
chai ya rangi = schwarzer Tee (ohne Milch)
kahawa = Kaffee
Nina (tuna) njaa (kiu) = Ich (wir) habe(n) Hunger (Durst)
maji = Wasser
bia = Bier
moto = heiß
baridi = kalt

Merke: Die Kenianer bevorzugen ihr Bier warm. Als Europäer bestelle man sein Bier ausdrücklich „kalt" (solange es eine Kühlbox gibt!).

Tafadhali lete kahawa nyingine! = Bitte bringen Sie noch einen Kaffee!
Pilau (chai, bia etc.) shillingi ngapi? = Was kostet Pilau?
Lete cheti tafadhali! = Bitte bringen Sie die Rechnung!

Im Hotel

In den großen Hotels kommt man gut mit Englisch durch. In den kleineren

Ortschaften, wo es nur einfache Hotels und „boardings & lodgings" gibt, sind ein paar Swahili-Brocken unter Umständen nützlich. Die über der Tür prangende Aufschrift „Hotel" bezeichnet meist nicht eine Unterkunft, sondern eine Imbißstube. Fragen Sie also bei der Ankunft gleich nach:
mahali pa kulala = Unterkunft („Ort des Schlafens")
Kuna mahali pa kulala iko hapa? = Gibt es hier eine Unterkunft?
Usiku moja ni shillingi ngapi? = Was kostet eine Übernachtung?
Nitaondoka kesho (asubuhi, mchana) = Ich fahre morgen (... vormittag, nachmittag) weiter

Einkaufen
Ninataka kununua ... = Ich möchte ... kaufen
Kanga hii (kikoi hiki) unanza bei gani? = Wie teuer ist dieser Kanga (Kikoi)?
Ghali sani! = Zu teuer!
Ninataka kanga rahisi (rahisi zaidi) = Ich möchte einen billigen (billigeren) Kanga
Sina pesa! = Ich habe kein Geld!
Matunda = Obst
Maembe = Mango
Mananasi = Ananas
Machungwa = Apfelsinen
Papai = Papaya
Mkate = Brot
Siagi = Butter
Sukari = Zucker
Maziwa = Milch
shati = Hemd, Bluse
sketi = Rock
Kikapu = Korb
Ngoma = Trommel

Unterwegs
Busse und Matatus sind die populärsten Verkehrsmittel in Kenia. Die Busbahnhöfe liegen meist direkt an den Marktplätzen, sind wegen ihrer Hektik und des wüsten Geschreis der Schaffner gar nicht zu verfehlen. Das Ziel des Busses steht auf einer an der Frontscheibe befestigten Tafel.
Soko (Stesheni, Hoteli, Posta, Hospitali) iko wapi? = Wo ist der Markt (Bahnhof, Hotel, Post, Krankenhaus)?
Ninataka kwenda ... = Ich möchte nach ... fahren.
Basi la kwenda ... litaondoka lini? = Wann fährt ein Bus nach ...?
Unakwenda wapi? = Wohin fahren Sie?
Tikiti bei gani? = Wie teuer ist eine Fahrkarte?
Kiti hiki kina mtu? = Ist dieser Platz besetzt?

Reisen im eigenen bzw. gemieteten Wagen bedeutet Unabhängigkeit von Fahrplänen und ausgefahrenen Strecken. Oft wird man in Orte gelan-

gen, wo kaum Englisch gesprochen wird:
Kijiji hiki kinaitwaje? = Wie heißt dieses Dorf?
Je, njia ya kwenda ... wapi? = Sag', wo ist der Weg nach ...?
Kuna petroli iko wapi? = Wo gibt es Benzin?

Kleinere Pannen sind an der Tagesordnung. Es gibt zwar selten das passende Ersatzteil, dafür ist der Erfindungsreichtum der kenianischen Mechaniker grenzenlos. Die technischen Vokabeln sind dem Englischen entlehnt:
Betri = Batterie
Breki = Bremse
Petroli = Benzin
Gia = Gang
Gesi = Gas
Redieta = Kühler
Klachi = Kupplung
Gereji = Garage, Werkstatt
Injini = Motor
Mafuta = Öl
Ajali = Unfall
Tairi = Reifen
Jeki = Wagenheber
Vyombo = Werkzeug
Plagi = Zündkerze

Krank sein
Ninaumwa = Ich bin krank
Inaumwa sana hapa! = Es tut mir hier sehr weh!
Nina shida za ... = Ich habe Probleme mit ...
Kuna daktari hapa? = Gibt es hier einen Arzt?
Haraka! = Beeilung!

Register